国内外首套
司法会计专业系列丛书

司法会计师
业务与案例

SIFA KUAIJISHI
YEWU YU ANLI

于朝／著

SIFA KUAIJI
LILUN YU SHIWU
CONGSHU

中国检察出版社

图书在版编目（CIP）数据

司法会计师业务与案例/于朝著. —北京：中国检察出版社，2014.1
（司法会计理论与实务丛书）
ISBN 978 - 7 - 5102 - 1079 - 2

Ⅰ.①司…　Ⅱ.①于…　Ⅲ.①司法会计学　Ⅳ.①D918.95

中国版本图书馆 CIP 数据核字（2013）第 294950 号

司法会计师业务与案例

于　朝　著

出版发行：中国检察出版社
社　　址：北京市石景山区香山南路 111 号 （100144）
网　　址：中国检察出版社 （www.zgjccbs.com）
电　　话：(010)68658769(编辑)　68650015(发行)　68636518(门市)
经　　销：新华书店
印　　刷：河北省三河市燕山印刷有限公司
开　　本：720 mm×960 mm　16 开
印　　张：26.5 印张　　插页 4
字　　数：521 千字
版　　次：2014 年 1 月第一版　　2014 年 1 月第一次印刷
书　　号：ISBN 978 - 7 - 5102 - 1079 - 2
定　　价：58.00 元

总　　序

笔者为了编制《中国司法会计师执业准则（专家拟制稿）》，对司法会计学科理论进行了第四次修订。根据中国检察出版社的意见，为了适应大学司法会计教学及司法会计专业培训的需要，将修订后的司法会计学科理论内容分为《司法会计概论》、《司法会计检查实务》、《司法会计鉴定实务》和《司法会计师业务与案例》四本书出版。这不仅标志着我国司法会计学科理论的进一步完善，也成就了目前国内外第一套司法会计专业的系列丛书。

一、司法会计学科理论的基本结构

我国已经构建起的司法会计学科理论体系，由司法会计基本理论和三类实务理论构成。其中：

司法会计基本理论，包括财务会计事实、财务会计错误、财务会计资料证据以及司法会计的基本概念、学科体系构成、科学依据、主体机制、假定前提、标准化、风险控制等主要内容，构成司法会计学科基本理论体系。

司法会计检查理论，包括会计检查方法的运用、司法会计检查的程序、各类具体案件的司法会计对策等主要内容，构成司法会计检查理论体系。

司法会计鉴定理论，包括司法会计鉴定的具体对象范围、鉴定主体、鉴定证据、鉴定启动程序、鉴定实施程序、鉴定意见以及各类具体问题的鉴定规程等主要内容，构成司法会计鉴定理论体系。

司法会计师执业理论，包括提供咨询、协助检查、专项检验、财务指标测算、文证审查等诉讼支持理论以及司法会计文书制作、非诉讼业务理论等主要内容，构成司法会计师执业理论体系。

在理解上述理论构成时，需要把握好以下几点：

第一，把握好不同理论体系的研究目标。基本理论体系主要研究解决司法会计学科的基础理论和基本理念的问题，并对所有实务理论研究和运用都会起到指导作用；司法会计检查理论体系主要研究解决诉讼主体[①]和专业人员[②]如何通过

[①]　诉讼主体通常是指诉讼机关（及其诉讼人员）、当事人（及其代理人、辩护人）等。

[②]　专业人员可以是司法会计师，也可以是从事司法会计活动的注册会计师、会计师、审计师以及科研教学人员。

查账、查物收集、固定财务会计资料及相关财物等诉讼证据的问题；司法会计鉴定理论主要研究解决司法会计鉴定人如何实施司法会计鉴定的问题；司法会计师执业理论体系主要研究解决司法会计师如何进行各项执业活动的问题。

第二，把握好司法会计检查、鉴定和司法会计师业务的三项实务理论之间的关系。其中：司法会计检查和司法会计鉴定是两种主要的司法会计活动，司法会计检查理论主要是为诉讼主体提供诉讼对策方面的实务理论；司法会计鉴定理论则主要是为司法会计鉴定人提供司法鉴定规程方面的实务理论；而司法会计师业务理论不仅研究司法会计师如何执行司法会计鉴定业务、司法会计检查业务，还要研究其他类型的诉讼协助业务和非诉讼业务——这是因为司法会计师业务分为诉讼业务和非诉讼业务两大类，这里的诉讼业务包括了司法会计鉴定业务和司法会计检查业务等诉讼协助业务。

第三，把握好司法会计检查与司法会计鉴定的理论体系差异。这两部分实务理论各自都分为概述、基本方法和技巧、基本程序以及各种具体对策部分，但其内容却是完全不一样的。特别需要指出的是，这两项实务理论是按照各自的对象划分对策理论的，其中：司法会计检查实务理论是按照不同类型的案件，分别研究不同案件中如何通过司法会计检查，发现、收集、固定查办案件所需的证据，同时提示可能需要提请鉴定的财务会计问题；司法会计鉴定实务理论则是按照不同类型的财务会计问题，分别讨论各类财务、会计问题的具体鉴定步骤和需要注意的鉴定事项。

二、《司法会计概论》逻辑结构与教学运用

《司法会计概论》共分十二章，由司法会计学说、司法会计基础原理、司法会计活动机制、司法会计实务概论四部分构成。

司法会计学说部分由第一章和第六章构成，涉及司法会计的各种基本概念和理论结构。该部分先将司法会计活动确定为司法会计的基本词义，通过介绍各类司法会计活动的含义及内容，归纳出司法会计是一种诉讼活动的基本概念，同时通过比较司法会计与审计活动，进一步阐明司法会计活动的特征；在学科方面，主要是论证了司法会计学的法学性，重点介绍了"二元"司法会计理论体系的构成及其所依据的理论、法律和实践。

司法会计的基础原理部分由第二章至第四章构成，分别介绍财务会计事实、财务会计错误和财务会计资料证据。该部分逻辑关系是：第二章和第三章是从案件事实角度分别介绍财务、会计事实的一般构成以及财务与会计错误事实的特殊构成，第四章则是从财务会计资料证据角度说明前述事实的证明方法、证明途径，以及财务会计资料证据的证据特点、证明范围、识别分工等理论。

司法会计活动机制部分由第五章构成，涉及司法会计活动的原理和结构。该

部分首先论述了司法会计活动科学性在于财务会计活动的特性，重点介绍了司法会计检查和鉴定两类活动中的主体资格及其相互关系。在此基础上，明确司法会计活动的前提（假定理论），揭示司法会计活动的风险原理，探讨司法会计标准化的发展思路。

司法会计实务概述部分由第七章至第十二章构成，涉及各类司法会计实务内容。

本书的设计用途：一是作为司法会计专业在校生和司法会计师岗前培训的专业课程教材；二是作为经济犯罪侦查专业在校生和经侦人员的专业课程教材；三是作为法律专业在校生以及检察官、法官、律师培训的司法会计选修课程教材。

本书在教学运用方面，应当注意的是：作为专业课程教材使用时，应当以前六章为主，使学习者能够在掌握司法会计基本理论、理念的基础上，了解司法会计实务理论的构成；作为选修课程使用时，应当有重点地选择基本理论和操作概论内容，使学习者在了解如何认识财务会计事实和财务会计资料证据的基础上，重点掌握查账取证程序和司法会计鉴定组织、鉴定意见的审查方法等。

三、《司法会计检查实务》逻辑结构与教学运用

《司法会计检查实务》共分二十四章，由通用会计检查方法与技术、司法会计检查程序和各类案件司法会计对策三部分构成。三部分的基本逻辑关系是：通用的会计检查方法与技术是包含司法会计检查在内的所有会计检查活动的基础方法和技术；在此基础上介绍了司法会计检查的专用程序，各类案件诉讼的司法会计检查的具体对策与注意事项，以及可能需要启动司法会计鉴定的情形。

第一部分，由第一章至第四章构成，在介绍司法会计检查的类型后，重点介绍了通用会计检查方法、技术的构成及其在司法会计检查中的运用要旨。

第二部分，由第五章构成，主要介绍司法会计检查的准备事项以及一般检查程序和特殊检查的实施程序。

第三部分，由第六章至第二十四章构成，包括三类诉讼案件的一般司法会计对策和各类案件的具体司法会计对策。

本书的设计用途：一是作为司法会计专业在校生和司法会计师岗前培训的专业课程教材；二是作为经济犯罪侦查专业在校生、经侦人员的专业课程教材；三是作为以办理经济案件为主的检察官、法官、律师培训的选修课程教材。

本书在教学运用方面，应当注意的是：作为专业课程教材使用时，应当辅之以案例教学，使学习者在系统地了解司法会计检查基本技能基础上，能够概括地把握好不同类型诉讼（案件）的诉讼对策；作为选修课程使用时，应当根据教学对象特点，有重点地选择检查技能和诉讼对策的教学内容，使学习者在掌握一些基本查账技能的基础上，重点掌握与所从事专业有关的诉讼对策。

四、《司法会计鉴定实务》的逻辑结构与教学运用

《司法会计鉴定实务》共分十九章，由司法会计鉴定的基本原理、鉴定技能和具体鉴定规范三部分构成。三部分的基本逻辑关系是：在明确司法会计鉴定基本原理的基础上，介绍司法会计鉴定的方法、技巧和程序等鉴定技能，最后按照不同财务会计问题的类型分别探讨了相应的司法会计鉴定规范。

第一部分，由第一章至第三章构成。首先，从司法会计鉴定任务、特点出发，确定哪些类型的财务会计问题应当或可以由司法会计鉴定人解决，并明确司法会计鉴定目的与鉴定事项的关联；其次，明确司法会计鉴定的事实依据（鉴定证据）和标准依据（鉴定标准）。

第二部分，由第四章至第十章构成。分别介绍了司法会计鉴定的基本思路、基本步骤以及鉴定意见的基本类型、鉴定文书的制作方法和要求。

第三部分，由第十一章至第十九章构成。分别介绍八类财务问题以及一类会计问题的鉴定原理与操作要点。

本书的设计用途：一是作为司法会计专业在校生和司法会计师岗前培训的专业课程教材；二是作为会计专业在校生和办理经济案件为主的检察官、法官、律师培训的选修课程教材。

本书在教学运用方面，应当注意的是：作为专业课程教材使用时，应当辅之以案例教学，在系统介绍司法会计鉴定范围和掌握司法会计鉴定基本思路、基本步骤基础上，使学习者能够熟练地掌握不同财务会计问题鉴定的操作规程和注意事项；作为选修课程使用时，应当重点介绍司法会计鉴定范围、鉴定目的与鉴定事项的关系以及鉴定文书的基本制作要求，同时根据教学对象的特点，有选择地介绍司法会计鉴定规程，使学习者正确理解司法会计鉴定基本原理和基本操作要求。

五、《司法会计师业务与案例》的逻辑结构与教学运用

《司法会计师业务与案例》共分十一章，由司法会计师业务概述、司法会计鉴定业务、司法会计师诉讼协助业务、司法会计师诉外业务、综合案例五部分构成。

第一部分，由第一章构成。主要介绍司法会计师职业特征以及执业的范围、文书和业务管理事项。

第二部分，由第二章构成。主要介绍司法会计鉴定业务，重点介绍各类鉴定业务的执行要点与鉴定文书制作方法，并介绍了司法会计鉴定案例。

第三部分，由第三章至第八章构成。主要介绍司法会计师的诉讼咨询、司法会计检查、专项检验、财务数据测算、文证审查、庭审质证等诉讼协助业务的范围、流程和要点，并分别介绍了案例。

第四部分，由第九章构成。主要介绍司法会计师的诉外业务范围、性质以及常见诉外业务的工作流程。

第五部分，由第十章和第十一章构成。分别介绍了司法会计师出庭作证案例和综合案例。

本书的设计用途：一是作为司法会计专业在校生和司法会计师岗前培训的专业课程教材；二是作为会计专业在校生和办理经济案件为主的检察官、法官、律师培训的选修课程教材。

本书在教学运用方面应当注意的是：作为专业课程教材使用时，可以结合实践教学进行，在系统介绍司法会计师各项业务的基础上，使学习者能够熟练地掌握各项司法会计业务的工作流程和要点；作为选修课程使用时，应当重点介绍司法会计执业事项，使学习者正确区分和把握不同司法会计师业务的要点。

六、研习司法会计理论需要注意避免的三个问题

在研习司法会计理论过程中，应当注意避免以下三个容易影响研习效果的问题：

一是把司法会计理解为司法会计师所从事的活动。司法会计活动的主体类型很多，司法会计师仅是从事这一活动的主体之一。如果将司法会计活动理解为司法会计师所从事活动，可能会影响对各种司法会计活动程序问题的理解。

二是把财务和会计混为一谈。由于会计学界的一些学者站在不同的角度来定义和理解财务与会计的关系，对会计专业出身的同志也会产生一些影响。无论会计学如何争论这一问题，在司法会计专业中必须明确的是：会计的基本含义应当是一种经济核算和监督活动，而财务的最基本含义应当是指经济活动。两者的关系问题会涉及对财务会计事实的认定、鉴定对象的确定、鉴定标准的采用以及鉴定操作规范等若干理论和实务方面，因而明晰地将两者划分开并搞清其关联性，才能更好地理解司法会计理论和操作内容。

三是把司法会计活动理解为舞弊审计活动。将司法会计活动理解为舞弊审计活动，是各国司法会计理论研究初期最容易出现的问题。在这一理念下形成的司法会计理论模式被称为"一元论"，目前英美法系国家在这一领域的理论研究成果仍然处于该研究阶段。初次接触司法会计理论的同志特别容易形成这一理念，但如果持这一理念，很难理解一些新的司法会计理论、对策和操作要求。因此，在理解研习司法会计理论和实务问题时首先需要搞清的概念是：司法会计的基本概念是指一种诉讼活动，这种诉讼活动并不都会涉及舞弊问题，其程序、方法设计也不单纯针对舞弊。司法会计显然不属于专门进行舞弊调查的审计活动。

30 年前，笔者从研究"司法会计是什么"的问题起步，非常幸运地得到了

各方面领导、同事、朋友、同行以及家人的理解、支持和帮助，使笔者能够坚持到今天，并形成一套系统的专业理论。随着我国法制社会的不断发展和社会经济活动的日益复杂，司法会计活动已经成为法律诉讼中不可或缺的一项重要内容，司法会计理论还会继续得到扩展和完善。这主要得益于诉讼专业人士和司法会计师们的共同努力，只要继续坚持下去，可以相信我国司法会计理论研究一定能够取得更加丰硕的成果。

本套丛书展示了司法会计学科理论的广博内涵，但同时也是对研究者的一种考验。笔者十分担心书中会出现一些谬误之处，进而给研习者带来误导。在此，请读者在发现谬误之处时，能够不吝赐教。

另外，笔者的同事于小伟、师明、高志强分别参与了《司法会计概论》、《司法会计检查实务》、《司法会计鉴定实务》的校对工作。在此，对他们的辛勤劳作一并感谢。

于　朝

2013 年 8 月

目　　录

第一章　司法会计师业务概述 …………………………………………（ 1 ）

第一节　司法会计师职业概述 ………………………………………（ 1 ）

一、"司法会计师"的词源 ……………………………………（ 1 ）

二、司法会计师的职业概念 ……………………………………（ 2 ）

三、司法会计师的职业素养要求 ………………………………（ 4 ）

第二节　司法会计师执业范围概述 …………………………………（ 5 ）

一、确定司法会计师执业范围的原则 …………………………（ 5 ）

二、司法会计师的诉讼业务 ……………………………………（ 5 ）

三、司法会计师的非诉讼业务 …………………………………（ 7 ）

第三节　司法会计师执业文书概述 …………………………………（ 8 ）

一、司法会计师执业文书的含义与类型 ………………………（ 8 ）

二、程序文书的类型与作用 ……………………………………（ 9 ）

三、意见文书的类型与作用 ……………………………………（ 12 ）

第四节　司法会计师执业管理概述 …………………………………（ 13 ）

一、司法会计师的行业管理 ……………………………………（ 13 ）

二、司法会计机构的管理 ………………………………………（ 14 ）

附录：司法会计程序文书参考格式样本和示例 ………………………（ 17 ）

第二章　司法会计师鉴定业务与案例 …………………………………（ 24 ）

第一节　司法会计鉴定概述 …………………………………………（ 24 ）

一、司法会计鉴定的概念 ………………………………………（ 24 ）

二、司法会计鉴定方法概述 ……………………………………（ 26 ）

三、司法会计鉴定程序概述 ……………………………………（ 29 ）

四、司法会计鉴定意见概述 ……………………………………（ 29 ）

第二节　司法会计鉴定业务概述 ……………………………………（ 30 ）

一、司法会计鉴定业务的受理 …………………………………（ 30 ）

二、司法会计鉴定业务的执行 …………………………………（31）

三、补充鉴定业务的受理与执行 ………………………………（35）

四、重新鉴定业务的受理与执行 ………………………………（36）

五、复核鉴定业务的受理与执行 ………………………………（36）

第三节　司法会计鉴定文书的制作概述 …………………………（37）

一、司法会计鉴定业务中的意见文书概述 ……………………（37）

二、司法会计鉴定书的制作要点 ………………………………（37）

三、司法会计分析意见书的制作要点 …………………………（41）

四、司法会计咨询意见书的制作要点 …………………………（41）

五、司法会计鉴定复核意见书的制作要点 ……………………（42）

六、司法会计鉴定说明的制作要点 ……………………………（42）

七、司法会计鉴定笔录的制作要点 ……………………………（43）

八、司法会计鉴定意见中表达限定性意见的制作要点 ………（44）

第四节　司法会计师出庭作证 ……………………………………（44）

一、司法会计师出庭作证概要 …………………………………（44）

二、司法会计师出庭作证注意事项 ……………………………（45）

第五节　司法会计师鉴定业务案例——民事纠纷案件司法会计鉴定

　　　　案例 ………………………………………………………（46）

一、司法会计师受理业务的背景 ………………………………（46）

二、司法会计鉴定情况 …………………………………………（47）

第六节　司法会计师鉴定业务案例——挪用公款案件司法会计鉴定

　　　　案例 ………………………………………………………（52）

一、司法会计师受理业务的背景 ………………………………（52）

二、司法会计鉴定情况 …………………………………………（54）

第七节　司法会计师鉴定业务案例——受贿案件司法会计鉴定案例 …（91）

一、司法会计师受理业务的背景 ………………………………（91）

二、司法会计鉴定情况 …………………………………………（93）

第三章　司法会计师诉讼咨询业务与案例 …………………………（103）

第一节　司法会计师咨询业务概述 ………………………………（103）

一、司法会计师咨询业务的含义 ………………………………（103）

二、诉讼咨询业务的咨询方、咨询内容、心理预期 …………（104）

　　三、诉讼咨询业务的类型 ······················ （106）

　　四、咨询业务的工作原则 ······················ （106）

第二节　诉讼咨询业务程序 ······················ （107）

　　一、诉讼咨询业务的受理 ······················ （107）

　　二、诉讼咨询业务中的倾听与提问 ·············· （108）

　　三、咨询问题的分析与研判 ···················· （109）

　　四、咨询结果的答复 ·························· （110）

第三节　诉讼价值咨询业务 ······················ （110）

　　一、评断诉讼价值的意义 ······················ （110）

　　二、评断诉讼价值的方法 ······················ （111）

第四节　诉讼方案咨询业务及其他诉讼咨询业务 ······ （113）

　　一、诉讼方案咨询业务 ························ （113）

　　二、其他诉讼咨询业务 ························ （114）

第五节　司法会计师咨询业务案例——侦查方案咨询案例 ···· （115）

　　一、咨询业务背景 ···························· （115）

　　二、咨询业务的操作 ·························· （116）

　　三、相关文书 ································ （117）

第四章　司法会计师检查业务与案例 ················ （122）

第一节　司法会计检查概述 ······················ （122）

　　一、司法会计检查的概念 ······················ （122）

　　二、司法会计检查方法概述 ···················· （122）

　　三、司法会计检查程序概述 ···················· （123）

　　四、司法会计检查的主体与技术支持 ·············· （124）

第二节　司法会计检查业务概述 ·················· （125）

　　一、司法会计检查业务的含义 ·················· （125）

　　二、对司法会计检查业务中两个问题的辨识 ········ （126）

　　三、司法会计检查业务的范围 ·················· （128）

　　四、司法会计检查业务的内容 ·················· （128）

第三节　司法会计检查业务的程序 ················ （129）

　　一、司法会计检查业务的受理 ·················· （129）

　　二、司法会计检查业务的实施 ·················· （130）

　　三、司法会计检查业务的结果及其处理　……………………………（130）

　　第四节　司法会计检查业务案例——受贿案件司法会计检查业务案例……（131）

　　　　一、业务背景　………………………………………………………（131）

　　　　二、司法会计检查业务实施过程及结果　…………………………（131）

　　第五节　司法会计检查业务案例——贪污案件司法会计检查业务案例……（133）

　　　　一、业务背景　………………………………………………………（133）

　　　　二、提供诉讼咨询　…………………………………………………（134）

　　　　三、司法会计检查业务的执行　……………………………………（134）

　　　　四、《司法会计检验报告》　…………………………………………（136）

第五章　司法会计师专项检验业务与案例　………………………………（140）

　　第一节　专项检验业务概述　………………………………………………（140）

　　　　一、司法会计检验的概念　…………………………………………（140）

　　　　二、司法会计检验的方法与结果　…………………………………（140）

　　　　三、专项检验业务的含义　…………………………………………（141）

　　　　四、专项检验业务与其他司法会计师业务的关系　………………（142）

　　第二节　专项检验业务的执行　……………………………………………（144）

　　　　一、专项检验业务的受理　…………………………………………（144）

　　　　二、专项检验业务的实施　…………………………………………（145）

　　第三节　司法会计检验报告的制作　………………………………………（147）

　　　　一、司法会计检验报告的基本内容与参考格式　…………………（147）

　　　　二、首部及绪言部分的制作要点　…………………………………（148）

　　　　三、主文中检验所见部分的制作要点　……………………………（149）

　　　　四、主文中检验结果部分的制作要点　……………………………（150）

　　　　五、尾部的制作要点　………………………………………………（151）

　　第四节　司法会计专项检验案例——职务侵占案件的专项检验案例　…（151）

　　　　一、提供诉讼咨询情况　……………………………………………（151）

　　　　二、专项检验情况　…………………………………………………（155）

第六章　司法会计师财务数据测算业务与案例　…………………………（171）

　　第一节　财务数据测算业务概述　…………………………………………（171）

　　　　一、财务数据测算业务的含义　……………………………………（171）

　　　　二、关于财务数据测算业务性质与诉讼作用问题的讨论　………（172）

　　三、测算财务数据的事实依据 ……………………………………（173）

　　四、财务数据测算业务与财务数据问题鉴定业务的共性与差异 ………（174）

第二节　财务数据测算业务的一般程序 ……………………………（175）

　　一、财务数据测算业务的受理 ………………………………………（175）

　　二、财务数据测算业务的实施 ………………………………………（177）

第三节　虚拟存款利息额测算业务 …………………………………（178）

　　一、虚拟存款利息额测算业务的含义与适用范围 …………………（178）

　　二、虚拟存款利息额的测算原理 ……………………………………（180）

　　三、虚拟存款利息额测算业务的操作要点 …………………………（183）

第四节　虚拟证券交易收益额测算业务 ……………………………（184）

　　一、虚拟证券交易收益额测算业务的含义与适用范围 ……………（184）

　　二、虚拟证券交易收益额的测算原理 ………………………………（185）

　　三、虚拟证券交易收益额测算业务的操作要点 ……………………（186）

第五节　预期财务收支测算业务的操作要点 ………………………（186）

　　一、预期财务收支测算业务的含义与适用范围 ……………………（186）

　　二、预期财务收支的测算原理 ………………………………………（187）

　　三、预期财务收支测算的操作要点 …………………………………（187）

第六节　虚拟经营损益额测算业务 …………………………………（188）

　　一、虚拟经营损益额测算业务的含义与适用范围 …………………（188）

　　二、虚拟经营损益额的测算原理 ……………………………………（189）

　　三、虚拟经营损益额测算业务的操作要点 …………………………（190）

第七节　应纳税额测算业务 …………………………………………（191）

　　一、应纳税额测算业务的含义与适用范围 …………………………（191）

　　二、应纳税额的测算原理 ……………………………………………（192）

　　三、应纳税额测算业务的操作要点 …………………………………（193）

第八节　财务数据测算文书的制作 …………………………………（193）

　　一、司法会计测算意见书的基本内容与参考格式 …………………（194）

　　二、司法会计测算意见书的首部与尾部的制作要求 ………………（195）

　　三、司法会计测算意见书绪言部分的制作要求 ……………………（195）

　　四、司法会计测算意见书主文部分的制作要求 ……………………（195）

第九节　财务数据测算业务案例——虚拟银行存款利息额测算案例　…（196）

一、测算业务的背景　………………………………………（196）

二、测算事项的确定与实施　………………………………（198）

第十节　财务数据测算业务案例——虚拟经营损益额测算案例　…（207）

一、送检背景　………………………………………………（207）

二、测算业务的受理情况　…………………………………（208）

三、主要操作事项与测算结果　……………………………（208）

第七章　司法会计师文证审查业务与案例　………………………（216）

第一节　司法会计文证审查业务概述　……………………………（216）

一、文证审查业务的含义　…………………………………（216）

二、文证审查业务的对象　…………………………………（217）

三、文证审查业务与鉴定业务的区别　……………………（218）

第二节　司法会计文证审查的程序　………………………………（220）

一、送审与受理　……………………………………………（220）

二、结论性证据的审查步骤　………………………………（221）

三、非结论性证据的审查步骤　……………………………（221）

四、文证审查结果的处理　…………………………………（221）

第三节　结论性证据的审查要点　…………………………………（222）

一、结论性证据审查的一般内容　…………………………（222）

二、司法会计鉴定文书的审查要点　………………………（222）

三、司法会计检验报告的审查要点　………………………（225）

四、审计报告的审查要点　…………………………………（226）

五、验资报告的审查要点　…………………………………（227）

六、资产评估报告的审查要点　……………………………（228）

第四节　非结论性证据的审查　……………………………………（229）

一、非结论性证据审查的一般内容　………………………（229）

二、非结论性证据的审查方法　……………………………（229）

第五节　司法会计文证审查意见书的制作　………………………（231）

一、司法会计文证审查意见书概述　………………………（231）

二、司法会计文证审查意见书的基本内容与参考格式　……（233）

三、司法会计文证审查意见书的制作要点　………………（234）

第六节　结论性证据文证审查业务案例 ……………………（234）

　　一、司法会计鉴定文书的文证审查案例 …………………（234）

　　二、审计报告的文证审查案例 ……………………………（243）

　　三、审计报告与非结论性证据文证审查案例 ……………（245）

　　四、税务认定报告文证审查案例 …………………………（247）

第七节　非结论性证据文证审查文书示例 ……………………（250）

　　一、挪用资金案件文证审查意见书示例 …………………（250）

　　二、贪污、挪用公款案件文证审查意见书示例 …………（251）

　　三、逃税案件文证审查意见书示例 ………………………（255）

第八章　司法会计师庭审质证业务与案例 ……………………（257）

第一节　庭审质证业务概述 ……………………………………（257）

　　一、庭审质证业务的含义与诉讼意义 ……………………（257）

　　二、司法会计师出庭协助质证的法律依据 ………………（260）

　　三、司法会计师出庭质证的任务 …………………………（262）

　　四、庭审质证业务与出庭作证的差异 ……………………（262）

第二节　庭审质证业务的程序 …………………………………（263）

　　一、庭审质证业务的受理 …………………………………（263）

　　二、司法会计师出庭前的准备工作 ………………………（263）

　　三、司法会计师出席法庭 …………………………………（264）

　　四、司法会计师出庭质证应当注意的事项 ………………（264）

第三节　司法会计师协助庭审质证业务案例——民事抗诉案件出庭

　　　　　质证案例 ……………………………………………（264）

　　一、受理业务背景 …………………………………………（264）

　　二、司法会计师受理及出庭前工作 ………………………（265）

　　三、司法会计师出庭情况及案件结果 ……………………（267）

第九章　司法会计师非诉讼业务概述 …………………………（269）

第一节　非诉讼业务的范围与性质 ……………………………（269）

　　一、非诉讼业务的含义与范围 ……………………………（269）

　　二、非诉讼业务的性质 ……………………………………（271）

第二节　诉外调查业务的执行程序 ……………………………（272）

　　一、诉外调查业务的受理 …………………………………（272）

二、诉外调查业务的执行 ………………………………………（273）

三、诉外调查情况与结果的报告 ………………………………（274）

四、诉外调查业务的后续事项 …………………………………（274）

第三节　诉外非调查业务的执行程序 ……………………………（275）

一、诉外非调查业务的一般执行程序 …………………………（275）

二、参与经济合同事务的注意事项 ……………………………（275）

三、参与非诉讼调解业务的注意事项 …………………………（276）

四、担任特别顾问的注意事项 …………………………………（276）

第四节　诉外会计鉴定业务的执行程序 …………………………（276）

一、诉外会计鉴定业务的一般执行程序 ………………………（276）

二、执行诉外会计鉴定业务的注意事项 ………………………（277）

第十章　司法会计师出庭作证案例 ………………………………（279）

一、鉴定业务受理背景 …………………………………………（279）

二、鉴定业务的执行与结果 ……………………………………（279）

三、司法会计师出庭情况 ………………………………………（292）

四、本案小结 ……………………………………………………（311）

第十一章　司法会计师业务综合案例——信用证诈骗案件 ……（314）

一、司法会计师受理业务的背景 ………………………………（314）

二、诉讼咨询业务 ………………………………………………（314）

三、文证审查业务 ………………………………………………（316）

四、司法会计检查业务 …………………………………………（316）

五、司法会计鉴定业务 …………………………………………（317）

六、专项检验业务 ………………………………………………（327）

七、本案小结 ……………………………………………………（327）

八、检验、鉴定文书 ……………………………………………（329）

第一章 司法会计师业务概述

第一节 司法会计师职业概述

一、"司法会计师"的词源

"司法会计师"一词最早出现于 1988 年的司法会计职称文件中①，是用来表示司法会计专业中级职称的。

1995 年最高人民检察院倡议在刑事技术部门设置司法会计鉴定门类，选调优秀会计人员专门从事司法会计鉴定活动②。随后，各地检察机关从其他机关、企事业单位调入了一批会计人员充实司法会计岗位。由于这些专业技术人员脱离了会计工作，其专业职称问题无法解决，最高人民检察院于 1987 年组织司法会计师起草了《司法会计技术职务暂行办法》，分别设置了高级司法会计师、司法会计师、助理司法会计师三级技术职称，分别为高级、中级和初级职称。该办法经中央职称改革工作领导小组批准后，部分省级检察机关组织进行了职称评定。

2007 年，笔者在研究司法会计业务准则问题的过程中，发现虽然我国早已形成了司法会计专业技术队伍，但专业技术人员职业称谓问题一直没有得到很好地解决，理论文章中一般简称"司法会计"，各种文件中也只是称"司法会计人员"。这一现象的存在，是导致司法会计职业一直未能受到社会的认可和重视的

---

① 见中央职称改革工作领导小组职改字〔1988〕18 号《对最高人民检察院〈关于司法会计人员选用《会计专业职务试行条例》的报告〉的批复》。

② 中文"司法会计"一词历史上是用来表述司法机关预算会计工作的，20 世纪 50 年代引进前苏联"司法会计鉴定"一词后，"司法会计"一词一度作为"司法会计鉴定"的简称，基于这一历史原因，当初最高人民检察院在倡导开展司法会计专业工作时，便将该项工作称之为"司法会计鉴定工作"。随着司法会计学科理论研究和司法会计实践的不断突破，确定司法会计师的执业范围并不仅限于司法会计鉴定，还包括了诸如协助进行司法会计检查、协助进行司法会计文证审查、提供专业咨询等大量不属于司法会计鉴定的业务。根据这一变化，1992 年最高人民检察院召开全国检察系统司法会计鉴定工作研讨会中提出了修正司法会计鉴定工作称谓的建议，以便与该项工作的实际内容相符合。该次会议后，最高人民检察院将该项工作名称改为"司法会计工作"。

原因之一。从各国司法实践看，司法会计专业有必要建立职业队伍，有的国家也已经成立了司法会计行业协会。从国内其他新型职业看，都采用了专业名称加"师"的方法形成正规的职业称谓。借鉴于此，笔者撰文建议将司法会计专业的职业称谓定为"司法会计师"，既方便与"会计师"职业相区别，也有利于社会及有关部门认识这一职业，进而促进这一职业的发展。

二、司法会计师的职业概念

从社会职业角度讲，司法会计师是指经过一定的职业认可程序产生，以司法会计活动为主业的执业人员。

1. 司法会计师应当经过一定的职业认可程序产生

按照现行社会管理模式，任何需要具有专门知识和技能的职业都逐步实行了职业认可制度。司法会计师作为具有司法会计专业知识和技能的职业，也应当经过一定的职业认可程序产生。这种职业认可标准和过程应当包含了对司法会计专业知识和技能的要求、考核、认可等一系列的程序，司法会计专业人员只有经过认可程序认可后，方可成为司法会计师。

但是，任何职业都有一个从无须职业认可到实行职业认可的过程。目前我国司法会计师的职业认可，尚处在无须职业认可到职业认可的过渡时期。一方面，按照目前的职业规范，我国尚未启动司法会计职业认可程序，从这个角度讲司法会计师尚处在无须职业认可的阶段；另一方面，目前已经实行司法会计职业化的检察机关，在司法会计师的特征性业务（司法会计鉴定业务）方面，已经开展了司法会计鉴定资格认证程序，没有取得司法会计鉴定资格认定的司法会计师，无权执行司法会计鉴定业务。换句话说，目前检察机关的司法会计师如果要想执行全部执业活动，就需要通过司法会计鉴定资格认证，从这个角度讲司法会计师的职业认可活动已经初步显现。未来随着司法会计师职业活动的社会化发展需要以及执业标准的建立，司法会计师的职业确认将会进一步过渡到职业认可阶段。

2. 司法会计师以司法会计活动为主业

司法会计师是司法会计活动发展的产物。司法会计活动，包括司法会计检查、司法会计鉴定、司法会计文证审查等法律诉讼活动。司法会计活动产生于法律诉讼的需要，是法律诉讼（尤其是经济案件的诉讼）中获取财务会计资料证据，解决诉讼涉及的财务会计问题的主要诉讼措施。随着司法会计活动的发展，越来越需要具有司法会计专业知识的人参与或承担诉讼中的获取证据、审查证据和解决财务会计问题的任务，随之产生了以从事司法会计活动为主业的职业——司法会计师。从司法会计师职业的产生过程可以看出，这一职业的执业活动应当以司法会计活动为主业。

　　这里需要特别说明的是，司法会计师的主要执业事项是司法会计活动，但司法会计活动并非是指"司法会计师所从事的活动"，司法会计师的执业范围也不仅限于司法会计活动①。司法会计师的执业范围问题将在下一节中专门进行阐释。

　　3. 正确区分司法会计师与司法会计主体概念

　　依法能够从事司法会计这一诉讼活动的人员，理论上称之为司法会计主体。司法会计师与司法会计主体是性质和权利义务不同的两个概念：司法会计师属于社会职业概念，其权利和义务是职业方面的并由职业管理法律规范；而司法会计主体属于诉讼主体概念，其权利和义务是诉讼方面的并由诉讼法律规范。明确这一点，对研究有关司法会计职业管理法律制度以及实践中正确区分职业关系和诉讼关系都至关重要。例如：司法会计师通常具有司法会计鉴定的执业资格，但具有司法会计鉴定执业资格的司法会计师并不是当然能够成为具体案件中的"司法会计鉴定人"，还需要在受理每一具体案件时办理相应鉴定主体的确认手续；而司法会计鉴定人是一个诉讼法律概念，只有在具体案件中才可能出现，诉讼外并不存在"司法会计鉴定人"②。又如：我国刑事诉讼法律规定，侦查人员应当对与犯罪有关的物品进行检查，这就说明诉讼中检查涉案财务会计资料的主体应当是侦查人员，法律同时规定，在必要的时候，可以指派或聘请有专门知识的人在侦查人员主持下进行检查，根据这一规定，司法会计师可以具有专门知识的人的身份参与到司法会计检查活动中，进而成为某一具体案件诉讼中进行司法会计活动的主体。这些例子说明了两点：第一，司法会计活动作为诉讼活动的组成部分，其主体并不仅限于司法会计师，按照各类诉讼法律的规定，能够从事司法会计活动的相关职业人员还包括了侦查、检察、审判、律师等，且很多情形中的司法会计活动并不需要司法会计师参与；第二，司法会计活动主体是一个诉讼概念，只有在具体案件的诉讼中才能产生司法会计活动的主体，司法会计师也只有在接受指派或聘请参与到具体案件的司法会计活动时，才能够成为司法会计主体，否则，司法会计师只是一名以司法会计业务为主业的社会执业人员。

---

　　① 类似的情形在其他职业中也常见。以会计师为例，会计师是以会计活动为主业的职业，但会计活动的主体并非只有会计师，审计师也可以从事相关的会计工作；会计师的执业范围也并非仅从事会计活动，其也可以从事审计活动，内部审计工作常常就是由会计师实施。

　　② 目前司法鉴定法律制度中将具有司法鉴定执业资格的人统称为司法鉴定人的做法，值得商榷。由于具有司法鉴定执业资格人不一定能够成为具体案件的"司法鉴定人"，为了便于区分执业资格与鉴定资格，建议将具有司法鉴定执业资格的人员称为"司法鉴定师"。

4. 关于侦查机关司法会计师的职业属性

根据我国司法鉴定法律规定，侦查机关（包括公安、检察、海关缉私等机关）可以设置司法鉴定机构。其中，司法会计鉴定机构显然需要配备司法会计师。目前检察机关已经配备了大量的司法会计师，专职或兼职从事司法会计工作，其职业是否属于检察官？讨论这个问题需要从具体的职业归类角度进行分析：检察机关的工作人员主要分为检察官、司法行政人员及法警等职业，其所配备的司法会计师应当属于司法行政人员（有些国家和地区称之为检察事务官），不属于严格意义上的检察官。

三、司法会计师的职业素养要求

从履行司法会计业务的职能需要看，司法会计师应当具备一定的职业道德、学历与资历、专业基础、专业素质等一系列职业素养要求。

1. 职业道德要求：认真负责的高度责任感；敢于坚持真理，依法检案；廉洁奉公，刚直不阿；工作细致、扎实；自觉遵守司法会计业务的制度和纪律等。

2. 学历与资历要求：（1）助理司法会计师应当具有经济管理（含会计、审计，下同）专业学历，工作1年以上，参加司法会计执业初级培训达规定标准学时数，并取得结业证书的；或司法会计专业本科以上学历，工作1年以上，取得司法会计执业初级培训结业证书的；或从事司法会计工作3年以上，取得司法会计执业初级培训结业证书的。（2）司法会计师应当具有经济管理专业或司法会计专业本科以上学历，取得中级会计师资格证书及司法会计职业中级培训结业证书；或从事司法会计工作10年以上并取得司法会计职业中级培训结业证书的。（3）高级司法会计师应当取得中级会计师或司法会计师资格证书5年以上，或从事司法会计工作15年以上，并取得司法会计执业高级培训结业证书的。

3. 专业基础素质要求：较高的财务会计理论水平，熟悉各类财务会计业务，具备熟练的运算技能，熟悉会计电算化的工作程序，具有丰富的社会经济知识或一定的财务会计工作经历。

4. 专业素质要求：（1）熟悉和掌握对各类案件进行司法会计检查的重点、方法、技巧和程序，能够独立地制订和实施司法会计检查方案；（2）熟悉和掌握对各类财务会计问题进行司法会计鉴定的方法、技巧和程序；（3）熟悉与财务会计业务有关的法规、政策和财务会计标准，能够独立地判明财务会计资料证据所能证明案件事实的内容和程度，判明有关财务会计业务的财务意义和会计意义，并作出符合科学性要求的工作结论；（4）熟悉有关的诉讼法规和司法会计技术标准，具有一定的诉讼经验；（5）熟悉各种司法会计技术文书的制作方法，能够独立地制作和审查各种司法会计文书。

第二节　司法会计师执业范围概述

一、确定司法会计师执业范围的原则

司法会计师的执业范围，是指司法会计师所能够从事的业务范围。

这里需要再次强调司法会计活动并非是指司法会计师的执业活动，这是两个不同的概念。前者是指司法会计检查、司法会计鉴定、司法会计文证审查、司法会计检验等针对涉案财务会计资料及相关证据、财务会计问题进行的一种诉讼活动；后者则是指司法会计师作为一项社会职业所能够执行的业务范围。因此，应当避免将司法会计活动理解为"司法会计师所从事的活动"，以方便讨论司法会计师执业范围问题。

司法会计师主要职能是从事各种司法会计活动，但司法会计师的执业活动范围也不能仅限于从事司法会计活动。确定司法会计师执业范围的宗旨是：根据司法会计师的职业素质要求所确定的执业能力并结合相关法律规定和社会职业分工，明确司法会计师可执行的业务范围。从司法会计师职业素质要求看，司法会计师通常具备法律、财务、会计等专业基础知识和技能，因而其执业范围除司法会计活动以外，还可以包括能够利用这些基础知识和技能的相关业务；从法律和社会职业界定看，司法会计活动需要专门的职业人员参与或独立实施，因而司法会计师应当以司法会计活动为主要执业事项。

从中外司法会计师的实际执业范围看，大致分为诉讼业务和非诉讼业务两大类。

所谓诉讼业务，是指司法会计师接受诉讼主体的指派或聘请，承担与诉讼活动有关的各种业务，主要是提供各种诉讼支持活动的业务（即司法会计活动）。

所谓非诉讼执业活动，是指司法会计师接受国家机关、公民、法人或其他组织的委托，承担诉讼以外的管理服务业务或备诉业务（即非司法会计活动）。司法会计师的非诉讼业务主要是提供各种经济管理服务活动的业务。

二、司法会计师的诉讼业务

（一）司法会计师执行诉讼业务的职能

为诉讼提供证据和审查证据，是司法会计师执行诉讼业务的基本职能。

所谓提供证据的职能，主要是指司法会计师通过执行诉讼业务能够为诉讼主体提供司法会计鉴定意见、检验结论及其他诉讼证据的职能。实现这一职能的主要途径：一是司法会计师接受诉讼主体的指派或聘请，通过实施司法会计检验、鉴定活动，提供相应的检验报告、鉴定意见；二是司法会计师通过参与司法会计

检查活动，协助诉讼主体发现和收集财务会计资料证据，制作司法会计检查笔录。

所谓审查证据的职能，主要是指司法会计师通过执行诉讼业务能够为诉讼主体审查财务会计资料证据及其他相关证据的客观性、可靠性或科学性提供技术服务的职能。实现这一职能的主要途径除司法会计师协助诉讼主体实施司法会计文证审查外，司法会计师在参与或实施其他司法会计活动中，也会对所涉及的财务会计资料证据起到一定的审查作用。例如：在司法会计鉴定过程中，司法会计师通过审查验证作为检材的财务会计资料证据，确定其能否作为鉴定意见的根据，这个过程中显然会对相关的财务会计资料证据起到审查作用。

除上述基本职能外，司法会计师在执行诉讼业务中还会起到积累和提供司法会计信息、指导诉讼主体办案等派生职能。

（二）司法会计师执行诉讼业务的范围

根据前述诉讼业务的职能，司法会计师的诉讼业务包括实施司法会计鉴定、提供专业咨询、协助进行司法会计检查、实施司法会计专项检验、协助进行文证审查、协助出庭质证等。其中：实施司法会计鉴定是司法会计师职业的特征性业务①，其他业务如咨询业务、司法会计检查业务、司法会计文证审查业务、司法会计专项检验业务、财务数据测算业务、出庭质证业务等则属于诉讼协助业务。

1. 司法会计鉴定业务

司法会计师的司法会计鉴定业务内容包括：对诉讼主体提出的涉案财务会计问题进行鉴定，并提供书面鉴定意见。这里所谓的鉴定意见可能为鉴定结论、分析意见和咨询意见等。

2. 诉讼咨询业务

司法会计师执行咨询业务的内容包括：为诉讼主体提出的与诉讼相关的专业问题提供建议或专业答复，这类问题可能涉及诉讼价值、诉讼方案、财务会计标准等方面。

3. 司法会计检查业务

司法会计师执行司法会计检查业务的内容包括：协助诉讼主体通过查账、查物，发现证据线索，收集并固定财务会计资料证据，或协助制作勘验、检查笔录。

---

① 所谓职业特征性业务，是指能够体现某一职业特殊职责的业务。例如：会计师的特征性业务是会计核算、注册会计师的特征性业务是报表审计。这些特征性业务可以从会计师、注册会计师的执业标准中看出，例如：《中国注册会计师执业准则》中有80%多的准则为报表审计准则。

4. 司法会计文证审查业务

司法会计师执行司法会计文证审查业务的内容包括：协助诉讼主体审查案件中的财务凭据、会计凭证、账簿、会计报表、财务报告等非结论性证据，以及审计报告、验资报告、评估报告、司法会计检验报告、司法会计鉴定文书等结论性证据，并提出审查意见供诉讼主体参考。

5. 司法会计专项检验业务

司法会计师执行专项检验业务的内容包括：对诉讼主体提供的特定财务会计资料及相关证据进行检验，查明涉案财务、会计业务的客观情况，并以《司法会计检验报告》的形式，独立提供检验结果。

6. 财务数据测算业务

司法会计师执行财务数据测算业务的内容包括：对诉讼主体提出的涉案财务数据进行测算，并提供书面测算意见。这类财务数据可能涉及虚拟存款利息额、虚拟投资损益额、经营损益额、财务收入额、应纳税额等。

7. 出庭质证业务

司法会计师执行出庭质证业务的内容包括：经当事人申请和人民法院通知，作为"有专门知识的人"出庭协助一方当事人（含公诉方）出庭质证，就法庭调查涉及的有关财务、会计、司法会计方面的问题进行质疑或解答。

三、司法会计师的非诉讼业务

司法会计师执行非诉讼业务的职能，主要是为委托方提供经济管理等方面的服务。

根据司法会计师的职业素养和社会需求，司法会计师的非诉讼业务通常涉及舞弊调查业务、舞弊诊断业务、非诉讼调解业务、经济事项调查业务和特别顾问业务等。

1. 舞弊调查业务（舞弊审计业务）

司法会计师执行舞弊调查业务的内容包括：根据委托人的要求对可能涉及财务、会计舞弊的事项或线索进行调查，提供调查报告。调查业务通常会与委托方准备提出刑事控告、提起民事或行政诉讼有关，即用于为诉讼准备证据。

2. 舞弊诊断业务

司法会计师执行舞弊诊断业务的内容包括：根据委托人提供的财务会计资料，通过考察内部控制制度的内容和执行情况，就相关单位的某财务会计部门是否可能存在舞弊进行诊断，并提出调查结果或改进建议等。舞弊诊断业务通常与启动舞弊调查和进行舞弊预防活动有关。

3. 非诉讼调解业务

非诉讼调解，是指在诉讼外进行的民事调解活动。司法会计师执行非诉讼调解业务的内容包括：根据委托人的要求提出调解方案，对各方进行解释和协调，协助起草调解文书等。

4. 经济事项调查业务

司法会计师执行经济事项调查业务的内容包括：根据委托人的要求，对除舞弊调查以外的经济事项提出调查方案，采用各种调查方法实施调查，并提供调查报告。

5. 特别顾问业务

司法会计师的特别顾问业务的内容与其所担任顾问的职责约定有关。比如：担任企业的特别顾问，其约定职责可能涉及财务管理、法律事务等；担任司法机关的技术顾问，其约定职责可能涉及指导开展司法会计业务，对司法人员、司法会计师进行培训、解决案件的疑难问题等。

第三节　司法会计师执业文书概述

一、司法会计师执业文书的含义与类型

司法会计师执业文书，是指司法会计师在执业活动中获取或形成的书面文件。

司法会计师进行执业活动，需要一定的文书作为依据，这就需要获取特定文书。同时，司法会计师进行执业活动中也会形成一些文书，例如：补充检材通知书、司法会计鉴定书等。

司法会计师的执业文书，按照作用不同可分为程序文书和意见文书。

程序文书，是指用于提起、中止、终结司法会计师的执业活动而制作的文书，它反映了司法会计师的执业过程，也是司法会计师从事某一种执业活动的程序性证据。程序文书的主要作用是记录提起、中止、终结司法会计师执业活动等情况。在诉讼业务中涉及的事实既包括实体事实（即一般意义上的案件事实），也包括诉讼中进行各种诉讼活动所形成的程序事实，后者则需要利用程序文书来证明，以保证司法会计活动的程序合法。

意见文书，是指由司法会计师制作的，承载其执业活动中形成的相关意见的司法会计执业文书。包括司法会计勘验、检查笔录、司法会计检验报告、司法会计鉴定文书（鉴定书、分析意见书、咨询意见书）、文证审查意见书、司法会计测算意见书、调查报告等意见文书。

在诉讼业务中，意见文书会起着重要的诉讼证据作用：其一，司法会计活动的目的是固定证据和取得相应的专业意见，以作为证明案件事实的根据。意见文书中，勘验、检查笔录可以固定勘验、检查的结果，证明相关财物及资料的客观

状态；司法会计检验报告及鉴定文书作为检验结论或鉴定意见的书面载体，使这些结论能够以物质形式固定下来，以便于将其作为证据运用于诉讼中。其二，司法会计检验、鉴定意见作为定案根据时，需要对结论内容进行审查，意见文书作为司法会计结论的书面说明文件，表达了相应结论的形成过程及结论的依据，可以方便审查结论。其三，意见文书还说明了检验、鉴定所涉及的财务会计资料证据的含义，可以为诉讼中认识和采用这些证据提供专家意见。

二、程序文书的类型与作用

司法会计师执业过程中获取或形成的程序文书主要包括：送检报告、委托书、聘请书、诉讼协助通知书、补充检材通知书、中止鉴定通知书、终结鉴定通知书、咨询函等。其中，送检报告、聘请书、诉讼协助通知书由送检方制作；补充检材通知书、中止鉴定通知书和终结鉴定通知书由司法会计师制作；咨询函可由诉讼机关或当事人（及其律师）制作。

（一）送检报告

送检报告是指诉讼机关为了提起司法会计检验、鉴定活动而制作的程序文书。《送检报告》的样本见本章附录一。

送检报告为填写式格式文书，由送检方制作。送检方填写案由、鉴定目的、鉴定事项及办案人姓名、报告日期后，送有权决定鉴定的负责人审批。有关负责人批示同意送检的，应当明确实施鉴定的部门或人员——明确由本机关技术部门和人员实施，还是聘请其他机关或机构的专业人员实施。

送检报告是诉讼机关提起司法会计检验、鉴定的请示审批文书，也是采取这一侦查（调查）措施的根据。对指派本机关司法会计师担任鉴定人的情形而言，它还是指派文书，本机关司法会计师可以依据该文书成为本案的司法会计鉴定人①。

（二）委托书

委托书是目前实践中用于委托或指定鉴定机构组织实施司法会计鉴定时制作的程序文书。

委托书为填写式格式文书，由送检方根据已批示的送检报告制作。主要内容包括案由、鉴定事项、完成鉴定的时间要求以及要求鉴定机构回复鉴定人员名单。委托书通常是作为鉴定机构受委托组织实施司法会计鉴定的根据。诉讼机关

---

① 需要说明的是，目前诉讼机关仍然使用传统的委托书作为启动专业鉴定活动的文书。尚无诉讼机关采用《送检报告》。

出具委托书时应当加盖公章①。

（三）聘请书

聘请书是指诉讼机关聘请司法会计师执行司法会计业务时制作的程序文书。《聘请书》的样本见本章附录二。

聘请书为填写式格式文书，用于聘请本机关以外的司法会计师等专业人员担任司法会计鉴定人或执行其他诉讼业务的情形，也是司法会计师以有专门知识的人的身份参与本案诉讼的根据。其中，用于聘请鉴定人的情形，应由送检方根据已批示的送检报告制作，主要内容包括案由、鉴定的要求及提请鉴定的法律依据等；其他情形则可以直接根据诉讼机关负责人的指示办理。诉讼机关出具的聘请书应当加盖本机关公章。

（四）诉讼协助通知书

诉讼协助通知书是指诉讼机关的案件承办部门需要司法会计师提供诉讼协助业务时制作的程序文书。《诉讼协助通知书》的样本见本章附录三。

案件承办部门需要司法会计师协助进行司法会计检查或文证审查时，应当制作诉讼协助通知书，经有关负责人批准后，送交技术部门。

诉讼协助通知书为填写式格式文书，内容包括案由及需要提供的诉讼协助事项、领导批示等，可用于指派司法会计师参与勘验、检查、搜查、现场实验等。

诉讼协助通知书也可用于通知与诉讼机关有协作关系的司法会计机构派员提供诉讼协助。

（五）出庭协助质证通知书

出庭协助质证通知书是指审判机关根据当事人的申请，同意司法会计师作为具有专门知识的人员出庭，就本案涉及的具体财务会计问题协助当事人质证时，向司法会计师发出的出庭通知书。

出庭协助质证通知书为填写式格式文书，由法官填写，加盖审判机关公章。

（六）业务受理登记表

业务受理登记表是指司法会计受理司法会计师业务后填制的，用于记录业务受理情况的程序文书。《业务受理登记表》的样本见本章附录四。

业务受理登记表由受理业务的司法会计师具体填制，内容通常包括案由、提

---

① 笔者认为，诉讼机关交由或指定鉴定机构组织实施司法会计鉴定时采用委托文书的做法有欠妥之处。一是涉及刑事诉讼时会缺乏法律根据——按照我国刑事诉讼法律的规定，司法会计鉴定人只能通过指派或聘请产生，没有规定"委托"，但民事诉讼法、司法鉴定管理法采用了"委托"一词；二是有悖于法理，混淆了法律关系——法律上的委托含有以受托人的名义办理相关委托事项之意，鉴定人与诉讼机关之间不应当产生法律上的委托和被委托关系，否则，司法鉴定就成了鉴定人以委托人的名义进行鉴定活动，其所出具的鉴定意见也就应当以委托人名义出具，这显然与司法鉴定管理法律确定的鉴定人负责制相违背。

请单位、提请人及其证件名称、证件编号、联系电话、通信地址、邮政编码、涉及专业、业务类型、收案人、收案编号、承办人、受理时间、简要案情、目的要求、收案人意见、专业审查意见、领导意见等。

（七）回避申请书

回避申请书是指司法会计师根据法律规定主动回避时制作，用于提出回避申请的程序文书。《回避申请书》的样本见本章附录五。

回避申请书由提出申请的司法会计师制作，写明业务根据、案由、回避原因及其法律根据等内容。

（八）补充检材通知书

补充检材通知书是指司法会计师要求送检方补充、核查相关检材时所制作的程序文书。《补充检材通知书》的举例见本章附录六。

补充检材通知书，由司法会计师制作后送达送检方，其内容包括补充检材的范围、要求及补充原因等。

司法会计师在鉴定过程中，发现现有检材不能满足鉴定需要时，可以书面通知送检方补充检材。补充检材通知书属于程序证据，证明鉴定人已经告知诉讼机关补充检材。

（九）中止鉴定通知书

中止鉴定通知书是指司法会计师因各种原因暂时中断司法会计鉴定时制作的程序文书。《中止鉴定通知书》的举例见本章附录七。

司法会计师在实施鉴定过程中，由于缺乏尚需补充的检材或其他原因暂时不能继续鉴定时，应当制作中止鉴定通知书，告知送检方中断鉴定的原因及时间。其作用是让送检方了解鉴定的进程，督促送检方补充检材。这样做既方便鉴定时限的考核，又可以防止因扯皮而影响整个诉讼进程。送检方认为中断鉴定的理由不成立时，应当督促鉴定人继续鉴定。如鉴定人拒绝继续鉴定，送检方可以考虑另行组织重新鉴定。

（十）终结鉴定通知书

终结鉴定通知书，是指司法会计师因各种原因无法解决案件中的专门性问题而终结鉴定时制作的程序文书。《终结鉴定通知书》的举例见本章附录八。

司法会计师在实施鉴定的过程中，发现缺乏必要的鉴定条件（如检材不足）或其他无法完成鉴定的情形，应当及时终结鉴定，并制作终结鉴定通知书告知送检方。终结鉴定通知书应当写明终结鉴定的理由和时间，由鉴定人签名并加盖所在单位业务专用章。

终结鉴定通知书是一种程序证据，它不仅证明某项司法会计鉴定活动的结束，在诉讼中还用来证明案件所涉及的财务会计问题无法通过司法会计鉴定解决。如果送检方认为本案涉及的财务会计问题能够通过司法会计鉴定解决，可以另指派或聘请司法会计鉴定人重新鉴定。

（十一）咨询函

咨询函是指诉讼机关或当事人等就诉讼（或鉴定文书）涉及的专业问题等向司法会计师提出咨询时所制作的程序文书。

咨询函主要适用于两种情形：一是用于诉讼各方就诉讼中涉及的财务会计问题提出咨询；二是用于诉讼机关或当事人（及其律师）针对诉讼中已经形成的司法会计检验报告、司法会计鉴定文书等存在的专业性问题，向出具文书的司法会计师提出咨询。

大部分程序文书都是格式文书，在填写时要仔细、认真，填列内容要符合诉讼法和司法解释的有关规定。

三、意见文书的类型与作用

意见文书包括法定文书和非法定文书。

（一）法定文书的含义与类型

法定文书是指司法会计师在执业活动中按照诉讼法律规定应当形成的意见文书。根据我国诉讼法律规定，司法会计鉴定后，鉴定人应当写出鉴定意见。因此，法定的司法会计意见文书，主要是指司法会计鉴定文书。

司法会计鉴定文书，根据所记载的鉴定意见的类型不同，分为标准文书和非标准文书两类。标准文书是指承载确定性鉴定结论的司法会计鉴定文书，即司法会计鉴定书；非标准文书是指承载除确定性鉴定结论以外的其他鉴定意见的文书以及鉴定笔录，包括承载限定性意见的司法会计鉴定书、司法会计分析意见书、司法会计咨询意见书、司法会计鉴定复核意见书、鉴定笔录等。

（二）非法定文书的含义与类型

非法定文书是指司法会计师在执业活动中按照约定形成的意见文书，这种约定并没有法律规定的依据。

非法定意见文书通常包括司法会计检验报告、司法会计文证审查意见书、司法会计测算意见书、调查报告等。

（三）意见文书的基本要求

司法会计意见文书的基本制作要求是：叙事概练、完整，论述符合逻辑，结论意见明确，文字语言准确易懂。

1. 叙事要概练、完整

意见文书的叙事内容主要包括案情简介、业务受理情况以及检验、审查证据所见的财务会计事实等。

意见文书涉及的叙事内容较多，因而应力求概括、精练。特别是在表述检验所见事实时，通常应概括表述检验所见检材所表达的财务会计事实，不需要对相关检材内容进行全面细致的描述。对大量同类检验结果所涉及的检材内容,还可以通过附表集中说明。同时应当注意的是,必要的叙事内容(如检验项目)不应省略,如果省略了必须交代的事实内容,将会影响到诉讼主体对司法会计结论的审查:一方面,省略必要的事实叙述会导致诉讼主体看不懂文书对事实的表述;另一方面,省略必要的检验事项的叙述会导致诉讼主体认为司法会计师遗漏了重要的检验事项。这就要求在叙事概练的同时,还应注意到叙事的完整性。

2. 分析论述要符合逻辑

所谓分析论述符合逻辑,是指对各种意见形成过程的表述应当符合形式逻辑的基本规则。

司法会计师执业过程中的各种意见都是按照一定的逻辑思维方式形成的。意见文书中对这一形成过程的表述主要表现为对检验结果、审查结果的归纳或各种分析论证。如果意见文书中的分析论述不符合逻辑,显然不能说明意见的科学性和可靠性,在论述不当的情况下即使意见内容是正确的,也难以被诉讼各方认可。这就要求意见文书的论述过程必须符合形式逻辑的判断、推理、证明等规则。

3. 意见要明确

就诉讼业务而言,司法会计师在执业过程中形成的意见,是意见文书的关键部分,也是诉讼主体引以作为诉讼证据或专家意见的基本内容。从诉讼证据的角度讲,证据能够证明案件事实的客观情况,司法会计师对意见所要证明的客观情况,不论认为其存在与否都应当有明确的表述,即作为意见文书所表述的结论意见,都必须明确地表达司法会计师所确认的事实。即使因检材所限不能直接确认某一客观情况的全部内容,也应当在结论中附加说明确认的条件,不得似是而非、模棱两可。

4. 文字用语要准确

意见文书在文字表述方面应当使用专业术语准确地表达司法会计师的看法,禁止使用有关财务会计方面的地方方言。其中,在使用财务会计术语时,应当注意分清会计术语与财务术语的不同含义和作用,在表述会计事实时,应当使用会计术语;在表述财务事实时,应当使用财务术语,不得混用。

第四节 司法会计师执业管理概述

一、司法会计师的行业管理

(一)国家行业管理机构

由于检察机关内部司法会计师的职业化已经形成,因而最高人民检察院检察技术部门已经成为我国最早的司法会计宏观管理机构，但仅限于对检察系统的司法会计师行业的管理。

20 世纪 90 年代后期至 21 世纪初，我国司法行政机关与审判机关同时介入社会司法会计鉴定执业管理活动，主要体现于对司法会计鉴定机构和司法会计鉴定师的登记工作，以及对注册会计师进行司法鉴定业务的培训工作。2005 年 2 月 28 日全国人大常委会颁布《关于司法鉴定管理问题的决定》，将司法鉴定的行业管理权授予司法行政机关①。

我国目前国家司法会计师行业管理机构的工作主要表现为：（1）最高人民检察院开展的对内部司法鉴定机构及司法会计鉴定资格的登记工作以及司法会计业务的宏观管理工作；（2）司法行政部门有关司法鉴定的宏观管理工作；（3）国家科技行政主管部门负责的包括司法会计学在内的学科课题规划和组织实施；（4）国家教育部门对司法会计专业学历教育和课题的管理工作。

（二）司法会计师行业的自律组织

司法会计师行业的自律组织有司法会计学会和司法会计师协会两种组织形式。目前，我国有省份成立了司法会计学会，也有地方成立了包括司法会计师在内的司法鉴定人协会。

（三）司法会计师行业管理内容

司法会计师行业的宏观管理主要包括：（1）规划并制订司法会计师行业发展计划；（2）制定并实施司法会计师行业管理制度；（3）宏观管理司法会计专业机构及学术组织；（4）司法会计师执业标准的制定及人才培养；（5）司法会计专业技术标准的制定与实施；（6）组织实施司法会计科研规划及业务交流合作；（7）组织司法会计师行业宣传等。

二、司法会计机构的管理

为了保证实现司法会计业务的职能，司法会计机构需要加强对司法会计业务的管理，主要内容包括对司法会计技术专业的人员、业务、档案及专用设备进行的专业化管理。

（一）人员管理

司法会计机构的人员管理，主要包括对人员招录、职业道德规范、业绩评

---

① 但可惜的是，由于对司法会计鉴定属性论证方面出现了偏差，《关于司法鉴定管理问题的决定》未能将司法会计类鉴定的职业管理工作纳入司法行政管辖范围。但是，该法律已经授权国务院司法行政部门根据诉讼需要，商最高人民法院、最高人民检察院确定的其他应当对鉴定人和鉴定机构实行登记管理的鉴定事项。相信在不远的将来，司法会计鉴定也会纳入司法行政登记管理范围。

价、专业胜任能力、执业资质与执业资格、薪酬等进行的管理。

1. 人员招录管理

司法会计机构应当制定能够招录到优秀人才的制度规范，以选择正直的、通过发展能够具备执行业务所需的必要素质和专业胜任能力的司法会计师。司法会计机构应当根据业务发展情况，适时进行人员需求预测。其中司法会计机构配备司法会计师的人数不得少于三人。

司法会计机构制定的制度规范应当体现遵守职业道德规范的重要性，并通过领导层的示范、教育、培训、监控、违规处罚等途径予以强化。

2. 职业道德规范管理

司法会计机构应当制定和明确需要司法会计师遵守的职业道德规范，使机构及其人员能够恪守法制、科学的原则，保持专业胜任能力和应有的关注，并对执业过程中获知的信息保密。

为了保证道德规范得到实际的执行，司法会计机构通常需要制定制度规范，满足下列需求：

一是保证司法会计师及机构管理人员熟知职业道德规范要求，以及违反执业道德的不良后果；

二是合理保证能够获知违反职业道德要求的情况，包括司法会计师将注意到的违反职业道德要求的情况立即告知司法会计机构，司法会计机构将已识别的违反这些制度规范的情况立即传达给司法会计师及负责采取适当行动的人员等；

三是及时评价相关业务的执行对职业道德造成威胁的情况和需要采取的行动。

司法会计机构可以通过制定下列制度规范，防范可能对执行职业道德造成的威胁：

一是回避报告制度；

二是拒绝接受涉案单位或个人的宴请、送礼或提供其他利益；

三是拒绝受理或终结以高利益回报为条件的违法违规业务；

四是收集相关信息，并向执行业务的司法会计师传达。

3. 业绩评价管理

司法会计机构应当能够向机构人员提供业绩、工作进步及职业发展方面的评价和咨询。

司法会计机构应当构建科学的业绩评价机制，使司法会计师等人员知晓司法会计机构对业绩和遵守职业道德规范的期望。这一评价机制能够与薪酬及晋升的政策相联系，使司法会计师等人员了解提高业务质量及遵守职业道德规范是获取高薪和晋升职位的主要途径，并对发展和保持专业胜任能力并遵守职业道德规范的人员给予应有的肯定和奖励，对反其道而行之的人员进行惩戒。

4. 专业胜任能力的管理

评价司法会计师及辅助人员的专业胜任能力可能涉及：（1）通过适当的培训和参与业务，获得执行不同类型业务的知识和实务经验；（2）掌握法律法规、职业道德规范和业务准则；（3）掌握司法会计专业技能、知识；（4）具有职业判断能力；（5）熟知司法会计机构质量控制制度规范。

司法会计机构应当通过提供职业教育、培训、经验与学术交流、以老带新等途径，并提供必要的培训资源和帮助，以使司法会计师的业务素质和专业胜任能力能够得到保持、提高和发展。

5. 执业资质与执业资格的管理

司法会计机构应当制定职称、职务晋升制度规范，并通过这些制度规范的落实，提高司法会计师的专业工作能力，适时为其评定、晋升和聘任技术职务，以保证其具备从事司法会计专业技术工作所需的技术资格。特别需要为尚未取得司法鉴定资格的司法会计师提供参与执行业务的机会，并提供进修等必要条件，使符合资格的司法会计师能够及时取得鉴定资格证书。

（二）业务管理

司法会计机构的业务管理，主要包括编制业务计划、具体业务过程的管理和业务过程与结果监控等内容。

司法会计机构应当编制业务执行手册，作为业务管理的依据。该手册应当包括标准化的工作流程、工作记录和业务指南性文件，具体应当涉及业务受理标准与审查程序、业务执行人与主检人、业务方案的形成、业务执行的指导、业务执行的监控、业务争议与专家咨询、执业报告等事项。

1. 业务受理标准与审查程序。业务受理标准包括司法会计师受理业务的范围和程序，以及证据资料标准。通过审查确认：业务性质是否符合司法会计师执业范围、本机构的司法会计师是否具备解决该项业务关键问题的能力、相关方提出的业务要求是否对职业道德规范的执行构成威胁、相关方能否提供完成业务所需的资料、本机构的人员数量和素质是否能够满足该项业务的工作量及时限的要求等。

2. 业务执行人与主检人。司法会计机构受理司法会计鉴定、专项检验、文证审查等诉讼业务以及非诉讼调查业务，应当指派两名以上的司法会计师执行业务，确定其中一人为主检人，并明确主检人的权限。

3. 业务方案与执行。主检人负责制订方案并分派工作，其中，分配工作时应当以具体业务执行人的专业素质和胜任能力为根据，并对经验较少的业务参与者给予恰当的业务指导，使其清楚了解所分配工作的目标和执行要求。司法会计师在制订和实施方案中发现可能影响业务执行的重大事项，应当及时报告司法会计机构管理层，管理层应当对事项作出判断，并提出对策。主检人应当及时追踪考察工作进程和效果，解决在执行业务过程中出现的各种问题，并根据问题对工作结果影响程度适当修改原计划的方案。对需要提供结论性意见的，主检人或由其分派的人员应当对他人的检验、审查等结果进行适当的复核，以保证作为结论性意见事实根据信息的准确性。

4. 业务监督程序。司法会计机构的管理层及主检人应当采用适当的方式监控具体业务的执行情况。监控方式可以包括：及时了解业务进程、听取对重大事项的汇报并作出决策、审查意见文书、阅读工作报告等。

5. 业务争议事项的处理。在执行业务中，司法会计师之间以及司法会计师与相关方之间可能会就专业问题、工作方式、结果等发生意见分歧，进而形成争议事项。司法会计机构应当制定解决争议事项的方法、程序并记录。讨论和咨询往往是解决争议事项的主要途径。对鉴定意见的结论事项内容确实无法统一认识的，应当由参与鉴定的司法会计师分别出具鉴定意见；对其他内部业务的争议事项，由主检人作出最终处理意见。对与相关方发生意见分歧的，应当向司法会计机构的管理层报告，并由管理层进行协调或作出决策，其决策可能包括与相关方协商变更业务要求、终止业务、调换业务执行者等。

6. 咨询制度。司法会计机构应当建立业务咨询制度规范，以方便处理业务执行过程中遇到的疑难复杂问题，这些制度规范包括建立专家资源库、咨询程序、咨询记录等。司法会计师执行司法会计鉴定、专项检验、文证审查业务中对相关专家进行咨询得到的认识或结论只能作为参考，不能作为其出具执业报告的依据。

7. 执业报告。执业报告包括司法会计师出具的意见文书和其向司法会计机构报告工作的文书。司法会计机构应当制定意见文书的出具程序以及司法会计师报告工作的规范。

8. 业务监控。司法会计机构应当构建司法会计业务监控体系，明确司法会计机构及其人员的质量控制责任。主要应当包括管理层、司法会计业务的主检人及其他执行人在业务监控中的职责、途径、方法以及发现问题的解决方案等。

（三）技术资料及业务档案管理

技术资料的管理内容，主要包括技术资料的收集与整理、工作资料的整理与归档等。司法会计技术资料主要包括各种财务会计技术标准、司法会计专用标准以及其他的相关技术资料。司法会计技术资料是司法会计业务的基本依据，司法会计机构应当建立必需的资料来源渠道，及时收集并加以整理，以方便司法会计师学习、掌握和运用。

业务档案主要包括：司法会计师业务的程序文书以及执行业务中形成的证据资料、意见文书、工作记录资料等。业务档案的管理工作包括制定相应的制度规范，明确业务档案的范围和保管期限、档案装订及归档要求、档案使用与查询、档案保密制度等。

附录：司法会计程序文书参考格式样本和示例

附录一:《送检报告》参考格式样本

岳兴市人民检察院 送检报告(通知)

岳检反贪送检〔2012〕9号

检察技术处:

本院侦查的张三涉嫌贪污罪一案,需进行司法会计检验,经周玲检察长批准,由我院司法会计师实施。鉴定事项:确认岳兴集团公司2009年12月24日现金应结存额与实际结存额是否相符。请于2012年8月12日前完成。

反贪局(印)

二〇一二年六月十五日

第三联　被聘请人

岳兴市人民检察院 送检报告(正本)

检察长批示:

岳检反贪送鉴〔2012〕9号

检察长:

本院侦查的张三涉嫌贪污罪一案,为了查明犯罪数额,需进行司法会计鉴定,拟由本院司法会计师承担鉴定,需于2012年8月12日前完成。鉴定事项:确认岳兴集团公司2009年12月24日现金应结存额与实际结存额是否相符。当否,请指示。

办案人:金秀　王妮

反贪局

二〇一二年六月十五日

第二联　附表

岳兴市人民检察院 送检报告(存根)

岳检反贪送检〔2012〕9号

案由　贪污

犯罪嫌疑人基本情况　张三,男,45岁,岳兴股份集团公司总经理,住岳兴市尚锦区芙蓉街2号2号3号楼1单元

鉴定人:本院司法会计师

送检材料:财务会计资料

鉴定事项:确认岳兴集团公司2009年12月24日现金应结存额与实际结存额是否相符

批准人　周玲

承办人　金秀

承办人　王妮

填发时间　2012.6.15

第一联—保存

附录二:《聘请书》参考格式样本

×××人民检察院
聘请书
(存根)

×检反贪聘〔2012〕1号

案由:贪污

犯罪嫌疑人基本情况:张三,男,45岁,山东华盛有限公司,住济南市历下区×街×楼×单元

鉴定事项:确认×××公司2012年股票投资损益

发往单位及鉴定人:××会计师事务所注册会计师×××

批准人:×××

承办人:×××

填发人:×××

填发时间:二○××年×月×日

第一联—存根—保存

×××人民检察院
聘请书
(副本)

×检反贪聘〔2012〕1号

×××:

本院承办的张三涉嫌贪污罪一案,需要进行司法会计鉴定。根据《中华人民共和国刑事诉讼法》第一百四十四条的规定,特聘请你为本案鉴定人。

鉴定事项:确认×××公司2012年股票投资损益。请于20××年×月×日前将书面的鉴定结果送交我院。

二○××年×月×日
(院印)

第二联附卷

×××人民检察院
聘请书

×检反贪聘〔2012〕1号

×××:

本院承办的张三涉嫌贪污罪一案,需要进行司法会计鉴定。根据《中华人民共和国刑事诉讼法》第一百四十四条的规定,特聘请你为本案鉴定人。

鉴定事项:确认×××公司2012年股票投资损益。请于20××年×月×日前将书面的鉴定结果送交我院。

二○××年×月×日
(院印)

第三联被聘人

附录三：《技术协助通知书》参考格式样本

××人民检察院
诉讼协助通知书

×检×协〔20××〕第×××号

_____：

我处（局）办理的_____一案，需进行_____

_____，现请贵处派员协助。

协助事项：_____

_____。

年　　月　　日

（公章）

领导批示：

_____

附录四：《业务受理登记表》参考格式样本

业务受理登记表

案　由		提请单位	
提请人		联系电话	
证件名称		号　码	
通讯地址		邮政编码	
涉及专业		业务类型	
收案人		收案编号	
承办人		受理时间	
简要案情			
业务事项			

续表

收案人意见	
技术审查意见	
部门意见	
领导意见	
备　　注	

附录五:《回避申请书》参考格式样本

回避申请书

×检技回避〔20××〕第××号

_____:

　　根据_____,我担任_____一案的_____,因_____,根据____诉讼法第____条之规定,申请回避。

　　当否,请批示。

司法鉴定中心　　　　（签名）

年　月　日

　　检察长批示:_____

年　月　日

附录六:《补充检材通知书》参考格式样本示例

补充检材通知书

×检技发〔1999〕第25号

刑事检察二处:

　　根据贵处〔××〕4号《委托检验、鉴定书》,受检察长指派,对××实业公司单位涉嫌逃税案件涉及的×××公司××年度应纳增值税额问题进行司法会计鉴定。经初步检验，发现缺乏下列检材：

×××公司×年度×银行＊＊＊＊＊＊账号的银行对账单。

因缺乏上述检材，影响到验证××实业公司单位×年度实际收取的经营收入额，故需要补充该公司×年度＊＊＊＊＊＊账号的银行对账单或提供×银行＊＊＊＊＊＊账号×年度银行分户账页。

××市人民检察院司法鉴定中心

（公章）

司法会计师：×××（签名）

司法会计师：×××（签名）

×××年×月×日

附录七：《中止鉴定通知书》参考格式样本示例

中止鉴定通知书

检技鉴〔20××〕第×号

×××人民检察院：

根据贵院××字〔20××〕第×号《聘请书》，受贵院聘，对××实业公司涉嫌逃税一案涉及的下列财务会计问题进行司法会计鉴定：

确认××单位×年度应纳增值税额。

20××年×月×日，本案公诉人×××送来××实业公司×年度财务资料。

检验中发现送检资料中缺少×××公司×年度银行对账单，已于××年×月×日向贵院发出《补充检材通知书》。因尚未收到补充检材，暂时无法继续鉴定工作，故暂时中断鉴定，待补充检材后继续鉴定。

特此通知。

××市人民检察院司法鉴定中心

（公章）

司法会计师：×××（签名）

司法会计师：×××（签名）

年　月　日

附录八：《终结鉴定通知书》参考格式样本示例

终结鉴定通知书

检技鉴〔20××〕第×号

_____：

根据贵院××字〔20××〕第×号《聘请书》，受贵院聘，对××实业公司涉嫌逃税一案涉及的下列财务会计问题进行司法会计鉴定：

确认××单位×年度应纳增值税额。

20××年×月×日，本案公诉人×××送来××实业公司×年度财务资料。

检验中发现送检资料中缺少×××公司×年度银行对账单，已于××年×月×日向贵院发出《补充检材通知书》。贵院于××年×月×日来函确认已无法补充。因缺少该项检材，无法满足作出前述问题鉴定意见的要求，故终结鉴定。

特此通知。

××市人民检察院司法鉴定中心

（公章）

司法会计师：×××（签名）

司法会计师：×××（签名）

二〇××年×月×日

第二章　司法会计师鉴定业务与案例

第一节　司法会计鉴定概述

一、司法会计鉴定的概念

司法会计鉴定的概念可以从不同角度进行定义。

从诉讼主体角度讲，司法会计鉴定是指诉讼主体为了查明案情，遇有财务会计问题时，指派或聘请司法会计师进行的鉴别、判定，收集鉴定意见的一项诉讼活动。

从司法会计鉴定主体角度讲，司法会计鉴定是指司法会计师接受诉讼主体的指派或聘请，对诉讼涉及的财务会计问题进行鉴别、判定并提供鉴定意见的诉讼活动。

以上司法会计鉴定的定义方法虽然不同，但都表明了司法会计鉴定的一些共同特征。

第一，司法会计鉴定属于诉讼活动，这反映了司法会计鉴定的基本属性①。这一特征要求司法会计鉴定活动应当按照诉讼法律的规范实施，即在鉴定主体、鉴定范围、鉴定程序、鉴定结果等方面都应当符合诉讼法律规定的精神。同时，这一特征也揭示了司法会计鉴定本身并不包括司法会计师在诉讼以外所从事的会计鉴定活动。

第二，司法会计鉴定的目的是查明案情，这反映了诉讼主体启动司法会计鉴定所要达到的预期。这一特征要求在设定司法会计鉴定事项时，应当围绕查明案情进行。这里所谓的案情，是指案件的某些事实情节，这些情节可能涉及涉案主体、案件涉及的行为、案件的某一发生过程、案件事实所包含的结果等。

第三，司法会计鉴定的对象是涉案财务会计问题，包括财务问题和会计问题。其中：财务问题是指诉讼涉及的财务方面的问题，包括诉讼涉及的资产价值、资产数额、财务往来、收入、支出、损益等问题；会计问题是指诉讼涉及的

---

① 按照目前我国学术界对司法鉴定的普识，这里所谓的诉讼应当是广义的，既包括了刑事诉讼、民事诉讼和行政诉讼等法律诉讼活动，也包括具有诉讼属性的各种仲裁活动。作者在本章所述的司法会计鉴定业务的概念中，诉讼活动仅指法律诉讼活动。

会计方面的问题，包括诉讼涉及的会计处理、记账、会计报表等问题。这一特征要求诉讼主体应当在涉案财务会计问题范围内确定司法会计鉴定事项，司法会计师在受理鉴定业务时，也应当注意识别诉讼主体要求鉴定的问题是否超出了涉案财务会计问题的范围。

诉讼主体和司法会计师都应当搞清司法会计鉴定目的与鉴定对象的区别，防止将鉴定目的当做鉴定对象进行确认的情形发生。

第四，司法会计鉴定的任务是对涉案财务会计问题进行鉴别、判定，并提供鉴定意见。这一特征要求承担鉴定业务的司法会计师，应当通过检验涉案财务会计资料及相关证据，获取相应的信息，并采用科学的方法和程序鉴别、分析这些信息对涉案财务会计问题的影响，进而对这些问题作出判定，并提供鉴定意见。当然，并非所有的司法会计鉴定活动都能够产生鉴定意见，如果因为检材不足等原因无法完成鉴别、判定任务时，司法会计师则无法提供相应的鉴定意见。

第五，关于司法会计鉴定的主体。司法会计鉴定主体，是指接受指派或聘请解决涉案财务会计问题并提供鉴定意见的人①。对司法会计鉴定主体问题应当把握好几点：一则司法会计鉴定主体应当通过接受指派或聘请，才能成为某一案件的司法会计鉴定主体，即所有司法会计师都不能自行启动司法会计鉴定；二则司法会计鉴定主体并不仅限于司法会计师，在刑事诉讼法律中，司法会计鉴定主体是指"有专门知识的人"，在民事诉讼法律中，司法会计鉴定主体是指"具备资格的鉴定人"。

由于司法会计鉴定目前尚未列入司法鉴定管理法律的规范范围，因而我国司法会计鉴定的执业资格问题尚未能够统一由国家司法行政机关管理②。目前的实际状况是：检察机关司法会计师的鉴定资格由最高人民检察院授予；社会财务会计专业人员的司法会计鉴定资格由已经颁布司法鉴定管理地方法律的省级司法行政机关授予。

---

① 按照司法鉴定管理法确定的鉴定人负责制原则，司法会计师应当是指自然人，而非司法会计师所在机构。但实际诉讼中，相当一部分诉讼主体和司法会计师都会将鉴定人所在机构当成了司法会计鉴定主体。

② 全国人大常委会《关于司法鉴定管理问题的决定》于 2005 年 2 月 28 日颁布。在该法律颁布前，司法会计鉴定职业资格的授予权分别由国家司法行政机关、省级检察机关和审判机关授予。由于《关于司法鉴定管理问题的决定》取消了审判机关对司法鉴定的管理权，同时，《决定》又没有将司法会计鉴定纳入司法鉴定管理范围，导致司法会计鉴定执业资格的授予问题仍然比较混乱。例如：决定颁布前省级审判机关授予司法会计鉴定执业资格，在司法实践中仍然在起着作用。

二、司法会计鉴定方法概述

司法会计鉴定方法，是指司法会计师在鉴别分析涉案财务会计问题过程中所需要采用的各种思维模式，包括基本方法、技巧和路线。

司法会计师需要正确理解司法会计鉴定方法的含义，这是因为司法会计鉴定方法本身所揭示的是一种鉴别、判断问题的逻辑思路，而非像司法会计检查、检验方法那样是一种针对财务会计资料及相关证据的操作方法。另外，在司法会计鉴定中，鉴定人需要通过检验财务会计资料及相关证据获取鉴别、判断涉案财务会计问题所需的信息，因而在鉴定中还需要采用一系列的检验方法。司法会计师需要把握好鉴定方法与检验方法的区别：鉴定方法是一种逻辑思维的方法，是司法会计师认识鉴定对象的一种思路；检验方法不同，它是对检材中的记录进行检查、验证的一种方法，是司法会计师获取鉴定所需信息的一类查验方法①。

（一）司法会计鉴定基本方法概述

司法会计鉴定的基本方法，是指司法会计鉴定普遍需要采用的基本思路，包括平衡分析法和比对鉴别法两种。

1. 平衡分析法

平衡分析法是以价值运动规律性所反映的量的平衡关系作为鉴定原理的一种司法会计鉴定方法，主要适用于鉴别判定财务指标数据、财务会计记录及其合规性、正确性等问题的鉴别、判定。

平衡分析法依据其所运用的平衡关系不同，可以分为静态平衡分析法和动态平衡分析法两种。这两种平衡分析法的具体原理存在一定差异，但主要操作步骤都包含以下五步：

第一步，根据初步检验获取的信息，确定鉴定事项所涉及的平衡关系；

第二步，根据平衡分析机制，确定需要采用的参照量的范围；

第三步，根据对参照量进行详细检验的结果，确定参照量的实际量值；

第四步，根据平衡机制，确认或推导分析量的状况或实际量值；

第五步，根据求得的分析量的量值，对鉴定事项涉及的相关问题进行分析判断，并作出相应的结论性意见。

2. 比对鉴别法

比对鉴别法是以财务会计处理方法的特定性作为鉴定原理的一种司法会计鉴定方法，主要适用于对会计分录、账户发生额及余额、会计报表项目数字和各种财务指标计算结果的真实性、正确性、合规性等问题的鉴别、判定。

---

① 但是，有学者将司法会计鉴定视为诉讼中进行的审计活动，这样一来则会认为检验方法就是鉴定方法，即把检验方法视为司法会计鉴定方法。

采用比对鉴别法时，通常是以正确的财务会计处理方法及处理结果作为参照客体，将其与检材中所记载的需要鉴别分析的财务会计处理方法及处理结果进行比较、对照，鉴别判定检材中所反映的财务会计处理方法及处理结果是否正确、真实、合规。比对鉴别法的主要步骤包括以下三步：

第一步，根据比对内容，确定制作参照客体所适用的引用标准；

第二步，根据鉴定证据及鉴定标准，设计、制作参照客体（在实际鉴定中，应将参照客体按照比对的内容制作成书面文件）；

第三步，将参照客体按照比对的内容与鉴定证据中的比对客体逐一进行比较、对照，从而确认比对客体的内容是否真实、正确、合规。

（二）司法会计鉴定技巧概述

司法会计鉴定中为了解决诸如检材缺陷等特殊情形，可以采用因素递增法、检材范围限定法、排因法、还原法等司法会计鉴定技巧。

1. 因素递增法

因素递增法，是指在鉴定过程中逐步增加鉴别分析因素的一种司法会计鉴定技巧，通常适用于鉴定证据不全，或对鉴定证据的真实性、可靠性存有异议等特殊情形。

采用因素递增法进行司法会计鉴定时，先将需要进行鉴别分析的各种因素，按对其实施鉴别分析的难易程度由易到难顺序排列，然后逐步将各个因素纳入鉴别分析的范围，最终仍存在无法进行鉴别分析的因素时，可在鉴定意见中附加判定条件。

2. 限定检材范围法

限定检材范围法，是指通过限定检验检材的范围，将本应通过对较大范围的检材进行检验解决的鉴定问题，限定在可检验资料的范围内来解决的一种司法会计鉴定技巧。通常适用于因受检材质量或鉴定时间的限制，无法通过对较大范围的检材实施检验或无法利用对较大范围检材的检验结果作出鉴定意见等特殊情形。

限定检材范围法包括对实施检验的检材种类范围或实施检验的检材时间范围进行限制两种情形。其中：对检材的种类范围进行限制，即只对鉴定事项有关的部分证据类型进行检验，并根据检验结果作出鉴定意见；对检材的时间范围进行限制，即只对鉴定问题所涉及的部分财务会计期间的财务会计资料进行检验，并根据检验结果作出鉴定意见。

3. 排因法

排因法，是指在涉及确认因果关系的司法会计鉴定中，通过检验、鉴别和分析，逐步排除与初步结论意见有关的其他可能因素，从而确认其中某一原因或结果的一种司法会计鉴定技巧，主要适用于需要确认财务会计错误关系等因果关系问题的情形。

采用排因法时，首先应将能够导致某一财务会计后果产生的所有原因或某一财务会计事项能够导致产生的所有后果全部列示出来，然后通过检验财务会计资料及相关证据并鉴别分析相关因素的影响，全力排除其他原因的作用或导致其他后果的可能，最终确认导致某一后果的原因或某一现象所产生的后果。

4. 还原法

还原法，是指以原始凭证记载的经济业务的发生时间为准，对会计核算资料进行调整并重新计算各期的核算结果，以还原各期财务状况或财务成果真实情况的一种司法会计鉴定技巧，适用于确认某时期连续各期末财务状况或财务成果的确认，也可以用于某时期连续各月账户余额正确性鉴定中的参照客体的制作。

采用还原法时，需要根据财务凭证所列日期，对会计事项重新进行排列，并计算确认各期间的期末财务状况或应当形成的会计核算结果。

（三）司法会计鉴定路线

司法会计鉴定路线，是指针对不同类型的财务会计问题设计的鉴别、判断的路线。其中：财务问题的鉴定路线包括直接鉴定法和借用会计法，会计问题的鉴定路线包括重新核算法和调节法。

1. 直接鉴定法

直接鉴定法，是指不利用会计核算结果，而直接依据对财务资料内容的检验分析结果，鉴别、判定财务问题的鉴定路线，主要适用于没有会计核算资料或其他无法利用会计核算结果鉴别判断财务问题的情形。

2. 借用会计法

借用会计法，是指以原会计核算结果为基础，根据检验结果对原会计核算结果进行调整，鉴别、判定财务问题的鉴定路线，主要适用于财务资料较多且会计资料质量较高的情况下进行的财务问题鉴定。

3. 重新核算法

重新核算法，是指根据原始凭证（含相关证据）及会计标准，通过重新核算事项形成新的会计核算结果，进而鉴别、判定涉案会计问题的鉴定路线，主要适用于会计核算中所含错误较多的情形下进行的会计问题鉴定。

4. 调节法

调节法，是指以原会计核算结果为基础，通过调节该结果中所有弊端账项对原核算结果所造成的影响，计算出正确核算结果，进而鉴别、判定涉案会计问题的鉴定路线，主要适用于原会计核算结果中所含会计错误较少的情形下进行的会计问题鉴定。

三、司法会计鉴定程序概述

司法会计鉴定程序，是指对涉案财务会计问题进行司法会计鉴定的主要步骤。

（一）司法会计鉴定的常规程序

司法会计鉴定的常规程序，通常包括鉴定准备、初步检验、详细检验和制作鉴定意见四个阶段。

1. 鉴定准备阶段，是指司法会计师接受鉴定业务的过程，主要包括受理、收检和备鉴三项内容。

2. 初步检验阶段，是指司法会计师通过初步检验，形成初检意见和鉴定方案的司法会计鉴定过程，主要包括阅读卷宗、检测检材质量、作出初检意见、制订详细检验论证方案、制作鉴定表格等内容。

3. 详细检验阶段，是指司法会计师根据详细检验论证方案，采用既定的方法及对各检验分析项目的具体要求，通过深入细致地检验、分析和鉴别，获取确订鉴定意见所必须的检验及鉴别分析结果的司法会计鉴定过程。主要包括详细检验检材、作出鉴别分析意见两项内容。

4. 制作鉴定意见阶段，是司法会计鉴定的最后阶段，主要包括确定司法会计鉴定意见、制作司法会计鉴定文书和鉴定收尾三项工作内容。

（二）司法会计鉴定的特别程序

司法会计鉴定的特别程序涉及补充鉴定、鉴定复核和重新鉴定。

1. 补充鉴定程序包括启动、受理、补充检验和制作补充鉴定文书等步骤。

2. 鉴定复核程序包括启动、受理、复核性检验和制作鉴定复核文书等步骤。

3. 重新鉴定程序与前述常规鉴定程序相同。

四、司法会计鉴定意见概述

司法会计鉴定意见，是指司法会计师针对送检方提请鉴定的财务会计问题，根据对财务会计资料及相关证据的检验结果，采用一定的标准进行鉴别、分析和判断后所作出的结论性意见。司法会计鉴定意见属于诉讼证据，通常要求具备证据的关联性、合法性，但作为鉴定意见还要具备科学性、唯一性和局限性的特点。

（一）司法会计鉴定意见的类型及表达方式

司法会计鉴定意见，可以按其形成依据、确定程度和结论方向等不同，划分为若干类型。其中：

1. 司法会计鉴定意见按照其形成的检验结果和鉴定标准依据不同，划分为鉴定结论、分析意见和咨询意见三种类型；

2. 司法会计鉴定意见按照其结论的确定程度不同，划分为确定性鉴定意见和限定性鉴定意见两种类型；

3. 司法会计鉴定意见按照其结论确认的方向不同，划分为肯定性鉴定意见和否定性鉴定意见两种类型。

司法会计鉴定意见的上述分类中，划分为鉴定结论、分析意见和咨询意见三种类型的涉及表达鉴定意见的文书形式，其他分类方式不涉及表达形式。其中：表达鉴定结论采用《司法会计鉴定书》；表达分析意见采用《司法会计分析意见书》；表达咨询意见采用《司法会计咨询意见书》。

（二）司法会计鉴定意见的表述方法

司法会计鉴定意见的表述方法，是指司法会计师回答涉案财务会计问题的具体内容的表述思路。司法会计鉴定意见通常由下列内容构成：

1. 结论事项的依据，即形成司法会计鉴定意见所依据的鉴定证据范围。

2. 结论事项的归属，即司法会计鉴定意见所涉及的财务会计事项的发生时间和涉及的财务会计主体。

3. 结论事项内容，即司法会计师所确认的财务会计事项的具体内容或者具体评断意见等。

其中：结论事项的归属和结论事项的内容构成司法会计鉴定意见的主文部分。

第二节　司法会计鉴定业务概述

本节所述司法会计鉴定业务，特指司法会计师执行的司法会计鉴定业务。

一、司法会计鉴定业务的受理

司法会计师受理鉴定业务，应当由其所在的司法会计机构统一接收。司法会计机构受理司法会计鉴定业务，应当要求送检方出具相应的法律文书，提供送检人身份证明、检材和相关证据材料，并介绍案情、鉴定的目的和鉴定事项。

司法会计师确定受理鉴定业务前，应当充分听取送检方对案情、鉴定目的、鉴定事项和检材情况的介绍，然后根据自己的学识水平与经验，判定能否胜任鉴定以及有无应当回避的情形，确定是否受理。

如果送检方提出的鉴定事项不妥当，司法会计师可以根据送检方介绍的案情、鉴定目的、检材状况等情况，与送检方协商修改鉴定事项。送检方同意修改鉴定事项的，应当在送检文书中写明修改后的鉴定事项。

司法会计师及其所在机构遇有送检方不符合法定诉讼主体要求、送检方无法确定具体鉴定事项、鉴定事项超出司法会计鉴定范围但送检方拒绝修改、鉴定事项超出司法会计师鉴定能力、送检方无法提供必要检材等情形时，应当考虑拒绝受理鉴定业务，并向送检方说明理由。必要的时候，可以出具《不受理司法会计鉴定说明书》。

司法会计师及其所在机构确定受理鉴定业务后，需要根据鉴定事项、送检方介绍的检材情况及专业经验，确定需要获取的检材范围，并根据这一范围对送检方提供的检材进行初步的审核查验，确认检材是否充足和完整。如果发现检材不足或不完整的情形时，应当向送检方问明原委，确定是否能够补充。对送检方应当提供但其尚未收集的检材，应当告知送检方需要收集、补充的具体检材；对确因各种原因已无法收集必要检材，可能会影响作出鉴定意见的，应当考虑与送检方协商修改鉴定事项；对有条件提供原始证据但尚未提供的，应当根据原始证据的状况考虑是否要求提供原始证据。

司法会计师通过审查检材，确定送检方无法补充必要检材且不能修订鉴定事项，可以停止鉴定业务的受理，并出具《不受理司法会计鉴定说明书》。

除在送检方或者检材保管场所实施检验的情形外，司法会计师获取检材时应当办理收检手续，包括制作收检文书，写明案由、检材的名称及数量等，并由送检方和收检人签名。送检方补充提供检材时，司法会计师应当另行办理收检手续。

司法会计师收检后，应当收集并熟悉引用标准，熟悉与鉴定事项有关的专用标准，必要时可以了解鉴定事项涉及的相关内部控制制度及实际执行情况。其中：司法会计师需要将案件涉及单位制定的制度作为引用标准时，可以要求送检方作为财务会计资料证据收集并提供。

司法会计师确定受理鉴定业务后，需要按照司法会计鉴定机构的规定，进行检案登记，办理受理手续（通常需要填制《受理业务登记表》）。《受理业务登记表》内容通常包括案由、送检单位、送检人的联系电话、证件名称、证件编号、通讯地址、邮政编号、收案人、收案编号、审查人、受理时间、案情概要、鉴定事项、受理审查情况以及司法会计机构负责人意见等。

二、司法会计鉴定业务的执行

司法会计师具体执行鉴定业务，需要顺序执行初步检验、详细检验分析、制作鉴定意见等步骤。

（一）初步检验

1. 查阅卷宗

司法会计师查阅卷宗的目的是了解鉴定事项涉及的财务会计事实的某些具体情节。需要说明的是，查阅卷宗并非是司法会计师执行鉴定业务所必须实施的工作内容，司法会计师可以根据已掌握的案情、经验和鉴定事项，确定是否需要查阅卷宗。如果需要查阅卷宗时，应当告知送检方提供查阅卷宗。

司法会计师并不需要完整地阅读卷宗，可以根据案件的复杂程度、作出初检意见所需的信息范围，确定卷宗的查阅重点。这些信息可能是：（1）有关当事人及证人对鉴定事项所涉及的财务会计业务表达的意见或辩解；（2）有关财务凭证内容的真实性以及虚假财务凭证来源情况；（3）相关单位的财务会计制度与执行情况；（4）相关书证对案件事实的记载情况；（5）诉讼主体对鉴定涉及的财务会计资料证据、鉴定涉及的案件事实的评价等。同时，还需要注意审查司法会计检查的程序和方法是否正确和恰当，对可能影响到检材获取的，应当建议送检方采取措施进行补充检查。

2. 检测检材质量

司法会计师应当通过检查、测试送检方提供的检材内容，判明检验鉴定的难易程度以及可能需要增加的非常规检验项目，为制订详细检验论证方案获取必要的信息。

司法会计师需要根据具体鉴定事项以及作出初检意见和制订详细检验论证方案的需要，确定具体的检测项目。

主要检材质量的检测通常包括鉴定事项涉及的主要账户资料是否存在、主要检材类型是否完整、主要检材的字迹是否清晰、检材中账簿记载的会计事项是否与会计期间同期、鉴定事项涉及的账户余额的接转是否正常等。

账务处理水平的检测通常包括查验会计资料的完备程度、账簿余额计结的及时性、记账凭证编号情况及编号方法、记账凭证附件内容的完整性、会计手续的完备性、账户设置标准化程度等。

送检会计资料涉及特殊账户的，需要对相关隐形账户、虚假账户、特设账户进行识别。所谓隐形账户，是指有实际核算内容，但未被记入明细会计账簿的账户；所谓虚假账户，是指其账簿记载的内容完全（或基本）不真实的明细账户；所谓特设账户，是指为核算特定的经济指标，而特别设置的名不副实的明细账户。

测定会计主体执行的会计标准的类型，可以将总账账户名称与不同类型会计标准设置的会计科目进行核对，如果与某一类型基本相符，则确认会计主体执行的是该套会计标准。

其他与作出本项鉴定的初检意见有关的检测项目可能还包括会计计量基础、会计政策、会计估计、财务会计习惯等。

3. 作出初检意见

所谓初检意见，是指司法会计师对阅卷及检材质量检测结果进行初步分析后所形成的看法。该意见内容涉及能否继续进行鉴定和初步鉴定意见两个方面。司法会计师在阅卷、检材质量检测和获取必要的补充检材后，应当对已掌握的信息进行分析研究，并作出初检意见。

　　司法会计师确定是否继续进行鉴定，主要是根据专业经验判断未来作出明确的鉴定意见所需的基本证据是否已经或能够获取，检材的质量能否达到要求等。如果基本证据比较充裕，且检材质量尚好，确定继续进行鉴定；如果基本证据尚难以满足实现鉴定事项的需要，可以要求送检方补充检材，并确定继续进行鉴定；如果基本证据有明显的缺陷，且无法通过补充证据予以弥补的，确定终结鉴定。司法会计师确定中断或终结鉴定的，应当制作《中止鉴定通知书》或《终结鉴定通知书》通知送检方，并说明中止或终结鉴定的理由。

　　司法会计师确定继续鉴定的，应当根据初步检验的情况，针对鉴定事项作出初步鉴定意见，以便拟订详细检验论证方案。所谓初步鉴定意见，是指司法会计师根据对初步检验结果的分析判断，针对鉴定事项作出推测性意见。初步鉴定意见是一种不确定的鉴定意见，司法会计师在实施详细检验过程中或作出正式鉴定意见之前，既可以对其进行确认，也可以进行修订或否定，其内容可以是明确的肯定性意见或否定性意见，也可以是不明确的倾向性意见。

　　4. 制订详细检验论证方案

　　所谓详细检验论证方案，是指司法会计师根据检材状况及初步鉴定意见所编制的进行详细检验论证的计划。

　　制订详细检验论证方案的工作内容和步骤通常包括：根据初步鉴定意见及检材质量，设定鉴定原理，明确本项鉴定所采用的主要标准、鉴定方法、鉴定技巧、鉴定路线；根据鉴定原理及鉴定事项的具体情况，设定具体的检验分析项目，并明确各检验项目所要达到的目的、要求；根据具体检验分析项目与初步鉴定意见的关系，设定对各个检验分析项目进行检验分析的顺序；对内容较为复杂的检验分析项目，根据该项目的具体构成及检材特点，设定该项目的具体检验分析方法与步骤；设定其他需要明确的检验分析事项，比如：对可能难以实现的检验项目的调整、无法取得相应检验结果时的具体对策、检验鉴定的分工等。

　　制订详细检验论证方案必须设定检验分析项目。所谓检验分析项目，是指司法会计鉴定中需要进行检验分析的技术事项的类型，即对哪些财务会计业务涉及的哪些财务会计资料进行检验。同时，详细检验论证方案应当明确为什么实施该项目检验、检验应当取得的结果是什么以及如果检验结果不符合要求时需要进行哪些处理等。

　　制订详细检验论证方案后，司法会计师可以根据检验分析的需要设计鉴定表格，用来记录、汇总详细检验论证的过程和结果。

　　（二）详细检验分析

　　司法会计师实施详细检验，通常需要根据检验项目的目的要求，查验有关检材对检验分析项目的记载情况，并就检材所存在的对同一财务会计事项记录的矛盾或差异进行鉴别分析，采用适当的方法确认或排除矛盾点；对检验发现的财务会计核算结果或财务会计错误进行研究、分析和鉴别；将检验所见的与鉴别、分析、论证有关的财务会计业务记录录入鉴定表格，并根据鉴定表格的设计要求，计算出有关的数据。其中：对涉及复杂计算过程的检验结果应当考虑进行复验的必要性，以确保检验结果的正确可靠，防止鉴定失误。

司法会计师对每一检验项目完成详细检验后都应当提出鉴别分析意见，这包括对检验中发现的财务会计错误、检验结果与详细检验论证方案要求的符合性、某些检验结果对其他检验分析项目的影响、检验结果对初步鉴定意见的影响等情形提出鉴别分析意见。

司法会计师应当根据检验分析结果，及时补充和修正详细检验论证方案。如果发现检验结果与方案设定的要求不符，应当研究初步鉴定意见是否成立，是否需要重新作出鉴定意见；如果发现详细检验论证方案存有不足或设计错误，但尚不足以影响到基本的检验论证思路时，对方案进行补充或修正；如果发现方案存有严重的缺陷，足以影响到最终的鉴定意见时，则应当考虑重新制订详细检验论证方案。

司法会计师在详细检验过程中发现检材存在缺陷或存在影响作出鉴定意见的重大缺陷时，应当分别作出处理。包括：发现检材不足时，应当通知送检方补充检材；发现检材存在重大缺陷，在收到补充检材之前无法继续进行检验的，可以中断鉴定；发现检材存在重大缺陷且无法通过补充证据予以弥补，已经导致无法作出鉴定意见的，应当终结鉴定。司法会计师确定中止或终结鉴定的，应当制作《中止鉴定通知书》或《终结鉴定通知书》通知送检方，并说明中止或终结鉴定的理由。

（三）制作鉴定意见

司法会计师完成详细检验分析程序后，通过汇总、研究检验、分析、鉴别结果，确认初步鉴定意见或经过修订的鉴定意见是否科学、可靠，并根据鉴定原理和鉴定证据对鉴定意见的内容和依据进行必要的复核。

在作出鉴定意见前，司法会计师应当综合评价作为鉴定意见依据的检验结果的可靠性、充分性和鉴定标准的规范性、合理性，以确定鉴定意见的类型。在评价检验结果时，司法会计师应当复核：①检验结果的完备性，即应当进行技术检验的事项是否均获得形成鉴定结论所需的检验结果；②检验结果的可靠性，即检验结果是否完全依据基本证据形成；③检验结果的充分性，即证明检验结果的司法会计鉴定证据是否充分。在评价鉴定标准时，司法会计师应当复核：①所需采用的引用标准是否符合相关性、有效性、合法性、合理性和前提适用原则；②所需采用的专用标准是否科学；③由司法会计师推导出的判定标准是否具有合理合法的依据等。

　　司法会计师应当根据鉴定证据的证明程度和可采用鉴定标准的唯一性等情况，确定鉴定意见的类型和具体表述内容，并将鉴定意见口头通知送检方，征求送检方关于鉴定文书需要强调说明和论证的相关事项的意见。

　　司法会计师在作出鉴定意见后，应当制作司法会计鉴定文书或者在鉴定笔录中签名，以书面形式提供司法会计鉴定意见。司法会计师制作鉴定文书时，应当根据司法会计鉴定意见的类型，选择适当的鉴定文书类型。在制作鉴定文书前，应当将作为鉴定文书附件使用的鉴定表格按照检验部分表述顺序进行整理并编号；对鉴定文书中所需引用的各种证据材料应当全部复制，并按照鉴定文书的表述顺序加以整理。

　　司法会计师应当制作一份正本和若干份副本鉴定文书，并按照本鉴定机构规定的签发程序，办理签发手续，加盖司法鉴定专用章，然后将司法会计鉴定文书的正本和所需副本，连同应当退回的检材一并送达送检方，并办理送达手续。鉴定文书发出后，如果被发现有文字、数字书写错误的，司法会计师可以在已出具的文书错误处进行修正，并在修正处加盖鉴定机构校对章；如果被发现有明显的鉴定错误需要修正鉴定意见的，司法会计师可以根据有关作出补充鉴定决定诉讼主体书面通知，进行补充鉴定，出具补充鉴定意见文书，对原鉴定意见作出修正；如果被发现有明显的鉴定错误但无法补充鉴定的，司法会计师应当向送检方或使用该鉴定意见的诉讼机关发出书面声明，以终止该鉴定文书的效力。

　　司法会计师在出具鉴定文书后，应当整理鉴定业务档案。首先需要按照受理文书、鉴定意见文书、草稿、证据等顺序整理鉴定资料；然后对鉴定资料进行编号；最后填写档案目录并将档案装订成册归档。

三、补充鉴定业务的受理与执行

　　司法会计师对原鉴定送检方以外的诉讼主体要求补充鉴定的，应当审查其是否具备启动补充鉴定的资格。

　　司法会计师应当审查补充鉴定的理由和要求。审查后认为补充鉴定的理由不充分的，可以不受理补充鉴定，但应当向送检方说明理由。比如：原鉴定意见存在文字瑕疵但鉴定意见没有错误的，可以进行文字更正；如果原鉴定文书的检验、论证部分的表述存在不易理解或不够明确的，可以进行庭外释证或者出庭作出阐释。

　　诉讼主体就同一案件提出原鉴定事项以外的其他鉴定事项的，不属于补充鉴定，司法会计师应当按照常规鉴定程序受理和实施鉴定。

　　司法会计师受理补充鉴定后，应当根据补充鉴定的要求参照前述检验分析程序，实施补充检验，并根据补充检验的结果及相关鉴定标准，作出补充鉴定意见。

司法会计师可以通过出具《鉴定说明》表达补充鉴定意见，内容包括补充鉴定过程以及修订后的鉴定意见；司法会计师也可以通过出具《司法会计咨询意见书》表达补充鉴定意见。

四、重新鉴定业务的受理与执行

重新鉴定是指送检方对同一诉讼中涉及的同一财务会计问题，另行指派或聘请司法会计师进行的鉴定。对于受理重新鉴定业务的司法会计师而言，仍然属于初次鉴定，因而重新鉴定的鉴定程序与常规鉴定程序相同，司法会计师应当按照常规鉴定程序受理和执行重新鉴定业务。

司法会计师审查认为原鉴定事项不妥当的，应当与送检方商定修订鉴定事项。送检方同意修订鉴定事项并提出新的鉴定事项后，该项鉴定则变为初次鉴定而非重新鉴定。

司法会计师实施重新鉴定程序中，可以要求送检方提供原鉴定文书，但不能针对原鉴定文书的内容实施相应的鉴定程序。

五、复核鉴定业务的受理与执行

（一）鉴定复核的受理

司法会计机构受理鉴定复核，应当要求送检方出具送检文书，提供送检人身份证明、原鉴定文书，并说明鉴定复核的理由和要求。司法会计师应当审查原鉴定文书。经过审查认为原鉴定文书所表达的鉴定事项、鉴定原理和鉴定意见没有明显的错误时，方可受理。如果原鉴定文书存在鉴定事项不妥当、鉴定原理或鉴定意见存在明显错误的，通常应当建议送检方组织重新鉴定，但可以根据送检方的要求出具《司法会计文证审查意见书》，说明原鉴定文书中的错误。

司法会计师同意受理鉴定复核的，送检方应当提供原鉴定所利用的全部检材。如果认为原鉴定的工作记录可能有助于鉴定复核的，送检方应当提供原鉴定的工作记录。

（二）复核

司法会计师对原鉴定意见进行复核，包括实施复核性检验和复核鉴定标准。

司法会计师进行复核性检验，应当根据鉴定事项和检材情况，编制复核性检验方案。方案内容包括根据原鉴定事项，确定应当采用的鉴定原理和应当实施的检验项目；对原检验项目实施复核性检验的方法；需要增加的检验项目及目的、要求；复核性检验结果的汇总顺序；鉴定人员的工作分工；复核性检验中需要特别注意的事项。

司法会计师实施复核性检验，应当将检验分析结果与原鉴定文书所列检验部分的记载事项进行比较，确定原检验结果是否正确。

司法会计师应当根据本人的知识和经验，判断原鉴定所采用的鉴定标准是否恰当。

司法会计师可以根据复核性检验结果，结合鉴定标准就鉴定事项作出新的鉴定意见，并依据该鉴定意见判断原鉴定意见是否科学、可靠。

（三）制作复核意见

司法会计师应当根据复核结果，对原鉴定意见的科学性、可靠性作出评价，形成鉴定复核意见，并通过出具鉴定复核意见文书，表达鉴定复核意见。

第三节　司法会计鉴定文书的制作概述

按照诉讼法律的规定，司法会计师应当通过书面文件表达鉴定意见，这就要求司法会计师应当制作鉴定文书或在鉴定笔录中签名。

一、司法会计鉴定业务中的意见文书概述

司法会计鉴定文书，根据所记载的鉴定意见的类型不同，分为标准文书和非标准文书两类。标准文书，是指承载确定性鉴定结论的司法会计鉴定文书，即司法会计鉴定书；非标准文书，是指承载除确定性鉴定结论以外的其他鉴定意见的文书以及鉴定笔录，包括承载限定性意见的司法会计鉴定书、司法会计分析意见书、司法会计咨询意见书、司法会计鉴定复核意见书、鉴定笔录等。

二、司法会计鉴定书的制作要点

司法会计鉴定书，是指司法会计师实施司法会计鉴定程序并形成确定性鉴定结论后制作的，主要载明鉴定依据、检验鉴定过程、鉴别分析意见及鉴定结论的书面文件。这里所谓鉴定结论，是指司法会计师依据充分的检验结果和规范的鉴定标准作出的司法会计鉴定意见；所谓确定性鉴定结论，是指不附加判定条件的鉴定结论。

（一）司法会计鉴定书的必备内容与格式

司法会计鉴定书应当包括：（1）标题与文号；（2）受理鉴定的依据与鉴定事由；（3）鉴定事项；（4）接受检材概况；（5）检验所见及检验结果；（6）鉴定结论的论证；（7）鉴定结论；（8）司法会计师所在鉴定机构名称及鉴定专用章；（9）司法会计师签名；（10）文书制作日期；（11）附件情况。其中：检验所见及检验结果、鉴定结论的论证、鉴定结论构成司法会计鉴定书的主文部分。

司法会计鉴定书的格式，是指司法会计鉴定书基本内容的编写顺序，常见的有一般格式、分论式、总论式。其中：一般格式，通常适用于表述一项（或多项具有相同鉴定原理的）鉴定结论的情形；分论式，通常适用于同时表述多个

有关联的鉴定结论的情形；总论式，通常适用于表述若干有关联并已经单独出具鉴定文书的鉴定结论基础上形成的鉴定结论的情形。司法会计师应当根据表述鉴定结论的需要确定文书格式的类型，但文书的具体格式并不需要强求划一，可以由司法会计师自行确定，但应当完整地表达司法会计鉴定文书的基本内容。

（二）司法会计鉴定书首部的制作要求

司法会计鉴定书的标题写明"司法会计鉴定书"即可。由于司法会计鉴定文书所表达的应当是司法会计师的个人意见，并不代表其所在鉴定机构，因而在标题中不得冠以其所在司法会计机构的名称，以免引起误解。

司法会计鉴定书的文号，依鉴定机构的编号习惯和出具文书的顺序确定。

（三）司法会计鉴定书绪言部分的制作要求

司法会计鉴定书的绪言部分，主要反映受理鉴定的情况。

受理鉴定的依据，应当写明送检方的全称以及用于启动司法会计鉴定的文书名称和文号。

受理方式，应当写明司法会计师是接受指派，还是接受聘请成为本案的司法会计鉴定人。

鉴定事由，应当写明案由、主要当事人的姓名（名称）以及明确对该案"涉及的财务会计问题进行鉴定"。其中：刑事诉讼的案由应当写明罪案名称，如"盗窃案"；民事、行政诉讼的案由应当写明谁诉谁什么案件，如"甲诉乙买卖纠纷案"。

鉴定事项，应当写明送检方要求确认的财务会计问题，即应当根据送检文书中所列鉴定要求填写。同一份司法会计鉴定书可以同时表述送检方就同一案件提出的多项鉴定事项，但应当分开表述；送检方要求在鉴定结论部分单独表述相关检验结果的，可以在鉴定事项部分单独叙述检验事项。列示鉴定事项时需要注意的是，送检方开始提供的送检文书中所列鉴定事项不妥当，经过协商修改了鉴定事项，送检方应当另行出具送检文书，写明修改后的鉴定事项，司法会计师应当根据送检方提供的新的送检文书列示鉴定事项。

接受检材概况，应当根据具体的送检方式进行表达。例如：送检方移送检材的，应当写明收检时间、送检方名称、送检人姓名及职务，以及主要检材的名称等；司法会计师在检材存放场所进行检验的，应当写明检验地点、检验时间、送检方名称、在场送检人的姓名及职务、主要检材的名称等。

（四）司法会计鉴定书检验部分的制作要求

司法会计鉴定书检验部分的内容包括检验所见及检验结果，在表述检验部分内容的前面需要列示小标题，如"检验"。

检验部分可以写明检验项目，通常包括检材的称谓、所属财务会计主体和所涉及的时间范围等。

检验部分应当写明鉴定结论的事实和证据依据。其中：

检验所见，是指司法会计师在检验中看到的检材及其记载内容，应当写明检材的名称及其所记载的能够作为鉴定结论依据的内容；

检验结果，是指经过验证的检材所能证实的财务会计事实，包括检材直接证明的财务会计事实和经过汇总、调整所证实的财务会计事实。

检验部分的表述应当注意以下几点：

第一，凡与论证鉴定结论有关的检验所见和检验结果，均应在检验部分写明，除需要在鉴定结论部分单独表达的鉴定结果外，不需要表达与鉴定结论的事实依据无关的检验所见和检验结果；

第二，检验部分的表述顺序应当考虑到论证鉴定结论的顺序，以方便诉讼主体审查；

第三，检验所见和检验结果的内容较多时，可以按照一定的标准分项进行表述，如财务会计事项类别、财务会计错误类型、检材涉及的财务会计主体、会计期间等；

第四，检验结果只是对经过检查、验证的检材所证明的相关事实内容的直接归纳，不包括推理结果；

第五，检验部分可以采用引述法进行表述，即根据论证鉴定结论的所需，直接引用由司法会计师本人在同一案件中制作的其他意见文书所表述的相关检验结果，但应当写明其他意见文书的文号及所需引用的检验结果；

第六，检验部分可以采用鉴定表格进行表述，鉴定表格所列行数不多的，可直接在检验部分进行表述，鉴定表格所列行数较多的，则应当作为附件处理，但应当在检验部分写明汇总结果，并注明"详见附件×"；

第七，检验部分的内容涉及较为复杂的资金流向、财务关系等内容的，可以采用图示法进行表述，但采用图示法必须以相关的文字表述为前提，不得直接使用图表代替文字表述；

第八，检验部分的表述应当客观全面，不能采用缺乏依据的推测代替检验结果，也不得遗漏与论证、结论事项有关的检验所见和检验结果；

第九，检验部分的表述应当详略适当，即应当根据表述鉴定结论和论证鉴定结论的需要，合理地确定叙述内容的详略程度。

（五）司法会计鉴定书论证部分的制作要求

司法会计鉴定书中的论证部分的内容包括鉴定标准和鉴定结论论述过程，在表述论证部分内容的前面需要列示小标题，如"论证"。

论证部分应当根据论证鉴定结论成立的逻辑过程，分别说明鉴定结论形成的标准依据、事实依据、论证过程和鉴别分析意见。

鉴定结论的形成可以涉及一项或多项鉴别分析意见，每项鉴别分析意见都应当包括标准依据、事实依据、论证过程和鉴别分析意见。

司法会计师在表述鉴别分析意见所依据的标准时，应当写明标准的具体内容。如果判定标准是由司法会计师依据相关标准推理形成的，应当说明相关标准的渊源。

司法会计师表述鉴别分析意见所依据的事实，应当源于司法会计鉴定书的检验部分，不得表述检验部分没有表达的检验所见和检验结果。

司法会计师通常按照证明方式表述鉴别分析意见的论证过程，表述时应当清晰地反映出逻辑推理过程，即应当反映出标准依据和事实依据与鉴定分析意见之间的逻辑关系。其中：建立在多项鉴别分析意见基础上形成的鉴定结论，论证部分应当清晰地反映出各鉴别分析意见与鉴定结论的逻辑关系；采用比对鉴别法形成鉴别分析意见的，应当写明参照客体的形成依据和内容。

如果检验部分所述检验结果涉及相关验证原理的，司法会计师可以采用说明方式来表达相关检验结果所涉及的验证原理，如在检验部分表述某项会计分录符合发生额平衡关系，在论证部分可以直接说明该项检验结果所涉及的发生额平衡原理即可。

（六）鉴定结论的制作要求

司法会计师应当针对鉴定书绪言部分所列鉴定事项的要求表达鉴定结论，即鉴定结论的范围不得超出文书本身所列鉴定事项的范围。司法会计师不得根据检验结果自行增加结论事项。司法会计师如果在鉴定过程中发现其他对案件诉讼有意义的鉴定事项的，可以建议送检方增加鉴定事项，送检方同意增加鉴定事项后，方可增加结论事项。同时，鉴定结论应当完整地回答鉴定事项所列示的财务会计问题，不得遗漏。如果同一司法会计鉴定书中表述多项鉴定结论的，应当按照一定的逻辑关系顺序表达。

这里需要特别强调的是：鉴定结论的内容应当以检验部分所列证据和事实为依据，不得将检验部分未表达的事实和证据作为依据。司法会计鉴定实践中常见的错误：司法会计师做出的鉴定结论实际依据了部分参考证据的内容，但为了回避参考证据不能作为鉴定结论依据的原则，其在检验部分没有表达参考证据的内容，所表述的鉴定结论却包含了由参考证据所证明的事实。这种错误从逻辑上表现为"推不出"，即根据其在检验部分所表述的检验所见或检验结果，推不出其所表述的鉴定结论。

鉴定结论的表述用语方面，司法会计师应当注意采用规范的专业术语表达，并规范的使用术语表述相应的财务会计事实，不得采用地方性俗语表述鉴定结论。同时，鉴定结论的用语应当确切。

（七）司法会计鉴定书尾部的制作要求

司法会计鉴定书的尾部应当表述司法会计师所在鉴定机构名称、司法会计师的职务（职称）与姓名、报告日期、附件等情况。

司法会计师应当在尾部打印自己所在司法会计机构的全称并加盖鉴定专用章，以证明其身份。同时，应当打印司法会计鉴定师的职务（职称）与姓名，并在打印的姓名后签名。之所以在司法会计师的签名前需要打印其姓名，主要是防止因司法会计师签名不清晰而导致诉讼主体无法看清楚其姓名。

司法会计师可以将能够说明检验结果的各种表格、图形作为司法会计鉴定书的附件，并在司法会计鉴定书的尾部写明附件的名称及页数。作为鉴定结论依据的司法会计鉴定证据，应当由鉴定机构存档，无须作为司法会计鉴定书的附件。

三、司法会计分析意见书的制作要点

司法会计分析意见书，是指由司法会计师制作的，反映司法会计鉴定过程、鉴定标准以及分析意见的司法会计鉴定文书。这里所谓的分析意见，是指司法会计师在司法会计鉴定中，由于部分检验所见缺乏适当的检验条件进行验证情况下所制作的司法会计鉴定意见。

分析意见与鉴定结论的差异在于其所依据的部分证据，因客观上未能形成（或送检方无法提供）验证所需的检材而无法采用适当的检验方法予以验证。

除文书标题、鉴定意见的称谓不同外，司法会计分析意见书的基本内容与司法会计鉴定书相同。司法会计分析意见书的标题为"司法会计分析意见书"，其鉴定意见部分的标题应当是"分析意见"。因此，司法会计分析意见书的基本内容、格式及表述方法等制作要点与前述"司法会计鉴定书"相同。

四、司法会计咨询意见书的制作要点

司法会计咨询意见书，是指由司法会计师制作的，反映司法会计鉴定过程、鉴定标准以及咨询意见的司法会计鉴定文书。这里所谓的咨询意见，专指司法会计师在送检方提出的特别事项基础上作出的司法会计鉴定意见。无论是初次鉴定还是补充鉴定、重新鉴定中，建立在送检方提出特别假定事项基础上形成的鉴定意见，司法会计师都应当考虑出具司法会计师咨询意见书。

除鉴定文书名称、鉴定事项以及鉴定意见的标题外，司法会计咨询意见书的基本内容与司法会计鉴定书相同。司法会计咨询意见书的名称为"司法会计咨询意见书"；其鉴定事项的标题应当表述为"咨询事项"，并应当在咨询事项中反映送检方提出的特别事项；其鉴定意见部分的标题应当称之为"咨询意见"。因此，司法会计咨询意见书的基本内容、格式及表述方法等制作要点与前述"司法会计鉴定书"相同。

五、司法会计鉴定复核意见书的制作要点

司法会计鉴定复核意见书，是指由司法会计师制作的，反映鉴定复核过程、鉴定标准和复核意见的司法会计鉴定文书。这里所谓的鉴定复核意见，是指司法会计师进行鉴定复核后出具的结论性意见。

除鉴定文书名称以及因表述复核鉴定过程及结果所需产生的差异外，司法会计鉴定复核意见书的基本内容与司法会计鉴定书相同。因此，司法会计复核意见书的基本内容、格式及表述方法等制作要点与前述"司法会计鉴定书"雷同。

司法会计鉴定复核意见的下列事项与其他司法会计鉴定文书存在差异：

一是，司法会计鉴定复核文书的名称为"司法会计鉴定复核意见书"；

二是，司法会计鉴定复核意见书的鉴定事项的标题应当表述为"鉴定复核事项"，应当写明原鉴定意见的鉴定文书的名称、文号、标题等，如"对×会鉴〔20××〕×号《司法会计鉴定书》的科学性和可靠性进行复核"；

三是，司法会计鉴定复核意见书的绪言部分应当增加"原鉴定意见"，写明原鉴定文书的文号、标题以及鉴定意见的类型、内容，其中，如果原鉴定文书表述了多项鉴定意见的，可以仅表述需要进行鉴定复核的鉴定意见的序号和内容；

四是，司法会计鉴定复核意见书的检验部分应当表述对原鉴定文书所列检验事项进行的复核性验证情况，明确原鉴定文书所列各项检验所见和检验结果的正确性，如果发现原鉴定文书检验部分表述了与原鉴定意见无关的检验所见和检验结果，则无须表述复核性验证事项，但应当提示这些检验所见和检验结果与原鉴定意见无关；

五是，司法会计师在鉴定复核中根据鉴定原理增加检验项目的，应当表述检验所见和检验结果；

六是，司法会计鉴定复核意见书的论证部分，应当表述对原鉴定文书所列鉴定原理及鉴别分析意见的评价，其中，复核确认原鉴定文书所列鉴定原理及鉴别分析意见存在错误的，应当说明其不当之处并阐释理由；

七是，原鉴定意见存在错误，鉴定复核中作出新的鉴定意见的，应当在司法会计鉴定复核意见书的论证部分阐述新的鉴定意见的根据和推导过程；

八是，司法会计鉴定意见书中鉴定事项的标题称为"复核意见"，该部分应当表述对原鉴定意见的评价。司法会计师作出新的鉴定意见的，可以同时表述新的鉴定意见。

六、司法会计鉴定说明的制作要点

司法会计鉴定说明，是指司法会计师对已经出具的鉴定意见进行补充说明时所制作的鉴定文书。司法会计鉴定说明，可以作为补充鉴定文书或用于书面答复诉讼主体针对鉴定文书提出的咨询①。

司法会计鉴定说明只能由作出鉴定意见的司法会计师出具，其基本内容包括标题、文号、接受单位、内容和鉴定专用章、司法会计师签名、制作日期等。

司法会计鉴定说明的制作要点包括：

一是，司法会计鉴定说明的标题，可以表述为"鉴定说明"；

二是，应当写明司法会计鉴定说明的接收单位，即鉴定说明发往的单位，可以是送检方，也可以是其他诉讼主体；

三是，司法会计鉴定说明的内容，应当根据需要作出具体解释或答复的问题而定，通常应当表述制作鉴定说明的原因（如司法会计师需要说明或诉讼主体提出咨询）、鉴定说明所针对的鉴定文书的文号和标题、说明事项等。

七、司法会计鉴定笔录的制作要点

司法会计鉴定笔录，是指记录会议式鉴定过程及鉴定意见的笔录。所谓会议式鉴定，是指采用召开鉴定会议方式实施的司法会计鉴定，这种方式的鉴定通常仅适用于鉴定复核。

司法会计鉴定笔录由首部、鉴定过程、鉴定意见和尾部构成。各部分制作要点如下：

1. 司法会计鉴定笔录的首部写明司法会计鉴定笔录的名称、送检方名称、送检人姓名、鉴定会议的地点和时间、司法会计师职务和姓名、记录人的职务和姓名、鉴定事项等；

2. 司法会计鉴定笔录的鉴定过程部分，应当先记录送检方向司法会计师提供检材的概况，包括检材名称、需要鉴定复核的原鉴定文书等情况，然后记录各司法会计师针对检材、鉴定标准提出的看法以及所发表的鉴别分析意见；

3. 司法会计鉴定笔录的鉴定意见部分，应当根据鉴定意见的类型写明标题，如"鉴定结论"、"分析意见"、"鉴定复核意见"等，然后表述司法会计师作出的鉴定意见，如果鉴定人存在不同意见的，应当分别记录发表鉴定意见的司法会计师姓名及其表达的鉴定意见内容；

4. 司法会计师应当在鉴定笔录的尾部签名；

5. 笔录的制作人或记录人应当在鉴定笔录的最后签名，并写明记录形成的时间。

---

① 这里所表述的司法会计鉴定说明，属于司法会计鉴定的意见文书，与司法会计师准备出庭作证时所制作的鉴定说明的用途不同，后者用于司法会计师出庭作证时主动表达有关鉴定的一些事项，除审判长主动要求提供该说明的情形外，并不需要提交诉讼主体。

八、司法会计鉴定意见中表达限定性意见的制作要点

限定性意见，是指带有附加判定条件的鉴定意见。所谓附加判定条件，是指附加在司法会计鉴定意见的结论事项后，用于说明结论事项所基于的特别事项。如果司法会计鉴定意见是建立在某些特定的特别事项基础上作出的，应当附加判定条件。例如：在一般假定前提下，结论事项包含或未包含由某些鉴定证据所证明的财务会计事实，就需要通过附加判定条件加以说明。又如：以特别假定事项为基础作出的鉴定意见，该假定所包含的财务会计事实应当采用附加判定条件加以说明。总之，司法会计师基于合理的考虑，在表达鉴定结论、分析意见、咨询意见时，均可附加判定条件。

司法会计文书中表达限定性意见，应当符合一些基本要求：

一是，在附加判定条件的鉴定意见中，应当明示鉴定意见的结论事项内容包含或未包含附加判定条件所列财务会计事项。

二是，司法会计鉴定意见中包含附加判定条件的，应当在鉴定文书的检验部分或论证部分说明与附加判定条件有关的证据状况或标准内容。例如：在附加判定条件中说明已经包含某一事实的，应当在检验部分说明这一事实相关检验所见或检验结果。又如：在附加判定条件说明未包含某一事实的，应当在检验部分说明这一事实的证据状态（包括能够证明的事实内容，或无法证明的事实内容）。

三是，司法会计师可以就附加判定条件可能对结论事项造成影响作出说明，例如：如果包含附加判定条件的某一事实，则需要对结论事项作出哪些调整。但是，司法会计师不得就附加判定条件对结论事项构成的实际影响进行表达，这是因为司法会计师之所以出具限定性意见，就是由于无法确认附加判定条件所指的特别事项。附加判定条件对结论事项是否构成实际影响以及影响程度等问题，应当由诉讼主体根据其他相关证据作出判断。

第四节　司法会计师出庭作证

一、司法会计师出庭作证概要

司法会计师出具鉴定意见后，法庭通知出庭的，应当根据通知依法出庭，参与法庭调查，并就鉴定意见向法庭作证，解答法庭各方针对司法会计鉴定及鉴定意见提出的质疑。这里所谓法庭各方，包括出席法庭的法官、公诉人、当事人及其辩护人、诉讼代理人等。

司法会计师因健康原因、路途遥远、自然灾害等不可抗力、出差等执行公务等正当原因或理由不能出庭的，应当说明理由，并经审判机关准许可以不出庭。

如果因故不能出庭的，司法会计师可以接受审判人员的庭外询问，并在询问笔录中签名或盖章，或者通过制作《鉴定说明》书面答复法庭提出的问题。

司法会计师出庭前应当根据检案情况撰写鉴定说明、答辩提纲以及准备能够证明司法会计师身份与鉴定资格的文件及复印件。这里所谓的鉴定说明，是指司法会计师针对鉴定事项涉及的某些问题制作的文书，内容可以包括司法会计师与本项鉴定有关的阅历、可能发生争议的检材以及鉴定中采用或不采用这些检材的理由、相关鉴定标准的含义以及鉴定中采用或不采用某项判定标准的理由、鉴定意见的含义以及所能证明事实的范围等内容。这里所谓的答辩提纲，是指司法会计师根据检案情况准备的，在出庭时答复法庭各方发问的要点，内容通常涉及本项鉴定程序的合法性、无须回避涉及的事项、检材的完整性与证明力、鉴定标准与鉴定原理、鉴定意见的成立等内容。

司法会计师在准备鉴定说明或答辩提纲前，通常需要阅读鉴定卷宗，熟悉鉴定事项涉及的当事人及检材的称谓、相关检材之间的联系或其所反映的财务会计关系、鉴定标准的出处或推导过程、鉴定意见的含义及其用途等事项。

法庭依法应当在开庭三日前书面通知司法会计师出庭。如果法庭未按法定期限通知出庭，导致无法做好出庭准备的，司法会计师可以在法庭通知书回执中注明。

司法会计师应当根据法庭通知的时间、地点准时出席法庭，并根据审判长的提示：说明姓名、身份，并在如实作证的保证书上签名；宣读鉴定文书或鉴定意见，发表鉴定说明；回答出席法庭的各方就鉴定意见提出的问题；向出席法庭的其他专家提出专业性的问题；作证完毕后根据审判长的提示退庭。

二、司法会计师出庭作证注意事项

司法会计师出庭时应当注意把握好以下几点：

一是，应当注意形象，文明举止；

二是，对各方的提问，可以在关注其提问的适当性、意图、含义等基础上，确定是否应当回答和如何回答；

三是，对反驳鉴定意见一方提出的合理发问无论有无难度，均应当给予回答；

四是，注意控制好回答问题的节奏；

五是，对法庭各方提出的与本项鉴定无关的发问以及带有"如果"、"假设"等假设性词语、假定前提、假定内容的发问，可以拒绝回答；

六是，对法庭各方提出的诱导式发问以及有损于司法会计师人格尊严或威胁性语言的，要求法庭制止；

七是，发现鉴定意见确实存在瑕疵需要修订的，可以建议法庭进行补充鉴定；

八是，应当根据审判长的提示退庭，不得自行决定退庭。

在司法实践中，司法会计师退庭后，审判长可能会要求司法会计师向法庭提供出庭中宣读的《鉴定说明》，司法会计师可以提供《鉴定说明》。

另外，司法会计师参加法庭组织的庭前会议①，或者出具检验、测算等文书后需要出庭的，均可以参照上述出庭要求办理。

第五节　司法会计师鉴定业务案例——民事纠纷案件司法会计鉴定案例

一、司法会计师受理业务的背景

原告：甲公司所属销售公司负责人周某（曾兼做销售公司出纳工作，2005年6月26日停止出纳工作，并进行了交接）。

被告：甲公司。

2007年甲公司向司法机关举报周某贪污、挪用公款，司法机关经过审查后未予立案。甲公司通过一定的内部程序，以周某贪污、挪用公款为由与其解除劳动合同。周某一直否认贪污、挪用公款的事实，因而不服公司解除劳动合同的决定，申请劳动仲裁，仲裁结果维持了甲公司的决定。周某不服仲裁，向人民法院提起诉讼，要求撤销甲公司解除劳动合同的决定。法院受理后，为了查明解除劳动合同的理由是否成立，拟聘请一家会计师事务所的注册会计师进行司法会计鉴定。注册会计师同意受理鉴定。法官在与注册会计师沟通中询问其如何鉴定，注册会计师答道：我们把销售公司账整理一下，给你们一个查账结果就可以了。法官又问：你们给我们一个查账结果，我们怎么办？注册会计师不知如何回答（显然，注册会计师将司法会计鉴定视为了审计）。由于无法确定鉴定事项，法官随后又找到了某司法会计鉴定中心。

鉴定中心的司法会计师听取法官对案情的介绍后，发现鉴定目的、鉴定事项等均不明确，便首先了解了案情。本案系甲公司职工周某诉甲公司劳动纠纷案，法院提请司法会计鉴定的目的涉及甲公司2007年作出解除周某劳动合同的处分时所依据的两个事实的认定问题：

一是，甲公司认定周某2005年3月15日获取以其个人名义公款私存9万元整存整取储蓄的存款利息4,120.88元没有记账，贪污了该笔利息；

二是，甲公司认定周某挪用公款40,000元至案发前未交回公司。

明确相关案件事实后，司法会计师与法官沟通了鉴定目的、鉴定事项。从司

---

① 庭前会议，是指法官根据法律规定，在开庭以前召集公诉人、当事人和辩护人、诉讼代理人，针对回避、出庭证人名单、非法证据排除等与审判相关的问题进行的庭前示证活动，通常不需要鉴定人出席。

法会计专业角度看，证明周某贪污公款利息的财务事实成立涉及两个方面，一是，销售公司的利息收入是否已经记账列收，可以通过专项检验查明利息收入是否记账。二是，公司的公款少了没有，一方面，如果周某贪污了利息，则会造成库存现金短库 4,120.88 元的财务后果；另一方面，如果周某挪用公款 4 万元且在案发前未交回公司，则会造成该公司库存现金短库 4 万元的财务后果。根据这一认识，司法会计师与法官商定了两项司法会计业务：

检验事项：查明甲公司销售公司对 2005 年 3 月 15 日形成的"周某" 6 个月整存整取储蓄存款 9 万元的存款利息 4,120.88 元是否进行了账务处理。

鉴定事项：确认甲公司销售公司截至 2005 年 6 月 26 日库存现金应结存额与实际结存额是否相符。

查验检材：法官收集并提供了甲公司销售公司财务会计资料，包括 2003 年 9 月至 2005 年 6 月银行存款日记账、现金日记账、总账、会计凭证、银行对账单及部分收款票据存根。对能够证明 2005 年 6 月 26 日该公司库存现金实际结存额的交接记录尚在收集中。

二、司法会计鉴定情况

司法会计师通过初步检验发现销售公司管理十分混乱，该公司于 2003 年 9 月开始发生会计事项，但现金日记账及总账均为 2004 年 8 月启用，且销售公司会计记账凭证原为墨水笔编号，2004 年及 2005 年的部分凭证被重新整理并改为铅笔编号，但原墨水笔编号的部分凭证在重新登记的账簿中没有记载，送检资料中也没有按照墨水笔记账的账簿；检材中同时有两本登记内容部分重合的《现金日记账》，但都没有列示记账凭证编号。司法会计师从记账凭证中发现了该公司处理涉案利息收入的记账凭证，但两本现金账簿中均无记载。司法会计师向法官提出了对送检的账簿可靠性的质疑，建议取消检验事项，改为鉴定事项：确认甲公司销售公司 2005 年 3 月 15 日编制的第 6 号（铅笔编号为 15 号）收款记账凭证及附件所列会计事项及会计处理的含义，法官同意修改，并向司法会计师出具了聘请书。

上述两项鉴定事项最终出现了两种不同的鉴定结果。

第一项结论为：甲公司销售公司 2005 年 3 月 15 日编制的第 6 号（铅笔编号为 15 号）凭证及附件所反映的会计事项是：2004 年 9 月 6 日"周某"存 6 个月整存整取储蓄存款 9 万元于 2005 年 3 月 15 日提取，形成存款利息 4,120.88 元。该凭证所反映的会计处理事项是：销售公司将"周某"存款利息 4,120.88 元，作为销售公司的利息收入业务冲销了本单位的财务费用，即已经作为销售公司的利息收入进行了账务处理。

上述鉴定结论可用于证明存款利息 4,120.88 元的账项未被隐匿，不存在周某通过收入不入账手段侵吞公司存款利息的事实。

第二项鉴定未能取得鉴定结论。在鉴定进行过程中，法官通过调查证实甲公司销售公司 2005 年 6 月 26 日确实进行了现金交接工作并形成了《交接记录》，但甲公司称《交接记录》找不到了。法官询问了参加交接的人员，这些人员均已经记不清交接的实际情况。因为缺少必要的检材，司法会计师终结了库存现金差异问题的鉴定事项，并出具了《终结鉴定通知书》。这一证据虽然是程序性证据，但证明了甲公司认定周某贪污、挪用公款的事实缺乏重要证据——证明销售公司库存现金损失的证据。换句话说，确认周某经管的现金出现短库 44,120.88 元（或更多）是证实其贪污、未归还挪用公款两个事实存在的前提，但从司法会计鉴定的结果看，认定周某 2005 年 3 月 15 日贪污储蓄存款利息 4,120.88 元以及挪用公款 40,000 元至案发前未交回的事实缺乏关键性证据。

以下是司法会计师出具的司法会计鉴定书和终结鉴定通知书①。

司法会计鉴定书

×会鉴〔2008〕第 5 号

根据××市××区人民法院〔2008〕×民初字第 35 号《聘请书》，受该院聘请，对周某诉甲公司劳务纠纷一案涉及的财务会计问题进行司法会计鉴定。

鉴定事项：确认甲公司销售公司 2005 年 3 月 15 日编制的第 6 号（铅笔编号为 15 号）收款记账凭证及附件所列会计事项及会计处理的含义。

2008 年 6 月 12 日，××市××区人民法院××法庭庭长安××送来甲公司销售公司（以下简称"销售公司"）部分财务会计资料：2003 年 9 月至 2005 年 6 月银行存款日记账、现金日记账、总账、会计凭证、银行对账单及部分收款票据存根。2008 年 6 月 25 日补送了部分财务资料证据。

一、检验

1. 检验发现：①销售公司于 2003 年 9 月开始发生会计事项，但送检的现金日记账及总账均为 2004 年 8 月启用；②销售公司会计记账凭证原为墨水笔编号，2004 年及 2005 年的部分凭证被重新整理并改为铅笔编号，但原墨水笔编号的部分凭证在重新登记的账簿中没有记载，送检资料中也没有按照墨水笔记账的账簿；③送检的两本《现金日记账》均存在未按记账凭证所列编号进行登记的情况；④送检的账簿中没有除货币资金以外的其他明细账户的账页。

2. 销售公司 2005 年 3 月 15 日由"撒××"编制的第 6 号（铅笔编号为 15 号）收款记账凭证记载的会计分录为：

---

① 注：本章案例中的原文书均使用真实的单位名称和个人姓名，为了与本章案例介绍相衔接，案例文书中的单位名称、个人姓名采用与案例介绍相同的表述方法。

借：现金　　　　　4,120.88

贷：财务费用　　　4,120.88

上述记账凭证附件为储蓄存款《利息付出清单》。该附件记载：账号：00＊＊＊56；户名：周某；种类：定期整整；本金：90,000.00；起息日：04/09/06；支取日：05/03/15；储蓄利息：4,120.88；本息合计：94,120.88。

3. 销售公司 2005 年上半年《总账》第七页借方记载 3 月 15 日利息4,120.88元。

4. 验证送检的两本有重复记载事项的现金日记账，未见对 2005 年 3 月 15 日第 6 号或第 15 号凭证的记载。

二、论证

根据《企业会计制度》规定，"现金"科目的借方反映企业现金收入业务，第 2 项检验结果所列会计分录为借记"现金"4,120.88 元，因此，该账项反映的会计事项为：销售公司收取"周某"存款利息4,120.88 元。

根据《企业会计制度》规定，"财务费用"科目的贷方反映企业收取银行存款利息收入并冲销财务费用的业务，第 2 项检验结果所列会计分录为贷记"财务费用"4,120.88 元，因此，该账项反映的会计事项为：销售公司收取存款利息收入 4,120.88 元。

根据第 2 项检验及上述论证，销售公司 2005 年 3 月 15 日编制的第 6 号（铅笔编号为 15 号）收款记账凭证所反映的会计事项为：2004 年 9 月 6 日"周某"存 6 个月整存整取储蓄存款 9 万元于 2005 年 3 月 15 日提取，形成存款利息4,120.88元。其会计处理事项的含义是：销售公司将收取到的"周某"存款利息4,120.88 元，作为本公司的利息收入业务冲销了本单位的财务费用，即已经作为销售公司的利息收入进行了账务处理。

另外，第 1 项检验结果表明销售公司两次整理会计凭证时，均将前述利息收入业务进行了账务处理，而第 3 项检验结果也表明，前述利息收入曾被记账，这反映了 2004 年 9 月 6 日"周某"存入 6 个月整存整取储蓄存款 9 万元于 2005 年 3 月 15 日收取的 4,120.88 元利息收入已通过销售公司财务会计部门列收。第 4 项检验结果所显示的检验所见——销售公司现金日记账中无该笔收入的记载——应属其他原因所致。

三、鉴定结论

根据对送检的甲公司销售公司部分财务会计资料检验分析结果确认：

甲公司销售公司 2005 年 3 月 15 日编制的第 6 号（铅笔编号为 15 号）及附件所反映的会计事项是：2004 年 9 月 6 日"周某"存 6 个月整存整取储蓄存款 9 万元于2005年3月15日提取，形成存款利息4,120.88 元。该凭证所反映的会计处理事项是：销售公司将"周某"存款利息4,120.88 元，作为销售公司的利息收入业务冲销了本单位的财务费用，即已经作为销售公司的利息收入进行了账务处理。

××市人民检察院司法鉴定中心

司法会计师：×××（签名）

司法会计师：×××（签名）

二〇〇八年七月八日

终结鉴定通知书

×会鉴〔2008〕第 6 号

根据××市××区人民法院〔2008〕天民初字第 35 号《聘请书》，受该院聘请，对周某诉甲公司劳务纠纷一案涉及的财务会计问题进行司法会计鉴定。

鉴定事项：确认甲公司销售公司截至 2005 年 6 月 26 日库存现金应结存额与实际结存额是否相符。

2008 年 6 月 12 日，××市××区人民法院××法庭庭长安××送来甲公司销售公司部分财务会计资料：2003 年 9 月至 2005 年 6 月银行存款日记账、现金日记账、总账、会计凭证、银行对账单及部分收款票据存根。2008 年 6 月 25 日补送了部分相关财务资料。

为了确认鉴定事项所列财务问题，需要获取甲公司销售公司 2005 年 6 月 26 日现金交接记录，以证明该公司现金实际结存额。因××市××区人民法院未能提供该项交接记录，故无法确认销售公司至 2005 年 6 月 26 日库存现金应结存额与实际结存额是否相符。

此致

××市××区人民法院

××市人民检察院司法鉴定中心

司法会计师：×××（签名）

司法会计师：×××（签名）

二〇〇八年七月九日

完成和终结鉴定后，司法会计师与法官进行了沟通，说明了鉴定结论以及终止鉴定通知对本案件事实的证明意义。法官要求司法会计师出庭。为了便于出庭，司法会计师拟定了《鉴定说明》。由于本案事实及鉴定事项比较简单，司法会计师没有制作出庭答辩提纲。

鉴定说明

1. 鉴定资格：鉴定人于 1996 年获得由××省人民检察院颁发的《司法会计

学鉴定资格证书》，证书号：000＊＊＊＊。已发表司法会计专业论文 10 篇。

2. ×会鉴〔2008〕第 5 号《司法会计鉴定书》第二项论证意见中所述"第 4 项检验结果所显示的检验所见的销售公司现金日记账中无该笔收入的记载，应属其他原因所致。"这里其他原因可以是：①甲公司销售公司财务会计部门漏记现金日记账，但该公司曾两次整理会计凭证登记现金日记账均出现漏记不符合常规；②甲公司销售公司未向法庭提供已登记该笔收入的现金日记账。

3. ×会鉴〔2008〕第 5 号《司法会计鉴定书》所列鉴定结论的含义是：确认甲公司销售公司财务会计部门于 2005 年已将某储蓄所 2005 年 3 月 15 日支付"周某"的 9 万元 6 个月整存整取储蓄存款利息 4,120.88 元列为本单位的收入。该结论可证明：①该业务经办人将"周某"所存 9 万元储蓄存款形成的 4,120.88 元利息已经作为销售公司的利息收入报账。②该结论只证明"周某"9 万元储蓄存款利息 4,120.88 元被销售公司财务会计部门列为本单位收入，未证明该笔款项是否实际交公——这需要通过库存现金差异问题鉴定解决。但×会鉴〔2008〕第 6 号《终结鉴定通知书》表明，因检材不足，对甲公司销售公司库存现金差异问题无法作出鉴定结论。

4. 本案司法会计鉴定结果与本案司法会计鉴定目的关系。本案系甲公司职工周某诉甲公司劳务纠纷一案。本案提请进行司法会计鉴定的目的是——查明甲公司 2007 年作出开除周某厂籍处分时所依据的下列两个事实是否存在：①2005 年 3 月 15 日周某采用收入不记账手段贪污 9 万元整存整取储蓄存款利息 4,120.88 元；②同时挪用公款 40,000 元至案发前未交回销售公司。本案司法会计鉴定的结果：一是甲公司销售公司 2005 年 3 月 15 日编制的第 6 号（铅笔编号为 15 号）凭证及附件证实销售公司应收存款利息 4,120.88 元的账项已经进行了账务处理，即该笔利息已经作为销售公司的利息收入进行了账务处理；二是无法确认甲公司销售公司截至 2005 年 6 月 26 日的库存现金是否出现短库（损失）情况，即不能确认周某担任该销售公司出纳期间所经管的现金有无损失。确认周某经管的现金出现短库 44,120.88 元（或更多）是证实上述两个事实存在的前提。所以，从目前司法会计鉴定的结果看，认定周某 2005 年 3 月 15 日贪污储蓄存款利息 4,120.88 元同时挪用公款 40,000 元至案发前未交回的事实缺乏关键性证据。

司法会计师根据法庭通知，出席了法庭，宣读了鉴定文书和《鉴定说明》。甲公司诉讼代理人承认无法查明销售公司库存现金是否短库的事实。法院判决据此认定甲公司解除周某劳动合同所依据的事实不清，解除劳动合同的决定违法，判决甲公司重新作出决定。

第六节　司法会计师鉴定业务案例——挪用公款案件司法会计鉴定案例

一、司法会计师受理业务的背景

甲犯罪嫌疑人，系 A 银行××办事处客户经理。

乙犯罪嫌疑人，系 B 银行××支行副行长。

侦查机关认定的案件事实：乙犯罪嫌疑人在任 B 银行××支行副行长期间，为 C 集团公司在 D 公司理财业务提供资金，至 2004 年 8 月有 3,200 万元到期，此时 D 公司无力偿还，乙为了将 B 银行提供的资金收回，多次找 D 公司××办事处主任方××催要该笔资金。方××表示无力偿还，乙提出用 B 银行的资金经过一下 D 公司账，再还回 B 银行，以便从 B 银行账面上看前述资金已经归还了 B 银行。方××请示 D 公司总经理同意后，找到时任 A 银行××办事处客户部经理甲犯罪嫌疑人，提出让甲犯罪嫌疑人帮助 B 银行过账，甲表示可以商量。甲、乙、方三人见面商谈此事，方××提出新动用的资金经过 A 银行转入 D 公司后，还可以继续体现为一笔理财款项，有一笔高息我们三人可以分，并提出 B 银行将款项通过 A 银行转入 D 公司后，甲犯罪嫌疑人需要向 B 银行连续提供虚假的明细对账单和结息清单，以便 B 银行认为其款项仍然存在 A 银行，甲表示可以做。乙犯罪嫌疑人随后在 A 银行××支行办事处办理了开户手续，并于 2004 年 8 月 9 日、30 日分两次转到该账户 3,000 万元资金。甲犯罪嫌疑人帮助乙犯罪嫌疑人分别于 2004 年 8 月 31 日、9 月 2 日、9 月 6 日将该账户上的 3,000 万元资金转到 D 公司，D 公司当日把资金划回到 C 集团公司的账户上，同时 D 公司又支付理财高息 180 万元，甲犯罪嫌疑人得款 55 万元，乙犯罪嫌疑人得款 90 万元，方××得款 35 万元。甲犯罪嫌疑人按三人的商定，每季度为 B 银行提供其在 A 银行××办事处存有 3,000 万元的存款明细账及结息清单。挪用的 3,000 万元至案发时尚未归还。

该案移送审查起诉后，公诉机关办案人员发现两犯罪嫌疑人均不承认犯罪，本案争议颇大，希望能够得到司法会计师提供的诉讼支持。经请示后，检察长指派司法会计师参与本案审查。

司法会计师从办案人处了解到本案的具体案情。

乙犯罪嫌疑人在 C 集团公司拥有 50% 的股份。2004 年夏天，乙犯罪嫌疑人找到 D 公司××办事处主任方××，催要以 C 集团公司名义在 D 公司作理财的 3,200 万元的本金，方××请示公司领导后告知乙犯罪嫌疑人，因本公司资金紧张还不上了。乙犯罪嫌疑人问方××，可不可以用我们自己（B 银行）的钱倒一下账：将 B 银行的款项存入其他银行后，转入 D 公司，D 公司再转入 C 集团公司在 B 银行的账户并归还 B 银行，这样可以从账面上显示我们已经收回了 C 集团公司 3,200 万元的款项。方××请示公司总经理同意后告知了乙犯罪嫌疑人可以。乙犯罪嫌疑人就找到 B 银行行长，说应 D 公司总经理的要求（因该总经理给××支行帮过忙），将 B 银行在其他银行的部分存款转到 A 银行，帮助 A 银行完成存款业务，行长同意。

因此前 A 银行××办事处客户经理甲犯罪嫌疑人，找方××帮忙拉存款，方××告诉甲犯罪嫌疑人已联系了 B 银行存款。2004 年 7 月底方××陪同 B 银行××支行的两个人来到 A 银行办理了开户手续，户名是 B 银行××支行。开户的当天下午，B 银行就将存在 F 银行 1,020 万元转入 A 银行的 B 账户。事后，乙犯罪嫌疑人问甲犯罪嫌疑人户开好了没有，转了多少钱，甲说开好了已经转过来一千多万，乙说还不够，过一阵再转两千万，凑三千万，到月底转到 D 公司顶一下 C 集团公司在 D 公司的账。这个账一直没有平，用这笔钱转一下，就可以平一下账，另外这个钱还可以作一年的理财资金，可以拿息差（指理财资金与 B 银行在 A 银行存款的利息差）出来，三人分成。

甲犯罪嫌疑人问方××转账一事，方××说这个钱由甲犯罪嫌疑人帮忙从 A 银行划到 D 公司，然后由方××再划回 C 集团公司在 B 银行开设的账户，这样 D 公司和 C 集团公司之间的账就平了，同时要求甲犯罪嫌疑人帮忙把这笔钱继续在 B 银行体现成一笔存款。甲此时表示，只负责转款，其他由方××和乙自己负责（据甲供述，当时他已经明白这次转款不能让 B 银行知道，这种情况下只能提供虚假银行对账单）。甲又问要这样办息差有多少，方说大概总的 8% 左右扣掉同业息就可以了，方问同业息是多少，甲说是固定的 1.62%，方说这样的话息差在 6% 左右，总息差就是 180 万元。

8 月 12 日晚，乙为了能让甲办理转款，将伪造的一张印鉴丢失证明和三枚假印章（一枚公章、一枚财务专用章、一枚 B 银行行长个人印章）给了甲，由于过去他们已经商量过了，甲就没多问换章事宜。第二天，甲办理了更换印鉴的手续。8 月 30 日，B 银行又汇到 A 银行自己的账户两千万元，此时，B 银行在 A 银行的存款已经达到三千多万元。甲问了方×D 公司的账号，然后以 B 银行的名义于 2004 年 8 月 31 日、9 月 2 日、9 月 6 日分三笔分别 1,700 万、900 万、400 万电汇到 D 公司总部××账户上共计 3,000 万元，方××就以 H 公司的名义将该 3,000 万元作了资金理财业务。2004 年 8 月 17 日、8 月 31 日 D 公司以 C 集团公司拆入资金的名义分两笔（1,500 万元、1,700 万元）将 3,200 万元汇入 C 集团公司在 B 银行××支行开设的账户。

9 月初，方××约甲犯罪嫌疑人提取"理财"利息款，D 公司以付 H 公司拆入资金利息的名义付出 180 万元理财利息，方给了甲一张银行卡，甲犯罪嫌疑人在 9 月 6、7、8 日三天内，分多次把卡中的 55 万提出后存入了自己的存折中。方××将自己所得 35 万元，打到自己的银行卡上。据方××供述，乙犯罪嫌疑人将自己得的 90 万元委托方××代管，方将乙犯罪嫌疑人的 90 万元及自己的 10 万元存到自己掌管的证券公司"×××"的股东账户上。

从转款完毕到 2005 年 6 月，甲犯罪嫌疑人一直按照约定，在每个季度做一份虚假的银行对账单寄给 B 银行。

2005 年 7 月，乙犯罪嫌疑人告诉方××上级部门要对 B 银行所有账务进行审计。方××感到可能要出事，于 2005 年 7 月将自己得的 35 万元及替乙犯罪嫌疑人保管的高息还回 D 公司。

公诉人员认为，根据目前的证据难以认定最初在 D 公司的理财业务，到底是 C 集团公司理财还是 B 银行理财，而理财人的确认是本案定性问题的关键之一。目前的证据显示，乙犯罪嫌疑人始终否认 B 银行曾经做过理财业务，C 集团公司总经理称曾于 2003 年委托 B 银行××支行的人在 D 公司作过理财业务。主要书证显示：（1）3,000 万元资金自 A 银行转到 D 公司后，随即转入 C 集团公司账户；（2）2003 年 4 月 1 日、8 月 15 日 C 集团公司与 D 公司签订了 2 份《国债托管协议》，也就是说 C 集团公司在 D 公司做过 2 次理财业务，每次资金均为 2,000 万元，C 集团公司提供了一套"C 集团公司投资"账目资料，包括明细账和全套会计凭证，但该账目是由 B 银行工作人员"闵××"帮助做的（相关投资资料所列 C 集团公司负责人签名也是 B 银行的"闵××"、经办人为 B 银行工作人员"曾××"）；（3）侦查部门提取的另一份《国债托管协议》是 2003 年 7 月 8 日 B 银行××支行与 D 公司签订的，且 B 银行××支行的名称是在原 C 集团公司的名称涂改后手写上的，也没有注明协议签订时间；（4）B 银行××支行于 2003 年 7 月 8 日还向 D 公司发出一份《还款通知书》，要求 D 公司归还本金 2,000 万元打入 C 集团公司账户，利息 8.2191 万元转入 B 银行××支行账户。上述账项矛盾之处，犯罪嫌疑人和证人均不能解释清楚。

司法会计师根据上述案情介绍，认为确认最初在 D 公司进行理财投资的投资人是 C 集团公司还是 B 银行问题的关键点在于：一是，最初在 D 公司理财所用资金的来源，是 C 集团公司的资金，还是 B 银行的资金；二是，确认那套"C 集团公司投资"账目资料属于 C 集团公司的账目还是 B 银行的账目。据此，经过讨论，公诉人设定了两项鉴定事项：

1. 确认送检的"C 集团公司投资"账目资料涉及投资事项的投资款来源；
2. 确认送检的"C 集团公司投资"账目资料与 B 银行××支行的关系。

第 1 项鉴定事项属于财务问题鉴定事项；第 2 项鉴定事项则属于会计问题鉴定事项。

二、司法会计鉴定情况

司法会计师在初检中发现，C 集团专设的投资账目资料记录的投资业务很少，但由于包含贴现和再贴现等业务，背后却涉及数十家银行机构之间的资金转换关系，确认"C集团公司投资"账目资料所列投资事项的投资款来源，涉及大量的财务往来关系，因而该项鉴定从司法会计鉴定的类型上讲属于财务往来账项问题鉴定。

通过初检，司法会计师发现本案中缺少大量的书证，草拟了补充证据的司法会计检查方案，供公诉人补充证据时参考。方案主要说明了需要查明的案件事实以及需要收集的具体财务会计资料证据。

（一）××银行××市分行

收集2003年1月22日给C集团公司＊＊＊＊4453账户出具的4张1,000万元承兑汇票及背书、手续费凭证，查明背书过程。

（二）××银行××市××支行

1. 收集＊＊＊5748账户××市××公司2003年2月、3月银行分户页及相关收付款凭证，查明下列业务：

1）2003年2月13日C集团公司代××公司支付承兑手续费1万元，涉及1,000万元保证金及2,000万元银行承兑汇票。查明该凭证是否系为C集团公司提供（C集团公司同日有同金额业务）。

2）2003年2月13日××公司支付250万元保证金，开出500万元承兑汇票（目前已有该汇票），8月14日兑付该票据。收集银行分户账页、保证金凭证、银行承兑汇票的背书、兑付款凭证，查明保证金来源、承兑汇票背书过程及贴现资金的下落。（该项业务涉及C集团公司2003年1月4,000万元承兑汇票贴现款的用途）

3）2003年3月4日××公司收款19,760,439.50元凭证及证明该款项去向的凭证。

2. 收集C集团公司在该行＊＊＊5300账户2003年、2004年银行分户账页及相关收付款业务凭证，查明C集团公司下列业务：

（1）C集团公司开出承兑汇票未记账业务

1）2003年2月13日，C集团公司在该行开出500万元银行承兑汇票4张（目前已有该汇票），共计2,000万元，8月14日兑付该票据。收集保证金凭证、承兑汇票背书、承兑款凭证，查明保证金来源、贴现资金的下落及承兑款来源。（该项业务涉及C集团公司2003年1月4,000万元承兑汇票贴现款的用途）

2）2003年3月6日，该行给C集团公司出具收费凭证，收取承兑手续费2500元，涉及250万元保证金和500万元承兑汇票。查明该行是否给C集团公司开具了承兑汇票？保证金如何收取的？何时兑付及兑付资金来源？（该项业务涉及C集团公司2003年1月4,000万元承兑汇票贴现款的用途）

3）2003年3月26日，该行给C集团公司出具收费凭证，收取承兑手续费5,000元，涉及250万元保证金和500万元承兑汇票。查明该行是否给C集团公司开具了承兑汇票，保证金如何收取的，何时兑付及兑付资金来源情况（该项

业务涉及 C 集团公司 2003 年 1 月 4,000 万元承兑汇票贴现款的用途）

（2）该行涉及 C 集团公司下列银行承兑汇票业务

1）2003 年 7 月 10 日，C 集团公司支付该行 150 万元保证金凭证，该行开出 200 万元（01＊＊＊77#）、50 万元（01＊＊＊＊78#）银行承兑汇票收款人为××区金××服务中心，收集保证金凭证、银行承兑汇票及其背书、承兑款凭证，查明保证金来源（C 集团公司 7 月 15 日后向该行提供 635 万元保证金）及背书过程。（该项业务涉及 C 集团公司 2003 年 8 月向 D 公司"投资"2000 万元资金来源）

2）2003 年 7 月 16 日，C 集团公司支付该行 1,125,000 元保证金，从该行开出收款人为××市××有限公司（××市中×行＊＊＊58 账户）1,875,000 元的银行承兑汇票，收集保证金凭证、银行承兑汇票及其背书、承兑款凭证，查明保证金来源及背书过程。（该项业务涉及 C 集团公司 2003 年 8 月向 D 公司投资 2000 万元资金来源）

3）2003 年 7 月 23 日，C 集团公司支付该行 1,920,000 元保证金，从该行开出收款人为××区××服务中心 3,200,000 元的银行承兑汇票，收集保证金凭证、银行承兑汇票及其背书、承兑款凭证，查明保证金来源及背书过程。（该项业务涉及 C 集团公司 2003 年 8 月向 D 公司"投资"2000 万元资金来源）

4）2003 年 7 月 25 日，C 集团公司支付该行 1,590,000 元，从该行开出收款人为××经济开发区××厂 2,650,000 元的银行承兑汇票。收集保证金凭证、银行承兑汇票及其背书、承兑款凭证，查明保证金来源及背书过程。（该项业务涉及 C 集团公司 2003 年 8 月向 D 公司"投资"2000 万元资金来源）

5）2003 年 7 月 25 日，C 集团公司支付该行 1,590,000 元保证金，办理收款人为××经济开发区××厂 2,650,000 元的银行承兑汇票。收集保证金凭证、银行承兑汇票及其背书、承兑款凭证，查明保证金来源及背书过程。（该项业务涉及 C 集团公司 2003 年 8 月向 D 公司"投资"2,000 万元资金来源）

6）2004 年 2 月 4 日，C 集团公司支付该行 3 笔保证金共计 4,760,000 元（1,936,000 元、1,840,000 元、984,000 元），从该行开出面额共计 11,680,840 元的四张银行承兑汇票，分别为 4,840,000 元、4,600,000 元、1,000,000 元和 1,460,000 元。收集保证金凭证、银行承兑汇票及其背书、承兑款凭证，查明保证金来源及背书过程。（该项业务涉及 C 集团公司 2004 年 2 月向 D 公司"投资"1,500 万元资金来源）

3. 2003 年 3 月 12 日，该行给××工程有限公司出具收费凭证，收取承兑手续费 2,153 元。需要查明该行是否给××公司开具了承兑汇票，所收取保证金资金来源，兑付情况及兑付资金来源。上述手续费涉及 215.3 万元保证金和 430.6 万元承兑汇票（该项业务涉及 C 集团公司 2003 年 1 月 4000 万元承兑汇票贴现款的用途）。

4. 检查该行 26 ＊ ＊ ＊ 8841 银行账户 × × JIY 房地产开发有限公司户资料，收集 2004 年 2 月 9 日 × × 公司支付保证金 200 万元（款项由 C 集团公司提供）的凭证及从该行开出收款人为 × × 市 × × 厂（× × 银行 5 ＊ ＊ ＊ 7617）的 500 万元银行承兑汇票及背书、手续费凭证及兑付款凭证，查明开出银行承兑汇票及背书过程。（该项业务涉及 C 集团公司 2004 年 2 月向 D 公司"投资"1500 万元资金来源）

5. 收集该行 76 ＊ ＊ ＊ 6225B 银行账户 2004 年 7 月存款分户账页，查明下列事项：

1）收集 7 月 7 日 B 银行办理两张收款人为林 × × 的 01891267#、01891267# 面额均为 500 万元银行汇票及背书，查明款项下落。

2）7 月下旬 B 银行存入 82,191 元（D 公司借款利息）。

（三）× × 银行 × × 市分行 × × 分理处

2003 年 10 月 27 日，该分理处收取 × × 建设工程公司（账号 84 ＊ ＊ ＊ 34590）5,000,000 元保证金（款项由 C 集团公司提供），为 × × 公司开出收款人为 × × 市 × × 有限公司 1,000 万元银行承兑汇票。收集 4590 账户分户账页、存入保证金凭证、银行承兑汇票及背书、兑付款凭证，查明保证金来源、汇票背书过程及兑付款资金来源。（该项业务涉及 C 集团公司 2004 年 1 月向 D 公司"投资"1,700 万元资金来源）

（四）× × 银行 × × 市 × × 办事处

1. 收集该行 2003 年 C 集团公司 ＊ ＊ ＊ 0946 存款账户分户账页。

2. 2003 年 9 月 26 日 C 集团公司存入上述账户 6,000,000 元，作为借林 × × 款业务记账，用于办理 7,000,000 元（00439018#）和 5,000,000 元（00439020#）银行承兑汇票各一张，共计 12,000,000 元。收集存入保证金凭证、银行承兑汇票及背书、兑付款凭证，查明保证金来源、汇票背书过程及兑付款资金来源。（该项业务涉及 C 集团公司借林 × × 款项及 2004 年 1 月向 D 公司"投资"1700 万元资金来源）

3. 2003 年 10 月 27 日，该分理处为 × × 县 × × 加工厂开出 ＊ ＊ ＊ 031# 银行承兑汇票，面额 600 万元（C 集团公司持票贴现，并作为借林 × × 款项记账）。收集该处 × × 县 × × 加工厂存款账户分户账页、存入保证金凭证、银行承兑汇票及背书、兑付款凭证，查明保证金来源、汇票背书过程及兑付款资金来源。（该项业务涉及 C 集团公司 2004 年 1 月向 D 公司"投资"1,700 万元资金来源）

（五）× × 银行 × × 分理处

收集 × × 工程有限公司 ＊ ＊ ＊ 0951 账户 2003 年、2004 年存款分户账页，以及下列业务涉及的存入保证金凭证、银行承兑汇票及背书、兑付款凭证，查明保证金来源、收款人、汇票背书过程及兑付款资金来源。

1. 2003 年 7 月 15 日，××公司存入 1,500,000 元和 750,000 元保证金，开出面值 300 万元（00435627#）和 150 万元（00435626#）两张共计 450 万元承兑汇票。（该项业务涉及 C 集团公司 2003 年 8 月向 D 公司"投资"2000 万元资金来源）

2. 2003 年 7 月 18 日，××公司存入 1,200,000 元、500,000 元和 550,000 元三笔保证金，开出 240 万元（00435629#）、100 万元（00435628#）、110 万元（00435630#）三张共计 450 万元银行承兑汇票。（该项业务涉及 C 集团公司 2003 年 8 月向 D 公司"投资"2,000 万元资金来源）

3. 2003 年 7 月 24 日，T 公司存入 1,750,000 元和 1,500,000 元两笔保证金，开出 350 万元（00435631#）、300 万元（00435632#）两张共计 650 万元承兑汇票。（该项业务涉及 C 集团公司 2003 年 8 月向 D 公司"投资"2000 万元资金来源）

（六）××银行××分理处

2003 年 7 月 28 日，××工程有限公司（账号＊＊＊＊1209）存入保证金 2,250,000 元，开出收款人为××开发公司银行承兑汇票 4,500,000 元。收集××户存款分户账页、存入保证金凭证、银行承兑汇票及背书、兑付款凭证，查明保证金来源、收款人、汇票背书过程及兑付款资金来源。（该项业务涉及 C 集团公司 2003 年 8 月向 D 公司"投资"2,000 万元资金来源）

（七）××银行××县支行

收集××银行××县支行 2003 年 7 月 6 日出具的 01851392#、01851395#（可能由 01851393#换票）、7 月 7 日出具的 01851394#、01851396#银行承兑汇票及背书、保证金凭证、付款人分户账页及 2004 年 1 月兑付凭证，查明付款人、收款人及背书过程、兑付款来源，追查票据付款人及背书单位与林××的关系。票据面额均为 500 万元，共计 2,000 万元，7 月 7 日由 B 银行通过××银行××分行贴现。

该项业务 C 集团公司作为借林××款项处理（同时贴现的另 5 笔小金额汇票涉及××银行、××银行 2 笔、××银行、××银行）。

（八）××银行××县支行

收集该行 2003 年 9 月 27 日开出的下列 10 张共计 7,583,000 元银行承兑汇票及背书、保证金及保证金来源凭证、兑付凭证，查明保证金来源、收付款人、背书过程、兑付款项来源（该项业务涉及 C 集团公司借林××款）。C 集团公司持票在上海贴现。

1. 01554526#：800,000 元

2. 01554527#：600,000 元

3. 01554528#：550,000 元

4. 01554529#：600,000 元

5. 01554530#：983,000 元

6. 01554535#：700,000 元

7. 01554538#：400,000 元

8. 01554539#：650,000 元

9. 01554542#：1,000,000 元

10. 01554543#：1,300,000 元

（九）××银行××县支行

收集该行给下列单位开出的承兑汇票及背书、保证金凭证及保证金来源凭证、到期兑付款凭证及银行分户账页：

1）2004 年 2 月 11 日给××有限公司开出 1,000,000 元（01856759#）、4,000,000元（01856760#）；给××有限责任公司开出 1,000,000 元（01856764#）、4,000,000 元（01856765#）；给××电磁线厂开出的 4,000,000 元（01856767#）、1,000,000 元（01856768#）。

2）2004 年 2 月 18 日给××纺织有限公司开出 2,500,000 元（01857184#）、2,500,000 元（01857179#）；给××开发有限公司开出 2,500,000 元（01857182#）、2,500,000 元（01857181#）；给××面粉有限公司开出 2,000,000 元（01857183#）。

3）2004 年 2 月 23 日给××化工有限公司开出 1,000,000 元、2,500,000 元、1,200,000 元、100,000 元、200,000 元；给××外贸进出口有限公司开出 2,500,000 元（01857193#）、2,500,000 元（01857192#）。

4）2004 年 3 月 5 日给××开发有限公司开出 3,000,000 元（01857217#）、3,000,000 元（01857221#）、4,000,000 元（01857220#）。

（十）C 集团公司

检查 C 集团公司 2003 年和 2004 年年终会计报表及会计账目，收集报表及相关会计资料，查明 C 集团公司投资业务是否在其会计报表中体现。

公诉人根据上述方案，召集本案的侦查人员到各银行进行补充调查。司法会计师则协助公诉人员到上述较难查证的相关银行进行了查证。

初步检验后，司法会计师认为尽管补充的检材不够完善，但能够继续鉴定，并确定初步的鉴定意见：一是，C 集团公司投资所用资金，主要来源于 B 银行××支行的转贴现款项；二是，"C 集团公司投资"系由 B 银行××支行控制，应当是该行账外账。

　　根据初步鉴定意见，司法会计师拟订详细检验论证方案，检验项目主要针对 B 银行 ×× 支行。随后，司法会计师在公诉人的陪同下，对 B 银行相关财务会计资料进行了详细检验。检验中发现了该银行大量涉嫌涂改涉案账目、隐匿资料的账项，并进行了拍照，提供给公诉人进一步核查。

　　由于侦查中已经对 B 银行的账目进行过检查。在详细检验中，B 银行非常抵触，不断设置障碍。但司法会计师在公诉人的协助下，巧妙地与该银行工作人员进行了周旋，通过现场检验相关资料获取了作出鉴定意见所需的信息。

　　基于客观原因，公诉人最终未能获取全部需要的检材，导致相关银行的某些资料无法进行具体的验证，因而对鉴定意见的可靠性会有一定的影响。为此，司法会计师没有出具鉴定结论，而是出具了分析意见书。

　　该案诉到法院后，由于案情涉及的财务关系十分复杂，法官在案件事实认定、定性等方面遇到一些困难，向司法会计师提出了咨询。司法会计师就咨询事项涉及的向 D 公司理财投资的主体、启动资金的来源、贴现与再贴现业务关系、赃款去向、定性等问题进行了解答和交流。同时，针对法官对《司法会计分析意见书》提出的一些疑问，向法官提供了一份《鉴定说明》。

　　法院最终做出了有罪判决，两犯罪嫌疑人均被判处无期徒刑。

　　以下是司法会计师出具的《司法会计分析意见书》和《鉴定说明》。

司法会计分析意见书

×× 会鉴〔20××〕第×号

　　根据 ×× 市人民检察院 20×× 年 2 月 8 日 × 检公诉〔20××〕1 号《送检报告》，受检察长指派，对 A 银行股份有限公司客户经理甲、B 银行 ×× 支行副行长乙涉嫌挪用公款一案涉及的财务会计问题进行鉴定。

　　鉴定事项：

　　1. 确认送检的"C 集团公司"投资账目资料涉及投资事项的投资款来源

　　2. 确认送检的"C 集团公司"投资账目资料与 B 银行 ×× 支行的关系

　　本案公诉人 ×××、××× 送来及补充送来的资料包括：

　　（一）"C 集团公司投资"资料：2003 年、2004 年凭证各一本（以下简称 C 集团投资凭证）；"二〇〇三年度投资总账"、"二〇〇四年度投资总账"各一本（以下简称 C 集团投资账簿）。C 集团投资凭证和投资账簿以下并称 C 集团投资账证。

　　（二）银行资料复印件，涉及：

　　（1）J 银行 ×× 分行营业部（以下简称 ××J 银行）＊＊＊1998B 银行 ×× 支行账户（以下简称 J 银行 1998B 银行账户）的部分资料复印件。

（2）A 银行××市××区支行分理处（以下简称 A 银行 K 分理处）＊＊＊＊0356B 银行××支行账户（以下简称 A 银行 0356B 银行账户）的部分资料复印件。

（3）L 银行××市分行（以下简称 L 银行）＊＊＊＊4453C 集团公司账户（以下简称 L 银行 4453C 集团账户）的部分资料复印件。

（4）L 银行××市××支行（以下简称 L 银行）＊＊＊＊6225B 银行××支行账户（以下简称 L 银行 6225B 银行账户）的部分资料复印件。

（5）A 银行××市××区支行××分理处（以下简称 M 银行）＊＊＊＊0584B 银行××支行账户（以下简称 M 银行 0584B 银行账户）部分资料复印件。

（6）N 银行××支行（以下简称 N 银行）＊＊＊＊3001B 银行××支行账户（以下简称 N 银行 3001B 银行账户）部分资料复印件。

（7）L 银行＊＊＊＊3537B 银行账户（以下简称 L 银行 3537B 银行账户）部分资料复印件。

（8）L 银行＊＊＊＊3505B 银行账户（以下简称 L 银行 3505B 银行账户）部分资料复印件。

（9）P 银行××县支行（以下简称 P 银行）＊＊＊＊2663××禽业有限公司账户（以下简称 P 银行 2663Q 公司账户）、＊＊＊＊2135××农机有限责任公司账户（以下简称 P 银行 2135R 公司账户）以及相关储蓄账户资料的部分资料复印件。

（10）A 银行××市××区支行××分理处（以下简称 S 银行）＊＊＊＊4590T 公司账户（以下简称 S 银行 4590T 公司账户）的部分资料复印件。

（三）××有限责任公司（以下简称 D 公司）"拆入资金——C 集团公司"账户资料复印件。该资料复印件包含 D 公司相关资料。

2007 年 5 月至 6 月，分 6 次由本案公诉人×××、×××在场，在 B 银行××支行副行长办公室对 B 银行××支行（以下简称 B 银行）相关银行分户账、会计凭证、会计报表等资料进行了现场检验，主要涉及＊＊＊＊0172××市 C 集团公司账户（以下简称 B 银行 0172C 集团账户）、＊＊＊＊1369××市 C 集团公司账户（以下简称 B 银行 1369C 集团账户）、B 银行 2003 年至 2004 年《空白重要凭证登记簿》、＊＊＊＊0272 林××账户（以下简称 B 银行 0272 林××账户）进行了现场技术检验。另外，对于上述资料所涉及的××科技开发公司、××科技有限公司、××工程有限责任公司等单位账户的部分核算资料同时进行了技术检验。现场检验中，B 银行××支行提供不出应当由其保存的下列财务会计资料：

1. 2003 年 1 月银行分户账；

2. 2003 年至 2004 年存放同业存款对账单及分户账；

3. 2003 年至 2004 年《空白重要凭证登记簿》涉及储蓄空白凭证的领发记录；

4. 2003 年至 2004 年与本项鉴定有关的部分同业存款银行票据。

除上述涉及单位外，本意见书涉及的下列单位简称分别是：

××Y 银行，指××银行××分行

W 公司，指××市××实业发展有限公司

Z 银行，指××银行××市分行××路办事处

一、检验

（一）关于 C 集团投资账证基本情况的检验结果

1. 送检的 C 集团投资账证涉及 2003 年和 2004 年两个年度，每年度各一本会计凭证、一本会计账簿。

C 集团投资凭证中 2003 年转账记账凭证共 16 套，2004 年转账记账凭证共 21 套，无其他形式的会计记账凭证。经验证 C 集团投资账簿证实，上述会计记账凭证所列会计事项均已登记账簿，未发现发生额登记错误，账簿所列账户余额无计算错误。

上述投资账证是一套独立核算融资、投资业务的账目，未反映融资、投资以外的其他经济业务。

2. 检验 C 集团投资凭证发现，两本凭证均有重新装订痕迹，原始凭证存在下列问题：

（1）部分原始凭证系应由 B 银行保管的财务凭证；

（2）部分原始凭证系应由其他单位保管的财务凭证；

（3）有的应由相关银行出具的原始凭证实际由 B 银行出具；

（4）所有记账凭证均未注明附单据张数，从核算内容看缺失部分与核算内容有关的原始凭证；

（5）部分原始凭证为 B 银行补开单据，且有的单据没有补开依据；

（6）部分原始凭证没有列入核算内容。

（二）关于投资业务基本情况的检验结果

C 集团投资账证反映了四笔投资业务：

1. 2003 年 4 月向 D 公司"投资"2,000 万元。该项投资于 2003 年 9 月收回。

2003 年 4 月 1 日，C 集团公司与 D 公司签订《国债托管协议》：C 集团公司将其在＊＊＊＊9568 股票账户上的 20（10）面值 2,000 万元托管在 D 公司的××席位上，期限为 4 月 1 日至 9 月 30 日，托管手续费年息 7.7725%，共计 745,200 元。C 集团公司负责人签章为"闵××"，经办人为"曾××"。C 集团投资账证 2003 年 4 月第 2 号 C 集团投资凭证附有"闵××"授权"梁××"办理资金账户开立业务的《授权书》。

2003年4月1日，B银行通过A银行K分理处0356B银行账户电汇D公司"往来款"1,700万元，通过F银行××分行××支行＊＊＊＊3001B银行账户电汇D公司"货款"200万元；4月2日，××科技有限公司（＊＊＊＊431B银行账户）电汇D公司"货款"100万元。检验B银行4月1日、2日凭证，该行保存有上述付款凭证，但××科技有限公司的《电汇凭证》的记账编号为特殊标记。D公司收到上述款项并作为拆入资金进行了账务处理（见D公司2003年4月第11号凭证及附件）。

C集团投资账证中，2003年4月第2号凭证反映"投资1笔"2,000万元，该凭证附有：4月1日电汇D公司1,900万元凭证；4月2日转付××科技公司100万元00983332#转账支票存根及应由××科技有限公司保管的电汇D公司100万元凭证回单联。检验B银行2003年4月1日、2日会计凭证，该行保存有C集团公司电汇D公司1,900万元凭证。该行保存的C集团公司转存××科技有限公司的00983332#转账支票及进账单的记账编号为特殊标记。

2003年4月7日，D公司汇C集团公司745,000元利息（见D公司2003年4月第18号凭证）。2003年4月8日，B银行0172C集团账户存入D公司通过W公司汇入的745,000元利息。C集团投资账证2003年4月第3号凭证反映收取"投资证券收益"745,000元，附有收取745,000元利息的《补充报单》。该凭证还反映C集团公司于4月10日提取现金745,000元，并附有B银行补开的《取款凭条》。但检验B银行会计凭证发现，该行保存的C集团公司提取745,000元的凭证为无法补开的00653955#现金支票（无记账编号）。另外，D公司于2003年4月4日另支付"卫××"佣金202,275元（见D公司2003年4月第18号凭证）。

2003年9月30日上述投资到期，D公司退还2,000万元本金。其中：28日汇L银行××区支行＊＊＊＊6706B银行账户800万元，9月29日汇L银行6225账户11,993,970元（见D公司2003年9月第49号凭证及附件）。D公司出具的《扣息说明》记载：因提前还款800万元，扣息3,446元，比规定提前一天收回1,200万元，扣息2,584元，共计扣除利息6,030元。根据D公司"拆入资金——××C集团公司"账页显示，归还本金2,000万元。

C集团投资账证2003年9月第15号凭证反映上述收回投资业务，并附有存入B银行1369C集团账户800万元和11,993,970元的《进账单》及D公司《扣息说明》。检验B银行9月29日会计资料发现：（1）C集团公司存入800万元和11,993,970元的《进账单》的记账编号均为特殊标记；（2）《进账单》列示借记科目代码为115，但未见同业存款凭证。

后述第（八）项检验结果显示：上述收回本金2,000万元用于归还B银行贴现款。

2. 2003 年 7 月 7 日借给 D 公司 2,000 万元, 该款项于 2003 年 7 月 21 日收回。

2003 年 7 月 7 日, B 银行与 D 公司签订借款协议, 期限为 7 月 8 日至 7 月 22 日, 年息 10%, 到期本息 20,082,191 元。当日, B 银行签发 J 银行 1998B 银行账户 20030752# 转账支票, 付××深蓝世纪科技发展有限公司 2,000 万元, 检验 B 银行 7 月 7 日会计资料, 未见 20030752# 转账支票存根, 但保存有作废的支付××深蓝世纪科技发展有限公司 2,000 万元 20030751# 转账支票。D 公司 2003 年 7 月第 12 号凭证及附件反映该笔账项为: 从 B 银行拆入资金 2,000 万元, 用于归还 "××正天" 拆入资金的本金 (方××业务)。

C 集团投资账证 2003 年 7 月第 4 号凭证对上述业务反映为 "临时投资×× 科技发展有限公司" 2,000 万元。该凭证仅附有转账支票存根 (00983333#), 未附××科技发展有限公司收款凭证。检验 B 银行 7 月 7 日会计资料发现, 该行保存的 C 集团公司支付××科技发展有限公司 00983333# 转账支票的记账编号为特殊标记, 且该支票无××科技发展有限公司背书印章。

7 月 21 日上述借款到期, D 公司通过 W 公司将本金 2,000 万元汇入 L 银行 4453C 集团账户, 用于 C 集团公司支付第 1 项检验结果所述 L 银行到期承兑款; 同时汇入 L 银行 6225B 银行账户利息 82,191 元。B 银行向 D 公司出具的《还款通知书》记载: 请将 2,000 万元本金汇入××市×行 C 集团＊＊＊4453 账户, 将利息 82,191 元汇入××市×行州城支行＊＊＊6225 账户。C 集团投资账证 2003 年 7 月第 5 号凭证及附件反映 "收回短期投资——××" 2,000 万元, 并附有收取 W 公司 2,000 万元的《补充报单》; 2003 年 7 月第 4 号凭证及附件反映 "投资收益" 82,191 元, 附有 C 集团公司 7 月 21 日存入 B 银行 1369C 集团账户的《存款凭条》, 检验 B 银行 7 月 21 日会计资料发现, 该行保存的存入 B 银行 1369C 集团账户 82,191 元《存款凭条》记账编号为特殊标记, 并将 L 银行 6225 账户收取 82,191 元利息凭证作为附件处理。

3. 2003 年 8 月向 D 公司投资 2,000 万元, 2004 年 2 月向 D 公司投资 1,200 万元 (检验中未见投资协议), 共计 3,200 万元。2004 年 8 月分别收回 1,500 万元和 1,700 万元。

2003 年 8 月 15 日, C 集团公司与 D 公司签订《国债托管协议》: C 集团公司将其在＊＊＊68 股票账户上的 20 (10) 面值 2,000 万元托管在 D 公司的 J30 席位上, 期限为 2003 年 8 月 15 日至 2004 年 2 月 5 日。托管手续费年息 7.7725%, 共计 745,200 元。C 集团公司负责人签字为 "闵××", 经办人为 "曾××"。

2003 年 8 月 15 日, B 银行通过 L 银行 6225B 银行账户电汇 D 公司 1,000 万元, C 集团投资账证 2003 年 8 月第 9 号凭证反映 8 月 15 日支付 "短期投资——D公司"1,000万元，并附有C集团公司《电汇凭证》和D公司《保证金存入凭单》。检验B银行8月15日凭证发现，该行保存B银行电汇D公司有限公司1,000万元的《电汇凭证》，并作为C集团公司电汇D公司有限公司《电汇凭证》的附件，但C集团公司《电汇凭证》及相关贷方凭证的记账编号为特殊标记。D公司收上述借款（见D公司2003年8月第24号凭证及附件），并于8月18日通过W公司汇入B银行0172C集团账户372,600元，C集团投资账证2003年8月第12号凭证反映该笔收款为"收取投资收益——D公司"372,600元，并附有《补充报单》。检验B银行保存的《补充报单》第二联，其记账编号正常。D公司2003年8月第27号凭证及附件显示：8月18日该公司另支付方××10万元利息。

　　2003年8月20日，B银行从M银行0584B银行账户电汇D公司1,000万元，C集团投资账证2003年8月第11号凭证反映8月20日支付"短期投资——D公司"1,000万元，并附有C集团公司《电汇凭证》和D公司《保证金存入凭单》。检验B银行8月20日凭证发现，该行保存B银行电汇D公司有限公司1,000万元的《电汇凭证》，并作为C集团公司电汇D公司有限公司《电汇凭证》的附件，但C集团公司《电汇凭证》及相关贷方凭证的记账编号为特殊标记。D公司收取该款项后，于8月27日通过W公司汇入C集团公司在B银行的1369账户372,600元，C集团投资账证2003年8月第12号凭证反映该笔收款为"收取投资收益——D公司"372,600元，并附有《补充报单》。检验B银行保存的《补充报单》第二联，其记账编号正常。

　　2004年2月15日上述投资2,000万元到期未收回。C集团公司于2004年3月4日收到W公司汇入B银行1369C集团账户利息859,500元，C集团投资账证2003年3月第6号凭证反映该笔投资收益，并附有《补充报单》，该报单注明："往来转B银行。"

　　2004年2月12日，B银行从N银行3001B银行账户电汇D公司1,200万元。D公司收到该款项（见D公司2004年3月第21号凭证及附件）后于2月17日通过W公司汇入B银行1369C集团账户利息515,700元。C集团投资账证2004年2月第4号凭证反映"12日投资证券短期投资——D公司"1,500万元，但仅附有2月12日1,200万元C集团公司电汇D公司1,200万元的《电汇凭证》，另300万元投资业务未附凭证。检验B银行2月12日会计资料发现，该行保存B银行电汇D公司1,200万元的《电汇凭证》，并作为C集团公司电汇D公司《电汇凭证》的附件，但C集团公司《电汇凭证》及相关贷方凭证的记账编号为特殊标记。C集团投资账证2004年2月第5号凭证反映"投资收益"515,700元，并附有《补充报单》，该报单注明："代付利息转B银行"，B银行保存有该报单第二联，记账编号正常。

上述 C 集团公司 2004 年 2 月 17 日收取利息 515,700 元及 3 月 4 日收取利息 859,500 元合计为 1,375,200 元。C 集团公司于 3 月 11 日签发 B 银行 1369C 集团账户 00653413#、00653415#现金支票，分两次提取现金 1,375,200 元（见 C 集团投资账证 2004 年 3 月第 6 号凭证）。检验 B 银行 3 月 11 日凭证发现，该行保存的 00653413#现金支票面额 812,429.47 元、00653415#现金支票面额 562,770.53 元，两张支票均无记账编号。

2004 年 8 月份 D 公司归还上述 3,200 万元投资款。其中：

（1）2004 年 8 月 17 日，D 公司汇入 L 银行 3575B 银行账户 1,500 万元。检验 B 银行 8 月 17 日会计资料发现，B 银行收款并保存《联行往来凭证》，但其借方传票记账编号为特殊标记，贷方记入 1369C 集团账户分户账 1,500 万元。C 集团投资账证 2004 年 8 月第 14 号凭证反映"收回投资"1,500 万元，该凭证附有 2004 年 8 月 17 日存入 B 银行 1369C 集团账户 1,500 万元《进账单》，未附其他凭证。

（2）2004 年 8 月 31 日，D 公司汇入 L 银行 3575B 银行账户 1,700 万元。检验 B 银行 8 月 31 日会计资料发现，B 银行收款并保存《联行往来凭证》，但其借方传票记账编号为特殊标记，贷方记入 1369C 集团账户分户账 1,700 万元。C 集团投资账证 2004 年 8 月第 17 号凭证反映"收回投资"1,700 万元，该凭证附有 2004 年 8 月 31 日存入 B 银行 1369C 集团账户 1,700 万元《进账单》，未附其他凭证。

2004 年 9 月 2 日 D 公司支付 C 集团公司（8831127）利息 86,897.70 元并汇入 B 银行在 L 银行的 3537B 银行账户（见 D 公司 2004 年 9 月第 1 号凭证）。检验 B 银行 9 月 2 日会计资料，未见该行收取 86,897.70 元汇款凭证。C 集团公司 2004 年 9 月第 19 号凭证反映"收取证券延期还款利息收入"86,897.70 元，该凭证附有存入 B 银行 1369C 集团账户 86,897.70 元的《进账单》，未附其他凭证。检验 B 银行会计资料发现，该行保存的 C 集团公司存入 1369C 集团账户 86,897.70 元《进账单》记账编号为特殊标记，并作借记 115，贷记 0036 账务处理，但未附同业存款凭证。

4. 2004 年 1 月支付 D 公司 1,700 万元，另有 300 万元无付款凭证，当月收回 2,000 万元，付款原因不明，无财务资料证据显示该笔业务系投资业务。

2004 年 1 月 12 日，××市友立电脑有限公司（B 银行 5218 账户）汇 D 公司××营业部 400 万元；12 日及 13 日，××开发公司（B 银行 0111 账户）分别汇 D 公司××营业部 300 万元及 450 万元、300 万元；13 日 B 银行通过 L 银行 3537 账户汇 D 公司××营业部 250 万元。上述汇款共计 1,700 万。C 集团投资账证 2004 年 1 月第 1 号凭证反映"13 日汇出，短期投资——D 公司"17,000 万元，该凭证附有转"友立电脑"400 万元 00983338#转账支票存根、转"××开发公司"450万元和600万元00983339#、00983340#转账支票存根、C集团公司从1369账户汇D公司250万元《电汇凭证（回单）》。现场检验B银行1月10日至13日会计资料发现，该行存有上述相关支票及进账单、电汇凭证，但这些凭证除B银行汇出250万元电汇凭证无记账编号外，其他凭证的记账编号均为特殊标记。

另外，C集团投资账证2004年2月第4号凭证反映向D公司"投资"1,500万元，除附有第3项所述1,200万元投资款汇款凭证外，其余300万元无付款凭证。

B银行于2004年1月15日收到由××营业部汇入B银行在L银行的6225账户2,000万元，B银行保存有L银行出具的收取2,000万元款项的《补充报单》以及C集团公司收取该款项的《进账单》，但记账编号为特殊标记。C集团投资账证2004年1月第1号凭证反映"13日汇出"1,700万元，同时反映"15日收回上笔"业务，借记银行存款2,000万元，贷记"短期投资——证券"2,000万元，附有存入1369账户的2,000万元《进账单》。但该凭证没有反映其余300万元投资款项的付款情况，也未附支付300万元的相关凭证。

上述检验中未见投资收益等证明相关支付及收回款项系投资业务的财务资料，且送检的D公司"拆入资金——××C集团公司"账户资料包括收取前述第1、2、3项检验结果列示的投资业务，无关于本项检验结果所列投资事项的核算记录。

（三）关于2003年4月投资2,000万元资金来源的检验结果

C集团投资账证反映的2003年4月向D公司"投资"2,000万元，资金来源于B银行转贴现收入。

2003年1月22日，C集团公司从B银行贷款的2,000万元，B银行于当日签发L银行3505B银行账户11074651#支票转付L银行4453C集团账户2,000万元，C集团公司将2,000万元存定期存款。C集团投资账证2003年1月第1号凭证反映该项贷款业务，但未反映存2,000万元定期存款业务，该凭证附有《借款凭证》，但未附存入L银行2,000万元单据及反映保证金业务的定期存款单。检验B银行贷款资料发现，该行向C集团公司发放2,000万元贷款的资料中无贷款审批手续，亦无担保资料。

2003年1月22日，C集团公司向L银行提供当日存B银行1,000万元半年《定期储蓄存款单》两张（NO：74860、NO：74861），共计2,000万元，以及B银行向L银行出具《承诺书》：确认该存单与单位定期存单具有同等效力。C集团投资账证未反映此笔定期存款业务。检验B银行1月份会计凭证，未发现C集团公司上述定期存款业务资料。检验B银行《空白重要凭证登记簿》发现，该登记簿中没有定期存款空白存单的领发记录。

2003年1月22日，C集团公司以上述4,000万元定期存单为质押，从L银行开出4张面额1,000万元银行承兑汇票（00658425#、00659001#、00659003#、00659004#），共计4,000万元，收款人均为××贸易开发公司（B银行79201307677）。C集团公司支付承兑手续费现金2万元。

上述4张银行承兑汇票背书显示，××贸易开发公司持票从B银行贴现，但现场检验的B银行2003年1月22日、23日凭证，未发现贴现凭证，且B银行2003年1月《B银行业务状况表》未反映该行有贴现业务。2003年1月23日，B银行持票从××Y银行转贴现，扣除贴现息475,800元，获贴现收入39,524,200元。同日，B银行201103297C集团公司存款账户（该账户与0172C集团账户为同一账户）登记存入39,524,200元。检验B银行当日会计资料发现：（1）C集团公司存入39,524,200元的《进账单》无记账编号；（2）该行无贴现及转贴现业务凭证；（3）B银行2003年1月《B银行业务状况表》中未显示该行有贴现及转贴现业务。

检验C集团投资账证，该账证中没有核算上述存出保证金及开具银行承兑汇票业务，仅在2003年1月第1号反映"23日银行承兑贴现"凭证中有贷记"应付票据"4,000万元业务，但该凭证未附《银行承兑汇票》存根，也未附L银行承兑手续费凭证。C集团投资账证2003年1月第1号凭证反映了收取39,524,200元贴现款业务，所附《进账单》注明"补回单"，另附有B银行办理上述转贴现业务取得的4张贴现票据额均为1,000万元的《贴现凭证》。

C集团投资账证2003年1月第1号凭证反映，1月23日利用上述贴现款归还了1月22日从B银行贷款的2,000万元。该凭证附有《借款凭证》以及B银行出具的还款《特种转账传票》，未见支付贷款利息凭证。

C集团投资账证显示，C集团公司利用上述贴现款支付D公司"投资"款2,000万元，其中：2003年4月1日，B银行0172C集团账户存款余额为19,524,274.40元，不足以支付2,000万元，该账户登记付出投资款1,900万元后登记收入现金475,800元，4月2日登记付出100万元投资款。C集团投资账证反映，0172C集团账户增加的475,800元现金来源于借"林××"，后于2003年9月归还"林××"。

2003年7月22日前述4,000万元银行承兑汇票到期付款。B银行收回D公司2,000万元借款（见第（二）-2项检验结果），存入L银行4453C集团账户；C集团公司收回L银行保证金2,000万元（及利息189,000元）存入L银行4453C集团账户，用于支付到期承兑款4,000万元。C集团投资账证2003年7月第5号凭证反映利用"短期投资——××"2,000万元和"银行存款——市×行保证金"2,000万元支付"应付票据"4,000万元。该凭证附有W公司汇C集团公司2,000万元《补充报单》、C集团公司收回保证金及利息存入4453账户的《进账单》及利息清单、L银行划转承兑款的《特种转账传票》。

　　上述融资、投资业务完成后，L 银行 4453C 集团账户收入活期利息 400 元，支付银行费用 20 元，连同保证金利息 189,000 元，净结存 189,380 元。2003 年 7 月 22 日 4453C 集团账户清户，并将结存额转入 B 银行 1369C 集团账户（见 C 集团投资凭证 2003 年 7 月 5 号凭证及附件）。

　　L 银行 4453C 集团账户分户账显示，该账户在 1 月 22 日 B 银行存入 2,000 万元贷款前无余额，至 7 月 22 日该笔融资业务结束时清户。

　　（四）关于 2003 年 7 月 2,000 万元投资资金来源的检验结果

　　C 集团投资账证反映的 2003 年 7 月 7 日向 D 公司"投资"2,000 万元（借款），资金来源于 B 银行转贴现收入 20,168,897.04 元。

　　2003 年 7 月 4 日，B 银行通过 L 银行 6225 账户汇入 P 银行"阴××"＊＊＊1031 账户 1,800 万元，实际存入"阴××"＊＊＊1031 账户，存款后"阴××"账户余额 20,014,562.53 元（另 200 万元尚无证明资金来源资料），"阴××"账户当日提转下列储蓄存款：

　　（1）"阴××"账户转存邮政储蓄 1,000 万元，形成王×××＊＊6126 定期存款 300 万元（存单编号×＊＊＊＊2072）、刘×××＊＊6134 定期存款（存单编号×＊＊＊2073）、周×××＊6142 定期存款 200 万元（存单编号×＊＊＊2074）、赵×××＊＊6159 定期存款 200 万元（存单编号×＊＊2075）。

　　（2）"阴××"账户提转 1,000 万元，形成＊＊＊0661 王××定活两便储蓄存款 300 万元、＊＊＊0679 白××定活两便储蓄存款 300 万元、＊＊＊＊0687 李××定活两便储蓄存款 200 万元、＊＊＊4061 王××定活两便储蓄存款 200 万元。2004 年 7 月 6 日，上述 1,000 万元储蓄存款取出，并分 600 万元和 400 万元存入 P 银行 0402Q 公司账户。

　　2003 年 7 月 6 日，Q 公司从 0402 账户转存 P 银行保证金 500 万元，从该行开出收款人为××县××投资有限公司的 500 万元银行承兑汇票（01851395#）。

　　2003 年 7 月 6 日，P 银行质押前述王××、周××邮政定期存单（面额合计 500 万元），为 R 公司农机有限公司开出收款人为××县××机械有限公司的 500 万元银行承兑汇票（01851392#）。

　　2003 年 7 月 7 日，Q 公司存定期存款（保证金）500 万元，P 银行给 R 公司农机有限公司出具收款人为××县××机械有限公司的 500 万元银行承兑汇票（01851394#）。

　　2003 年 7 月 7 日，P 银行质押前述刘××、赵××邮政定期存单，给 Q 公司出具收款人为××县××投资有限公司的 500 万元银行承兑汇票（01851396#）。

　　上述 4 张银行承兑汇票分别由收款人××县××机械有限公司、××县××投资有限公司背书给××市××经贸有限公司，××市××经贸有限公司转背书

给××开发公司,由××开发公司持票在B银行贴现。现场检验B银行2003年7月6日、7日凭证,未发现该项贴现业务资料。

2003年7月7日,B银行持票在××J银行转贴现,扣除242,387.66元贴现息,获贴现款19,757,613.34元。B银行同时在××J银行办理了下列银行承兑汇票的转贴现业务:

1)×××行2003年6月26日出票:2131826#,金额为20万元,获贴现款197,752.53元;

2)×××行2003年6月3日出票:1192289#,金额为53,700元,获贴现款53,166.72元;

3)×××行2003年6月9日出票:1192315#,金额为35,000元,获贴现款34,638.71元;

4)×××行2003年6月9日出票:7471#,金额为54,000元,获贴现款53,460.22元;

5)×××行2003年6月9日出票:3947#,金额为73,000元,获贴现款72,265.52元。

B银行转贴现的上述9张(含P银行4张)银行承兑汇票,票面额合计20,415,700元,扣除转贴现息246,802.96元,共获贴现款20,168,897.04元。检验的B银行2003年7月7日凭证,未发现办理上述转贴现业务的资料。

2003年7月7日,B银行0172C集团账户登记存入20,168,897.04元,现场检验B银行7月7日凭证发现,该行保存有C集团公司20,168,897.04元《进账单》,借记科目代码115,但记账编号为特殊标记,且无其他证明此款项来源的凭证。检验还发现,B银行2003年7月7日《汇总日结单》转账业务借贷方金额仅为6,785,513.40元,低于20,168,897.04元一笔业务的金额。C集团投资账证2003年7月第4号凭证反映为"收票据9张"并作为"应付账款——天津静海刘总"的借款款项业务进行了账务处理,所附单据除《进账单》外,还附有应由B银行保存的××J银行出具的9张转贴现凭证。

2003年7月7日,B银行利用上述转贴现收入款项,签发××J银行1998B银行账户20030752#转账支票付D公司2,000万元借款。

上述2,000万元银行承兑汇票到期兑付情况:

Q公司禽业有限公司2004年1月6日将保证金500万元及利息47,250元转回0402账户,并支付500万元汇票款;1月8日将保证金500万元及利息47,250元转回0402账户,并支付500万元汇票款。

2004年1月8日R公司存入P银行2135账户两笔现金各500万元,共1,000万元,当日转付该公司到期银行承兑汇票。

（五）关于 2003 年 8 月 2,000 万元投资资金来源的检验结果

C 集团投资账证反映的 2003 年 8 月 15 日和 8 月 20 日向 D 公司投资各 1,000 万元，其资金来源于 B 银行下列转贴现收入。

1. 2003 年 7 月 11 日 B 银行转贴现收入 2,469,000 元

2003 年 7 月 10 日，B 银行签发 L 银行 3537 账户 14161935#支票转入 C 集团公司 5300 账户 50 万元、签发 6225 账户 14161075#支票转入 C 集团公司 5300 账户 100 万元。检验 B 银行 2003 年 7 月 10 日凭证，未见支付 C 集团公司 50 万元、100 万元支票存根及相关记录。当日，C 集团公司签发 5300 账户支票支付 L 银行 150 万元保证金，从该行开出 200 万元（01853677#）、50 万元（01853678#）各一张银行承兑汇票，收款人均为××区××服务中心（开户 B 银行 71305100001027）。检验 B 银行 7 月 1 日会计资料，未见支付 C 集团公司 14161935#支票存根及相关传票。C 集团投资账证 2003 年 7 月第 7 号凭证反映了该笔银行承兑汇票业务，但未核算保证金存款业务。该凭证附有上述两张银行承兑汇票存根联、150 万元定期存款凭证及《单位定期存款开户证实书》的复印件。另，C 集团公司 5300 账户当日存入 1,250 元（来源不明，但 L 银行 B 银行 6225 账户当日有同金额付出）并支付手续费 1,250 元，检验 C 集团投资账证未见支付 1,250 元承兑手续费凭证。

上述汇票背书显示，××区××服务中心持票在 B 银行贴现，但现场检验 B 银行 7 月 10 日、11 日凭证，未见该项业务的贴现凭证。7 月 11 日，B 银行持票在××J 银行转贴现，付转贴现息 31,000 元，收取贴现款 2,469,000 元。检验 B 银行 7 月 10 日、11 日转贴现资料，未见该笔转贴现业务凭证。C 集团投资账证 2003 年 7 月第 7 号凭证反映"L 银行承兑"业务，并附有××J 银行给 B 银行出具的《贴现凭证》和 C 集团公司存入 B 银行 0172 账户 2,469,000 元的《进账单》。

2004 年 1 月 10 日上述两张银行承兑汇票到期。1 月 12 日，C 集团公司收回保证金 150 万元及利息 14,235 元存入 C 集团公司 5300 账户。B 银行签发 L 银行 6225 账户 14144856#支票转付 C 集团公司 5300 账户 100 万元。这两笔款项被用于兑付 250 万元到期银行承兑汇票。检验 B 银行 1 月 12 日会计资料，未发现该行支付 C 集团公司 100 万元支票存根及相关记录，但存有 C 集团公司签发的 1369 账户 00983342#面额 100 万元转账支票，收款人为 C 集团公司（无进账单或其他相关凭证），C 集团公司 1369 分户账页记载支出 100 万元。C 集团投资账证 2004 年 1 月第 3 号核算"L 银行承兑到期 4 笔"的凭证反映了该笔兑付及利息收入业务，并附有 00983342#支票存根、保证金本息收入《进账单》。

2. 2003 年 7 月 21 日 B 银行转贴现收入 1,851,681.25 元

2003 年 7 月 16 日，B 银行签发 14164135#支票转入 C 集团公司 5300 账户 1,125,000 元。检验 B 银行 2003 年 7 月 16 日凭证，未见支付 C 集团公司 1,125,000 元支票存根及相关记录。同日，C 集团公司 5300 账户转存 L 银行保证金 1,125,000 元，并从 L 银行开出收款人为××市××化工有限公司（××市中×行 67429358 账户）1,875,000 元的 0185683#银行承兑汇票一张，支付承兑手续费 937.50 元。

上列银行承兑汇票背书显示，××市××化工有限公司持票在 B 银行贴现，但现场检验 B 银行 2003 年 7 月 16 日至 21 日凭证，未见该项贴现业务的贴现凭证。7 月 21 日 B 银行持票在××Y 银行转贴现，付转贴现息 23,318.75 元，收取贴现资金 1,851,681.25 元。检验 B 银行 7 月 21 日凭证，未见该项转贴现业务凭证。同日，B 银行 0172C 集团账户登记存入 1,851,681.25 元，但 B 银行保存的该笔存款《进账单》无记账编号。C 集团投资账证 2003 年 7 月第 7 号凭证反映该笔存款业务，并附有《进账单》以及××Y 银行出具给 B 银行的转贴现凭证。

2004 年 1 月 16 日上述汇票到期，C 集团公司收回保证金 1,125,000 元及利息 10,631.25 元存入 L 银行 5300C 集团公司账户。B 银行签发 L 银行 6225 账户 14149678#支票转付 C 集团公司 5300 账户 75 万元。这两笔款项被用于兑付到期银行承兑汇票 1,875,000 元。检验 B 银行 1 月 16 日凭证，未见该行支付 C 集团公司 75 万元记录。但存有 C 集团公司签发的 1369 账户 00983342#转账支票，面额 75 万元，收款人为 C 集团公司（无进账单或其他相关凭证），C 集团公司 1369 分户账页记载支付 75 万元。C 集团投资账证 2004 年 1 月第 3 号核算"L 银行承兑到期 4 笔"的凭证反映了该笔兑付及利息收入业务，并附有 00983343#支票存根、保证金利息清单、存 L 银行 5300 账户 75 万元《进账单》、1,875,000 元汇票款《委托收款凭证》。

3. 2003 年 7 月 23 日 B 银行转贴现收入 3,158,453.33 元

2003 年 7 月 23 日，B 银行签发 L 银行 6225 账户 14164138#支票转该行 5300C 集团公司账户 192 万元。检验 B 银行 2003 年 7 月 23 日凭证，未见该笔支付 C 集团公司 192 万元支票存根。7 月 23 日 C 集团公司签发 5300 账户存保证金 192 万元，办理收款人为××区××服务中心（开户 B 银行＊＊＊＊1027）320 万元的承兑汇票（01853693#）一张，支付手续费 1,600 元。C 集团投资账证 2003 年 7 月第 7 号凭证反映了该笔银行承兑汇票业务，但未核算保证金存款业务。该凭证附有 192 万元定期存款凭证及《单位定期存款开户证实书》的复印件。

上述汇票背书显示，××区××服务中心持票在 B 银行贴现。检验 B 银行 2003 年 7 月 23 日凭证，未见该项贴现业务凭证。7 月 23 日，B 银行持票在××

Y 银行转贴现，付转贴现息 41,546.67 元，收取贴现款 3,158,453.33 元。检验 B 银行 7 月 23 日凭证发现：（1）未见该笔贴现及转贴现业务凭证；（2）该行保存的 C 集团公司存入 0172 账户 3,158,453.33 元《进账单》借记 115 科目，其记账编号为特殊标记。C 集团投资账证 2003 年 7 月第 7 号凭证反映"L 银行承兑"业务，并附有××Y 银行给 B 银行出具的《贴现凭证》和 C 集团公司存 B 银行 0172 账户 3,158,453.33 元的《进账单》。

　　2004 年 1 月 23 日上述银行承兑汇票到期。1 月 30 日，C 集团公司收回 192 万元保证金及利息 18,412.80 元存入 5300 账户。同日，B 银行签发 L 银行 3537 账户 14149826#支票转入 L 银行 5300 账户 234 万元，其中：128 万元连同保证金 192 万元支付承兑款。检验 B 银行 1 月 30 日会计资料，未发现该行转付 C 集团公司 234 万元支票存根及相关记录，但存有 C 集团公司签发的 1369 账户 00983345#面额 234 万元的《转账支票》，收款人为 C 集团公司（无进账单或其他相关凭证），C 集团公司 1369 分户账页中也记载 C 集团公司支付 234 万元。C 集团投资账证 2004 年 1 月第 3 号核算"L 银行承兑到期 4 笔"的凭证反映了该笔兑付及利息收入业务，并附有 00983345#支票存根。

　　4. 2003 年 7 月 25 日 B 银行转贴现收入 2,615,965.33 元

　　2003 年 7 月 25 日，B 银行签发 L 银行 6225 账户 14164879#支票转 C 集团公司 L 银行 5300 账户 159 万元，检验 B 银行 2003 年 7 月 25 日凭证，未见支付 C 集团公司 159 万元支票存根及相关记录。同日，C 集团公司签发 5300 账户 14164459#支票存 L 银行 159 万元保证金，办理收款人为××经济开发区××厂（××区工行 721000368）的 265 万元的银行承兑汇票一张，支付承兑手续费 1,325 元。

　　上列银行承兑汇票背书显示，××经济开发区××门窗厂将银行承兑汇票背书给××建材有限公司，后者转背书给××开发公司，由××公司在 B 银行贴现。检验 B 银行 7 月 25 日至 28 日凭证，未见该项贴现业务凭证。7 月 28 日 B 银行持该票在××Y 银行转贴现，支付转贴现息 34,035.67 元，收取贴现资金 2,615,965.33 元。检验 B 银行 7 月 28 日凭证，未见该项转贴现业务凭证。同日，B 银行 0172C 集团账户登记存入 2,615,965.33 元，C 集团投资账证 2003 年 7 月第 7 号凭证反映该笔存款业务，并附有《进账单》以及 Y 银行出具给 B 银行的转贴现凭证。

　　2004 年 1 月 25 日上述银行承兑汇票到期。1 月 30 日，C 集团公司收回 159 万元保证金及利息收入 15,184.50 元存入 5300 账户。同日，B 银行签发 L 银行 3537 账户 14149826#支票转入 L 银行 5300 账户 234 万元，其中：106 万元连同保证金 159 万元支付承兑款。检验 B 银行 1 月 30 日会计资料，未发现该行转付 C 集团公司 234 万元支票存根及相关记录，但存有 C 集团公司签发

的 1369 账户 00983345#面额 234 万元的《转账支票》，收款人为 C 集团公司（无进账单或其他相关凭证），C 集团公司 1369 分户账页中也记载 C 集团公司支付 234 万元。C 集团投资账证 2004 年 1 月第 3 号核算"L 银行承兑到期 4笔"的凭证反映了该笔兑付及利息收入业务，并附有 00983345#支票存根及159 万元保证金利息清单。

　　上述第 1 至 4 项银行承兑汇票面值共计 10,225,000 元，C 集团投资账证2003 年 7 月第 7 号凭证反映了该项"应付票据"总额，但没有同时反映支付并存入保证金业务（按 60%计算的保证金总额 6,135,000 元），2003 年其他账证中亦无核算记录。检验 B 银行 0172C 集团公司账户 2003 年 7 月分户账资料发现，该账户 7 月 7 日余额仅剩 168,986.08 元，在列收第 1 项转贴现收入 2,469,000 元和第 5 项转贴现收入 4,442,497.50 元后，余额为 7,080,483.58 元，之后列支6,135,000 元，但现场检验 B 银行 2003 年 7 月凭证，未发现登记该笔 6,135,000元账项的记账用凭证。

　　C 集团投资账证 2003 年 7 月第 7 号凭证除附有第 1 项银行承兑汇票存根外，未附有其他银行承兑汇票存根。另外，该凭证核算承兑手续费 12,862.50 元，实际所附凭证接收单位、凭证种类及金额为：（1）B 银行出具给××华翔塑料有限公司《空白凭证领用单》450 元；（2）B 银行出具给××T 建筑工程公司《空白凭证领用簿》525 元；（3）B 银行出具给××有限公司《空白凭证领用簿》1,150 元；（4）××A 银行××区支行出具给 T 有限公司《收费凭证》1,125 元，另 8,112.50 元无凭证。

　　C 集团投资账证 2004 年 1 月第 3 号凭证反映了上述第 1 至 4 项银行承兑汇票到期兑付业务。借记应付票据 10,225,000 元、贷记银行存款——保证金6,135,000 元、贷记银行存款 4,090,000 元；借记银行存款 58,463.55 元，借记财务费用－58,463.55 元。未核算到期收回保证金存款及利息存入 5300 账户业务。所附凭证中，（1）证明支付承兑款的《委托收款凭证》三张，金额分别为 1,875,000 元、2,650,000 元、3,200,000 元，未附第 1 项 200 万元、50 万元《委托收款凭证》；（2）证明到期保证金本息存入 5300 账户的《进账单》两张，分别反映 150 万元、159 万元、192 万元保证金本息存款业务；（3）反映用于支付 4,090,000 元承兑款转存 5300 账户业务的三张支票存根及《进账单》收款通知联。

　　5. 2003 年 7 月 15 日 B 银行转贴现收入 4,442,497.50 元

　　2003 年 7 月 14 日，××T 建设工程有限公司在 A 银行 K 分理处开设＊＊＊09511 账户。

　　7 月 15 日，B 银行签发（当日购买的）K 银行＊＊＊00356 账户07740800#支票转入 T 公司 9511 账户 225 万元，检验 B 银行 7 月 15 日凭证，

未发现该笔支付业务凭证。同日，T公司存入9511账户2,251.60元（用于支付承兑手续费2,250元和购买两张转账支票1.60元）。T公司利用购买的两张支票（07740798#和07740799#）分别支付1,500,000元、750,000元保证金，从该行开出收款人为××化工有限公司的300万元（00435627#）银行承兑汇票和收款人为××市××化工有限公司的150万元（00435626#）银行承兑汇票，汇票总额450万元。2003年C集团投资账证未反映上述支付保证金及开具银行承兑汇票的业务。

上述银行承兑汇票背书显示，××化工有限公司（8400742935873市×行营业部）、××市亚元化工有限公司（80347429市×行营业部）分别持票在B银行贴现。B银行于7月15日持票在××Y银行转贴现，扣除转贴现息57,502.50元，收取转贴现款4,442,497.50元。但现场检验B银行7月15日凭证，未发现上述贴现及转贴现业务凭证。7月15日B银行将贴现资金汇入其L银行6225账户。检验B银行7月15日会计资料发现，该行保存有L银行6225账户收取4,442,497.50元的《补充报单》，将该笔款项列为0172C集团公司账户收入款项的C集团公司填制的《进账单》及相关传票，0172C集团公司账户登记存入4,442,497.50元。C集团投资账证2003年7月第6号凭证反映了该笔存款，并附有《进账单》及××Y银行7月15日给B银行出具的两张《贴现凭证》。

2004年1月15日上述汇票到期，B银行从L银行6225账户汇入T公司9511账户225万元，检验B银行1月15日会计资料，未见支付该款项凭证。T公司利用150万元保证金及利息14,490元、另支付1,485,510元，兑付300万元银行承兑汇票；利用75万元的保证金及利息7,250元、另支付742,755元，兑付150万元银行承兑汇票。C集团投资账证2004年1月第3号凭证反映该笔兑付业务的核算，仅附有B银行1月15日汇入T公司9511账户225万元《补充报单》，无其他附单。

6. 2003年7月21日B银行转贴现收入4,443,420元

2003年7月18日，B银行签发A银行K分理处****6837账户10842253#支票转T公司9511账户225万元。检验B银行2003年7月18日凭证，未见从A银行K分理处6837账户支付T公司9511账户225万元支票存根。当日，T公司签发10842352#、10842353#、10842353#支票存550,000元、500,000元、1,200,000元三笔保证金，从该行开出收款人为××开发公司的100万元（00435628#）、收款人为××区金天图文艺术服务中心的110万元（00435630#）、收款人为××市亚元化工有限公司的240万元（00435629#）三张共计450万元银行承兑汇票，支付手续费2,250元。C集团投资账证核算该笔相关业务的2003年7月第6号凭证，未附上述业务相关凭证，但8月第8号凭证附有四新分理处"补制"的7月18日支付2,250元手续费的《收费凭证》。

上列银行承兑汇票的背书显示，上列汇票均由收款人持票在 B 银行贴现。7 月 21 日，B 银行持上述三张银行承兑汇票在××Y 银行转贴现，扣除转贴现利息 56,580 元，获贴现收入 4,443,420 元。检验 B 银行 7 月 18 日至 21 日贴现及转贴现业务资料，未见上述贴现和转贴现业务相关凭证。B 银行 0172C 集团账户 7 月 21 日登记存入 4,443,420 元，B 银行保存的该笔存款《进账单》凭证编号不清，该进账单会计分录借方反映了同业存款增加 4,443,420 元，但未付凭证。C 集团投资账证 2003 年 7 月第 6 号凭证反映该笔存款业务，并附有《进账单》以及××Y 银行出具给 B 银行的三张转贴现凭证。

2004 年 1 月 18 日上述银行承兑汇票到期。T 公司收回 50 万元保证金及利息 4,830 元、55 万元的保证金及利息 5,313 元、120 万元的保证金及利息 11,592 元存入 9511 账户。T 公司利用 50 万元保证金及利息 4,830 元、另支付 495,170 元，兑付 100 万元银行承兑汇票；利用 55 万元的保证金及利息 5,313 元、另支付 544,687 元，兑付 110 万元银行承兑汇票，利用 120 万元的保证金及利息 11,592 元、另支付 1,188,408 元，兑付 240 万元银行承兑汇票。C 集团投资账证 2004 年 1 月第 3 号凭证反映该笔兑付业务的核算，但未附任何凭证。

上述 T 公司另支付的款项来源于下列融资业务：

2004 年 1 月 18 日，B 银行签发 L 银行 6225 账户 14149682#支票转入 C 集团公司 5300 账户 196 万元，当日 C 集团公司签发 5300 账户 14142645 支票转存保证金 196 万元，L 银行为 C 集团公司开出收款人为 T 公司的 250 万元（01858210#）和 240 万元（01858211#）银行承兑汇票，T 公司持票在 A 银行 K 分理处贴现，共获贴现款 4,850,951 元，用于兑付前述到期银行承兑汇票。检验 B 银行 2004 年 1 月 18 日会计资料凭证，未见上述支付 C 集团公司 196 万元凭证及相关记录。检验 C 集团投资账证，未见上述支付保证金凭证银行承兑汇票，亦无相关核算记录。

7. 2003 年 7 月 28 日 B 银行转贴现收入 6,416,496.67 元

2003 年 7 月 24 日，B 银行存入 A 银行 K 分理处 6837 账户 325 万元并签发 10842254#支票转 T 公司 9511 账户 325 万元。检验 B 银行 7 月 24 日会计资料，未发现上述支付 T 公司 225 万元凭证。当日，T 公司签发 10842377#、10842378#支票存 1,500,000 元、1,750,000 元两笔保证金，从该行开出收款人为××化工有限公司（×行＊＊＊5873）的 300 万元（00435632#）和收款人为××开发公司（×行＊＊＊7111）的 350 万元（00435631#）两张共计 650 万元承兑汇票，支付承兑手续费 3,250 元。2003 年 C 集团投资账证未反映上述存放保证金及开具银行承兑汇票业务。

上述银行承兑汇票背书显示，××化工有限公司和××开发公司分别持票在 B 银行贴现。7 月 28 日 B 银行持该票在××浦东银行转贴现，支付转贴现息

83,503.33元，获得转贴现收入资金6,416,496.67元。检验B银行7月24日至28日会计资料，未见上述贴现和转贴现业务相关凭证。B银行0172C集团账户7月28日登记存入6,416,496.67元，B银行保存的该笔存款《进账单》凭证编号不清，该进账单会计分录借方反映了同业存款增加4,443,420元，但未附凭证。C集团投资账证2003年7月第6号凭证反映了该笔存款，并附有《进账单》及××Y银行7月15日给B银行出具的两张《贴现凭证》。

2004年1月24日上述汇票到期。1月29日，T公司收回150万元的保证金及利息14,883.75元、175万元的保证金及利息17,364.38元存入9511账户。该公司利用150万元保证金及利息14,883.75元、另支付1,485,675元（合计：3,000,558.75元），兑付300万元银行承兑汇票；利用175万元的保证金及利息17,364.38元、另支付1,733,287.50元（合计：3,500,651.88元），兑付350万元银行承兑汇票。共计多支付1,210.63元。C集团投资账证2004年1月第3号凭证反映该笔兑付业务的核算，但未附任何凭证。

上述T公司另支付的款项来源于下列融资业务：

1月29日，T公司持××市××经贸有限公司从L银行开出的（1月18日至4月18日）490万元、（1月29日至4月29日）480万元银行承兑汇票，从A银行K分理处贴现获款4,751,952元、4,856,880元；持××市C集团公司从L银行开出的（1月29日至4月29日）480万元银行承兑汇票，从A银行K分理处贴现获款4,751,952元，作为支付到期汇票款项来源。因缺少检材，尚无法验证××市××经贸有限公司、C集团公司所开银行承兑汇票的保证金资金来源。检验2004年C集团投资账证，未发现有关上述两笔银行承兑汇票业务。

上述第5至7项银行承兑汇票面值共计1,550万元，C集团投资账证2003年7月第6号凭证反映了该项"应付票据"总额，但没有同时反映支付和存入保证金存款业务（按50%计算的保证金总额775万元），2003年其他账证亦未见核算记录。检验B银行的C集团公司0172账户资料发现，该账户2003年7月分户账列支775万元，并保存有C集团公司7月25日签发的转存T公司775万元的《取款凭条》以及反映该笔业务转账贷方凭证：贷记115账户，但两张凭证均无记账编号。C集团投资账证2003年7月第6号凭证仅附有B银行转贴现凭证，及C集团公司存入0172账户与B银行转贴现收入等额的三张《进账单》，未附支付保证金等其他单据。

C集团投资账证2004年1月第3号凭证反映了上述第5至7项银行承兑汇票到期兑付业务。借记应付票据1,550万元、贷记银行存款——保证金775万元、贷记银行存款775万元；借记银行存款73,237.50元，借记财务费用−73,237.50元。该凭证所附核算该笔业务的凭证仅有应由T公司保存的B银行6225账户汇入T公司9511账户225万元《补充报单》，未附有C集团公司的其他结算凭证。检验 B 银行 2004 年 1 月 15 日凭证发现，该行存有 C 集团公司出具的 775 万元《取款凭条》（该凭条有 T 公司的背书），以及核算该取款业务的借记 115、贷记 0036 的《转账贷方传票》，但两凭证均未填列凭证编号。B 银行 2004 年 1 月 C 集团公司 1369 账户分户账 15 日已登记支出 775 万元。

8. 2003 年 8 月 5 日 B 银行转贴现收入 4,444,342.50 元

2003 年 7 月 25 日，B 银行签发 L 银行 6225 账户支票转入其在益民分理处 0584 账户 225 万元。2003 年 7 月 28 日，T 公司在 M 银行开设 1209 账户。同日，B 银行签发 0584 账户 07725629#支票转入 T1209 账户 225 万元。检验 B 银行 7 月 28 日会计资料，未发现其支付 T 公司 225 万元支票存根。同日，T 公司签发 1209 账户 07725448#支票存保证金 225 万元，从 A 银行益民分理处开出收款人为 ××开发公司的 450 万元 00436086#银行承兑汇票。T 公司支付承兑手续费 2,250 元，其中：直接交付现金 1,125 元，从 1209 账户转划 1,125 元（当日有同额现金存入），C 集团投资账证 7 月第 8 号凭证附有应由 T 公司保存的 00436086#银行承兑汇票存根联，2003 年 7 月第 7 号凭证附有应由 T 公司保存的扣划 1,125 元手续费的《收费凭证》。

上列银行承兑汇票的背书显示，××开发公司持票在 B 银行贴现。2003 年 8 月 5 日，B 银行持票在××银行贴现，扣除转贴现息 55,657.50 元，获贴现款 4,444,342.50 元。检验 B 银行 7 月 28 日至 8 月 5 日会计资料，未见上述贴现和转贴现业务相关凭证。同日，B 银行 0172C 集团账户登记入 4,444,342.50 元，B 银行保存的该笔存款《进账单》凭证编号不清，贷记科目代码为 115。C 集团投资账证 2003 年 7 月第 8 号凭证反映该笔存款业务，并附有《进账单》以及××银行出具给 B 银行的转贴现凭证。

2004 年 1 月 28 日上述票据到期。1 月 29 日 T 公司收回 225 万元保证金（及利息 21,780 元），并从其在 A 银行 K 分理处的 9511 账户转入 1209 账户 225 万元，用于兑付 450 万元银行承兑汇票。

T 公司从××A 银行分理处 9511 账户转入 1209 账户的 225 万元资金来源：系前述第 7 项检验结果所列 T 公司 1 月 29 日持××市××经贸有限公司、C 集团公司出具的银行承兑汇票的贴现收入余款。

C 集团投资账证 2004 年 1 月第 2 号凭证反映了上述银行承兑汇票到期兑付业务。借记应付票据 450 万元、贷记银行存款保证金 225 万元、贷记银行存款——B 银行 225 万元。该凭证附有应由 T 公司保存的从××A 银行分理处 9511 账户转入 1209 账户的 225 万元的银行电子清算凭证和支付 T 公司 225 万元的 00983755#转账支票存根，未附有其他相关凭证。检验 B 银行 2004 年 1 月 29 日会计资料发现，1369C 集团账户分户账有支付 225 万元的记载，该行保存有 C 集团公司签发支付 T 公司的 00983755#转账支票，贷方科目代码为 115，但支票记

账编号为特殊标记。

前述第 1 至 8 项所列 13 张银行承兑汇票，面额总计 29,325,000 元，B 银行持票转贴现形成转贴现收入款 29,841,847.58 元。该款项除用于支付保证金16,135,000 元外，余款形成可利用资金 1,300 余万元，该资金构成 2003 年 8 月 15 日支付 D 公司"投资"款 1,000 万元来源。其余款项构成 8 月 20 日支付 D 公司"投资"款 1,000 万元来源一部分，该笔投资款来源还包括 8 月 19 日 B 银行 0272 林××账户转入 0172C 集团账户的 600 万元，8 月 20 日付款 1,000 万元。C 集团投资账证 2003 年 8 月第 10 号凭证将上述 B 银行 0272 林××账户转入的 0172C 集团账户 600 万元资金反映为"借款 1 笔"，并列示贷记"其他应付款——林××"600 万元。该凭证仅附有存入 0172 账户 600 万元《进账单》，未附其他相关凭证。后述第（八）项检验结果表明：0272 林××账户 8 月 19 日转入 0172C 集团账户 600 万元款项，来源于 B 银行 2003 年 7 月 28 日在××Y 银行转贴现收入。

（六）关于 2004 年 2 月 1,200 万元投资资金来源的检验结果

2004 年 2 月 12 日汇入 D 公司××营业部 1,200 万元投资款来源于 B 银行下列转贴现收入款项。

1. 2004 年 2 月 12 日 B 银行转贴现收入 4,905,966.67 元

2004 年 2 月 9 日，B 银行签发 L 银行 6225 账户 14141069#支票转存 JIY 公司 8841 账户 200 万元，但现场检验 B 银行 2004 年 2 月 9 日会计凭证未发现 14141069#支票存根。同日，JIY 公司签发 8841 账户 14150660#支票存保证金 200 万元，开出收款人为××市××厂（×××行＊＊＊＊7617）的 500 万元 01858272#银行承兑汇票。支付承兑手续费 2,500 元，工本费 0.28 元。

上述银行承兑汇票背书显示，××市××厂将该票据背书给××贸易公司，××贸易公司转背书给××市××起重设备有限公司，××市××起重设备有限公司持票从 B 银行贴现。B 银行持票于 2004 年 2 月 12 日从 N 银行转贴现，扣除转贴现息 94,033.33 元，收取转贴现款 4,905,966.67 元。检验 B 银行 2 月 9 日至 12 日会计资料，未发现上述贴现、转贴现业务凭证。

2. 2004 年 2 月 12 日 B 银行转贴现收入 11,771,840.01 元

2004 年 2 月 11 日，T 公司从 L 银行 7249 账户汇入×××行××县××化工有限公司 0472 账户 200 万元，××县××化工有限公司存×××行 200 万元保证金，开出收款人为××石油化工股份有限公司（工行 5688 账户）的 400 万元和 100 万元银行承兑汇票。

2004 年 2 月 11 日，××市××经贸有限公司从 L 银行 8718 账户汇入×××行××县××电磁厂 2049 账户 200 万元，××县××电磁厂存×××行 200 万元保证金，开出收款人为××县××化工有限公司的 400 万元和 100 万元银行承兑汇票。

2004 年 2 月 11 日，××塑料建材有限公司从 L 银行 8817 账户汇入×××行××县××纺织有限公司 3526 账户 200 万元，××县××纺织有限公司存×××行 200 万元保证金，开出收款人为××县××色织厂（城区信用社 1777）的 400 万元和 100 万元银行承兑汇票。

上述三单位从×××行开出 6 张共计 1,500 万元。其中：

三张面额 400 万元银行承兑汇票背书显示，均由收款人背书给××贸易公司，××贸易公司转背书给××市××起重设备有限公司，××市××起重设备有限公司持票从 B 银行贴现。2 月 12 日由 B 银行持三张 400 万元承兑汇票，从 N 银行转贴现，扣转贴现息 228,159.91 元，获转贴现款 11,771,840.01 元。

三张面额 100 万元银行承兑汇票背书显示，均由收款人背书给××轧钢有限公司，后经三次转背书，由××置业有限公司从××银行××分行贴现。

C 集团投资账证及 B 银行财会资料对上述两次银行承兑汇票业务的反映：

C 集团投资账证 2004 年 2 月第 4 号转账凭证及附件反映了上述银行承兑汇票及贴现业务：借记"银行存款——B 银行"19,623,206.68 元，借记"财务费用"376,793.32 元，贷记"应付票据——州城农"500 万元，贷记"应付票据——××农"1,500 万元。

该转账凭证附有 C 集团公司 2 月 9 日支付 JIY 公司 200 万元 00983349#转账支票存根。检验 B 银行 2 月 9 日会计资料发现，该行保存有 00983349#转账支票及贷方科目代码为 115 的《转账贷方传票》，但两张凭证的凭证编号均为特殊标记，1369C 集团账户分户账有 2 月 9 日支出 200 万元记载。

该转账凭证附有应由 JIY 公司保存的 500 万元银行承兑汇票存根联。

该转账凭证附有 C 集团公司 2 月 9 日通过 B 银行 1369 账户电汇××县××化工有限公司（×××行 0472）300 万元，电汇××县××电磁线厂（×××行 2049）300 万元的《电汇凭证（回单）》。B 银行 2 月 9 日会计凭证存有这两张电汇凭证的借方凭证。但检验×××行 0472 及 2049 账户分户账，两单位均无 2 月 9 日收到 300 万元款项的记载。

该转账凭证附有 N 银行出具给 B 银行的转贴现凭证：（1）L 银行所开 500 万元银行承兑汇票的转贴现凭证中有"可用资金 300 万，投入证券"的字样；（2）×××行所开三张 400 万元银行承兑汇票的转贴现凭证中有"可用资金 900 万，投入证券"的字样。

该转账凭证附有涉及×××行所开三张 100 万元银行承兑汇票的一张未填写且无任何章讫的《贴现凭证（到期卡）》，该贴现凭证显示，三张面额 100 万元银行承兑汇票"2 月 9 日卖给××轧钢厂"，扣除"贴现利息"54,500 元，收款 2,945,400 元。该转账凭证还附有 2 月 12 日存入 B 银行 1369C 集团公司账户 2,945,400 元的《进账单》收账通知联。B 银行 2004 年 2 月 12 日凭证中保存有

2,945,400 元的《进账单》贷方凭证联，所列借方科目代码为 115，但无同业存款凭证，同时 1369C 集团公司账户中借方有 2,945,400 元记载。

该转账凭证附有 2004 年 2 月 12 日 16,677,806.68 元的《进账单》收账通知联，该金额与 B 银行在 N 银行贴现的 4 张转贴现凭证所列贴现收入金额合计相同。B 银行同日凭证中保存有同金额的《进账单》贷方凭证联，所列借方科目代码为 115，但无同业存款凭证，同时 1369C 集团公司账户中借方有 16,677,806.68 元记载。

上述银行承兑汇票到期兑付及 C 集团投资账证、B 银行对相关业务处理情况。

2004 年 8 月 9 日 L 银行开出的银行承兑汇票到期。当日，B 银行签发 L 银行 3537 账户 18003009# 支票转付 8841JIY 公司账户 300 万元，现场检验 B 银行 2004 年 8 月 9 日会计凭证，未发现该付款凭证。8 月 10 日 JIY 公司收回保证金 200 万元（及利息 18,940 元）存入 8841 账户。8 月 11 日用上述款项兑付 500 万元到期银行承兑汇票。

2004 年 8 月 11 日，×××行开出的 6 张 1,500 万元银行承兑汇票到期。

8 月 11 日，B 银行从 L 银行 3537 账户汇入 ×××行 0472 ×××化工有限公司账户 2,971,650 元，当日，×××化工有限公司收回 200 万元保证金及 18,900 元利息存入 0472 账户，用于兑付 400 万元和 100 万元到期银行承兑汇票。

8 月 11 日，B 银行从 L 银行 3537 账户汇入 ×××行 2049 ××县 ××电磁线厂账户 150 万元，T 公司从 ××城信用社 1137 账户汇入 ×××行 2049 ××县 ××电磁线厂账户 1,471,650 元，当日，×××化工有限公司收回 200 万元保证金及 18,900 元利息存入 02049 账户，用于兑付 400 万元和 100 万元到期银行承兑汇票。

8 月 11 日，蓝天贸易公司从 B 银行 3598 账户汇入 ×××行 1280 ××县 ××纺织有限责任公司账户 2,971,650 元，当日，××县 ××纺织有限责任公司收回 200 万元保证金及 18,900 元利息存入 0472 账户，用于兑付 400 万元和 100 万元到期银行承兑汇票。

C 集团投资账证 2004 年 8 月第 12 号凭证反映上述兑付到期银行承兑汇票业务的资金来源于 8 月 9 日借"林××"1,200 万元存入 1369 账户。该凭证仅附有 1,200 万元《进账单》收账通知联，并注明"借林××"，未附其他凭证。会计处理为：借记"银行存款——刘总"、贷记"其他应付款——刘总"。检验 B 银行会计资料，该行 2004 年 8 月 9 日保存由"林××"签章从 0272 账户转付 C 集团公司 1,200 万元的《取款凭条》并有 C 集团公司背书、C 集团公司存入 1,200 万元的《进账单》，但两票据的凭证编号均为特殊标记，同时，该行 1369C 集团账户记录当日存入 1,200 万元款项。后述第（八）项检验结果表明：0272

林××账户8月19日转入0172C集团账户600万元款项，来源于B银行2003年7月7日在××J银行的转贴现收入。

C集团投资账证2004年8月13号转账凭证反映上述兑付到期银行承兑汇票业务：借记"应付票据"500万元（列示金额1,690万元含其他到期票据1,190万元）、贷记"银行存款——保证金"200万元，借记"应付票据"1,500万元，贷记"银行存款——保证金"600万元，贷记"银行存款"1,200万元；借记"银行存款"120,773.20元，借记"财务费用"－120,773.20元。

该转账凭证附有8月9日收款人为"JIY"，金额为300万元00983763#的转账支票存根。现场检验B银行8月9日凭证证实，该行保存有该张支付金树元公司300万元的转账支票，但记账编号为特殊标记，列示贷方科目代码为115，同时B银行1369C集团账户借方有300万元记载。

该转账凭证附有应由JIY公司保存的8月11日支付到期500万元银行承兑汇票的《委托收款凭证（付款通知）》，以及8月10日到期的200万元保证金和18,940元利息的本息结算《清单》。

该转账凭证附有C集团公司8月9日汇×××化工有限公司（×××行0472）300万元《电汇凭证（回单）》，检验B银行同日凭证，该行保存有该电汇凭证的借方凭证联，但记账编号为特殊标记。B银行1369C集团账户同日有300万元付款业务记载。

该转账凭证附有C集团公司8月9日汇××县××电磁线厂（×××行2049）300万元《电汇凭证（回单）》。检验B银行同日凭证，该行保存有该电汇凭证的借方凭证联，但记账编号为特殊标记。B银行1369C集团账户同日也有300万元付款业务记载。

该转账凭证附有C集团公司8月9日汇××成达纺织有限责任公司（×××行3526）300万元《电汇凭证（回单）》，检验B银行同日凭证，该行保存有该电汇凭证的借方凭证联，但记账编号为特殊标记。B银行1369C集团账户同日也有300万元付款业务记载。

该转账凭证还附有JIY公司2004年2月9日存入L银行200万元的《进账单》。

（七）关于C集团投资账证反映的融资、投资结果的检验结果

C集团投资账证反映2003年1月至2004年9月通过融资向D公司投资情况。截至2004年9月底核算结果为：

（1）现金收入2,216,374.84元，支出1,656,374.84元，余额560,000元；

（2）银行存款收入308,508,754.60元，支出308,508,754.60元，无余额；

（3）短期投资92,000,000元，收回92,000,000元，无余额；

（4）贷款20,000,000元，归还贷款20,000,000元，无余额；

（5）应付票据（开出银行承兑汇票）156,125,000元，付款156,125,000元，无

余额；

（6）预付账款 3,000,000 元，收回 3,000,000 元，无余额；

（7）应付账款（借款）27,617,291.21 元，归还 27,617,291.21 元，无余额；

（8）预收账款（借款）5,905,500 元，归还 5,905,500 元，无余额；

（9）其他应付款（借款）24,475,800 元，归还 24,475,800 元，无余额；

（10）财务费用 2,468,658.70 元；

（11）投资收益 3,028,658.70 元。

检验"预付账款"、"应付账款"、"预收账款"账户资料证实，上述第（6）、（7）、（8）项业务均系与"林××"货币资金往来账项，无与商品有关的预付账款、应付账款、预收账款业务。

上述账户余额反映的融资、投资结果为：收入投资收益 3,028,658.70 元，支付融资、投资费用 2,468,658.70 元，净收益 560,000 元，该项净收益以现金余额形式表现。

（八）关于与"林××"有关业务检验结果的汇总

C 集团投资账证反映，2003 年 4 月至 2004 年 9 月期间，向"林××"借款 57,998,591.21 元，归还"林××"57,998,591.21 元，支付"林××"借款利息共计 688,649.92 元。其中，与前述 C 集团投资账证反映的投资有关的融资业务情况如下：

1. B 银行 0272 林××账户于 2003 年 7 月 28 日开户，2004 年 9 月 10 日销户。

该账户存取款业务情况如下：

原始凭证日期	业务事项	存入款项	支付款项
2003 年 7 月 28 日	开户	0.00	
2003 年 7 月 28 日	B 银行贴现凭证	19,743,066.66	
2003 年 8 月 4 日	林××汇票		6,500,000.00
2003 年 8 月 19 日	转 0172 账户		6,000,000.00
2003 年 9 月 21 日	利息	4,345.84	
2003 年 9 月 26 日	转 1369 账户		6,000,000.00
2003 年 9 月 30 日	1369 账户转入	6,000,000.00	
2003 年 9 月 30 日	1369 账户转入	6,475,800.00	

续表

原始凭证日期	业务事项	存入款项	支付款项
2003 年 9 月 30 日	1369 账户转入	20,168,897.04	
2003 年 12 月 21 日	利息	5,867.26	
2004 年 3 月 21 日	利息	46,824.00	
缺资料，差额			53,078.93
2004 年 7 月 7 日	林××汇票		10,000,000.00
2004 年 7 月 19 日	付张××汇票		10,000,000.00
2004 年 8 月 9 日	转 1369 账户		12,000,000.00
2004 年 8 月 9 日	两张取款凭条		1,880,000.00
2004 年 8 月 18 日	1369 账户转入	4,000,000.00	
2004 年 8 月 31 日	1369 账户转入	10,350,000.00	
2004 年 9 月 2 日	林××取现金		3,357,763.70
2004 年 9 月 5 日	1369 账户转入	1,000,000.00	
2004 年 9 月 8 日			12,000,000.00
2004 年 8 月 31 日		1,006.52	
2004 年 9 月 10 日	销户		4,964.69
		67,795,807.32	67,795,807.32

检验 B 银行 2003 年 7 月 28 日会计资料发现，0272 林××账户开户，当日存入的 19,743,066.66 元系 B 银行通过××Y 银行转贴现收入款。该行保存××Y 银行出具给 B 银行的三张转贴现收账通知，"付贴现金额"合计为 19,743,066.66 元。

从上述存取款情况可以看出：

第（五）项检验结果涉及的 0272 林××账户 8 月 19 日转入 0172C 集团账户 600 万元款项，来源于 B 银行 2003 年 7 月 28 日取得的转贴现收入，该款被用于支付 2003 年 8 月 20 日向 D 公司"投资"。该款项于 9 月 30 日转回 0272 林××账户。

第（四）项检验结果涉及的 2003 年 7 月 7 日用于借给 D 公司 2000 万元的资金来源——B 银行贴现收入 20,168,897.04 元，于 9 月 30 日以 C 集团公司还款的名义转入 0272 林××账户。

第（六）检验结果涉及的 8 月 9 日借"林××"1,200 万元存入 1369C 集团账户，系来源于 B 银行——转贴现收入 20,168,897.04 元。

2. C 集团投资账证反映其他借"林××"款项的业务包括：

（1）2003 年 4 月 1 日借"林××"现金 475,800 元（见 C 集团投资账证 2003 年 4 月第 2 号凭证及附件）。

（2）2003 年 9 月 26 日借"林××"600 万元保证金开具银行承兑汇票，并通过贴现形成 9 月 30 日归还"林××"款项资金来源的一部分（见 C 集团投资账证 2003 年 9 月第 14 号凭证及附件）。

（3）2003 年 9 月 26 日借"林××"银行承兑汇票并通过光大银行贴现形成贴现收入款 7,448,394.17 元，形成 9 月 30 日归还"林××"款项资金来源的一部分（见 C 集团投资账证 2003 年 9 月第 14 号凭证及附件）。

（4）2003 年 10 月 28 日借"林××"银行承兑汇票并通过贴现形成贴现收入 5,905,500 元（见 C 集团投资账证 2003 年 10 月第 16 号凭证及附件）。该款项用于前述第（二）-4 项汇 D 公司××营业部 1,700 万元的部分来源。

3. C 集团投资账证反映归还"林××"借款的业务包括：

（1）2003 年 9 月 30 日签发 B 银行 1369 账户支票转入 B 银行 0272 林××账户三笔共计 32,644,697.04 元，归还 C 集团投资账证反映的 4 月 1 日借 475,800 元现金、7 月 7 日借 20,168,897.04 元、8 月 19 日借 600 万元、9 月 26 日借 600 万元（见 C 集团投资账证 2003 年 9 月第 14 号凭证及附件）。

（2）2004 年 7 月 7 日通过 B 银行签发两张 500 万元银行汇票转付"林××"1,000 万元（见 C 集团投资账证 2004 年 7 月第 10 号凭证及附件）。检验 B 银行 7 月 7 日凭证发现，该行所存 C 集团公司《B 银行汇票委托书》及相关贷方凭证中的记账编号为特殊标记。

（3）2004 年 8 月 18 日签发 B 银行 1369 账户 00983764# 支票转付 0272 林××账户 400 万元（见 C 集团投资账证 2004 年 8 月第 16 号凭证及附件），检验 B 银行 8 月 18 日凭证发现，该行所存 C 集团公司 00983764# 支票及林××0272 账户《进账单》中的凭证编号均为特殊标记。

（4）2004 年 8 月 31 日签发 B 银行 1369 账户 00983765 至 00983767# 三张支票转付 0272 林××账户共计 1,035 万元（见 C 集团投资账证 2004 年 8 月第 18 号凭证及附件）。检验 B 银行 8 月 31 日凭证发现，该行所存 C 集团公司 00983765# 支票及林××0272 账户《进账单》中的凭证编号均为特殊标记。

（5）2004 年 9 月 5 日签发 B 银行 1369 账户 00983768# 支票转付 0272 林××账户 400 万元（见 C 集团投资账证 2004 年 8 月第 16 号凭证及附件）。检验 B 银行 8 月 31 日凭证发现，该行所存 C 集团公司 00983765# 支票及林××0272 账户《进账单》中的凭证编号均为特殊标记。

4. C 集团投资账证反映支付林××利息情况。

2003 年至 2004 年共计支付"林××"利息现金 688,649.92 元。其中：

2003 年 9 月第 15 号凭证反映：2003 年 9 月 30 日支付"林××"利息 276,625.16 元，该凭证附有"林××"收取利息的《收条》；

2004 年 7 月第 11 号凭证反映：2004 年 7 月 10 日支付"林××"利息 374,391.43 元，该凭证附有"林××"收取利息的《收条》；

2004 年 9 月第 21 号凭证反映：2004 年 9 月 10 日支付"林××"利息 37,633.33 元，该凭证附有"林××"收取利息的《收条》。

（九）关于 B 银行核算 C 集团投资账证相关业务的检验结果

1. 检验的 B 银行 2003 年、2004 年《空白重要凭证登记簿》发现，前述检验结果涉及的 C 集团公司签发的 00983326 至 00983326#转账支票，领用单位系"××科技"，领取时间为 2003 年 1 月 2 日；00983751 至 00983775#转账支票，领用单位系"××贸易"，领取时间为 2003 年 2 月 25 日。两次领用记录中均无经办人签名。

另外，C 集团投资账证中涉及的 00653401 至 00653425#现金支票，B 银行记录的领用单位系"××科技"，领取时间为 2003 年 1 月 2 日，领用记录中无经办人签名。

2. 前述检验结果涉及的 B 银行通过其同业银行支付 C 集团公司、T 公司、JIY 公司等单位的保证金凭证款项凭证均未装订在当日会计凭证中。

3. 前述检验结果涉及的 B 银行贴现及转贴现业务凭证，除登记入 0272 林××账户中的三笔外，其他凭证均未装订在当日会计凭证中。

4. 前述检验结果涉及的 B 银行保存的个别凭证中无凭证编号。

5. 前述检验结果中涉及的 B 银行保存的凭证大部分编号不清晰且压字，与其他凭证正常的记账编号方法不一致，明显反映出特殊标记的特征。

二、分析

（一）关于 C 集团投资账证投资款项资金来源情况汇总

1. 2003 年 4 月向 D 公司"投资"2,000 万元所用资金主要来源于 B 银行全额担保形成的银行承兑汇票并由该行转贴现后收入的转贴现款项。

2. 2003 年 7 月 7 日借给 D 公司 2,000 万元投资所用资金来源于由 B 银行提供 1,800 万元担保（另 200 万元担保尚未查明）形成的银行承兑汇票并由该行转贴现后收入的转贴现款项。

3. 2003 年 8 月向 D 公司投资 2,000 万元，2004 年 2 月向 D 公司投资 1,200 万元，共计 3,200 万元，投资所用资金来源系由 B 银行转贴现收入款项担保项形成的银行承兑汇票并由该行转贴现后收入的转贴现款项。

4. 2004 年 1 月支付 D 公司××营业部 1,700 万元，因缺少证明系投资业务的证据，尚不能确认为投资业务。

（二）关于 C 集团投资账证资料与 B 银行关系分析

前述检验结果中下列事项体现 C 集团投资账证资料系由 B 银行控制：

1. 按照通常财务流程，企业收到支票、汇票等金融票据，应当填制《进账单》，连同支票、汇票等银行票据，一并送交开户银行办理收款手续。据此，企业填制《进账单》应当有支票、汇票等金融票据作为依据。但前述检验结果表明，C 集团公司填制的部分《进账单》系反映其他单位直接汇入 B 银行同业存款银行的款项或者反映 B 银行的转贴现收入，这些情形中 C 集团公司并无填制《进账单》的票据依据，其凭空填制《进账单》证明收款，B 银行也不会受理。但 B 银行却受理了此类业务，不仅存有 C 集团公司的这些《进账单》，且在无特别付款指示的情况下仅依据 C 集团公司的《进账单》便登记 C 集团公司存款分户账。这些现象不仅表明 C 集团公司所填《进账单》内容的虚假性，且只有 B 银行直接控制并以 C 集团公司的名义填制《进账单》才能出现这一现象。

2. 根据金融企业核算贴现、转贴现业务的通用方法，B 银行办理贴现、转贴现业务应当保存贴现、转贴现业务凭证，并登记相关账户。但前述检验结果所列 B 银行贴现及转贴现业务中：（1）B 银行未将贴现及转贴现业务凭证装订在正常会计凭证中，而 C 集团投资账证中却出现了 B 银行的转贴现业务凭证，这表明 B 银行将 C 集团投资账证作为自身业务凭证的一部分，进行了账外管理；（2）B 银行办理转贴现业务借记"同业存款"账户，贷记"贴现"或"转贴现"账户，但该行实际借记"同业存款"账户，贷记"0172 或 1369C 集团公司"存款账户，在此情况下，C 集团公司存款账户贷方反映 B 银行转贴现收入——在转贴现收入金额范围内该账户存款余额并非反映 C 集团公司的存款额，而是反映 B 银行的转贴现收入额，其所反映的付款业务也就成为 B 银行转贴现收入款项的支付记录。该账户所反映的转贴现收入和付款的财务业务，本质上属于 B 银行账外营运业务。这种情形中，转贴现业务所形成的费用（转贴现利息）和支付转贴现款项所形成的收益均无须通过其损益账户列收列支。

3. 第（二）—2 项检验结果所列示的 2003 年 7 月 7 日 B 银行利用贴现资金借给 D 公司的 2,000 万元业务，无论是投资协议还是投资款项的流向均与 C 集团公司无关，但 C 集团投资账证中却将该项业务反映为"C 集团公司"投资业务。

4. B 银行保存的与 C 集团投资账证相关的票据中大部分记账编号为特殊标记或未填制凭证编号，通常表明这些票据所反映的业务属于 B 银行的非正常业务。

5. B 银行没有保存本项鉴定涉及的贴现凭证，将贴现收到的票据进行了转贴现，反映该行对这些贴现所用银行承兑汇票的直接控制。且转贴现所用银行承兑汇票的背书单位大都集中于在该行开户的××开发公司、××科技开发公司、T

公司等单位，一些票据的形成、背书、贴现、异地转贴现、C 集团公司存款等业务能够在取得银行承兑汇票的当天或次日完成，只有 B 银行对这些银行承兑汇票的形成、背书过程能够直接控制才能完成。

另外，C 集团投资账证涉及的 0172、1369C 集团账户所用转账支票、现金支票，系由 B 银行发给 "××科技" 等单位，但无领用人签名，却用于 C 集团投资、融资业务。

综上所述，送检的 C 集团投资账证，无论是从所反映的资金来源，还是从其会计业务处理依据，都反映该会计资料由 B 银行控制，并反映 B 银行部分账外营运业务。

三、分析意见

根据对送检资料及现场检验分析结果确认：

（一）送检的标有 "C 集团公司" 专门反映融资及投资业务的财务会计资料中，可认定的投资事项包括：（1）2003 年 4 月向 D 公司 "投资" 2,000 万元，于 2003 年 9 月收回；（2）2003 年 7 月 7 日借给 D 公司 2,000 万元，于 2003 年 7 月 21 日收回；（3）2003 年 8 月向 D 公司投资 2,000 万元，2004 年 2 月向 D 公司 "投资" 1,200 万元，共计 3,200 万元，于 2004 年 8 月分别收回 1,500 万元和 1,700 万元。投资所用资金，主要来源于 B 银行××支行的转贴现收入款项。

（二）送检的标有 "C 集团公司投资" 专门反映融资及投资业务的财务会计资料，系由 B 银行××支行控制，并反映了该行处理部分账外营运业务。

××市人民检察院司法鉴定中心

司法会计师：×××（签名）

二〇〇七年七月十七日

鉴定说明

××省××市中级人民法院：

根据贵院〔2007〕×刑二初字第 29 号《咨询函》，现就本鉴定人 2007 年 7 月 17 日出具的《司法会计分析意见书》涉及的相关问题作如下说明。

一、关于×检技鉴〔2007〕8 号《司法会计分析意见书》所述《分析意见》的证据属性及含义

分析意见，是司法鉴定人在进行鉴定后所作的鉴定意见的类型之一。目前我国表达鉴定意见的方式包括鉴定结论、分析意见、估算意见、咨询意见等。鉴定意见的表达方式主要取决于鉴定证据的充分性、鉴定标准的标准化程度以及鉴定程序等。据此，×检技鉴〔2007〕8 号《司法会计分析意见书》所述《分析意见》，属于全国人大常委会《关于司法鉴定管理问题的决定》中所称 "鉴定意

见"。

第一项分析意见的含义包括：（1）送检的"××市 C 集团公司"的会计资料，是一套专门反映融资及投资业务的会计资料，该资料没有反映"××市 C 集团公司"日常经营（印刷）业务；（2）该会计资料所反映的三次共计 7,200 万元投资理财的主要资金来源于 B 银行办事处的转贴现收入款项，并非是"××市 C 集团公司"合法拥有的资金。至于该项投资理财业务的法律主体问题，应当结合本案的其他证据分析确认是谁在操纵该项投资理财业务，是否合法等。由于司法会计师不负责对其他证据的审查判断，因而不能就投资主体问题发表鉴定意见。

第二项分析意见的含义是，根据对送检的"××市 C 集团公司"会计资料检验分析确认，该会计资料不属于××市 C 集团公司的正常会计资料，其核算内容反映了 B 银行未纳入其正常核算的资金营运情况。由于检验发现该行办事处尚有其他未纳入其正常核算的资金营运情况，因而确认该项会计资料仅"反映了该行办事处部分账外营运业务"。同时，由于受到检材不足的限制，鉴定人无法判明该会计资料所反映的资金活动的具体财务主体是 B 银行还是该行工作人员个人，因而没有直接确认该会计资料系 B 银行的"账外账"，也未直接确认该账所反映的资金运营业务属于 B 银行的小金库业务还是本案乙被告人等工作人员个人经营业务。如果投资主体系 B 银行，则该会计资料属于 B 银行的"账外账"，其反映的财务内容系 B 银行小金库业务；如果系个人投资理财，则属于个人经营资料。可结合口供、证言等其他证据确认该项业务的财务主体。

二、关于 7,200 万元投资理财的净收益金额及实得人

《分析意见书》第 46 页至 47 页报告了"C 集团投资账证反映的融资、投资结果"的检验结果。该检验结果显示：收入投资收益 3,028,658.70 元，支付融资、投资费用 2,468,658.70 元，净收益 560,000 元，该项净收益以现金余额形式表现。

由于 C 集团投资账证未能客观地反映 7,200 万元投资理财业务涉及的融资费用，而现场检验时 B 银行拒绝提供与确认该项费用相关的 B 银行存款账户及对账单，因而无法对相关费用资料进行完整地检验，故只能就送检的"C 集团公司"会计资料所能够反映的收入和费用进行归纳确认。

送检的"××市 C 集团公司"会计资料系重新装订资料，且现场检验 B 银行财务会计资料发现该行相关凭证存在瑕疵，故目前尚不能确认 C 集团公司账证所反映的 560,000 元净收益的实得人。

三、关于 B 银行 0172C 集团账户和 1369C 集团账户的财务会计意义

"C 集团公司"在 B 银行开设的上述两个银行账户，从财务意义上讲，应当反映"C 集团公司"在 B 银行存款的收、付、存情况，但从会计意义上讲仅属

于 B 银行的内部分户账，即用来核算收取、归还 "C 集团公司" 款项的往来账户，其账户余额反映 B 银行欠 "C 集团公司" 的存款。

本案中涉及的 B 银行将其转贴现收入记入上述两个 C 集团公司账户及 "林××" 账户业务，属于登记账户错误，即在登记收入转贴现款项的银行存款账及支付转贴现利息的费用账户的同时，登记应付受理转贴现业务银行的往来账户，但 B 银行实际登记了 "C 集团公司"、"林××" 的存款往来账户，造成所收贴现收入款项系 "C 集团公司"、"林××" 的存款的假象。

四、关于 B 银行 2004 年 8 月收回 3,200 万元投资款项的下落

《分析意见书》第 12 页至 13 页指出：B 银行 2004 年 8 月从 D 公司收回 3,200 万元投资款，其中，2004 年 8 月 17 日收回 1,500 万元存入 L 银行的 3575B 银行账户；2004 年 8 月 31 日从 D 公司收回 1,700 万元存入 L 银行 3575B 银行账户。B 银行分别作为 "C 集团公司" 收款业务登记 "1369C 集团公司" 分户账。

根据送检的财务会计资料，该项资金下落及主要用途如下：

（一）B 银行用于支付该行转贴现业务形成的应付××行到期承兑汇票款 15,896,050 元债务款。具体付款情况：

1. 2004 年 8 月 18 日电汇××行三笔共计 5,943,300 元，连同保证金（600 万元）及利息（56,700 元）支付××行到期承兑汇票 1200 万元。该项承兑汇票于 2004 年 2 月 18 日开出，由 B 银行于 2 月 23 日转贴现，转贴现收入款被用于 2 月 23 日在××行继续开承兑汇票的保证金。

2. 2004 年 8 月 23 日，电汇××县××化工有限公司两笔共计 4,952,750 元，连同 500 万元保证金及利息 47,250 元，兑付 1,000 万元到期承兑汇票款。该项承兑汇票共计 7 张于 2004 年 2 月 23 日开出，由 B 银行于 2 月 23 日转贴现 500 万元，其余 500 万元转让给××轧钢厂，转贴现收入款被用于支付到期承兑款（含借 "林××" 款）。

3. 2004 年 9 月 5 日，签发 1369C 集团公司账户 7 张支票支付××JIY 房地产开发有限公司 500 万元，连同保证金 500 万元，用于兑付××行 1,000 万元到期承兑汇票款。该项承兑汇票共计 3 张于 2004 年 3 月 5 日开出，由 B 银行于 3 月 9 日转贴现，转贴现收入款被用于支付到期承兑款（含借 "林××" 款）。

（二）由 "1369C 集团账户" 转入 B 银行 0272 林××账户 1,535 万元，用于归还 "C 集团公司" 欠 "林××" 借款，详见《分析意见书》第 50 页第（3）、（4）、（5）项。0272 林××账户反映，收到上述款项后，"林××" 于 9 月 2 日一次性提取现金 3,357,763.70 元，另于 9 月 8 日转出 1,200 万元，具体下落因未提供资料尚无法确认。

（三）上述共计 31,246,050，其余资金去向因 B 银行因未提供资料无法查明。

　　　　　　　　　　　　　×× 市人民检察院司法鉴定中心

　　　　　　　　　　　　　司法会计师：×××（签名）

　　　　　　　　　　　　　二〇〇七年十二月二十四日

第七节　司法会计师鉴定业务案例——受贿案件司法会计鉴定案例

一、司法会计师受理业务的背景

犯罪嫌疑人梁××，系 A 国有公司总裁。

2007 年某检察机关以梁××涉嫌受贿罪立案侦查，侦查终结时认定梁××自 2005 年至 2007 年初，为罗斯实业总公司持续利用 A 国有公司的资金提供便利，收受罗斯实业总公司经理张某行贿现金 277,800 元。

某县检察院经过审查认定梁××受贿事实如下：

1995 年 A 国有公司与 ×× 镇政府、中国 ×× 总公司联合成立 ×× 贸农联营公司，联营期十年。2005 年联营期满，×× 镇政府经过与 A 国有公司协商，就联营终止时资产处理达成一致意见，并于 3 月 28 日签署《纪要》和处理剩余资产的协议。这两个文件确认：A 国有公司投资 ×× 贸农联营公司 500 万元、截至 2001 年底应分利润 834,045.48 元，本利共计 5,834,045.48 元。×× 镇政府可分两次（每次 50%）付清上述款项，第一次 2005 年 6 月 1 日前，第二次最迟不得超过当年 11 月底，×× 贸农联营公司归 ×× 镇政府继续经营。

联营结束后，×× 镇政府将 ×× 贸农联营公司并入罗斯实业公司，罗斯实业公司承接了所有资产和债务，其中包括应偿还 A 国有公司的欠款 5,834,045.48 元。2005 年 5 月罗斯实业公司归还 A 国有公司欠款 30 万元。罗斯实业公司总经理张某为与 A 国有公司搞好关系，拖延还款时间，于 2005 年至 2007 年先后四次与他人一起以节假日探视、为梁××母亲治病为名，送给梁××现金共计 277,800 元。

该案起诉至法院开庭后，梁××当庭翻供，行贿人张某当庭翻证。辩护律师利用 ×× 镇政府与 A 国有公司签署的《纪要》和签订的处理剩余资产的协议，证明联营公司资产中 A 国有公司的投资及收益由 ×× 镇政府偿还，与罗斯实业公司无关；同时提供了 ×× 镇政府记录其与 A 国有公司往来的账页，证明《纪要》、协议文件确定的归还 A 国有公司债务的义务应由镇政府履行。这两组证据都证明 A 国有公司仅与 ×× 镇政府有财务往来关系，与罗斯实业公司没有财务往来关系。辩护律师认为，被告人梁××未利用职务便利为罗斯实业公司谋取利益，张某送梁××钱，纯属私人来往。一审法院采用了辩护意见，判决被告人梁

××无罪。

县检察机关提出抗诉意见。上级检察机关在审查抗诉中，发现案卷中证明有关罗斯实业公司、××镇政府与A国有公司关系的书证主要有：

1. ××镇政府与A国有公司签署的《纪要》和签订的处理剩余资产的协议；

2. 罗斯实业公司2007年3月归还A国有公司30万元欠款的记账凭证和银行结算凭证；

3. 罗斯实业公司2005年至2007年"实收资本——A公司"明细账页、2007年"应付利润——A公司"明细账页；

4. 罗斯实业公司核销贿赂账项的奖金发放凭证；

5. ××镇政府2005年至2007年"应付利润——A公司"明细账页。

上级检察院认为，罗斯实业公司实际归还A国有公司30万元款项，而××镇政府的账页中也有归还30万元账页记录，存在矛盾，要求县检察机关组织司法会计鉴定，以查明罗斯实业公司、××镇政府与A国有公司往来账项的真实性以及相互之间的财务往来关系。

基层检察机关公诉部门认为司法会计师承担不了这项业务，便外聘某会计师事务所注册会计师一道去××镇政府、罗斯实业公司核实案情，并进行鉴定工作。调查过程中，注册会计师提出需付鉴定费用，县检察机关因缺少办案费用，无力承担鉴定费用，中断了调查。

2008年1月，上级检察院指派司法会计师进行司法会计鉴定，所送检材除一审已经获取的书证外，还包括了补充的罗斯实业公司2005年至2006年"应付利润——A公司"明细账页、××镇政府2005年"应付利润"明细账户余额明细表等。要求确认××贸农联营公司的资产已被并入罗斯实业公司，并确认××镇政府2005年至2007年"应付利润——A公司"明细账页的真实性。

司法会计师听取案情介绍后，认为本案的鉴定目的是查明A国有公司与罗斯实业公司存在实际的财务关系，罗斯实业公司因占用A国有公司的资金，而向梁××行贿的作案动机。从鉴定事项看，应当通过财务问题鉴定解决财务往来账项问题。

司法会计师考虑到本案因抗诉期限较短，缺少必要的鉴定时间，同时本案也涉及对会计核算结果真实性问题的鉴定，便与送检人协商确定了下列会计问题的鉴定：

①确认罗斯实业公司2005年"实收资本——A公司"账户贷方余额500万元的形成过程及其财务含义。

②确认罗斯实业公司2005年"应交利润——A公司"账户贷方余额834,045.48元的形成过程及其财务含义。

③确认送检的××镇政府2005年至2007年"应付款——A公司"账户发生

额及余额的真实性。

二、司法会计鉴定情况

司法会计师通过初检确认：

①罗斯实业公司2005年年底"实收资本——A公司"账户贷方余额500万元，系在接受××贸农联营公司资产时形成的债务，是该公司应付A国有公司款项。

②罗斯实业公司2005年底"应交利润——A公司"账户贷方余额834,045.48元，系在接受××贸农联营公司资产时形成的债务，是该公司应付A国有公司款项。

③××镇政府2005年至2007年"应付款——A公司"账页不属于该镇政府财务会计部门的正式账页。

详检方案：

检验资料范围：罗斯实业公司2004年至2007年的会计凭证以及"实收资本"总账及明细账簿、"应付利润"总账及明细账簿。原××贸农联营公司1995年至2005年会计凭证、账簿。××镇政府2005年至2007年会计凭证以及"应付款——A公司"账簿。

鉴定方法：采用动态平衡法确认罗斯实业公司现有资产含A国有公司投入原××贸农联营公司的投资款500万元及截至2001年底应分利润83.40余万元；采用静态平衡法确认××镇政府2005年至2007年应付款总账余额不含"应付款——A公司"账户余额。

检验方法：①逆罗斯实业公司2005年底"实收资本——A公司"及"应交利润——A公司"账户余额的形成时间，检验确认账户余额形成过程。如系原××贸农联营公司转来，则继续验证余额来源（注意验证资产并入资料）。②检验××镇政府2005年"应付款——A公司"账户的记账依据，确认其发生额的虚假性。

1月8日，司法会计师随同负责抗诉的检察员前往××镇政府及罗斯实业公司，1月9日上午，对罗斯实业公司及原××贸农联营公司的财务会计资料进行了检验。检验中发现2005年"实收资本——A公司"及"应交利润——A公司"明细账簿有"上年转入"记载，但"实收资本"总账及"应付利润"总账账簿的年初余额均小于明细账年初余额。会计人员解释明细账簿系使用的原××贸农联营公司2005年账页。在总账的十月发生额中发现"合入"字样所记载的发生额与明细账年初余额相同。经计算余额发现，十月前记有"合入"字样的总账账户余额与明细账户余额合计相差"合入"发生额，十一月账面余额相符。检验2004年"实收资本"及"应付利润"总账与明细账，确认该公司2004年无

"实收资本——A 公司"及"应交利润——A 公司"账户及明细账。通过验证该公司《会计科目月计表》发现原××贸农联营公司各会计科目余额于 2005 年 10 月并入罗斯实业公司。随后，对原××贸农联营公司"实收资本——A 公司"及"应交利润——A 公司"明细账簿进行了逐年检验，确认这两个账户余额的真实性。最后，对原送检的制作证据进行验证。

1 月 9 日下午，对××镇政府"应付款——A 公司"账户进行了检验。首先对该镇政府会计制作的 2005 年"应付利润"明细账户余额明细表所列余额进行了逐一核对，未发现问题。然后，检验了 2007 年全部会计凭证，证实该账户发生额无会计记账依据。

1 月 10 日至 11 日，对相关数据进行了具体计算和确认，确定了鉴定结论，起草两份鉴定书。

11 日晚与送检人进行了交谈。送检人提出文书需重点表述的下列问题：

①原××贸农联营公司的资产并入了罗斯实业公司；

②2005 年后罗斯实业公司欠 A 国有公司 500 多万元款项；

③2005 年中止联营后，这 500 多万元已由罗斯实业公司用于经营；

④2007 年 2 月由罗斯实业公司归还 A 国有公司 30 万元；

⑤××镇政府账上无此 500 多万元债务。

在鉴定书编号顺序上，考虑到法庭上会将《纪要》的有效性作为辩论重点，将对××镇政府账务问题的鉴定结论编号在先，对罗斯实业公司问题的鉴定结论编号列后。同时，对罗斯实业公司的财务鉴定结论中增加汇总金额的结论事项。这些做法，在出庭时收到了很好的效果。

司法会计鉴定书

×检技发〔2008〕第 2 号

根据本院刑二〔2008〕第 1 号《委托检验鉴定书》，受本院检察长指派，对 A 国有公司总经理梁××受贿一案涉及的财务会计问题进行司法会计鉴定。

鉴定事项：确认送检的××镇政府 2005 年至 2007 年"应付款——A 公司"账户发生额及余额的真实性。

2008 年 1 月 5 日，本院检察员徐××送来有关检材。

2008 年 1 月 9 日，由本院检察员徐××主持，在××市××镇政府会计办公室、罗斯实业公司财务部，对本项鉴定涉及的财务会计资料进行了技术检验。

一、检验

1. 经检验发现，××镇政府共设有两个"应付款——A公司"账户：

一是，2005年应付款明细账第84页所列"应付款——A公司"账户，该账户无期初余额，仅记载发生额一笔：8月25日"由××贸农联营公司转来"，贷记500万元。余额为贷方500万元，结转下年。（以下称该账户为"应付款——A公司A"账户）。

二是，2005年应付款明细账第85页所列"应付款——A公司"账户，该账户无期初余额，仅记载发生额一笔：8月25日"由××贸农联营公司转来"，贷记834,045.48元。余额为贷方834,045.48元，结转下年。（以下称该账户为"应付款——A公司B"账户）。

2. 经检验××镇政府2005年8月份会计凭证证实，前项检验结果涉及的发生额无会计凭证依据。

3. 经检验××镇政府2005年8月份"应付款"总账余额与"应付款"明细账余额发现："应付款"总账余额为贷方1,372,590.74元，与"应付款"明细账前83页余额合计一致（详见附件），未含前列第1项所述两账户余额及第86页的"××贸农联营公司"借方余额2,329,459.78元。经检验"××贸农联营公司"明细账发现，该账户2005年无期初余额，仅记借方发生额"转来亏损"2,329,459.78元。经检验××镇政府2005年12月"应付款"总账余额与"应付款"明细账余额证实："应付款"总账余额为贷方701,659.70元，与"应付款"明细账前83页余额合计一致（详见附件）。

4. 经检验××镇政府2005年8月"应付款"总账账页证实，上列两笔业务未单独登记总账。

5. 经验证，××镇政府采用的复式借贷记账法，在不计算两个"应付款——A公司"账户余额的情况下，2005年8月各总账余额平衡。

6. 经检验××镇政府2006年前述两个"应付款——A公司"账户资料确认，两账户均无发生额，余额继续接转下年。

7. 经检验××镇政府2007年"应付款——A公司A"账户资料确认，该账户除期初转入额外无发生额。

8. 经检验××镇政府2007年"应付款——A公司B"账户资料发现，该账户明细账簿记载发生额三笔：

（1）2月25日第74号凭证借记300,000元，记账事由为"还款"。

经检验××镇政府2007年2月会计凭证、总账及日记账确认，该镇政府当月会计凭证最大编码为73号，无74号记账凭证。

（2）6月25日第56号凭证借记66,720.62元，记账事由为"还款"。

（3）6月25日第56号凭证借记66,720.62元，记账事由为"还款"。

经检验××镇政府 2007 年 6 月份会计凭证、总账及日记账确认,该镇政府当月会计凭证最大编码为 55 号,无 56 号记账凭证。

9. 经验证,××镇政府 2007 年 2 月份、6 月份的各总账余额平衡。

二、论证

(一)根据会计记账规则,会计记账应当依据真实有效的会计凭证处理会计业务。第 1、2、3 项检验结果证实,××镇政府 2005 年开始设置的两个"应付款——A 公司"账户,其当年发生额均未依据会计凭证登记,8 月 25 日所记录的两笔发生额,即贷记 500 万元和贷记 834,045.48 元均为虚列账项。

(二)根据会计总账与明细账平行登记的核算原理,总账余额与其统驭的明细账户余额合计应当一致。但第 3、4 项检验结果证实,2005 年"应付款"总账余额与未含"应付款——A 公司 A"和"应付款——A 公司 B"账户的其他余额合计一致,证明"应付款——A 公司"和"应付款——A 公司 A"账簿所列内容未计入"应付款"余额。

(三)根据借贷记账法原理,总账账户余额平衡原理为:

总账账户借方余额合计 = 总账账户贷方余额合计

第 5 项检验结果证实,在不计算两个"应付款——A 公司"账户余额的情况下,××镇政府 2005 年 8 月份各总账余额平衡,表明这两个账户的余额未被总账账户余额反映。

(四)第 6、7、8、9 项检验结果表明,××镇政府"应付款——A 公司"的两个账户只在 2007 年发生三笔业务,但均无真实的会计凭证依据,根据论证(一)、(二)所述原理,这三笔业务均系虚列账项。

综上所述,根据对××镇政府会计资料的检验结果进行的技术分析,该镇政府 2005 年至 2007 年"应付款——A 公司"账户所列发生额及余额没有真实有效的依据,是虚假的。

三、鉴定结论

根据对××镇政府 2005 年至 2007 年会计资料的检验、分析结果确认:

送检的××镇政府 2005 年至 2007 年"应付款——A 公司"账户发生额均为虚列,该账户余额未通过财务会计部门的正式核算。

××市人民检察院司法鉴定中心

司法会计师:×××(签名)

司法会计师:×××(签名)

二〇〇八年一月十六日

附件：××镇政府"应付款"明细账户余额汇总表

××镇政府"应付款"明细账户余额汇总表（附件）

明细科目名称	2005 年 8 月余额	2005 年 12 月余额
……	310,183.55	214,934.73
……	364,041.63	73,671.97
……	390,734.03	209,316.43
……	3,043.41	3,043.41
……	177,000.00	122,000.00
……	……	……
……		200.00
……		200.00
……		200.00
……		200.00
……		200.00
……		200.00
合　计	1,372,590.74	701,659.70

司法会计鉴定书

×检技发〔2008〕第 3 号

根据本院刑二〔2008〕第 1 号《委托检验鉴定书》，受本院检察长指派，对 A 国有公司总经理梁××受贿一案涉及的财务会计问题进行司法会计鉴定。

鉴定事项：

1. 确认××市罗斯实业公司 2005 年底"实收资本——A 公司"账户贷方余额 500 万元的形成过程及财务含义。

2. 确认××市罗斯实业公司 2005 年底"应交利润——A 公司"账户贷方余额 834,045.48 元的形成过程及财务含义。

3. 上述账户余额涉及的账项归还情况。

2008 年 1 月 5 日，本院检察员徐××送来有关检材。

2008 年 1 月 9 日，由本院检察员徐××主持，在××市罗斯实业公司会议室对本项鉴定涉及的会计资料进行了技术检验。

一、检验

1. 经检验罗斯实业公司会计资料确认：

（1）2005 年底"实收资本——A 公司"账户余额为贷方 500 万元，该账户 2005 年无发生额，所列余额系由"上年转入"，但 2004 年无该账户。该账户余额至检验时仍为贷方 500 万元。

（2）2005 年底"应交利润——A 公司"账户余额为贷方 834,045.48 元，该账户 2005 年无发生额，所列余额系由"上年转入"，但该账户 2004 年无期末余额，该账户余额至检验时为贷方 534,045.48 元。

2. 经检验发现，罗斯实业公司 2005 年"实收资本"总账期初余额与相关明细账户期初余额合计不符，但期末余额相符。在检验"实收资本"总账账簿时发现，该账户当期贷方发生额中无会计凭证作依据，直接登记业务一笔 4,427,270.18 元，摘要为"合入"。

3. 经检验发现，罗斯实业公司 2005 年"应交利润"总账无期初余额，与"应交利润——A 公司"账户有期初余额的记载不符，但期末余额相符。在检验"应交利润"总账账簿时发现，该账户当期贷方发生额中无会计凭证作依据，直接登记业务一笔 834,045.48 元，摘要为"合入"。

4. 经验证罗斯实业公司 2005 年 10 月份总账账簿及《会计科目月计表》发现，总账各账户余额与《会计科目月计表》"本月期末余额"所列各会计科目余额不符。具体差额如下：

项　　目	总账余额	月计表余额	差　　额
（1）资产类	5309511.99	3122155.05	2187356.94
现　金	-482434.21	-763796.98	281362.77
银行存款	418760.45	353645.49	65114.96
应收账款	1807489.26	1523403.01	284086.25
其他应收款	349584.48	-265932.68	615517.16
原材料	-410973.98	-533738.05	122764.07
自制半成品	273976.50	282562.70	-8586.20
长期投资	307100.00	305800.00	1300.00
固定资产	6300348.46	2553230.41	3747118.05
累计折旧	3314338.97	393018.85	2921320.12
递延资产	60000.00	60000.00	
（2）负债类	2577266.64	1280784.12	1296482.52
应付账款	367178.52	8610.60	358567.92
其他应付款	1396696.64	1276534.12	120162.52

应付工资	−20654.00	−20654.00	
应交管理费	0.00	−4360.60	4360.60
应交利润	834045.48	834045.48	
（3）权益类	7974677.46	5859619.39	2115058.07
实收资本	871529.74	3555740.44	4427270.18
盈余公积	5590574.03	5590574.03	
本年利润	3842033.47	3824785.80	17247.67
利润分配	−2329459.78	−2329459.78	
（4）成本类	5269302.01	4018248.46	1251053.55
生产成本	5269302.01	4018248.46	1251053.55
（5）损益类	26869.90	26869.90	
产品销售收入	35207.90	35207.90	
管理费	8338.00	8338.00	

经检验十月总账发现，上述差额均在十月记账，记账事项均为"合入"，均无会计凭证作依据。

经验证，罗斯实业公司 2005 年 11 月《会计科目月计表》"上月结存余额"所列各会计科目余额与"合入"后的总账各科目余额相符。

5. 经检验送检的××贸农联营公司 2005 年 3 月《会计科目月计表》发现，前项检验结果中罗斯实业公司 2005 年总账所列"合入"账项的发生额与××贸农联营公司终止联营时各账户余额的金额与方向相同。送检的有关投资方 2005 年 3 月 28 日签署的《纪要》表明，××贸农联营公司于《纪要》签署后终止联营。

6. 经检验××贸农联营公司 2004 年"实收资本——A 公司"、"应交利润——A 公司"账簿发现，上述第 1 项检验结果中的"上年转入"金额与××贸农联营公司"实收资本——A 公司"、"应交利润——A 公司"结转下年金额相同。

7. 经检验××贸农联营公司"实收资本——A 公司"账簿发现，该公司于 1996 年收到 A 国有公司投入股金 984,637.65 元（详见 1996 年"股金——A 公司"明细账），1998 年调整为 500 万元，后该余额每年结转下年至联营终止。

8. 经检验××贸农联营公司账簿"应交利润——A 公司"发现，该公司于 1996 年至 2005 年共提取应交 A 国有公司利润 1,034,045.48 元。具体提取情况如下：

提取时间	提取金额
1997 年	399,849.14 元（应付款——投资分利款——A 公司）
1998 年	206,853.50 元（应付款——投资分利款——A 公司）
1999 年	25,190.16 元（应付款——投资分利款——A 公司）
2000 年	150,854.72 元（应付款——投资分利款——A 公司）
2001 年	251,297.96 元（应付款——投资分利款——A 公司）
2002 年	未提取（应付款——投资分利款——A 公司）
2003 年	未提取（应交利润——A 公司）
2004 年	未提取（应交利润——A 公司）
2005 年	未提取（应交利润——A 公司）

上述提取应交利润于 1999 年支付 20 万元，至 2005 年尚欠交 834,045.48 元。2007 年由罗斯实业公司支付 A 国有公司 30 万元（详见罗斯实业公司 2007 年 3 月银付第 40 号记账凭证及附件）。

二、论证

（一）根据会计记账规则，账户期初余额是指上期该账户期末余额结转本期的金额。根据第 1 项检验结果，罗斯实业公司"实收资本——A 公司"和"应交利润——A 公司"账户 2004 年无期末余额结转 2005 年，但 2005 年却有"上年转入"余额的记载，因此，仅从该公司账簿记载看，这两个账户有关"上年转入"余额的记载是无依据的。

（二）根据会计总账与明细账平行登记的核算原理，总账余额与其统驭的明细账户余额合计应当一致，但第 2、3 项检验结果表明，"实收资本"和"应交利润"账户 2005 年期初余额与相关明细账户期初余额合计不一致，但期末余额相符。这一现象只能由 2005 年总账与其统驭的明细账户未平行记账所导致，第 2、3 项检验结果中"实收资本"和"应交利润"总账均有直接登记"合入"业务的记载，证实了这一推断。

（三）第 4、5 项检验结果表明，××贸农联营公司的有关联营方于 1995 年 3 月签署《纪要》后终止联营。①其终止联营时各会计科目的余额与罗斯实业公司 2005 年 10 月总账登记"合入"的金额与方向一致；②第 6 项检验结果证实，罗斯实业公司"实收资本——A 公司"、"应交利润——A 公司"账簿"上年转入"金额与××贸农联营公司 2004 年"实收资本——A 公司"、"应交利润——A 公司"结转下年金额相同；③第 8 项检验结果证实 2007 年由罗斯实业公司支付原××贸农联营公司欠付××省×× 进出口公司联营利润 30 万元。这些财务会计事实均证明罗斯实业公司 2005 年 10 月总账中有关"合入"的含义是将××贸农联营公司的资产、负债及所有者权益"合入"了罗斯实业公司。根据《工业企业会计制度》和《工业企业财务制度》有关会计要素的确认方法及第 5

项检验结果计算确认，原××贸农联营公司2005年转入罗斯实业公司的资产、负债和所有者权益为：

1. 资产3,438,410.49元。其中：①现金281,362.77元；②银行存款65,114.96元；③应收账款284,086.25元；④其他应收款615,517.16元；⑤存货及待摊费用1,365,231.42元；⑥长期投资1,300.00元；⑦固定资产净值825,797.93元。

2. 负债1,296,482.52元。其中：①应付账款358,567.92元；②其他应付款120,162.52元；③应付工资－20,654.00元；④应交管理费4,360.60元；⑤应交利润834,045.48元。

3. 所有者权益2,141,927.97元。其中：①实收资本4,427,270.18元；②未分配利润－2,285,342.21元。

（四）第7项检验结果表明，原××贸农联营公司1996年收到A国有公司投入资本金，于2005年通过"合入"罗斯实业公司形成该公司2005年底"实收资本——A公司"账户贷方余额500万元。由于A国有公司已终止××贸农联营公司的联营，其与罗斯实业公司也无投资关系，根据会计制度的规定，该账户应调整为"其他应付款——A国有公司"。根据《工业企业会计制度》"其他应付款"贷方余额的财务含义的解释，该项余额反映罗斯实业公司欠付A国有公司500万元。

（五）第8项检验结果表明，原××贸农联营公司1996年至2005年共提取应交××省××进出口公司利润1,034,045.48元，于1989年实际支付20万元，尚欠交834,045.48元，于2005年通过"合入"罗斯实业公司形成后者2005年底"应交利润——A公司"账户贷方余额834,045.48元。由于A国有公司与罗斯实业公司无利润交拨关系，根据会计制度的规定，该账户应调整为"其他应付款——A国有公司"。根据《工业企业会计制度》"其他应付款"贷方余额的财务含义的解释，该项余额反映罗斯实业公司欠付A国有公司834,045.48元。

（六）根据前两项论证结果，罗斯实业公司至2005年底应付××省肉食蛋品进出口公司款项5,834,045.48元（即500万元＋834,045.48元）。

（七）根据第1项检验结果，因2006年上述两账户无发生额，故罗斯实业公司至2006年底应付××省××进出口公司款项仍为5,834,045.48元，即A国有公司的5,834,045.48元资金至2006年底仍由罗斯实业公司使用，第9项检验结果表明，罗斯实业公司于2007年偿还A国有公司30万元。

三、鉴定结论

根据对××市罗斯实业公司及原××贸农联营公司会计资料的检验结果确认：

（一）××市罗斯实业公司2005年底"实收资本——A公司"账户贷方余额500万元，系A公司投入原××贸农联营公司的资本金，于2005年转入××

市罗斯实业公司，形成该公司应付 A 国有公司欠款。

（二）××市罗斯实业公司 2005 年底"应交利润——A 公司"账户贷方余额 834,045.48 元，系原××贸农联营公司应交 A 国有公司的利润，于 2005 年转入××市罗斯实业公司，形成该公司应付 A 国有公司款项。

（三）A 国有公司公司的上述 5,834,045.48 元资金至 2006 年底仍由罗斯实业公司使用，罗斯实业公司于 2007 年偿还 A 国有公司 30 万元，尚欠付 A 国有公司 5,534,045.48 元。

××市人民检察院司法鉴定中心
司法会计师：×××（签名）
二〇〇八年一月十六日

第三章　司法会计师诉讼咨询业务与案例

第一节　司法会计师咨询业务概述

一、司法会计师咨询业务的含义

司法会计师咨询业务，是指司法会计师利用专门知识和经验，根据咨询方提供的信息和资料，针对咨询方提出询问的问题进行分析，并给予专业答复的一项业务。

首先，司法会计师能够利用的专门知识和经验主要包括司法会计知识与诉讼经验，这是因为司法会计师本身通常不是财务会计管理咨询师，其所擅长的咨询业务，主要是指诉讼咨询业务。另外，司法会计师提供各种咨询时，还会运用到法律知识与诉讼经验、财务知识与经济管理经验、会计知识与会计操作经验等。司法会计师能够利用的专门知识和经验，有些是直接形成的，是司法会计师通过亲自实践所积累的，如司法会计师通过学习所积累的法律知识和财务会计知识、司法会计师通过司法实践积累的法律经验、司法会计师在从事司法会计职业之前或同时从事财务会计活动所积累的财务管理或会计操作经验。司法会计师也会通过学习和观察间接积累专门的知识和经验，如在司法实践中积累的财务会计知识、通过对诉讼案例的分析获取的财务管理方面的经验等。

其次，司法会计师提供咨询包括两种情形，一是纯粹知识性咨询，并不需要司法会计师提供解决相应问题的方案，例如：咨询方有自己解决问题的方案，但需要通过咨询了解相关的法律规范或财务会计标准，以便作为自己解决问题的依据，这种咨询应当属于人们之间的一种日常沟通，不属于本章讨论的司法会计师咨询业务范畴。二是咨询解决某一问题的方案，即需要司法会计师提供相关问题的解决思路、方法、策略等。咨询方为了寻求解决某一问题的方案而提出咨询时，应当提供必要的信息或资料，这是因为司法会计师提供的任何解决问题的方案都应当具有针对性，即针对咨询方的实际情况提出切实可行的意见或建议。如果司法会计师不掌握与咨询事项有关的信息或资料，显然无法提供具有针对性的方案。

最后，咨询方所提出的问题从大类讲包括诉讼业务咨询和非诉讼业务咨询。其中，诉讼业务咨询是司法会计师针对咨询方提出的与诉讼有关的问题给予专业答复的一项业务，这应当是司法会计师咨询业务的常态类型。由于司法会计师也承担诉外业务，因而也会遇到咨询方提出非诉业务方面的质询，这主要是指有关经济管理业务或备诉方面问题的咨询。

司法会计师咨询业务主要是指诉讼咨询业务，即指司法会计师利用专门知识和经验，根据咨询方提供的信息和资料，针对咨询方提出的与诉讼有关的问题提供意见或建议的一项诉讼协助业务。

二、诉讼咨询业务的咨询方、咨询内容、心理预期

（一）诉讼咨询业务的咨询方与咨询内容

司法会计诉讼咨询业务的咨询方，是指为了解决与诉讼有关的某些问题向司法会计师提出咨询的单位或个人，被咨询的司法会计师则是提供咨询意见的一方。咨询方既可以是准备诉讼或正在诉讼中的诉讼机关以及侦查、检察、审判人员等，也可以是准备诉讼或正在诉讼中的非诉讼机关、公司、企业、公民、其他组织以及代理诉讼、提供辩护的律师等。

诉讼咨询业务可以发生在诉讼前、诉讼中和诉讼后。不同阶段的咨询方以及其所提出咨询的内容会存在差异。

诉讼前提出咨询的咨询方，通常包括需要确定是否提出控告（或起诉）以及准备起诉的当事人及其代理律师、准备立案的侦查机关。咨询方提出的主要咨询内容是诉讼价值和诉讼方案等。

诉讼中提出咨询的咨询方，主要是案件当事人及其代理律师、警官、检察官和法官。咨询内容主要是诉讼方案、诉讼手段、证据分析等。

诉讼后提出咨询的咨询方，主要是案件当事人及其代理律师、公诉机关、审判机关。咨询内容主要是涉及申诉、抗诉的诉讼价值、诉讼方案等。

（二）诉讼咨询业务中咨询方的心理预期

咨询方提出咨询时都会有一定的心理预期。所谓心理预期，是指咨询方向司法会计师提出问题前对所能够得到的咨询效果的心理期待。司法会计师如果能够通过与咨询方的沟通，明确咨询方所提问题的目的和具体要求，从而体验、洞察咨询方的心理预期，对正确解答问题会有所帮助。

就实际情况而言，除了少数非常了解司法会计师业务的人以外，咨询方很少把司法会计师当作司法会计专家看待，而是往往会将其当作"司法专家"或"会计专家"。例如：咨询方为一般当事人的，其可能会将司法会计师视为法律专家；咨询方如果是警官、检察官、法官、律师，则可能会将司法会计师视为财会专家。这些对司法会计师能力的不同认识，往往会使得咨询方在提出问题时的心理预期超出司法会计师的力所能及。

司法会计师如果能够满足咨询方的心理预期，那是最好不过的了。但是，实

际情况往往是复杂的，司法会计师无法满足咨询方心理预期的情形可能包括：一是，咨询方提出的问题可能会超出司法会计师能够提供咨询的范畴；二是，咨询方提出的问题需要通过一定的调查手段的运用才能实现，而司法会计师并不具备实施这些调查手段的条件；三是，咨询方提出的问题需要通过对一些信息、证据材料的判断才能解答，而咨询方并不能提供这些信息和证据材料；四是，具备这些资料一些法律事实的研判问题通常属于法官的自由心证范畴，咨询方并不完全能够从司法会计师这里得到与法官完全相同的研判结果；五是，一些适用法律方面的问题通常需要通过法官的自由裁量，司法会计师并不能保证自己的判断与法官自由裁量的判断结果相同；等等。因此，司法会计师在与咨询方的沟通中，应当关注咨询方的心理预期，如果发现咨询方的心理预期较高而实际上并不可能实现的情形时，一方面，应当通过细致的沟通了解清楚咨询方提出的问题，并通过提问详细地了解相关信息和证据材料状况，进而能够作出相对完备的解答；另一方面，可以根据咨询方的知识和经验背景，采用其所能够理解的语言和案例，阐明司法会计师的职责以及解答这些问题所需要的条件等，以期降低咨询方的心理预期。

案例 3-1：某侦查机关侦查一起走私案件中，通缉抓获犯罪嫌疑人后，却因证据问题不能将其批准逮捕，只得改用其他侦查措施。经过两年的侦查，仍然达不到起诉条件。为此，想通过司法会计咨询，探索解决问题的途径。司法会计师首先通过沟通了解到案件已经过长期侦查未果，预判侦查机关的侦查人员和领导们会非常焦急，其心理预期也会比较高。在受理咨询时，首先明确所能提供咨询的范围包括讨论侦查策略、司法会计手段的运用和证据分析，但鉴于案件长期没有能够突破，很可能在客观上存在一些未能形成的财务会计资料，因而并不一定能够拿出突破案件的灵丹妙药。咨询方表示理解和接受，这就大大降低了其心理预期。实际操作中，司法会计师面对数十本卷宗，边查看侦查人员的案件汇报材料，边听取侦查人员对侦查过程的介绍，尽快掌握案件信息，分析突破案件的关键点。同时，针对突破案件的关键点，一方面向侦查人员提问相关证据情况，另一方面直接查验相关证据内容。司法会计师花费了一天的时间搞清了已经查明的案件事实和已经或能够取得的证据，理清了侦查机关认定案件事实及适用法律的思路。在此基础上，司法会计师提出三条具体的意见和建议：一是，改变对案件事实中作案手段的认定思路，从而避开无法获取的证据材料；二是，通过司法会计鉴定解决的案件涉及的具体财务会计问题（并明确了具体的鉴定目的和鉴定事项）；三是，针对新的定案思路，提出了讯问犯罪嫌疑人的要点。侦查机关的领导当即表态认可并接受这些建议。后该案通过一个多月的补充侦查，达到了批准逮捕的条件，又经过两个多月的侦查，顺利提起公诉。

三、诉讼咨询业务的类型

诉讼咨询业务按照咨询的内容不同分为诉讼价值咨询、诉讼方案咨询、诉讼手段咨询、证据分析等。

（一）诉讼价值咨询

诉讼价值是一个涵盖面很广的概念，包括了诉讼的经济价值、政治价值、道德价值等诸多方面。就司法会计师专业知识和经验而言，其所提供的诉讼价值咨询主要是指诉讼的经济价值问题。司法会计师通过分析诉讼过程将会产生的诉讼费用、诉讼的经济回报、不同诉讼途径的诉讼回报率等，为咨询方确定是否提起诉讼、提起何种诉讼、终结诉讼方式等提供经济方面的参考指标。

（二）诉讼方案咨询

诉讼方案咨询有两种情形：一是针对准备提起诉讼的咨询方制定的有关起诉途径选择、律师选择、起诉证据的收集等方面的方案；二是针对已经进入诉讼程序的咨询方制订的有关司法会计活动、其他诉讼调查等方面的方案。

（三）诉讼手段咨询

诉讼手段，也称调查方法。诉讼手段咨询，是指司法会计师运用专门知识和经验，就涉及财务会计业务事实的调查方法、步骤等方面提供的咨询。

（四）证据分析

证据分析，主要是指司法会计师运用专门知识和经验，协助咨询方分析诉讼中已经获取的有关财务会计业务方面的证据的完善性及证明力等。证据分析作为咨询业务都是即时进行的，例如，司法会计师就咨询方提供的某一证据进行分析，或者司法会计师应约出庭参与质证等都属于这一类型。司法会计师也可以通过司法会计文证审查，提供证据分析意见。

（五）其他诉讼咨询业务

司法会计师可以提供除以上咨询业务以外的其他诉讼咨询业务。较为典型的包括经济罪案涉及的定性分析、审讯方案等。

四、咨询业务的工作原则

司法会计师提供诉讼咨询，应当秉持合法、科学和务实的工作原则。

（一）合法性原则

所谓合法性原则，是指司法会计师所提供的咨询意见或建议应当符合法律规定。

司法会计师提供咨询业务过程中，不得教唆咨询方实施违法或弄虚作假的诉讼行为。

（二）科学性原则

所谓科学性原则，是指司法会计师提供的咨询意见或建议应当具有科学的依据。这里所谓科学依据包括司法会计原理、法理、财务会计原理等方面的科学依据。

司法会计师应当避免为迎合咨询方的心理预期，提出不符合科学原理的意见和建议。

（三）务实原则

所谓务实原则，是指司法会计师应当针对咨询方提出的咨询问题提供符合实际情况的意见或建议。

坚持务实原则，一方面要求司法会计师应当针对咨询方提出的问题提供具体的意见和建议，避免提供过于空洞的意见和建议；另一方面则要求司法会计师进行风险提示。

司法会计师提供诉讼咨询业务可能面临的风险，包括因咨询方提供的信息不完整、不准确或证据不完备等因素导致咨询意见出现错误的可能性。因此，司法会计师在提供咨询的过程中，应当告知咨询方如实提供案情、证据等情况，并说明不如实提供相关信息和材料，司法会计师提供的咨询意见或建议可能会误导其面临诉讼风险。另外，无论何种情形中，司法会计师都应当告知所提供的咨询结果仅供其决定诉讼事项时参考。

第二节　诉讼咨询业务程序

本节简要归纳了诉讼咨询的步骤以及各个步骤的具体内容。

一、诉讼咨询业务的受理

司法会计机构通常会要求司法会计师在受理诉讼咨询业务时先与咨询方办理受理手续。这些手续通常包括填写咨询表格（中介机构还要包括交费）等。但是，在实际工作中这样做并不理智。试想，司法会计师还不了解咨询方的意图，便要求其填写表格或交费，咨询方并不那么愿意接受。一方面，咨询方提出咨询时通常都比较急迫，他们会急于提出问题并得到解答；另一方面，咨询方在并不能确定咨询能否达到其心理预期情况下很难自愿地交费。作者建议司法会计师接受咨询方的咨询时，应当通过与咨询方的沟通，先搞清楚其所要咨询的问题范围，判断是否属于自己能够提供咨询的范围，然后再办理相关手续。

对诉讼机关内部的司法会计师而言，对外提供咨询业务主要包括协助接访部门为控告、申诉的当事人提供相应的咨询；对内提供咨询则包括立案、调查、提起公诉、审判各个环节。提供咨询的方式主要是交谈、参加相关案件的研究或讨论会议。诉讼机关内部的司法会计师提供咨询，通常不需要办理受理手续，也不涉及收费事项，但通常需要将咨询业务进行书面记录和登记。

如果需要出庭提供专家咨询意见的，司法会计师应当参照本书第九章《司法会计师协助庭审质证业务与案例》提供专业咨询。

二、诉讼咨询业务中的倾听与提问

倾听和提问都是司法会计师提供咨询中不可或缺的重要方法。司法会计师提供诉讼咨询业务通常是在与咨询方的沟通中展开的。在这个沟通过程中，司法会计师一方面应当作为倾听者，并通过提示，请咨询方顺序介绍提出咨询的问题、咨询目的以及相关信息；另一方面则应当是提问者，就咨询方未能叙述清楚的信息、问题进行提问。

但实际的沟通中，有两种常见的情景可能会影响到司法会计师对问题的研判：一是咨询方会喋喋不休地介绍他所了解到的信息，甚至缺乏逻辑性，长时间的叙述却表达不清楚相关案情、证据状况等信息以及所要解决的问题；二是咨询方会带有偏见性地过分简练地介绍案情，便直奔主题，如果司法会计师直接回答问题则可能导致误判。

针对不能明确提出问题的咨询方，司法会计师需要在倾听的过程中不断理顺咨询方所表达的信息，并研判其所需要解决的具体问题。咨询方介绍完情况后，如果没有说明需要咨询的问题，司法会计师应当询问咨询方有何需要解决的问题，也可以帮助咨询方理顺其所了解的信息以及需要解决的关键问题。在明确了需要解决的问题后，司法会计师需要根据研判问题的需要，向咨询方进一步提问，搞清相关信息和资料的状况。

针对咨询方过于简练介绍情况和提问的情形，司法会计师不能急于给予答复，以防误判。应当根据其所提出的问题，确定研判这些问题所需的信息和资料，并通过详细地提问，搞清咨询背景、咨询目的以及涉案信息、相关资料状况等。

司法会计师在倾听过程中应当注意以下事项：

一是司法会计师不要轻易打断咨询方的叙述，除因语言表述不清等导致无法听清其叙述内容情形外，如果发现咨询方叙述涉及需要向其发问的情形时，可以先将需要提问的问题记录下来，待咨询方叙述完毕后再一一提问；

二是司法会计师应当根据自己的诉讼经验和社会生活经验，注意分析咨询方叙述内容的客观性，遇有不符合逻辑或一般规律的情形时，应当设定问题并明确需要的证据材料，待咨询方叙述完毕时逐一提问或要求其提供相关资料。

司法会计师在向咨询方提出问题时，应当根据咨询方的知识背景，采用其所能够理解的语言提问。如果咨询方不能理解所提问题时，司法会计师可以换个角度或说法进行提问。例如：司法会计师如果提问"会计处理情况"咨询方听不明白时，可以提问具体的会计分录内容。

三、咨询问题的分析与研判

司法会计师通过倾听和提问，搞清楚咨询方的目的要求以及相关的基本信息后，则进入问题的分析和研判阶段。

（一）确定分析与研判问题的前提——假设

由于司法会计师提供诉讼业务咨询本身并非亲自调查案件事实，因而在分析和研判问题时通常需要明确一些假定事项。即假定某种情形存在的前提条件下分析问题并提出意见或建议。这类假定事项通常是根据经验所设定的，可能涉及：

——案件当事人（如犯罪嫌疑人）的假设；

——案件事实发生背景的假设；

——案件事实发展过程的假设；

——未来证据可取性的假设；

——咨询方并不了解真实情况或者有意作虚假表述的假设；

——调查人员（如警官、检察官、法官、律师等）经验不足的假设；

——法官无法理解涉案财务会计事实的假设；

——对方当事人向法官作虚假叙述的假设等。

通常情况下，司法会计师的诉讼经验越丰富，假设的事项则会越多，这会使得其对问题的研判更为全面。

（二）分析与研判问题的根据——信息和资料

司法会计师需要获取必要的信息和资料并加以分析，以用于证实各种假设的实际状况。

对于咨询方提出的不涉及复杂的事项（而不是咨询方故意简化了必要情节）的问题，司法会计师可以直接根据倾听所获取的信息进行分析和研判；而对于送检方提出的问题涉及比较复杂的事实或者不确定性内容较多的情形时，司法会计师通常需要花费充足的时间来阅读相关资料，亲自获取相关信息，然后对这些资料内容和信息实施进一步的汇总、分析，进而对咨询方提出的问题作出研判。

这里需要提示的一点是：尽管司法会计师会在提出意见或建议前获取必要的信息，但实际上司法会计师在没有介入具体诉讼过程的情况下，这些信息并非足够完美，这也是提供咨询业务会存在风险的客观原因。因此，司法会计师无论认为自己是否已经熟悉案情，都需要站在一定的高度上谨慎行事。所谓一定的高度，是指司法会计师不要受咨询方对问题的研判左右，在作出结论时要多问几个为什么，或者如果不是这样会是什么情况，还有哪些可能性存在。

四、咨询结果的答复

咨询结果包括提出对案件事实的结论性看法、对案件的调查或处理提出意见或建议。

提出咨询意见或建议，通常是口头的，咨询方提出要求的也可以出具书面的意见或建议。

司法会计师在提出意见或建议时，最好采用能够为咨询方所理解的语言并说明根据和理由。

（一）意见

咨询结果中的意见，是指司法会计师针对咨询方提出的问题所涉及的事实或法律问题作出的判断意见。这种意见包括作为咨询结果的意见和作为咨询结果根据的意见两种情形。

1. 作为咨询结果的意见，是指咨询方仅要求司法会计师就某些问题提出意见的情形中，司法会计师提出的回答咨询者问题的意见。例如：咨询方自己对所提问题有研判结果，司法会计师就其研判结果提出的肯定或否定意见；咨询方要求司法会计师帮助其判明案件事实，司法会计师针对案件事实提出的判断意见；咨询方要求司法会计师帮助其解决法律定性问题的，司法会计师可以提出对法律定性问题的意见等。

2. 作为咨询结果根据的意见，是指咨询方要求司法会计师给出建议的情形中，司法会计师形成作为其提出建议根据的意见。例如：咨询方要求司法会计师提供诉讼方案时，司法会计师需要先就事实或证据状况提出意见，在此基础上形成相关的建议。

（二）建议

咨询结果中的建议，是指司法会计师针对咨询方的问题提出的处理问题的方案、方法等建议。

建议的内容可能涉及诉讼方法、诉讼途径、是否需要请律师、是否需要进行司法会计鉴定以及如何实施相关司法会计检查等。

第三节　诉讼价值咨询业务

一、评断诉讼价值的意义

有关诉讼价值问题的咨询主要会涉及对诉讼价值的评断。所谓诉讼价值的评断，主要是指对诉讼的经济价值问题进行的判断，通常涉及诉讼费用、诉讼的经济回报、不同诉讼途径的诉讼回报率等内容。

诉讼价值判断有两种情况，一是咨询方直接提出了诉讼价值问题，需要司法会计师帮助其分析是否有必要启动相关诉讼；二是咨询方提出是否提起诉讼、提起何种诉讼、终结诉讼方式等问题，司法会计师在提出建议时需要考虑到诉讼价值问题。

二、评断诉讼价值的方法

（一）评断诉讼价值需要掌握的基本情况

评断诉讼价值需要掌握的基本情况主要包括诉讼背景、诉讼目标、现有证据和相关财务会计状况等方面。

1. 诉讼背景

诉讼背景，是指咨询方拟进行诉讼的原因或正在进行诉讼的状态。

（1）民事、行政诉讼背景内容可能涉及：争议事实的起因、过程；目前已经采用过的非诉解决方案及解决效果；庭审中各方已提出的调解方案；准备申诉或上诉的案件中已有判决、裁定对事实和适用法律的认识等。

（2）刑事诉讼背景内容可能涉及：准备控告的或接受举报的内容；有无进行过民事诉讼、行政诉讼；准备申诉、上诉或抗诉的案件中已有判决、裁定对事实和适用法律的认识等。

2. 诉讼目标

诉讼目标，是指通过诉讼所要达到的目的。如民事诉讼的诉求内容；刑事诉讼所要追究相关当事人刑事责任的程度等。

3. 现已经掌握的证据情况

对民事诉讼而言，主要是指咨询方已经获取或可以获取的证据。

对行政诉讼而言，主要是指被告一方在采取相应行政措施时所依据的证据情况。

对刑事控告而言，主要是指咨询方目前所掌握的证据或客观上可能存在的证据。

对刑事立案而言，主要是指举报材料所能够反映的证据情况。

对刑事上诉、申诉或抗诉而言，主要是已经存在的刑事裁决所依据的证据情况，以及法院未采信证据的情况。

4. 与诉讼相关的其他需要了解的情形

例如：当事人的经济状况、与未来取证有关的相关单位的内部控制状况、相关当事人的社会背景等。

（二）诉讼价值评断所需要考虑的因素

评断诉讼价值需要确定诉与不诉的差异、不同诉讼方式的差异等，这些差异通常取决于以下三个因素：

1. 涉案证据的获取。在案情尚存在某些不明确的情况下，主要是通过分析确定诉讼所需要的证据范围、案件事实所涉及的经济过程、相关控制制度的执行情况、相关交易的复杂程度等，并根据司法会计师的经验判断诉讼所需关键证据是否存在或获取的难易程度。

2. 诉讼环境。主要是分析诉讼可利用的时间、可投入的人力和经费、诉讼机关的侦查能力、法官的审判习惯等是否有利于未来诉讼。

3. 通过不同诉讼途径解决案件的条件。主要是通过分析相关当事人对案件事实的认识、诉求、当事人之间的关系等，确定通过不同诉讼途径解决案件的难易程度。这里需要考虑的是，研判采取不同诉讼途径的可行性，需要在评价已经掌握线索和证据的基础上，分析未来诉讼中的证据实存性和可取性，同时结合诉由的可实现性确定。

（三）诉讼成本的测算方法

诉讼成本的构成：（1）启动诉讼程序所需费用，如起诉费用、上诉费用、执行费用等；（2）取证费用，如取证所需的差旅费、证据查询费用、证据复制费用、接待费用；（3）律师费用，如律师收费、接待律师费用；（4）诉讼损失费用，即由于诉讼的发生可能给咨询方的生产经营、劳务收益等带来的经济损失；（5）其他相关费用。

诉讼成本测算中应当根据证据的可取性或诉讼环境，分析确定可节约的费用类型。例如：证据便于收集且当事人诉讼能力较强，则可以节约法官、律师取证费用；对方当事人资金充裕且有可能采用财产保全措施的，则可以节约执行费用；当事人有能力维持正常生产经营、劳务活动的，则会避免或减少经济损失等。

（四）诉讼收益与诉讼价值

诉讼收益的构成：（1）诉讼收入，即通过诉讼可以收回的经济利益，包括已确认损害的补偿额、继发性损害的补偿额、可赔偿额等；（2）通过诉讼挽回不良影响可产生的收益。

诉讼价值 = 诉讼收益 − 诉讼成本

（五）不同解决途径的收益差异

这里需要考察的是通过非诉讼调解、刑事诉讼、民事诉讼、诉讼调解、直接判决、申诉与申请抗诉等解决案件的途径对收益的影响。进行诉讼经济价值评断应当在确认诉讼可行性的基础上，分析诉讼收益和诉讼成本，进而判断诉讼损益。

第四节　诉讼方案咨询业务及其他诉讼咨询业务

一、诉讼方案咨询业务

（一）诉讼方案的内容

诉讼方案内容通常包括案件事实假设、确定诉讼类型、证据收集方法和收集途径、诉讼步骤等内容。其中：

案件事实假设，是指根据目前掌握的证据和案情，推测案件事实；

诉讼类型，是指民事诉讼、行政诉讼或刑事诉讼；

证据收集方法，是指询问、勘验、检查、鉴定、诉讼保全等诉讼措施；

证据收集途径，是指当事人自行收集、律师收集、侦查人员收集、法官收集等途径；

诉讼步骤，是指诉讼活动先后顺序，包括调查取证的先后顺序，不同类型诉讼的先后顺序等。

（二）诉讼方案的设计

诉讼方案设计通常应当在诉讼价值评断后进行，即应当先由咨询方根据诉讼价值评断确定是否进行诉讼或是否继续进行诉讼。如果咨询方因诉讼价值不划算而明示放弃诉讼，则不需要设计诉讼方案。

司法会计师可以协助设计完整的诉讼方案，也可以就诉讼所涉及的某项具体诉讼措施问题提供咨询，如提供具体的查账方案、司法会计鉴定人选择等。

诉讼类型的选择原则：非犯罪情形应当选择民事诉讼或行政诉讼；已有确凿证据且可能判处实刑的案件，通常选择刑事诉讼，但可能判处免予刑事处分或缓刑的，可以选择民事诉讼；关键证据需要采用侦查措施才能获取的，应当选择刑事诉讼；关键证据不易获取，但有民事证据优势，可以通过证据推定获取有利民事判决的，可以先行民事诉讼，后以民事判决为依据进行刑事控告。

涉案财务会计事实的假设，应当根据现已掌握的证据和案情作出推测，具体推测结果则取决于司法会计师的专业经验、诉讼阅历和社会阅历。

证据收集方法的设计，需要根据所需证据类型、证据材料所处环境等设计具体的证据收集方法、技巧等。

证据收集途径的设计，需要考虑不同调查主体的调查能力，并适当考虑调查费用。

证据调取步骤的设计原则，在诉讼条件允许的情况下，应当先调取物证后调取言词证据；需要先调取言词证据的，应当考虑不同证人与案件的关联程度以及与当事人的关系等，本着先易后难的原则确定调取言词证据的顺序。

案例 3 - 2：民事上诉咨询案例

靳某因与所供职的甲单位发生承包纠纷，被甲单位以涉嫌职务侵占控告至公安机关。公安机关经过调查认为该线索属于经济纠纷，告知甲单位不予立案，但同时要求靳某给甲单位写一份"欠货款 13 万元"的《欠条》，靳某迫于压力写了这份《欠条》。甲单位将《欠条》作为证据，以靳某与甲单位在买卖活动中欠货款为由，将靳某诉至法院。一审法院判决靳某归还 13 万元货款。靳某不服，准备上诉，并咨询司法会计师上诉方案。

司法会计师听取了靳某所述与甲单位的承包纠纷的情况、一审诉讼情况，查看了一审法院判决书，对案件事实作出推测：靳某没有完成承包指标，甲单位认为其应当交回经营收入 13 万元，但在没有证据证明 13 万元收入存在的情况下，便将靳某控告至公安机关。公安机关不予立案并要求靳某写了《欠条》后，甲单位故意隐瞒了靳某为其单位职工，编造了靳某作为买方与其进行货物买卖并欠货款的事实，将靳某起诉到法院。靳某虽向一审法院申辩了自己与甲单位的真实关系，但因靳某无法提供与甲单位签订的劳动合同，因而无法利用劳动合同来证明甲单位隐瞒劳动关系并编造买卖关系的事实，因而一审法院没有采纳其申辩意见，导致靳某败诉。按照这一假定的事实，本案的关键问题是证明靳某与甲单位的劳动关系。司法会计师据此提出了两项诉讼建议：一是请求二审法院调取甲单位工资表，以甲单位一直发给靳某工资的证据来证明靳某与甲单位是劳动关系而非买卖关系；二是请求二审法院到公安机关调取甲单位控告靳某职务侵占的举报材料，进一步证明甲单位明知靳某与其存在劳动关系而故意隐瞒事实真相进行恶意诉讼的事实。二审法院接受了靳某提出的这两项请求，调取了相关证据，认定《欠条》的不真实性和一审法院认定事实的错误，作出撤销一审判决，驳回甲单位起诉的终审判决。

二、其他诉讼咨询业务

(一) 证据分析咨询业务

证据分析咨询业务，是指司法会计师对咨询方提供的具体证据进行分析并提供口头分析意见的业务。

司法会计师可以提供有关涉及财务会计业务的诉讼证据（包括财务会计资料证据、其他涉及财务会计业务的物证、言词证据等）的含义、功能、用途等证据问题的咨询。司法会计师协助咨询方分析具体证据时，应当在了解和掌握基本案情、证据出处的基础上，根据证据内容的逻辑性、证据之间的逻辑关联、法律及相关专业标准等，对证据的客观性、关联性及合法性提出分析意见。

咨询方要求对整个案件的非结论性证据进行审查，或对结论性证据审查的，应当启动司法会计文证审查程序。由于证据分析咨询业务不属于文证审查业务，因而司法会计师只提供口头的分析意见，但不提供书面咨询意见。

（二）法律及财务会计标准咨询业务

法律及财务会计标准咨询业务，是指司法会计师对咨询方提出的有关法规规范、财务会计标准的内容、含义、作用等问题提供的咨询业务。

司法会计师可以就咨询方提出的有关财务会计标准的出处、内容、含义等进行解答。

（三）法律事实及定性咨询业务

法律事实及定性咨询业务，是指司法会计师对咨询方就案件事实认定及涉及的法律适用问题进行分析，并提供口头意见的业务。

司法会计师可以就咨询方提出的案件事实认定、法律定性等问题发表看法，但应当注意两点：一是咨询本身不属于司法会计检验、鉴定业务，因而司法会计师并不掌握作出事实认定结论所需的所有证据，其对事实的看法只是根据咨询方自述的情况作出的推测意见，因而不得出具有关事实认定方面的书面咨询意见；二是司法会计师也不属于法律专家，因而其对法律定性问题提出的看法仅是可供咨询方参考的意见，也不得出具有关法律定性问题的书面咨询意见。

第五节　司法会计师咨询业务案例
——侦查方案咨询案例

一、咨询业务背景

作案人徐某某，原系某股份有限公司××办事处主任。2009 年 1 月该公司在核查××办事处库存产品时发现短库，随即停止了徐某某的职务。后徐某某脱离公司。该公司于 2009 年 8 月 30 日向市公安局报案，市公安局于 2009 年 11 月 9 日立案侦查。

2010 年 3 月 25 日市公安局将徐某某抓获并刑事拘留，同年 4 月 30 日经市人民检察院批准逮捕。

检察机关首次起诉认定徐某某职务侵占公物价值 133.6 万余元。由于被告人坚持不供认犯罪事实，起诉认定犯罪的主要证据是由注册会计师出具的《审计报告》。注册会计师于 2010 年 10 月 18 日出具审计报告认定××办事处产品短库 168.7 万元，后于 2010 年 12 月 25 日补充报告，冲减短库金额 35.1 万余元。2011 年 1 月检察机关以徐某某涉嫌职务侵占公物价值 133.6 万余元起诉。同年 8 月 6 日一审法院以徐某某犯职务侵占罪判处有期徒刑八年。徐某某不服判决提出上诉，2011 年 11 月 30 日二审法院裁定发回重审。

2011 年 12 月 18 日检察机关向一审法院建议延期审理，后于 2012 年 1 月 17

日提出恢复审理。2012年2月19日一审法院再次开庭审理。辩护人在法庭上对本案的主要证据《审计报告》提出质疑。公诉人员在休庭期间聘请××市检察院司法会计师对《审计报告》进行文证审查。

司法会计师应聘到检察机关审查上述《审计报告》，当即发现该审计报告存在原理性错误，所作结论不能作为结论性证据使用。主要问题是：该公司××办事处库存产品应结存额应为：办事处收公司发货数量减办事处发货数量之差额，但该报告中采用"公司向办事处发货数量"取代了"办事处收公司发货数量"，同时以"公司回款数量"取代"办事处发货数量"，其结论应当是"该公司尚未回款数量"，而不是"办事处库存产品应结存额"。因此，报告结论中所列库存产品应结存数量、库存数量差额均不符合鉴定原理，缺乏科学性和可靠性。司法会计师随后出具了《司法会计文证审查意见书》，否定了该审计报告所作的结论。

二、咨询业务的操作

司法会计师否定审计结论后，检察机关向司法会计师提出了下列咨询问题：

一是，如果启动司法会计鉴定是否有挽救余地，在诉讼时效内能否完成鉴定；

二是，能否拿出其中的几笔事实单独认定犯罪。

司法会计师详细了解了原案的侦查经过和取证情况，提出了口头答复意见：

一是，侦查中未能获取该案进行司法会计鉴定所必需的检材，目前已时过境迁，不可能再收集到鉴定所需的某些必要检材，即本案已经没有启动司法会计鉴定的条件。

二是，该案中没有获取犯罪嫌疑人盗取公司产品的具体证据，因而无法单独确认某笔犯罪事实。

三是，该案因主要犯罪证据《审计报告》存在严重错误，其他证明犯罪的证据不能形成证明链条，已经无可挽回。

司法会计师在提出上述意见的同时，查阅了案卷中的举报材料，发现举报材料中还涉及另一个事实：徐某某在脱离公司后向他人销售本公司产品获取14.5万元货款的情况，但公安机关认为此时徐某某已无职务便利，无法追究犯罪。

司法会计师结合前述案件侦查情况，对这一新的问题进行了分析，提出新的意见和建议：

一是，被告人大量倒卖公司产品，应当有存放赃物的地点，但前期侦查中没有查到窝赃地点，发现存放赃物的地点，有利于重新侦破该案；

二是，被告人在脱离公司后仍然销售本公司的产品，可能来自于先前尚未来得及出手的赃物，且新的线索中明确提出了被告人销售本公司产品的买受公司，建议采用倒查方式重新进行侦查，追查其窝赃地点；

三是，举报线索的具体调查方法：先通过检查买受产品公司的商品采购账户资料账项，核实线索，确定其所购产品的确系案发单位生产，然后追查其仓库的入库资料，查明物流所用车辆信息，追查产品来源；

四是，检查发案单位的往来账项，排除犯罪嫌疑人与公司存在债务纠纷。

上述意见和建议受到检察机关领导高度重视，随即与公安机关会商了重新侦查的具体方案和措施，并于2月27日再次建议法院延期审理。

与此同时，××股份有限公司高层在得知本案审计失误，已经不能按照原判决事实继续诉讼后，十分着急，随即于2月23日直接向上级检察机关领导进行了当面反映，要求检察院说明情况。为了缓解案发单位高层的焦躁情绪，应检察机关邀请，司法会计师两次参与了与该公司领导的座谈，指出了因其公司管理缺陷导致侦查人员无法获取必要书证的事实，并提出了具体的管理改进建议，该公司领导表示接受。

公安侦查人员在重新侦查中，根据司法会计师提出的方案按图索骥，不仅核实了前述线索，证实了徐某某盗卖本公司产品所得10余万元赃款，还发现了徐某某藏匿赃物的地点，起获了尚未来得及销赃的10余万元货物，使该案得以重新起诉。

检察机关于2012年3月25日将起诉金额改为25.2万元后，提出恢复审理。一审法院于4月7日开庭审理，5月7日作出判决：以徐某某犯职务侵占罪判处有期徒刑五年六个月。徐某某不服判决提出上诉，二审法院于2012年7月20日裁定维持原判。

本案中司法会计师提供的诉讼咨询包括证据分析、案情分析、侦查手段等。另外，就案发单位的财务管理问题提出了建议。

三、相关文书

审 计 报 告

×会审字〔2010〕第095号

××市公安局经济犯罪侦查支队：

我们接受贵支队委托，审计了××股份有限公司××办事处与其库存商品有关的会计资料，保证该会计资料的真实性、合法性和完整性是××股份有限公司的责任。

一、审计目的

查明××股份有限公司××办事处2006年至2009年1月库存商品的入库、

出库和结存情况。

二、审计情况

××股份有限公司××办事处库存商品的入库、出库和结存审计情况如下表：

1. 2006 年 6 月初库存商品情况明细表；

2. 2006 年 6 月至 2006 年 12 月公司调入库存商品情况明细表；

3. 2007 年 1 月至 2007 年 12 月公司调入库存商品情况明细表；

4. 2008 年 1 月至 2008 年 12 月公司调入库存商品情况明细表；

5. 2009 年 1 月公司调入库存商品情况明细表；

6. 2006 年 6 月至 2009 年 1 月库存商品退回公司情况明细表；

7. 2006 年 6 月至 2009 年 1 月库存商品销售开票情况明细表；

8. 2009 年 1 月库存商品届存缴解情况明细表。

三、审计结论

根据上述审计情况，××股份有限公司××办事处 2006 年 6 月至 2009 年 1 月库存商品的入库、出库和结算情况综述如下：

1. 入库、出库情况：2006 年 6 月出库各种库存商品结算数量 8,496 件，2006 年 6 月至 2009 年 1 月由公司调入各种库存商品数量 349,900 件，2006 年 6 月至 2009 年 1 月各种库存商品退回公司数量 7,819 件，2006 年 6 月至 2009 年 1 月库存商品销售开票数量 308,839 件。

2. 结存情况：2006 年 1 月末，各种库存商品应结存 41,738 件，实际结存并交接数量 21,847 件，库存数量相差 19,891 件。

库存数量相差 19,891 件，按照含增值税销售单价计算，库存金额相差 1,687,158.38 元。

四、强调事项

我们提请本报告使用者注意如下事项：

1. ××股份有限公司××办事处，从 2006 年 5 月开始设立仓库、单独管理核算的，2009 年 1 月末对其库存商品进行了盘点交接。

该公司向我们提供了 2006 年 5 月至 2009 年 1 月该公司与××办事处有关库存商品的会计资料复印件。

2. 库存商品应结存金额与实存金额的差额，是根据该公司提供的产品价格表计算的，我们对该销售价格未能审核。

附送：××股份有限公司××办事处库存商品情况表：

1. 2006 年 6 月至 2009 年 1 月库存商品情况汇总表；

2. 2006 年 6 月初库存商品情况明细表；

3. 2006 年 6 月至 2006 年 12 月公司调入库存商品情况明细表；

4. 2007 年 1 月至 2007 年 12 月公司调入库存商品情况明细表；

5. 2008 年 1 月至 2008 年 12 月公司调入库存商品情况明细表；

6. 2009 年 1 月公司调入库存商品情况明细表；

7. 2006 年 6 月至 2009 年 1 月库存商品退回公司情况明细表；

8. 2006 年 6 月至 2009 年 1 月库存商品销售开票情况明细表；

9. 2009 年 1 月库存商品届存缴解情况明细表；

10. ××股份有限公司对所提供有关证明材料的说明；

11. ××股份有限公司对所提供产品价格的说明。

××会计师事务所有限公司

主任会计师：×××（签名）

中国注册会计师：×××（签名）

二〇一〇年十月十八日

审计补充报告

×会审字〔2010〕第 095 - 1 号

××市公安局经济犯罪侦查支队：

我们根据贵支队提供的线索，审计了××股份有限公司与所属××办事处库存商品有关的补充会计资料，保证该会计资料的真实性、合法性和完整性是××股份有限公司的责任。

一、审计线索

审计线索如下表：

《××股份有限公司 2006 年 6 月至 2009 年 1 月入库、开票数量统计表》

二、审计结果

经审查××股份有限公司与所属××办事处库存商品有关的应收账款明细账、会计凭证和销售发票，审计结果为：

1. 审计线索表中所列 2007 年 11 月 1 日开具的发票，对此部分数量，×会审字〔2010〕第 095 号审计报告中已计入销售开票数量。

审计详细结果见下表：

《2007 年 11 月 1 日库存商品销售已开发票明细表》。

2. 审计线索表中所指的补开发票部分，开票时间分别是在 2009 年的 2 月与 3 月，数量为 4,947 件，发票含税销售金额共计 350,899.66 元。因在审计时间范围外，×会审字〔2010〕第 095 审计报告销售开票数量不包含此部分。

审计详细结果见下表：

《2009 年 2—3 月库存商品销售补开发票明细表》；

附送：1.《××股份有限公司 2006 年 6 月至 2009 年 1 月入库、开票数量统计表》；

2.《2008 年 12 月 31 日库存商品销售已开发票明细表》；

3.《2009 年 2—3 月库存商品销售补开发票明细表》；

4. ××股份有限公司提供的有关会计账簿、会计凭证和销售发票复印件。

××会计师事务所有限公司
主任会计师：×××（签名）
中国注册会计师：×××（签名）
二〇一〇年十月十八日

司法会计文证审查意见书

×检技审〔2012〕第 3 号

2012 年 2 月 24 日，××市××县人民检察院送来徐某某涉嫌职务侵占案件证据材料，要求对××会计师事务所 2010 年 11 月 3 日出具的×会审字〔2010〕第 095 号《审计报告》所列审计结论的科学性进行技术性审查。

一、审查

××会计师事务所 2010 年 11 月 3 日出具的×会审字〔2010〕第 095 号《审计报告》记载的审计目的为：查明××股份有限公司××办事处 2006 年 6 月至 2009 年 1 月库存商品入库、出库和结存情况。

该报告记载结存情况的审计结论：2009 年 1 月末，××股份有限公司××办事处各种库存商品应结存 41,783 件，实际结存并交接数量 21,847 件，库存数量相差 19,891 件，按照含增值税销售单价计算，库存金额相差 1,687,158.38 元。

该报告没有写明结论的推导过程。根据该报告所列审计情况数据及结论数据分析，上述审计结论的确认原理为：

办事处库存商品应结存额 = 公司向该处发货数量 - 公司回款数量

根据司法会计鉴定原理，该报告依据上述原理确认办事处库存商品应结存额并计算出库存数量差额存在下列错误：

办事处库存商品应结存额应为：该办事处收公司发货数量与该处发货数量之差额。该报告中采用"公司向该处发货数量"取代了"该处收公司发货数量"，同时，以"公司回款数量"取代"该处发货数量"，其结论应当是"该公司尚未回款数量"，而不是"办事处库存商品应结存额"。因此，报告结论中所列库存商品应结存数量、库存数量差额均不符合鉴定原理，缺乏科学性和可靠性。

二、审查意见

××会计师事务所 2010 年 11 月 3 日出具的××会审字〔2010〕第 095 号《审计报告》所列结论存在明显的推导错误，该结论不符合科学鉴定原理，因而不符合结论性证据基本要求。

××市人民检察院司法鉴定中心

司法会计师：×××（签名）

二〇一二年二月二十五日

第四章　司法会计师检查业务与案例

第一节　司法会计检查概述

一、司法会计检查的概念

司法会计检查，是指诉讼主体为了查明案情，对诉讼涉及的财务会计资料及相关财物进行勘验、检查的诉讼活动。通俗地讲，是指在诉讼中进行的查账、查物活动，属于司法检查的一种类型。

司法会计检查的目的，是查明涉案财务会计事实，包括涉案财务事实和涉案会计事实。其中：财务事实，是指涉案经济活动方面的事实，由财务主体、财务行为、财务过程和财务后果、财务关系等内容构成；会计事实，是指涉案经济核算与经济监督活动的主体、行为、过程、后果等客观情况，由会计主体、会计行为、会计过程和会计后果等内容构成。司法会计检查目的通过对检查对象进行检查并获取相应的诉讼证据来实现。

司法会计检查的对象包括涉案财务会计资料和相关财物等，具体包括：（1）涉案财务活动中形成的合同、发票、收据、银行结算凭证等财务资料；（2）涉案会计活动中形成的记账凭证、账簿、会计报表等会计资料；（3）涉案现金、有价证券、存货、固定资产等财物。对这些检查对象进行检查的主要任务是：发现、收集、固定财务会计资料证据，或者通过查物固定涉案财产的类型、数量等实际状况。

二、司法会计检查方法概述

司法会计检查，从其所使用的专业技术角度讲是指在诉讼中进行的会计检查，因而司法会计检查的方法主要是指会计检查的技术方法，包括查账方法和查物方法。司法会计检查与非诉讼会计检查的差异在于检查目的、任务和检查对象等方面，其中：司法会计检查的目的是查明案件事实，其任务是收集案件线索和证据，其检查对象是涉案财务会计资料及财物。司法会计检查的这些特点，形成了其在会计检查方法的运用方面的一些特别要求。

司法会计检查中常用的会计检查方法与运用要点包括：

1. 审阅法。即通过阅读、审查涉案财务会计资料，查找、发现涉案财务会计记录，或者通过阅读、审查涉案财务会计资料，查明其所反映的财务会计业务的真实性与合法性。

审阅法是所有司法会计检查活动都必须采用的一种最基本的会计检查方法。通过阅读、审查涉案财务会计资料，可能发现破案线索、案件事实或查明相关证据状况。

2. 复算法。即对涉案财务会计资料中有关计算结果进行重新计算。例如：重新计算财务会计资料中的数量单价之积、小计、合计、累计、总计、余额等计算结果，验证财务会计资料所记录的计算结果的正确性。

复算法通过确认涉案财务会计计算结果正确性，可能发现和确认有关财务会计资料制作中的计算错误（或计算结果的记录错误）。发现这些错误的诉讼意义在于它们可能含有嫌疑账项。在司法会计检查中，对准备提取并作为证据使用的各种财务会计资料中的计算结果、重点检查的各种财务会计资料中的计算结果、检查中发现计算项的数量或数值有误的计算结果、通过其他检查方法或途径发现与实际情况不相符的计算结果等，都必须进行复算。

3. 核对法。即对财务会计资料中的两个或两个以上具有钩稽关系的财务会计记录、数值进行审核对照，确认其是否一致或相符。例如：对财务凭证之间、财务凭证与记账凭证之间、记账凭证与账簿之间、账簿与账簿之间、账簿与会计报表之间的平衡关系、相同记录和数字进行核对，确认其是否相符。

司法会计检查中，应当根据查明某一具体案情的需要，确定核对什么资料以及核对的具体内容，并不需要对涉案单位的所有财务会计资料都进行核对。

4. 比较法。即通过对案件涉及的两个或两个以上财务数值或比率进行比较，寻找和确定进一步检查的重点。

司法会计检查中采用比较法，主要是为了发现财务会计资料中不合乎常规的记录，这类记录可以被作为进一步检查的重点账项，通常适用于线索内容不具体，需要通过查账寻找线索或发现新的案件事实的司法会计检查活动。

5. 勘验法。即通过对涉案现金、存货等实物资产进行现场清点勘查，以查明这些资产实际结存情况。

勘验法是采用现场勘验形式进行的一种司法会计检查活动，主要适用于固定涉案实物资产的类型和存量，具体操作时必须形成《勘验、检查笔录》。

三、司法会计检查程序概述

司法会计检查程序，是指进行司法会计检查的具体步骤。司法会计检查理论上提出了适用于不同诉讼需求的取证型检查程序、规模型检查程序、秘密检查程序和委托检查程序等。

1. 取证型检查程序

取证型检查程序，是为收集、调取已知案件事实的财务会计资料证据而设计的一种查账取证程序。取证型检查程序的主要步骤包括检查准备、调取检查日记账簿或明细账簿、调取检查会计凭证、调取检查相关财务会计资料、固定证据等。

2. 规模型检查程序，是为查找案件线索或较大规模的实施检查设计的一种司法会计检查程序。规模型检查程序的主要步骤包括检查准备、了解发案单位财务会计方面的基本情况、收集并控制财务会计资料、检查财务会计资料及相关的财产物资、核查账项、进行必要的技术鉴定、收尾工作等。

3. 秘密检查程序，是为刑事侦查中秘密进行会计检查活动设计的一种司法会计检查程序。秘密检查程序的主要步骤包括检查准备、秘密检查财务会计资料、秘密取证等。

4. 委托检查程序，是为诉讼主体①委托自身以外的诉讼机关（或其他机构）检查涉案财务会计资料设计的一种司法会计检查程序。委托检查程序主要步骤包括检查准备、发出协查资料、收取协查资料等。

四、司法会计检查的主体与技术支持

根据我国诉讼法律的有关规定，司法会计检查在不同类型的诉讼及同类诉讼的不同阶段，分别应由侦查、检察或审判等诉讼主体负责实施②。但法律同时规定：必要的时候，可以指派或聘请有专门知识的人在诉讼主体的主持下进行司法会计检查。这里所谓必要的时候，主要是指由于某些案件所涉及的财务会计业务比较复杂，诉讼主体因专业知识不足而难以达到检查目的，或由于其他特殊情形（如需要获取的财务会计资料证据无法找到），需要具有专门知识和经验的专业人员提供技术帮助。

能够提供司法会计检查的技术支持的专业技术人员，可能涉及司法会计师③、计算机工程师、文检工程师等，他们能够从不同角度为司法会计检查提供技术支持。例如：司法会计师可以从财务会计专业技能方面提供协助，以发现、收集能够证明涉案财务会计事项的证据；计算机工程师可以从计算机的硬件或软

---

① 本章所讲诉讼主体，主要是指侦查、检察、审判等诉讼机关，也指这些机关的诉讼人员或律师等。

② 根据《中华人民共和国律师法》规定，律师有权收集诉讼证据，也就是说，律师也可以采用司法会计检查等方式收集财务会计资料证据。

③ 诉讼主体也可以聘请会计、审计专业人员协助诉讼，但需要告知办案纪律及注意事项。

件技能方面提供协助，对电算化资料进行解密、恢复等，从而为检查这些资料提供条件；文检工程师可以从财务会计资料中遗留的笔迹、痕迹方面提供协助，以方便查明涉案财务会计业务的经办人、批准人等。

基于诉讼的需要，司法会计师参与司法会计检查，为诉讼主体提供技术支持，便形成了司法会计师的司法会计检查业务，是司法会计师的常见业务之一。

第二节　司法会计检查业务概述

一、司法会计检查业务的含义

司法会计检查业务，专指司法会计师接受诉讼主体的指派或聘请，在诉讼主体的主持下参与司法会计检查的业务。

正确理解司法会计检查业务，需要把握好司法会计师参与司法会计检查的根据和地位，这是司法会计师能够正确执行司法会计检查业务的前提。

第一，司法会计师参与司法会计检查业务，是基于诉讼主体的指派或聘请。所谓指派，是指诉讼主体指派本机关司法会计师参与司法会计检查；所谓聘请则是诉讼主体聘请其他机关或社会机构的司法会计师参与司法会计检查。除一些特殊情况外①，如果没有诉讼机关的指派或聘请，司法会计师通常无法介入司法会计检查。这是因为司法会计检查本身需要一定的强制性作为保障，由于诉讼机关能够提供这种强制性，从而保证司法会计师能够介入司法会计检查，并开展工作。在司法会计检查不需要带有强制性的情形中——如一方当事人能够控制涉案财务会计资料及相关财物，那么他作为诉讼主体时才有可能聘请司法会计师协助其检查涉案财务会计资料。

第二，司法会计检查应当在诉讼主体的主持下进行。这里的诉讼主体主要是指诉讼机关的侦查、检察和审判人员等。按照诉讼法律规定的精神，司法会计师通常应当在侦查、检查或审判人员等诉讼主体的主持下执行司法会计检查业务，司法会计师不得以个人（或司法会计机构）的名义自行启动司法会计检查②。另外，司法会计师通常都是以"具有专门知识的人"（即技术专业人员）的身份参

---

① 这里所谓的特殊情况，是指在具备某些具体条件的情况下，司法会计师也可能会受诉讼当事人及其代理人、辩护人的聘请参与司法会计检查。

② 这里需要特别指出的是："司法会计检查"一词，是作者在20世纪90年代初根据诉讼法律规定精神，对司法检查进行分类后提出的。后来基于司法会计师职业的发展，学术界和实务界都有人在运用"司法会计检查"一词时，望文生义并导致误解——将司法会计检查理解为"司法会计师从事的会计检查活动"，在这种误解下则无法正确理解"司法会计检查业务"。

与司法会计检查①，而非是以独立的诉讼参与人的身份进行诉讼活动，这是司法会计师执行司法会计检查业务与执行司法会计鉴定的差异之一②。

二、对司法会计检查业务中两个问题的辨识

明确司法会计师在司法会计检查中的法定身份与地位，可以很好地解决司法会计的理论研究及侦查实践中遇到的两个问题。

一是，关于司法会计师在司法会计检查中的诉讼权力（利）问题。

司法会计界早有同行借鉴审计程序，主张参与司法会计检查的司法会计师应当拥有独立的调查权（或侦查权），即"司法会计师有权检查任何与案件有关单位的会计资料"③。

司法会计检查通常体现了诉讼机关的侦查权、检察权或审判权，是基于国家诉讼权力而产生的一种诉讼措施。但是，司法会计师在执行司法会计业务中，并非是侦查、检察或审判人员，因而其在司法会计检查中并不具备法定的调查权力，即不具备行使侦查权、检察权或审判权的法律资格；司法会计师也不能像司法会计鉴定人那样作为独立的诉讼参与人享有法定的诉讼权利。因此，司法会计师不可能像审计师那样自由地开展诉讼调查活动，更不可能形成"司法会计侦查"业务。

当然，既然根据诉讼法律规定。司法会计师可以执行司法会计检查业务，那么他在执行业务中也并非是完全被动的执行诉讼主体的安排。司法会计师可以根据诉讼需要就司法会计检查的方案、实施等向诉讼主体提出具体的建议，并利用自身的专业知识和技能协助诉讼主体完成司法会计检查的任务。如果司法会计师认为诉讼主体制订的司法会计检查方案不妥，可能影响案件的侦查、审理时，也不能自行其是地按照个人主张实施司法会计检查，而是应当向诉讼主体提出修订建议。

二是，关于司法会计师能否在同一案件中分别执行司法会计检查业务和司法会计鉴定业务问题。这个问题曾经涉及回避和先入为主两个方面的理念障碍。

关于回避理念障碍。基于法律规定回避情形，20世纪80年代后期就有同行提出：在同一案件中，如果司法会计师已经参与了先前进行的司法会计检查，就

---

① 国内外都有一种特例，即侦查机关可以指派司法会计师担任案件的侦查人员。这种情况下，司法会计师就是以案件侦查人员的身份参与司法会计检查，不属于执行"司法会计检查业务"。

② 在司法会计鉴定中，司法会计师是以司法会计鉴定人的身份受理司法会计鉴定，而司法会计鉴定人依法属于独立的诉讼参与人。

③ 这是在"一元"理念下形成的一种观点，并在20世纪80年代曾被写入到《人民检察院司法会计鉴定工作细则》的草案中。

不能再担任本案的司法会计鉴定人。这一理念在司法会计行业中影响深广，至今仍然有司法会计机构坚持按照这一理念执行司法会计业务。出现这一认识主要是基于两个方面的误解：一是，将司法会计师在刑事调查中的协助检查业务误解为是以侦查人员的身份实施的侦查活动①，因而需要适用侦查人员与司法会计鉴定人的回避规定。作者认为，我国诉讼法律将司法会计师参与诉讼中勘验、检查活动的身份定位于"有专门知识的人"，即司法会计师在司法会计检查中的诉讼身份是"具有专门知识的人"，而并非是"侦查、检察、审判人员"或"司法会计鉴定人"。法律仅就诉讼主体与司法鉴定人之间作了回避规定，没有涉及"有专门知识的人"与司法会计鉴定人之间的回避问题（也不需要作出类似规定）。因此，司法会计师在参与了同一案件的司法会计检查后，再担任本案的司法会计鉴定人，并不违反法律有关回避的规定，也就不存在回避问题。

　　关于先入为主的理念障碍。有同行认为，司法会计师在同一案件中，先前执行了司法会计检查业务，如果再执行司法会计鉴定业务时会因先入为主，造成鉴定失误，主张为了避免先入为主，在同一案件中已经执行了司法会计检查业务的司法会计师就不能再担任本案的司法会计鉴定人。形成这一理念障碍的理论原因是：按照"一元"理论，司法会计检查业务和司法会计鉴定业务同属"鉴定"活动，因而先前参与了"鉴定"形成了固定思维，再受理鉴定时容易先入为主。作者认为，在"二元"司法会计理念下，司法会计检查与司法会计鉴定有着完全不同的技术操作程序，如果司法会计师在司法会计鉴定中能够严格按照鉴定技术程序操作，就不会出现"先入为主"的情形。相反，由于司法会计师执行了司法会计检查业务，对案件涉及的财务会计资料及形成背景有了一定的了解并已经帮助诉讼主体获取了司法会计鉴定所需的检材，反而有利于其再执行司法会计鉴定业务。因此，司法会计师执行了司法会计检查业务，并不理所当然地会对同一案件中执行司法会计鉴定业务造成不利影响。司法实践也证明，司法会计师即使没有执行同一案件的司法会计检查业务，也会在受理鉴定的过程受到案件承办人介绍案情内容的影响，导致先入为主的错误操作。因此，司法会计师无论是否执行过同一案件的司法会计检查业务，在执行司法会计鉴定业务中都应当严格按照鉴定程序的要求进行操作，才能避免先入为主的情形，这与是否参与了先前进行的司法会计检查无关。事实上，很多案件中司法会计师都需要执行司法会计检查业务，有些案件中正是由于司法会计师执行司法会计检查业务过程中发现了需要通过司法会计鉴定解决的财务会计问题，才导致诉讼主体启动司法会计鉴定。另外，有些已经启动的司法会计鉴定中，司法会计师发现缺少必要的检材，而送

---

　　① 有的同行甚至将司法会计检查称为"司法会计侦查"，以寻求司法会计师在诉讼中的侦查权。

检方又缺乏获取这些检材的经验时，司法会计师也需要通过参与司法会计检查，协助送检方完善检材。

三、司法会计检查业务的范围

司法会计检查业务范围，是指诉讼中遇到哪些情形时，需要或应当指派、聘请司法会计师参与司法会计检查的问题。这里需要先明确的是：诉讼主体实施司法会计检查并非都需要司法会计师参与，这是因为司法会计检查应当是诉讼主体具备的一种调查能力，在诉讼主体的调查能力范围内，通常不需要指派或聘请司法会计师参与司法会计检查；即使诉讼主体在进行司法会计检查中遇到某些困难时，也可以通过咨询司法会计师获取必要的专业知识，从而顺利完成司法会计检查的任务。

（一）诉讼主体对司法会计检查业务的确定

从诉讼主体角度讲，遇有下列情形时通常需要指派或聘请司法会计师协助进行司法会计检查：

一是，案件线索不明确，需要司法会计师协助制订司法会计检查方案（这种方案通常包含在侦查方案中），确定查找线索和侦破案件的思路、步骤、方法等；

二是，线索明确，但情况比较复杂，需要司法会计师协助制订检查方案，并直接参与司法会计检查，以获取财务会计资料证据；

三是，在实施司法会计检查过程中遇有无法查到本案涉及的财务会计资料证据时，需要司法会计师协助查找证据；

四是，在指派或聘请司法会计师进行司法会计鉴定或文证审查过程中，发现缺少必要的证据，急需司法会计师参与司法会计检查补充证据。

（二）司法会计机构或司法会计鉴定人对司法会计检查业务的确定

从司法会计机构或司法会计师角度讲，通常遇有下列情形时应当受理司法会计检查业务：

一是，诉讼涉及较为复杂的财务会计业务，诉讼主体提出技术支持要求，并经过诉讼机关的首长或首长授权的负责人批准的；

二是，因司法会计鉴定的需要，急需通过司法会计检查补充检材的；

三是，根据侦查、审理案件的特殊需要，由诉讼机关的首长直接指派司法会计师参与司法会计检查的。

四、司法会计检查业务的内容

司法会计检查业务的内容，是指司法会计师参与司法会计检查时可以提供的具体技术支持事项。

（一）协助制订或修订司法会计检查的实施方案

司法会计检查实施方案，是指根据司法会计检查的原理，结合案件的具体情况制订的检查预案。司法会计师在介入案件时，如果诉讼主体尚未形成检查方案的，可以协助制订；对已经形成方案但司法会计师认为存在不妥之处的，应当主动提出修订意见，以确保司法会计检查能够达到查明案情的目的。

（二）对涉案财务会计资料及相关财物实施检查

司法会计师运用专业知识和技能，对涉案财务会计资料及相关财物实施检查，是司法会计检查业务的主要内容。司法会计师在明确检查目的和任务的前提下，通过对诉讼主体获取并提供的涉案财务会计资料进行检查，协助寻找、收集案件线索或财务会计资料证据；或者参与诉讼主体对相关现场的勘验，协助查明涉案财物的数量。

（三）协助并参与制作《勘验、检查笔录》

司法会计师执行司法会计检查，可以协助诉讼主体制作《勘验、检查笔录》，以固定检查的结果。司法会计师应当以专家身份在《勘验、检查笔录》上签名，如"司法会计师：×××"。司法会计师没有参与司法会计检查，而诉讼主体需要司法会计师协助制作《勘验、检查笔录》的，司法会计师也可以提供协助，但由于其没有参与检查，因而不得在《勘验、检查笔录》中签名。

（四）协助诉讼主体分析司法会计检查的结果

司法会计师可以利用专业知识协助诉讼主体分析司法会计检查结果，从而为确定侦查范围、确认犯罪嫌疑人或案件事实提供分析意见或建议；也可以为其他诉讼中的法官提供诉讼调查方向和案件事实的分析意见，还可以根据对检查结果的分析，提出进一步实施司法会计检查的建议。

第三节　司法会计检查业务的程序

一、司法会计检查业务的受理

司法会计师受理协助检查业务时，通常需要先了解：（1）诉讼主体已知的案件事实和线索；（2）诉讼主体已经掌握证据的状况，即诉讼主体已经收集到的证据类型、内容等；（3）诉讼主体实施司法会计检查的目的，即需要查明的具体案情；（4）诉讼主体在司法会计检查中遇到的具体困难等。

诉讼机关的案件承办部门需要司法会计师提供协助时，应当填写《技术协助通知单》，写明需要协助检查的主要事项，经主管领导批准后，送达技术部门。技术部门接到通知后，可以直接指定司法会计师协助检查；也可以通过提供咨询，解答有关技术性问题，必要时再派员协助检查。实际操作中，案件承办人员通常会先咨询司法会计师，从而解决司法会计检查中所遇到的困难。咨询不能解决问题时，才会提出司法会计师协助检查要求并办理相关手续。如果诉讼机关领导直接指派司法会计师参与案件的，案件承办部门应当直接办理上述手续。

对于需要聘请本机关以外的司法会计师协助进行司法会计检查的，案件承办部门经请示批准后，应当以本机关的名义填制《聘请书》并送达司法会计机构。司法会计师接受聘请后，应当听取送检方的案情介绍、司法会计检查目的，确定需要提供技术支持的具体内容。

需要聘请社会中介机构司法会计师提供技术支持的，送检方还需要与司法会计机构签订相关协议，确定具体的协助事项及费用。

二、司法会计检查业务的实施

司法会计师介入案件时，如果诉讼主体尚未形成司法会计检查方案的，应当协助制订检查方案；已经形成检查方案的，司法会计师应当进行审查，发现检查方案存在不妥当之处时，应当主动提出修订意见。司法会计师认为诉讼机关（案件承办部门）制订的司法会计检查方案不妥当，可能严重影响司法会计检查质量，而案件承办人员拒不接受修订建议的，可以直接向诉讼机关的负责人反映或拒绝参与司法会计检查。

司法会计师应当采用司法会计技术方法，协助诉讼主体检查财务会计资料或相关财物，搜寻线索和财务会计证据。如果诉讼主体实施的是秘密检查程序，司法会计师应当注意配合诉讼采取秘密检查措施，防止暴露检查目的和检查内容。

司法会计师协助诉讼主体检查相关财物，主要是协助查明财物的数量状况。

司法会计师参与司法会计检查中发现需要进行司法会计鉴定的财务会计问题时，可以建议诉讼主体启动司法会计鉴定。诉讼主体接受建议并办理了司法会计鉴定手续的，司法会计师可以在执行司法会计检查业务的同时受理司法会计鉴定业务。

三、司法会计检查业务的结果及其处理

司法会计检查业务的结果，主要表现为协助诉讼主体获取到财务会计资料证据或线索。

司法会计师执行司法会计检查业务后，可以协助诉讼主体制作《勘验、检查笔录》，并以司法会计师的职业身份在《勘验、检查笔录》上签名，固定检查的结果。

主要检查事项实施完毕后，根据诉讼主体的要求，司法会计师将检查中进行的检验活动结果制作《司法会计检验报告》，但需要诉讼主体另行办理专项检验送检手续。

司法会计检查业务完成后，司法会计师应当写出工作报告，向所在机构报告工作。

第四节 司法会计检查业务案例——受贿案件司法会计检查业务案例

一、业务背景

犯罪嫌疑人娄某，系某国有公司负责人。娄某利用发包建筑工程的职务便利，先后多次收受某承包商贿赂现金 20 万元。娄某到案后拒不供认受贿事实，承包商也不承认行贿事实。侦查员去承包商的财务室扣押了财务会计资料。扣押资料时，由承包商的会计人员从办公橱中拿出财务会计资料，侦查员逐一进行登记。登记完毕后，侦查员又打开办公橱看了一眼，发现还有一账本便拿了出来。此时，承包商的出纳员立即抢夺账本，并讲"这是我个人记的账，不是公家的"。侦查员当时没有搞明白出纳员话的意思，但仍然将该账本扣押。

侦查人员在检查出纳员不让扣押的账本时发现，有六次记录承包商负责人领取大额现金的记录，但后来又有归还现金的记录。侦查人员随即讯问了承包商负责人，让其看他从出纳处拿钱的记录，并追问款项的用途。承包商承认了从出纳处拿钱给他人行贿的事实，但说不清财务部门怎么处理的行贿费用账项。侦查人员检查了财务会计资料也没有发现核销行贿费用的账项。承包商的财务会计人员也承认这些费用肯定已经报销了，但同样说不清是如何报销的。侦查人员急需查明承包商核销行贿费用的账项，便请示侦查机关负责人，要求指派司法会计师提供技术支持。

二、司法会计检查业务实施过程及结果

司法会计师根据领导指示，到达查账现场。首先听取了侦查人员对已经掌握的案情以及目前需要解决的问题的介绍。交谈中，侦查员拿出出纳员不让扣押的那本账，就该账本的性质咨询司法会计师。司法会计师查验了这本账，发现该账簿记录的内容均为现金业务，并记录了记账日期、摘要、借贷方发生额、余额，但没有记载记账凭证的编号。经与现金日记账核对，发现现金日记账与扣押的这本账记载的大部分业务内容比较相符，少量业务不相符，但余额都不符，这种账簿符合出纳流水账（即由出纳人员在现金业务发生时直接登记的账簿）的特征。出纳流水账与现金日记账不同，它是按照实际发生现金收付业务进行即时记账形成的日记账，其所记日期的准确性和记账内容的真实性通常会高于现金日记账。同时，司法会计师给侦查员解释了出纳员所说"这是我个人记的账，不是公家

的"的意思是：这是一本由出纳员登记的流水账，不是承包商的正式账簿。

通过沟通，司法会计师明确了协助进行司法会计检查目的，主要是为了查明承包商核销行贿费用的账项。

承包商是一家建筑施工企业，侦查员已经检查了其在涉案承包工程期间的日记账及全部会计凭证，没有发现核销行贿费用的账项，这表明该承包商没有采用明账核销的方式核销行贿费用。因此，司法会计师应当从查证隐账核销的角度考虑，查找采用虚假票据核销行贿费用的账项。根据施工企业通常为三项主要成本（人工费、材料费、机械施工费）的财务特点，司法会计师首先查了部分月份的工资单。检查中发现工资单中的签名存在问题，大量的签名都像同一人的字迹，且工资支付业务没有通过"现金"科目核算，而是通过"其他应付款"科目核算。司法会计师随即追踪检查"其他应付款"明细账户资料，发现大部分款项都通过银行转账汇往了外地某人银行账户。由此推测，工资单肯定是虚假的，但其所支付款项应当是人工费，款项被汇入"包工头"的账户。司法会计师遂将这一情况通报给侦查员。侦查员通过询问相关人员证实了这些工资单确实是虚列"人头"，实际上是付给"包工头"的人工费，编制工资单只是为了帮助"包工头"逃税。

在确定无法通过"人工费"查证行贿费用的核销情况后，司法会计师转而检查"材料费"业务。司法会计师在确定检查重点时考虑到：承包商核销行贿费用显然需要保密性，如果通过仓库管理的材料费造假，其风险显然会大于不需要通过仓库管理的材料。于是，司法会计师直接检查了黄沙、砖等材料管理比较松散的材料采购业务。在检查采购黄沙业务的发票时，发现报销用发票都是由某税务所代开的，但通过现金即时结算的业务量不大，大都通过"应付账款"科目核算。在追查"应付账款"明细账时发现，部分付款业务是通过现金结算的，而部分付款业务则是通过转账支票结算的。通过转账支票支付黄沙采购成本存在不合理性：黄沙销售者通过税务所代开发票，表明其不是正式企业，应当是当地的农民，而如果是农民，通过转账支票结算显然很不方便。司法会计师分析认为，通过转账结算的部分黄沙采购业务存在虚假嫌疑，可能与核销行贿费用账项有关。于是，司法会计师建议兵分两路查证转账结算款项的去向：一路侦查员复印转账支票存根，并通过检查承包商的银行对账单，确认结算日期后，到银行查询款项的去向；司法会计师则与另一路侦查人员一起直接到税务所查账，确认是否存在利用虚开的发票套取现金的情形。

司法会计师随侦查员到达税务所后，由侦查员询问了税务所负责人，主要是确认黄沙发票的代开过程，并要求其说明税务所开票收款情况。这位负责人承认：黄沙发票是由他们代开的，开票后收取了税金。侦查员追问有没有按照发票票面金额收款，该负责人否认。与此同时，司法会计师对该税务所的银行存款账户资料、现金账户资料进行了检查，未发现套取现金业务。至此，查证工作只能暂停，等待另一路侦查员查询银行的消息。

查询银行的消息传来，转账支付的黄沙款均已经转入该税务所，并查到了存款账户的账号。司法会计师随即建议侦查员立即到税务所的开户银行进行查询。一行人到达税务所开户银行后，调取了相关银行账户分户账页，并查出了存入同金额（黄沙款）的转账业务，同时发现了大额提取现金记录——司法会计师在检查税务所货币资金账户资料时并没有看到这些记录。侦查员随即固定并提取了分户账页和存入（黄沙款）的进账单、提取现金的现金票据。返回税务所后，侦查员要求会计人员打开其办公桌的抽屉，直接发现了未记账的对账单、进账单和现金支票存根。随即，司法会计师对这些没有记账的银行存款、现金资料进行了核查，确认其确实没有记账，通过计算发现套取现金的总额正好为20万元。侦查员立即询问了税务所负责人，在书证面前，该负责人承认了为承包商虚开发票、套取现金的事实。

事后查明，承包商负责人需要行贿款项，便随时向出纳员借出，但不出具借条。出纳员付款后则直接登记到其流水账中，详细登记了哪位负责人何时拿走了多少金额。事后由相关财务人员通过税务所虚开发票、套取现金。

本案例所述司法会计检查业务，系诉讼主体遇有查账困难时由司法会计师提供诉讼支持的典型案例。从完善证据角度讲，司法会计师还应当通过检验涉案财务会计资料，查明核销行贿费用相关款项的流向以及税务所没有将套取现金业务记账的事实，并提供《司法会计检验报告》。

第五节 司法会计检查业务案例——贪污案件司法会计检查业务案例

一、业务背景

A国有集团公司破产后，破产资产由上海B公司购买，并更新了A公司的名称继续经营。有人举报上海B公司的实际控制人是A国有集团公司的原总经理索某等高管人员，且利用破产资产成立的新公司仍然由索某等人经营。据此认为，国有公司破产存在虚假，索某等人有侵吞国有公司财产的嫌疑。

有关部门调查后确认，上海B公司确实是由索某等人注册的有限责任公司。该公司注册资金3,000万元系由索某等人向他人举借的现金，有借款人（某大型私营公司负责人）的证言、B公司会计人员证言、B公司存入甲银行注册资金账户现金所形成的《现金交款单》等证据为证，基本事实清楚，不存在侵吞国有公司财产的问题。举报人又向检察机关进行了举报。检察机关指派司法会计师参与了对该举报线索的审查。

二、提供诉讼咨询

司法会计师在审查中发现，尽管给索某等提供注册资金所用款项 3,000 万元的借款人证明使用押款车将巨额现金送到甲银行，但即使是大型企业也很难形成这么高额的库存现金，仅从这一点看，借款人的证言存在虚假嫌疑；其他证明使用现金注册 B 公司的人，除了被举报人就是 B 公司的会计人员，他们之间都有利害关系，很可能是通过串供提供的虚假证言证据。唯一比较实在的证据，是证明存入甲银行 3,000 万元的《现金交款单》和银行分户账页以及从注册专户转入 B 公司基本账户的转账资料，这些书证都可以证明有 3,000 万元现金存入了 B 公司的注册专用账户。

侦查部门同意上述分析，但认为目前的言词证据与证言的证明内容一致，很难继续查证。

司法会计师就如何查证问题提出下列两条查证思路：

一是，可以从甲银行查起，即通过检查 3,000 万元存入该甲银行当日的账目，查证其当日是否存在转账存入 3,000 万元的账项，然后通过追查 3,000 万元转存资金的来源，查明转入 3,000 万元账项是否与被举报人有关。

二是，可以从 3,000 万元的出借单位查起，即检查出借款项单位是否存在借出 3,000 万元现金款项的业务和能力，并通过检查现金账户资料、检查费用账户资料（查明押款费用），进而揭露该单位出借巨额现金的虚假性，可以通过询问相关经办人等揭穿虚假证言。

经过研究，侦查部门确定先采用第一条思路，因为该思路可以直接追查清楚 3,000 万元的来源，而第二个思路只能否定 3,000 万元并非来源于借款人的库存现金（甚至可以查明其中可能存在串供），但可能无法直接查明 3,000 万元资金的来源。

三、司法会计检查业务的执行

根据上述决定，司法会计师协助侦查人员制订了具体的司法会计检查方案。

1. 检查 B 公司投资人存入 3,000 万元注册资金当日的甲银行流水账，通过检查流水账的贷方发生额，确认有无 3,000 万元的发生额，如果存在这种情形（或者存在多笔合计为 3,000 万元的情形），则追查款项来源，查明是否与本案有关。

2. 检查甲银行 B 公司投资人存入 3,000 万元注册资金当日的会计凭证，查找同金额的凭证，追查款项来源。针对 3,000 万元有可能系该行内部转账或外部存入两种情形，一则，通过审阅凭证查证有无账户支付 3,000 万元款项的业务，如果有支付凭证，则根据该凭证追查 3,000 万元的支付人，查明 3,000 万元的来源及其与本案的关联；二则，通过检查甲银行当日的交换凭证，查找有无3,000万元的票据交换记录，如果发现3,000万元的交换记录，则通过票据提出行追查3,000万元的票据支付人，追查款项来源及其与本案的关联。

司法会计师随从侦查员赶到上海，按照预定的方案分别对甲银行流水账和会计凭证进行检查，发现了3,000万元的转账业务：在检查票据交换凭证时，发现有同一账户转入三笔1,000万元的存入业务，检查当日凭证，没有发现这三笔转入款项的进账单，却发现了一张3,000万元的进账单，进账单注明了B公司三名投资人，分别为800万元、1,200万元、1,000万元——这份证据原调查机关没有发现。

通过追查三笔1,000万元的存入凭证的提出行，证实3,000万元款项均来自于某银行203＊＊＊＊4424江某某账户。通过查询江某某账户发现3,000万元来自西安C集团公司的三张银行汇票，分别为1,500万元、1,000万元和500万元。侦查人员扣押了上海B公司的财务会计资料。

司法会计师与侦查员一同去西安追查C集团公司付款原因。先从西安C集团公司的开户银行查到了银行汇票，从票面和背书中发现西安C集团公司通过银行签发的1,500万元、1,000万元和500万元三张银行汇票的受益人分别为上海E公司、D公司和刘×，然后分别由E公司、D公司及刘×背书转让给江某某，进而查明了江某某账户3,000万元来源。后到西安C集团公司调查，却发现该公司支付上海的3,000万元款项业务没有记账。司法会计师检查了其银行对账单并核对其银行存款日记账，确认了3,000万元的资金来源：分别为转账存入的500万元、800万元、1,700万元（均未记账）。侦查员根据银行对账单中这三笔账项记录，又到银行查询了这三笔资金来源，确有惊人的发现，这三笔款项分别来源于A国有集团公司所属的A1公司、A2公司、A3公司，但这三家公司早已破产。

随后，侦查员与司法会计师一起回到本地，通过档案局找到了这三家破产公司的会计档案。司法会计师通过检验这三家公司的"内部往来——A集团公司"账户资料发现，这三家公司支付西安C集团公司的3,000万元系"代A集团公司付款"，后来A集团公司归还了这些款项。

令侦查员没有想到的是，原来上海B公司的注册资金竟来自于已经破产的A国有集团公司。司法会计师对A国有集团公司及A1、A2、A3公司与涉案3,000万元的业务有关的财务会计资料进行了检验。检验结果证实：A国有集团公司设置"其他应收款——暂付款"账户核算了其归还所属三家公司3,000万元的业务，但没有核算从所属三公司的借款3,000万元支付西安C集团公司的业务，也没有设置核算其与西安C集团公司往来业务的账户。司法会计师根据该集团公司给所属公司出具的借款收据编号，查到了该公司的收据存根，发现收据的记账联也在其中，进一步证明了这三笔借款业务没有记账。然后，根据从A1、A2、A3公司查到的集团公司还款的《进账单》，司法会计师随同侦查员去银行查证确认这三笔款项确实是由破产的集团公司通过其某账户支付的，并调取了该账户分户账页。司法会计师通过分析银行分户账页，调取其借方大额资金凭证，发现了3,000万元的资金来源：系A集团公司向该银行贷款，随即在该银行调取了相关贷款资料，证实3,000万元贷款已经归还。

司法会计师在查验A集团公司以后年度"其他应收款——暂付款"账簿记载情况时还发现了一个重要事实：该集团公司于2003年分别以所属三家公司转制无法收回暂付款为名，将用贷款支付给三家公司的3,000万元账项作为呆账核销了，至此，该集团公司的会计资料账户余额已经不再控制流入上海B公司的3,000万元账项。

经过梳理上述查证结果推测，A集团公司相关人员从所属企业借出3,000万元资金，注册成立了上海B公司，后通过银行贷款归还了从所属企业的借款，明显属于贪污嫌疑账项。由于上海B公司投资人包括A集团公司的总经理、副总经理和财务总监，这三人涉嫌合伙贪污。

侦查员传唤了A集团公司财务总监，该财务总监在证据面前供认了合伙贪污3,000万元的犯罪事实，证实了前述查证结果和对犯罪事实的推测，从而破获了该集团公司总经理索某等人合伙贪污3,000万元的大案。

根据证明本案基本事实的需要，侦查人员办理了启动专项检验的手续，由司法会计师针对上述相关资金关系出具了《司法会计检验报告》。此类检验报告中的"检验事项"，可以按照前述查证顺序确定为"查明上海B公司某时点3,000万元注册资金的来源"，也可以按照涉案资金流向确定为"查明××集团公司2001年7月20日从甲银行某支行贷款3,000万元的去向"。通常情况下按照资金流向出具检验报告，会方便未来诉讼主体（如法官、律师等）的阅读，因此，经过与侦查员协商，确定的检验事项为"查明××集团公司2001年7月20日从甲银行某支行贷款3,000万元的去向"。

四、《司法会计检验报告》[①]

司法会计检验报告

×检技检〔2007〕第5号

根据××市人民检察院×检反贪〔2007〕3号《技术协助通知书》，受检察长指派，对A集团公司总经理索×等人涉嫌贪污一案涉及的财务会计资料进行检验。

---

　　① 注：为了便于阅读，《检验报告》中所用单位名称改用与前述介绍办案情况中相同的称谓。

检验事项：查明 A 集团公司 2001 年 7 月 20 日从甲银行某支行贷款 3,000 万元的去向。

2007 年 3 月 14 日至 4 月 28 日由本案侦查人员×××、×××在场，分别对下列涉案单位的相关财务会计资料进行了检验：

1. A 集团公司 2001 年至 2007 年破产清算前的财务会计资料；

2. A 集团所属 A1、A2、A3 公司银行存款及"内部往来"账户资料；

3. 上海 B 公司相关财务会计资料；

4. 西安 C 公司相关银行资料；

2007 年 4 月 28 日，本案侦查人员×××、×××送来相关银行查询资料的复印件。

一、检验

（一）A 集团公司从甲银行贷款 3,000 万元及归还情况

2001 年 7 月 20 日，A 集团公司与甲银行签订 3420 号《借款协议》，由甲银行向 A 集团公司提供贷款 3,000 万元。7 月 21 日，A 集团公司收到甲银行贷款 3,000 万元（见 A 集团公司 2001 年 7 月第 134 号收款记账凭证及附件）。该项贷款期限为 20 个月，到期日为 2003 年 4 月 20 日。

（二）A 集团公司从甲银行贷款 3,000 万元的用途及相关账务处理情况

2001 年 7 月 22 日，A 集团公司通过银行签发汇票，将贷款 3,000 万元分别支付给所属 A1 公司 500 万元、A2 公司 800 万元、A3 公司 1,700 万元，并作为"其他应收款"业务进行了账务处理（见 A 集团公司 2001 年 7 月第 204 号付款记账凭证及附件）。

2003 年 A1 公司、A2 公司、A3 公司分别以零资产转制（见××国有资产管理局关于 A1 公司、A2 公司、A3 公司破产的批复文件），A 集团公司分别通过编制 5 月第 14 号转账记账凭证、9 月第 78 号转账记账凭证、11 月第 158 号转账记账凭证，以三公司"转制无法收回拨款"为由，冲销了前述"其他应收款"账项，并转入"营业外支出"账户进行了核销。

（三）A1、A2、A3 公司收取前述 A 集团 3,000 万元款项的用途及相关账务处理情况

1. 经检验 A1 公司 2001 年"内部往来——A 集团公司"账户资料证实，A1 公司于 2001 年 3 月 12 日通过银行签发汇票，代 A 集团公司支付西安 C 集团公司 500 万元（见 A1 公司 2001 年 3 月第 7 号付款记账凭证及附件），A 集团为其出具了收据。2001 年 7 月 22 日，A1 公司收到前述 A 集团公司支付的 500 万元后，作为"收回代集团公司垫款"业务，冲销了上述代付款账项（见 A1 公司 2001 年 7 月第 32 号收款记账凭证及附件）。

2. 经检验 A2 公司 2001 年"内部往来——A 集团公司"账户资料证实，A2

公司于 2001 年 3 月 11 日通过银行签发汇票，代 A 集团公司支付西安 C 集团公司 800 万元（见 A2 公司 2001 年 3 月第 5 号付款记账凭证及附件），A 集团为其出具了收据。2001 年 7 月 22 日，A2 公司收到前述 A 集团公司支付的 800 万元后，作为"收回代集团公司垫款"业务，冲销了上述代付款账项（见 A2 公司 2001 年 7 月第 20 号收款记账凭证及附件）。

3. 经检验 A3 公司 2001 年"内部往来——A 集团公司"账户资料证实，A3 公司于 2001 年 3 月 12 日通过银行签发汇票，代 A 集团公司支付西安 C 集团公司 1,700 万元（见 A3 公司 2001 年 3 月第 18 号付款记账凭证及附件），A 集团为其出具了收据。2001 年 7 月 22 日，A3 公司收到前述 A 集团公司支付的 1,700 万元后，作为"收回代集团公司垫款"业务，冲销了上述代付款账项（见 A3 公司 2001 年 7 月第 41 号收款记账凭证及附件）。

检验 A 集团与上述三个公司的往来账户资料，未见有关上述所属 A1、A2、A3 公司代其支付西安 C 集团公司 3,000 万元的账务处理记录。但送检的 A 集团公司收据存根联中有该集团公司 2001 年 3 月 11 日分别出具给 A1 公司 500 万元、A2 公司 800 万元、A3 公司 1,700 万元的收据存根联和记账联（收据编号分别为 0032145、0032146、0032147）。

（四）西安 C 集团公司账项收取 A1、A2、A3 公司 3,000 万元的去向及相关账务处理情况

2001 年 3 月 15 日，西安 C 集团公司收取 A1、A2、A3 公司支付的共计 3,000 万元汇票，通过其西安××银行 03＊＊＊＊8438 账户解汇。解汇后即通过银行签发汇票，分别转付上海 E 公司 1,500 万元、D 公司 1,000 万元、刘×500 万元（见 30＊＊＊＊2134#、30＊＊＊＊2135#、30＊＊＊＊2136#银行汇票及××银行 03＊＊＊＊8438 账户银行分户账页）。检验西安 C 公司 2001 年 3 月至 5 月银行存款日记账，未见该账项的账务处理记录。

（五）上海 C、D 公司及刘×收取西安 C 公司 3,000 万元汇款的去向情况

1. 2002 年 3 月 18 日，上海 E 公司收取西安 C 集团公司 1,500 万元汇票后，即背书转让给江××（见 30＊＊＊＊2134#银行汇票背书），江××通过××银行上海××支行解汇，转入该行 203＊＊＊＊4424"江××"账户（见××银行上海××支行 04＊＊＊＊3204 账户进账单及分户账页）。

2. 2002 年 3 月 18 日，上海 D 公司收取西安 C 集团公司 1,000 万元汇票后，即背书转让给江××（见 30＊＊＊＊2135#银行汇票背书），江××通过××银行上海××支行解汇，转入该行 203＊＊＊＊4424"江××"账户（见××银行上海××支行 04＊＊＊＊3203 账户进账单及分户账页）。

3. 2002 年 3 月 18 日，上海刘×收取西安 C 集团公司 500 万元汇票后，即背书转让给江××（见 30＊＊＊＊2136#银行汇票背书），江××通过××银行上海

××支行解汇，转入该行203＊＊＊＊4424"江××"账户（见××银行上海××支行04＊＊＊＊3203账户进账单及分户账页）。

检验××银行上海××支行203＊＊＊＊4424"江××"账户分户账页及相关凭证证实，"江××"于2002年4月20日，签发02＊＊＊＊8439号转账支票，将3,000万元转入××银行上海××支行37＊＊＊＊0432"上海B公司"注册资金专户。

（六）关于A集团公司与上海B公司的往来账项检验情况

经检验A集团公司、上海B公司的往来账户资料、主营业务收入明细账户，均未见有关两公司业务往来的账项。

二、检验结果

根据前述检验结果确认：

A集团公司2001年7月20日从甲银行某支行贷款3,000万元支付给所属企业A1公司500万元、A2公司800万元、A3公司1,700万元，用于归还2001年3月从所属这三家公司的借款。A集团公司原借三家所属公司3,000万元的情况为：2001年3月A集团公司从所属这三家公司共计借款3,000万元（依次为500万元、800万元、1,700万元），经过多次转付后，最终于2002年4月20日将3,000万元转入××银行上海××支行37＊＊＊＊0432"上海B公司"注册资金专户。A集团公司、上海B公司均无处理两公司往来业务的记录。

××市人民检察院司法鉴定中心

司法会计师：×××（签名）

二〇〇七年四月二十九日

第五章 司法会计师专项检验业务与案例

第一节 专项检验业务概述

一、司法会计检验的概念

司法会计检验，通常是指在诉讼中，由司法会计师等专家对案件所涉及的财务会计资料及相关证据进行检查、验证，进而查明相关财务会计事实的活动。这一概念表明，司法会计检验活动应当是存在于法律诉讼活动中由专业人员实施的一项技术检查、验证活动，司法会计理论上称其为专项检验业务。

司法会计检验存在于法律诉讼中，但其并不是一项相对独立的法律诉讼活动，而是一项由司法会计师等特殊主体实施的存在于司法会计检查和司法会计鉴定中的诉讼调查活动。司法会计检验存在于司法会计检查之中，其根据法律规定在必要的时候可以指派、聘请有专门知识的人参与司法会计检查活动；而司法会计检验存在于司法会计鉴定之中，则是司法会计鉴定的需求，因为司法会计鉴定主体需要取得相应的技术检验结果作为鉴别、判定财务会计问题所需的信息。换句话说，司法会计检验特指由司法会计师等专家对涉案财务会计资料及相关证据实施的技术性检查、验证活动，一方面是指诉讼主体为了查明案情，可能指派或聘请司法会计师、会计师、审计师、注册会计师等专家，协助进行司法会计检查活动过程中所形成的司法会计检验活动；另一方面是指司法会计师等专家在司法会计鉴定中必须实施司法会计检验活动。

二、司法会计检验的方法与结果

司法会计检验的方法，即检查、验证的方法，主要涉及会计检查方法中的审阅、复算、核对等方法，这些方法的运用主要有两个作用：一是能够发现检验事项涉及的财务会计资料证据；二是对检验所见财务会计资料记载的财务会计事实进行验证。司法会计检验与司法会计检查除主体要求不同外，其主要差异在于司法会计检验更强调验证。这里所谓的验证，是指通过查验同一财务会计活动所形成的不同财务会计资料，利用其中的一部分资料所述案情来验证另一部分资料所述案情的真实性、正确性和可靠性，并根据这些不同资料与需要查明案情的技术关联，确认相关财务会计事实存在与否以及存在状态。这种验证过程通常需要十分熟悉财务会计活动的规律，因而司法会计检验应当由司法会计师等专家实施。

司法会计检验结果通常表现为查明了某项案件事实，司法会计检验主体应当通过出具司法会计检验文书来报告所查明的案情。司法会计检验结果与司法会计鉴定结果不同，它所反映的是检验主体通过检查、验证涉案财务会计资料及相关证据直接查明的案情，而不是像司法会计鉴定那样推断出某一案情。这是区分司法会计检验结果与司法会计鉴定结果的重要标志。换句话说，司法会计检验结果应当是检验对象所能够直接反映的案件事实，而司法会计鉴定结果则是根据检验结果和鉴定方法推断出来的案件事实。

三、专项检验业务的含义

在司法会计师职业产生的早期，理论上还没有提出司法会计检验的概念，但司法实践中已经出现了司法会计师的专项检验业务。当时的情形是：侦查机关在调查经济犯罪案件中，遇有一些需要司法会计师协助查明的财务会计事实时，会指派或聘请司法会计师参与，并要求他们报告检验的结果以作为诉讼证据使用。由于当时还没有司法会计检验的概念，这种由专业人员进行的技术活动被称为司法会计鉴定（甚至很多同行至今还认为这就是司法会计鉴定），检验结果也确实被法院作为鉴定结论采信，并在一些疑难案件的审理中起到了重要的证明作用。但是，由于司法会计检验结果不是通过鉴别、判定推断出来的，而是检验所见财务会计资料所能够直接证明的，因而司法会计师们在利用司法会计鉴定书表述司法会计检验结果时便遇到无法撰写论证分析意见的尴尬[①]。20 世纪 90 年代初，随着司法会计理论研究的深入，借鉴法医学专业出具检验报告的做法，作者研究并提出了司法会计检验概念，并区别于司法会计鉴定概念，进而逐步揭示了检验业务与检查业务、鉴定业务、文证审查业务的关系。这一研究成果被有关部门推广后，专项检验逐步成为司法会计师的一项经常性业务。

司法会计师的专项检验业务，是指司法会计师针对送检方提出的需要查明的案情，检查、验证涉案财务会计资料及相关证据，并提供检验结果的一项诉讼协助业务。

在司法实践中遇有某些情形时，诉讼主体可以指派或聘请司法会计师执行专项检验业务。

一是，诉讼主体需要通过司法会计检验，查明资金流向、财务业务总量等财务会计事实。涉案财务会计事实能够通过检验财务会计资料及相关证据直接查明时，诉讼主体则可以组织实施司法会计师的专项检验业务。但是，如果这些事实需要根据对财务会计资料及相关证据的检验结果进行逻辑推断才能确认的，则应

---

① 基于此，一些司法会计师纷纷要求取消司法会计鉴定文书的论证部分。

当组织司法会计鉴定。

二是，司法会计师在协助诉讼主体进行司法会计检查中，根据需要对特定财务会计资料进行检查、验证，而诉讼主体要求司法会计师单独报告检验结果的，这部分检验活动则形成专项检验业务。

三是，司法会计师在执行司法会计鉴定业务过程中，诉讼主体要求司法会计师单独报告一项或若干项检验结果的，也会形成专项检验业务。

四、专项检验业务与其他司法会计师业务的关系

司法会计师可以单独受理专项检验业务，即接受诉讼主体的指派或聘请，通过司法会计检验查明某一财务会计事实，并出具司法会计检验文书报告检验结果。

（一）专项检验业务与司法会计检查业务的关系

首先，专项检验业务与司法会计检查业务有很多共性，例如：都需要在诉讼主体的主持下进行，都涉及对涉案财务会计资料的检查等。

其次，专项检验业务与司法会计检查业务可能存在关联关系。司法实践中，司法会计师在协助诉讼主体实施司法会计检查业务过程中，可能会对涉案财务会计资料及相关证据实施检验并取得了检验结果，这种情况下诉讼主体可以要求司法会计师出具《司法会计检验报告》，阐释检验所见财务会计资料证据的含义，证明涉案财务会计事实。因此，司法会计师专项检验业务可能发生在司法会计检查业务的过程中，这表现出司法会计师专项检验业务与司法会计检查业务的关联。

最后，专项检验业务与司法会计检查业务在业务的任务、对象、结果等方面存在明显的差异。

从两者的任务角度看，专项检验业务的任务是根据诉讼主体要求查明相关案情，而司法会计检查业务的任务通常是为了协助诉讼主体查找到涉案财务会计资料证据。专项检验中诉讼主体应当明确需要司法会计师查明的案情，并作为检验事项的内容向司法会计师提出；司法会计检查业务中则需要诉讼主体明确检查的任务，即要求司法会计师协助查找哪些证据。

从两者的业务对象角度讲，专项检验的对象可以是涉案财务会计资料，也可以是财务会计资料证据，司法会计师通过检验涉案财务会计资料及相关证据，完成检验事项；司法会计检查业务的目的就是收集财务会计资料证据，因而其业务对象显然不包括财务会计资料证据，而仅指涉案财务会计资料。

从两者的业务结果看，司法会计师在完成检验事项，查明相关财务会计事实后，应当出具司法会计检验文书，向诉讼主体报告其所查明的涉案财务状况或会计状况等案情；司法会计检查业务的结果则是收集到相关财务会计资料证据或形成检查笔录等，司法会计师不需要单独出具法律文书（但可以根据诉讼主体的要求，就其在协助检查中形成的检验事项，出具司法会计检验文书）。

（二）专项检验业务与鉴定业务的关系

专项检验业务与司法会计鉴定业务有很多共性，例如：都涉及对财务会计资料及相关证据进行检验，都需要出具意见文书来表达（检验或鉴定）业务成果，这些书面的业务成果都可以被作为诉讼证据，等等。

司法会计检验本身属于司法会计鉴定的组成部分，基于司法会计检验与司法会计鉴定的关联，司法会计师在同一案件的司法会计鉴定中取得检验结果，可被用于该案的鉴定业务，并作为作出鉴定意见的根据；同时，司法会计师在鉴定业务的检验中所取得的检验结果，也可以单独向诉讼主体作出书面报告，进而形成相对独立的检验结果，这些情形都表现为专项检验与鉴定业务的关联。但是，司法会计专项检验业务完全可以独立于鉴定业务存在，这就需要讨论两者的差异问题。

首先，两者的任务存在差异，专项检验业务的任务是通过检验查明相关案情即可，例如：案件涉及的资金流向、财务状况等案情都可以通过专项检验查明；而鉴定业务的任务则是确认案件涉及的财务会计问题。这一差异在意见文书中会有所体现：检验事项的表述通常是"查明……（案情）"，而鉴定事项的表述通常则是"确认……（问题）"。这一差异对司法会计师受理业务的影响主要表现为：司法会计师在受理专项检验业务时，如果发现需要通过鉴定判断的财务会计问题，应当建议诉讼主体启动司法会计鉴定业务，而在受理鉴定业务时发现不需要通过鉴别、分析即可查明的案件事实的情形，则可以建议诉讼主体将鉴定事项作为专项检验事项。

其次，两者的方法存在差异，专项检验业务的方法主要有审阅、复算、核对等，这些方法主要用于发现和验证财务会计信息；而鉴定业务的方法主要有平衡分析、比对鉴别等，这些方法主要表现为鉴别、判定财务会计问题的思路，并可用于鉴别分析财务会计信息。

再次，两者的程序不同，专项检验业务的程序只有检验程序，鉴定业务的程序则包括检验程序和鉴别判定程序两个部分。检验程序是针对如何获取和验证相关财务会计信息而设计的操作步骤，而鉴别判定的程序则是针对如何加工、利用财务会计信息形成鉴定意见而设计的操作步骤。

最后，两者的结果和报告文书的内容不同，专项检验业务的结果是对财务会计信息的一种梳理和汇总，其报告文书的主文部分只包含检验结果；而鉴定业务的结果是利于财务会计信息推断出鉴定意见，其报告文书的主文部分不仅包含检验结果，还包含鉴定意见以及司法会计师对鉴定意见的推断过程。司法会计师应当明确专项检验业务与司法会计鉴定业务的差异，不得以司法会计检验文书取代司法会计鉴定文书，或者反之。

第二节　专项检验业务的执行

一、专项检验业务的受理

司法会计师执行专项检验业务，应当由其所在的司法会计机构统一接收。司法会计机构接受专项检验业务，应当要求送检方办理送检手续，即出具相应的法律文书，提供送检人身份证明和相关检验资料。

（一）送检手续

送检方启动专项检验业务，由诉讼机关内部司法会计师执行的，应当制作《技术协助通知书》；聘请外部司法会计师执行的，应当制作《聘请书》。送检文书中应当写明司法会计检验事项，即明确需要通过司法会计检验查明的案件事实，例如：需要查明财务状况、会计处理状况等案情。司法会计师在执行司法会计鉴定业务涉及专项检验业务的，应当按照具体情况分别作出处理：

一是，送检方启动司法会计鉴定业务的同时，要求在鉴定文书中单独列示某项检验结果的，司法会计师可以在鉴定文书中单独列示某项检验结果，送检方不需要另行办理送检手续。

二是，送检方启动司法会计鉴定业务的同时，要求司法会计师单独制作检验文书报告与鉴定事项有关的某项检验结果的，应当单独办理送检手续。

三是，司法会计师执行司法会计鉴定业务因无法作出鉴定意见而终结鉴定的，送检方要求司法会计师报告在鉴定过程中已经取得的某项或某些项检验结果的，司法会计师可以出具司法会计检验文书，但送检方应当另行办理送检手续。

司法会计师不得自行收集专项检验所需的财务会计资料及相关证据（即检材），因而送检方应当提供可供检验的财务会计资料及相关证据。

（二）送检手续的审查

司法会计师应当审查送检方设定的检验事项，如果该事项需要通过司法会计鉴定才能实现的，则应当建议送检方启动司法会计鉴定。

司法会计师受理专项检验业务时，应当查验送检方提供的检材是否充分。例如：需要查明涉案会计主体对某项涉案会计事项是否进行了会计处理的检验事项中，送检方通常应当提供涉案会计主体自涉案会计事项发生至案发时，处理该会计事项涉及的全部财务会计资料。送检资料存在明显不足的，司法会计师应当提出具体的补充检材要求。

二、专项检验业务的实施

司法会计专项检验业务，主要涉及查明某项涉案财务事实或某项会计事实，这两种情形的专项检验业务执行要求有所不同。

（一）涉及财务事实专项检验业务的实施

涉及查明财务事实的检验事项，可能涉及查明某项资金的来源、查明某项资金的去向、查明某期间某类财务业务的总量（如某项收入、某项支出或某项往来资金的总额）以及其他需要查明的财务状况。

司法会计师执行专项检验业务涉及查明财务状况的情形时，应当把握好以下几点：

一是，司法会计师应当通过检验财务资料及相关证据查明财务状况，不得采用原会计核算结果，作为对财务状况的检验结果。

二是，验证资金的来源或去向，应当查验相关方的支付或收取资金的财务凭证，以证实资金的实际来源或实际去向。

三是，司法会计师不得根据言词证据识别资金的关联。如果检验发现某笔资金的来源涉及无法识别的多笔资金的，不得根据言词证据确认其中一笔资金为某笔资金的来源，而应当将多笔资金同时确定为该笔资金的来源。例如：财务主体从银行存款中支付出一笔资金，如果支付前的银行存款余额仅涉及一笔收入资金来源的，可以直接确认付出的资金来源于收入资金，但如果该余额涉及多笔收入资金来源的，则应当将这些笔收入资金同时确认为支付资金的来源。

四是，涉及资金来源或去向的检验结果应当直接反映相关财务凭证的内容，但司法会计师不得确认财务业务的行为人，检验结果涉及个人签收或签付现金、实物事项的，检验文书中应当将签名人进行引述，如"张三"。

五是，验证某类财务业务总量时，应当查验证明每笔业务发生的财务凭证或相关财务记录，并确认该凭证或记录所证明的具体财务业务的所属类别，如营业收入等。

六是，检验结果涉及表述财务业务总量时，应当写明该类财务业务的发生期间，例如：某年度某单位的营业收入合计多少元。

（二）涉及会计事实专项检验业务的实施

涉及查明会计事实的检验事项，主要涉及涉案会计主体对某会计事项的会计处理情况，包括已进行会计处理和未进行会计处理两种情形。这里的会计事项，是指应当办理会计手续，进行会计核算的经济事项。

1. 检验发现已经进行账务处理的专项检验要点与注意事项

司法会计师通过检验检材，发现会计主体对相关会计事项进行了会计处理的，应当验明会计处理的过程、方法与结果。对会计事项进行了完整的会计处理，应当在会计分录、账簿发生额等会计资料中均有记载，但具有下列情形之一的，表明会计主体对某项会计事项已进行了会计处理：

（1）记账凭证的摘要事项中对会计事项有明确记载的；

（2）账簿发生额的事项中对会计事项有明确记载的；

（3）原始的会计报表中特别注明会计事项的。

司法会计师确认会计主体已经对检验事项涉及的某会计事项进行了会计处理的，应当把握好以下几点：

一是，司法会计师检验发现记账凭证或会计账簿中已经记载了会计事项的，应当验证原始凭证，确认该原始凭证记载的会计事项系检验事项所列会计事项的，即可认定该会计事项已经进行了账务处理；

二是，司法会计师因未能检验到财务资料而无法确认会计处理依据的，不能直接确认该会计事项已经进行了会计处理，但可以报告相关会计处理记录；

三是，司法会计师检验发现会计处理存在错误的，应当建议送检方启动司法会计鉴定，送检方没有启动司法会计鉴定的，司法会计师不得在检验结果中对该会计事项作出评价；

四是，司法会计师确认会计主体对某会计事项进行了完整的会计处理的，应当在检验报告中写明会计处理的过程、方法和结果；

五是，司法会计师发现会计处理事项记载不完整（如只有账簿中有记录没有记账凭证，或只有记账凭证记载没有账簿记录的），应当在检验报告中写明具体情况，例如：甲单位编制某年某月第某号记账凭证对某会计事项进行了账务处理，但该账务处理事项未登记账簿。

2. 检验发现未进行账务处理的专项检验要点与注意事项

司法会计师确认会计事项无会计处理记录的，应当完成下列操作：

（1）验证检验期间的所有会计凭证，证实无该项会计事项的记载；

（2）检验记账凭证编号的完整性，排除记账凭证缺失情形；

（3）检验记账凭证的依据，确认原始凭证与记账凭证所列会计分录的一致性，排除原始凭证缺失情形；

（4）检验相关日记账、明细账账簿，核对所有发生额记账依据，排除未编制（或检验未见）记账凭证直接将会计事项登记账簿的情形。

司法会计师在进行上述操作时，应当注意把握好以下几点：

一是，司法会计师应当根据送检方提供的财务资料证据确认会计事项，送检方未能提供相关财务资料证据，司法会计师检验中亦未发现记载会计事项的财务资料的，不能确认会计事项的存在；

二是，司法会计师经检验未发现对会计事项进行会计处理记录的，检验结果可以表述为：经检验某单位某期间会计资料，未发现该单位对某时点发生的某项会计事项进行账务处理的记录，不得表述为"会计主体未进行会计处理"，这主要是考虑可能存在的特殊情形未被司法会计师发现；

三是，送检方未能提供证明会计事项的财务资料，但要求查明该会计事项账务处理的情况的，司法会计师不确认该会计事项的存在，在表述账务处理情况的检验结果时，应当特别说明会计事项是由送检方确认的。例如："未发现送检方要求确认的某会计事项的账务处理记录"。

第三节　司法会计检验报告的制作

司法会计检验报告，是指司法会计师专项检验后制作的，主要载明检验过程及检验结果的司法会计意见文书。司法会计师完成专项检验工作后，应当出具司法会计检验文书，报告检验结果。

一、司法会计检验报告的基本内容与参考格式

（一）司法会计检验报告的基本内容

司法会计检验报告应当包括以下基本内容：

1. 文书名称与文号；

2. 检验依据与事由；

3. 检验事项；

4. 接受检材概况；

5. 检验所见；

6. 检验结果；

7. 司法会计师所在机构的名称及业务专用章；

8. 司法会计师签名；

9. 报告日期；

10. 附件情况。

上述内容可以分为四个部分：

第一部分是文书的首部，即文书名称与文号；

第二部分是文书的绪言部分，包括检验依据与事由、检验事项、接受检材概况；

第三部分是主文部分，包括检验所见、检验结果；

第四部分是尾部，包括司法会计师所在机构的名称及业务专用章、司法会计师签名、报告日期、附件情况。

（二）司法会计检验报告的参考格式

司法会计检验报告的格式，是指司法会计检验报告基本内容的编写顺序。这里提供参考格式（图 5 - 1）：

司法会计检验报告

×鉴字〔20××〕第×号

检验依据与事由。

检验事项。

接受检材概况。

一、检验（检验所见及检验结果）。

二、检验结果。

××人民检察院司法会计鉴定中心

（检验、业务专用章）

司法会计师：×××（签名）

司法会计师：×××（签名）

二〇××年×月×日

附件：

图 5 - 1

司法会计检验报告的具体格式，可以由司法会计师自行确定，但应当具备司法会计检验报告的基本内容要求。

二、首部及绪言部分的制作要点

司法会计检验文书的首部"司法会计检验报告"，但不应当冠以司法会计机构的名称，以体现司法会计师专项检验业务的独立性，便于诉讼主体采信检验报告。

司法会计检验报告的文号，可以依据司法会计机构的习惯编制。

绪言部分是司法会计技术文书的引言和说明。制作时，通常无须写出标题。

司法会计检验报告的绪言部分，需要写明受理根据、检验事由、检验目的及检验概况等内容。

1. 检验根据，即司法会计师受理专项检验业务的诉讼依据。例如，"受局长指派，……"；或"根据××（诉讼机关）×年×月×日第××号《聘请书》，受该×（诉讼机关）聘请，……"等。

2. 检验事由，即对何案件的何物进行检验。内容包括：案由及主要当事人的姓名、职务（或职业）、相关机构名称、检验对象等。例如，"对××（机构）×

×（职务）××（人）涉嫌××一案涉及的财务会计资料进行司法会计检验"。

3. 检验事项，应当写明送检方要求查明的财务事实或会计事实的具体内容。例如，"查明××（单位）××××年购进××（商品）的数量及金额"；"查明××（单位）××××年'应收款——××'账户涉及的资金结算情况"等。

4. 检验概况，应当写明司法会计师接收检材的基本情况。其中：送检方移送检材的，应当写明收检时间、送检方名称、送检人姓名与职务，以及主要检材的名称及数量等；司法会计师到检材存放现场进行检验的，应当写明检验地点、到达时间、送检方在场人员姓名及职务，以及主要检材的名称及数量等。另外，司法会计师可以根据习惯，在检验概况中写明参与检验分工以及其他参与检验的人员职务及姓名。

三、主文中检验所见部分的制作要点

司法会计检验报告中表述检验所见的部分，为检验部分。检验部分应当单独列示小标题，如"检验"。

（一）检验所见的表述内容

检验所见，是指检验中看到的检材及其记载内容。检验部分应当写明与检验结果有关的检材范围与称谓、检材的内容及其所证明的财务会计事项。检验部分不应当表达与检验事项无关的检验所见。

1. 检材范围，即检验项目及检验资料的时间范围。内容包括：检验资料的会计期间、财务事项及涉及的会计账户项目等。例如："对××（单位）2012年'应缴税金——应缴增值税'账户涉及的财务会计资料进行了检验"；"对××（单位）2010年至2012年销售××（产品）涉及的库存现金、银行存款、应收账款、产品销售收入等账户资料进行了检验"。

2. 检材内容，即检验所见资料的记载内容。对检材内容的表述应当注意两点：一是只写明与检验结果有关的检材内容，与检验结果无关的检材内容无须表述；二是对检验所见资料的内容一般应进行概括的记述，而无须逐一记述检材的全部内容。

3. 检材所证明的财务会计事项，即根据检材内容归纳的财务、会计过程及结果。这里应当注意两点：一是财务会计事项的表达仅限于对检材内容进行的直接归纳，不应带有推理的内容；二是只需表述与检验结果有关的财务会计事项。

（二）检验所见的表述方法

表述检验所见可以采用文字表述、引述、列表和图示等方法。

1. 文字表述法

检验部分通常可按照检验结果所涉及的财务会计事实的发生顺序进行文字表述。如果需要表述的检材内容较多时，应当按照一定的标准分项进行表述，以防

止表述上的杂乱无章。分项表述时，可以参考下列方法：

一是，按财务会计事项类别分项表述，主要适用于表述财务会计过程及结果的检验所见，即如果财务会计过程及结果涉及财务会计事项较多的，则可以按照财务事项的组成或会计要素的类别分项进行表述；

二是，按财务会计主体分项表述，主要适用于表述检验资料涉及财务会计主体较多的检验所见，通常是先表述检验事项涉及的主要财务会计主体的资料，再按照验证这些资料先后顺序表述对其他财务会计主体资料的检验所见；

三是，按会计期间分项表述，主要适用于表述涉及多个连续会计期间的检验所见，例如涉及多期间的收入、支出、财务成果等涉及的会计期间进行分项表述。

2. 引述法

引述法，是指采用引述其他文书所述检验结果来表述相同检验所见的方法。

引述法主要适用于对同一案件中同一检验所见进行的重复表述。

如果司法会计师对同一案件进行了多项检验，且已出具了两份或两份以上表述检验所见意见文书的，在后来出具的意见文书中，可以直接引用已出具的意见文书中的检验结果。

采用引述法时，只需写明其他意见文书的文号及所需引述的检验结果，不需要引述其他文书中所表述的具体检验所见。如果其他意见文书有多项检验结果的，只需引用所需表述的其中一项或几项检验结果。

3. 列表法

列表法，是指采用表格形式表述检验所见的方法。

列表法主要适用于对大量同类检材的内容进行集中表述。例如：检验所见的大量收入凭证的内容，通过列表可以逐一表述每张凭证的内容。

如果表格的行数不多，可直接在检验部分进行表述；表格行数较多的，可以将该表格作为附件处理，但应当在检验所见部分写明表格的汇总结果，并注明"详见附件×"。

4. 图示法

图示法，是指采用流向图的形式表述检验所见的方法。

图示法主要适用于对检材所反映的资金流向、财务关系等内容进行表述。

采用图示法必须以相关的文字表述为前提，不得直接使用图表代替文字表述。

四、主文中检验结果部分的制作要点

主文部分最后应当表述司法会计检验的结果，即经过验证的检材所证实的财务会计事实。检验结果部分所表述的财务会计事实，包括检材直接证明的财务会计事实和经过汇总所证实的财务会计事实。检验结果只是对检材所证明的相关事实内容的直接归纳，不得包含推理结果。

制作检验结果部分时，应当注意把握以下几点：

一是注意把握检验结果的性质，即检验结果应当是检材所能直接证明的事实，司法会计师只能就检验所见的检材内容客观地作综合性的表述。

二是注意把握检验结果的范围，检验结果的内容应当与绪言部分所表述的检验事项相照应，不得超出该事项所列需要查明的事实范围，同时，检验结果应当根据检验部分表述的检验所见的内容进行制作，不得表述检验所见以外的财务会计事实。

三是注意把握结论的表述用语，检验结果是对检验所见的案件事实进行的综合表述，表述检验结果时不得使用评价财务会计管理方面的词语，也不得使用建议性的语句。

五、尾部的制作要点

司法会计检验报告尾部应当表述司法会计师所在机构的名称，加盖司法会计师所在机构的业务专用章，以证明司法会计师的身份。

尾部应当写明司法会计师的职务（职业）和姓名，司法会计师应当在打印的姓名后签名。

司法会计检验报告有附件的，应当在司法会计检验报告的最后写明附件的名称及页数。

第四节　司法会计专项检验案例——职务侵占案件的专项检验案例

犯罪嫌疑人徐×2005年1月至2009年5月担任A有限责任公司销售公司报账员期间，利用职务之便，伪造销售公司经理"房××"，办公室主任"章××"等人签字，虚报个人费用或利用虚假单据报销等手段，侵占公款。目前已经查实2006年9月至2007年11月6次将43,400元的个人租车费以销售公司费用支出名义报销。另外，尚有120余万元模仿签字报销的职务侵占嫌疑账项。

一、提供诉讼咨询情况

某公安分局在侦查上述案件中，因该案涉及的财务会计业务较多，在侦查、认定犯罪事实等方面遇到一些困难，便到某司法会计机构咨询司法会计师。司法会计师听取了侦查人员的案情介绍，查看了部分证据情况，提供了咨询建议。

（一）关于作案手段的看法

嫌疑人徐×的职务是财务部委派会计，实际上就是报账员，并不履行会计核算的职责。从目前查明的案情看，该报账员岗位未实行周转金制度，因此，其可利用的职务侵占手段只能是虚报冒领，虚报的具体手段：一是将个人消费票据夹杂在公用消费票据中一并报账，二是利用虚假凭证报销。

在虚报冒领作案手段下有很多具体的作案方法，本案涉及具体作案手段主要有两种：

1. 直接虚报，利用虚假发票，直接报销，领出现金支票、转账支票；

2. 先支后报，即先从财务部借款后将公款占为己有，然后再利用虚假票据或个人消费报销。

在具体虚报方法方面，包括以下几种情形：

1. 单独虚假报销，包括将个人费用单独报销（例如：2006 年 9 月第 152 号凭证租车费）；利用虚假票据单独报销（例如：2009 年报销的"办公用品"）；

2. 嫌疑人制作粘贴单将个人消费单据或虚假票据与正常票据混同报销，这种情形最多；

3. 报销人制作粘贴单后，嫌疑人将个人消费单据或虚假票据加入并涂改粘贴单的合计额报账。

（二）取证方面的建议

基本作案过程：个人费用报销的，个人消费并取得报销凭证—填制粘贴单并模仿负责人、经办人签字—填制报销表—报销获取赃款。

虚假票据报销的，（1）取得虚假票据—填制粘贴单并模仿负责人或经办人签字—填制报销表—报销获取赃款—花费赃款。（2）取得虚假票据—将虚假报销凭证加入经办人已经制作完毕的粘贴单中并涂改粘贴单的合计数额—填制报销表—报销获取赃款—花费赃款。

从上述基本作案过程所涉及的证据规格看，本案犯罪事实的证明主要包括以下环节：

1. 个人消费事实的证明：

（1）个人消费的书证（各种报销用发票）；

（2）销售公司负责人等否认公家消费的证人证言；

（3）被冒签字人否认经办该业务（或公家消费）的证人证言；

（4）犯罪嫌疑人供认个人消费事实口供；

（5）证明犯罪嫌疑人供认个人消费口供内容真实性的查证资料，比如：核实个人婚纱照相费用的照片、证人等。

2. 获取虚假发票的证明：

（1）虚假票据书证（各种报销用发票）；

（2）为嫌疑人联系开具虚假票据人的证人证言；

（3）出具虚假票据人的证人证言；

（4）出具虚假票据单位财务人员对公家票据的指认证言；

（5）能够证明出具虚假发票单位未销售发票所列商品的其他书证或检查笔录（检验报告）后三种证据的获取可能比较困难。

3. 伪造负责人、经办人签字的证明：

（1）书证——粘贴单；

（2）笔迹鉴定意见；

（3）被冒签字人否认个人签字的证人证言；

（4）犯罪嫌疑人供认伪造签字的口供。

4. 涂改粘贴单合计数额的证明：

（1）证明涂改前后数额的文件鉴定结论；

（2）粘贴单制作人否认报销中修改过数额的证人证言；

（3）证明存在涂改现象的单据不会签字的负责人证言。

5. 报销并获取赃款的证明：

（1）书证——粘贴单、报销表、记账凭证、账页、银行对账单、支票存根、借款单、支票正本、支票背书、支票领用簿等。其中：支票包括报销直接获取的支票和冲销借款情形中原借款支票。

关于报销发票问题。发票（无论个人消费还是虚假票据）是本案的作案工具，原则上讲，作案工具应当全部提取作为证据。但鉴于本案涉及的发票数量巨大，全部作为证据固定困难较大，建议：将金额较大的发票复印作为证据，包括能够表明个人消费特征的发票（租车、汽油、婚纱等每样固定一些）和能够表明非公家购置的大额虚假发票。

所获取的证据应当包括证明作案工具的形成、作案工具已经被利用的证据（包括口供、证言、书证、检验报告等）。

（2）财务人员对财务报销程序、（涉及虚报部分）已经报销领款的证人证言。

（3）证明（涉及虚报部分）业务核销金额、结算类型及金额的司法会计检验报告，包括（虚报）总额、（嫌疑人辩解丢票但已经实际报销）总额。

未来提供的检验报告可能为：A 有限责任公司"徐×"经手 3344 张原始凭证所列办公用品购置费、交通费、业务费、实习费、劳务补助、办公设备购置费、图书资料购置费、婚纱摄影费等费用，共计多少元，已于 2005 年至 2009 年由 A 有限责任公司核销，结算款项多少元分别由"徐×"收取现金多少元、提取现金多少元、转付给某某某多少元。

6. 赃款去向的证明：

赃款去向的证明主要涉及虚假票据报销部分。

（1）现金支票、银行转账支票支付款项的追查。其中：转账支票追查款项去向，存入个人账户的，提取银行分户账页、取款凭证。

（2）嫌疑人个人资产的查证。对不动产包括汽车、房屋等追查款项来源。

（3）嫌疑人个人投资的查证。

（4）嫌疑人个人日常消费的查证。包括通过搜查，收集个人消费记录的书证和高档消费品的物证，收集家人及密切接触人的证人证言。

（5）犯罪嫌疑人供述个人资产及赃款用途的口供。

（三）犯罪故意方面的证明

（1）嫌疑人关于犯罪目的、犯罪动机产生过程及其深化过程的口供；

（2）其他可以证明嫌疑人口供内容真实性的证人证言和书证。

（四）关于主要证据类型的取证要求

1. 证言。

证言提供者主要涉及与虚报业务有关的经办人、审批负责人、财务部人员、提供虚假票据的人、嫌疑人家人等。

2. 口供。

3. 书证。

4. 检验报告。

5. 物证。

6. 搜查笔录，目前仅搜查了办公室，适当时候对居住场所进行搜查，注意详细搜查和详细记录搜查过程、搜查结果。搜查的重点包括收集证明作案过程和结果的书证、收集家庭资产、家庭投资和家庭消费的书证和物证（例如：婚纱照、购买商品的发票或收据）。搜查家庭前应当做好相关准备（减少对其家庭成员的影响）。

7. 勘验、检查笔录。如果遇到查账无法找到相关证据的情况，应当制作检查笔录，证明相关书证不存在。

口供、证言最好一事一笔录，一份证言或口供的内容不要太多。可以根据不同情况划分证据内容：

一是，证明内容比较明确和不够明确两类分别制作笔录；

二是，按照虚报所使用的书证类型分别进行。

（五）关于下一步工作建议

1. 因徐×尚在住院治病，建议近期不要审讯，但需要马上派人到医院探视徐×，提倡人为关怀。

2. 根据前一段工作情况，梳理一下证据情况，作出进一步侦查的具体计划，确定未来各部分证据的工作量和人员分工。

3. 本案进行司法会计检验的前提：（1）虚假报销涉及的记账凭证、报销表已经全部复印（包括没有丢失票据的报销部分）；（2）相关支票及背书、支票领用记录已经全部获取；（3）虚报发票内容已经基本核实完毕。

4. 需要研究的问题：目前已经发现存在报销错误，这种情况下，应当对所有徐×经手业务的正确性进行审查，防止因存在报销错误而影响未来对案件的认定。目前发现的报销错误主要表现为粘贴单粘贴的发票金额与合计金额存在差异，如果假定徐×都是按照合计金额与报销人结算的，则可以暂不进行相关检验工作，待未来出现异议时，再补充检验。

二、专项检验情况

侦查机关接受了司法会计师有关认定事实和侦查方面的建议。进行大量侦查工作后，聘请司法会计师进行专项检验，查明徐×虚报冒领账项的报销、取款情况。

司法会计师接受聘请后，发现 A 有限公司的账目很多，采用手工查找、确认相关账项十分困难。由于该公司采用电算化记账，根据司法会计师的建议，由侦查人员出面请该公司计算机管理人员将销售公司的相关报销账目提出并转换成电子表格格式，方便了检验工作。当然，为了防止电子文件转换过程中出现错误，司法会计师利用该公司原始打印的账页所列余额，对电子账户余额进行了验证。

在设定检验事项时遇到一点困难，犯罪嫌疑人虚报账项本身涉及虚假发票和模仿签字，这些内容都无法通过司法会计技术检验方法识别，通常情况下检验事项可以通过列出具体虚报账项，查明这些账项的核销及核销款项去向即可，但本案涉及的账项太多，具体情形又有所不同，因而不方便设定检验事项。最后讨论确定，检验事项设定为"查明 A 有限责任公司销售公司 2005 年至 2009 年部分经费的核销情况及核销款项的去向"，实际上是将相关账项情况进行汇总，以便确认总的金额作为认定犯罪数额的证据。当然，检验事项设定的虽然有些模糊，但通过检验报告的检验所见部分详细列出每一笔存在问题的账项，诉讼主体可以通过逐笔核实，从而能够将报告确认的报销总额运用于证明犯罪数额。

司法会计检验报告

×检技鉴〔20××〕第×号

根据××市××区人民公安分局〔20××〕5号《聘请书》，受该院聘请，对 A 有限责任公司财务部会计徐×涉嫌职务侵占一案涉及的财务会计资料进行司法会计检验。

检验事项：查明 A 有限责任公司销售公司 2005 年至 2009 年部分经费的核销情况及核销款项的去向。

20××年×月×日至×月×日，在××区公安分局经侦大队会议室，对该局提供的 A 有限责任公司销售公司 2005 年至 2009 年部分经费会计凭证、相关银行存款对账单、支票、支票背书、支票领用记录等复印件以及 A 有限责任公司的相关财务会计资料进行了检验。

一、检验

（一）送检的 A 有限责任公司销售公司 2005 年至 2009 年部分经费报销凭证复印件共有 3,387 张原始凭证，所列财务业务均为"徐×"经手办理的经费报销业务，内容涉及办公用品及设备购置费、交通费、业务费、实习费、劳务补助、图书资料购置费、婚纱摄影费等费用。经检验 A 有限责任公司会计资料证实，该公司对上述原始凭证所列业务进行了核销，实际核销 1,365,210.52 元（详见附件一）。

上述检验结果包含对记账凭证与报销表、报销表与粘贴单、粘贴单与原始凭证之间相符性验证，发现核销金额与原始凭证金额之间存在差额（详见附件二），包括多核销和少核销两种情况。3,387 张原始凭证金额合计为 1,365,087.80 元，A 有限责任公司实际核销 1,365,210.52 元。

（二）检验 A 有限责任公司财务会计资料证实，该公司核销的前述 1,365,210.52 元经费已全部结算，除扣税 240 元外，已支付"徐×"货币资金 1,364,970.52 元，其中：

1. 签发现金支票结算 783,784.53 元；

2. 签发转账支票结算 426,532.20 元；

3. 冲销"徐×"借款 149,006.99 元；

4. 现金结算 5,646.80 元。

（三）前述检验结果中有关现金支票结算业务，涉及 A 有限责任公司签发的下列现金支票：

序号	时　间	凭证编号	支票号	支票金额	银行名称	收款人	领票人
1	2005.4	120	1174805	25,958.90	××商行	徐×	徐×
2	2005.4	189	1230297	15,360.70	××商行	徐×	徐×
3	2005.6	27	1231908	1,040.80	××商行	徐×	徐×
4	2006.1	18	231908	59,754.85	××商行	徐×	徐×
5	2006.9	293	477583	33,725.20	××商行	徐×	徐×

续表

序号	时　间	凭证编号	支票号	支票金额	银行名称	收款人	领票人
6	2006.10	66	478325	4,598.00	××商行	徐×	徐×
7	2006.10	70	479308	2,084.31	××商行	徐×	徐×
8	2006.10	88	479302	47,558.30	××商行	徐×	徐×
9	2006.10	89	479319	44,578.96	××商行	徐×	徐×
10	2007.5	365	724899	4,941.90	××商行	徐×	徐×
11	2007.6	311	802437	44,748.00	××商行	徐×	徐×
12	2007.7	67	829086	11,463.50	××商行	徐×	徐×
13	2007.11	186	964256	6,248.20	××商行	徐×	徐×
14	2007.11	303	984270	2,633.80	××商行	徐×	徐×
15	2008.1	233	1063268	10,703.40	××商行	徐×	徐×
16	2008.3	189	1083847	21,546.00	××商行	徐×	徐×
17	2008.3	332	1083783	15,755.00	××商行	徐×	徐×
18	2009.1	191	1360315	155,055.00	××银行	徐×	徐×
19	2009.4	533	1550408	273,109.60	××银行	徐×	徐×
20	2009.4	534	1550409	336,798.40	××银行	徐×	徐×
21	2009.5	254	1551658	1,610.00	××银行	徐×	徐×

　　上述现金支票业务包含前述检验结果所涉及的 783,784.53 元。A 有限责任公司支票领用记录显示，支票均由徐×领取。送检的银行现金支票及背书证实，银行已支付支票款项。

　　（四）前述检验结果中有关转账支票结算业务，涉及 A 有限责任公司签发的下列转账支票：

序号	时　间	凭证编号	支票编号	支票金额	收款人	领票人	"徐×"账号
1	2007.10	211	923218	24,121.20	徐×	徐×	30＊＊＊＊7842
2	2007.12	417	1015065	8,070.59	徐×	徐×	30＊＊＊＊7842
3	2007.12	477	1015078	44,258.97	徐×	徐×	30＊＊＊＊7842
4	2008.1	121	1015278	65,746.80	徐×	徐×	30＊＊＊＊7842
5	2008.1	376	1015323	32,449.90	徐×	徐×	30＊＊＊＊7842

序号	时　间	凭证编号	支票编号	支票金额	收款人	领票人	"徐×"账号
6	2008.1	424	1015295	68,561.86	徐×	徐×	30＊＊＊＊7842
7	2008.3	42	1015403	13,338.90	徐×	徐×	30＊＊＊＊7842
8	2008.3	228	1015392	34,066.70	徐×	徐×	30＊＊＊＊7842
9	2008.4	78	1180228	48,891.80	徐×	徐×	30＊＊＊＊7842
10	2008.4	432	1182015	14,664.00	徐×	徐×	30＊＊＊＊7842
11	2008.5	47	1019687	30,432.50	徐×	徐×	30＊＊＊＊7842
12	2008.6	203	1301101	31,731.70	徐×	徐×	30＊＊＊＊7842
13	2008.7	80	1301307	39,793.40	徐×	徐×	30＊＊＊＊7842
14	2008.9	199	1301853	24,631.63	徐×	徐×	30＊＊＊＊7842
15	2008.9	506	1301980	24,886.55	徐×	徐×	48＊＊＊＊0049
16	2009.1	356	1488479	41,773.00	徐×	徐×	48＊＊＊＊0049
17	2009.1	525	1528756	56,838.40	徐×	徐×	30＊＊＊＊7842
18	2009.3	470	1549157	141,478.20	徐×	徐×	30＊＊＊＊7842

上述转账支票业务包含前述检验结果所涉及的 426,532.20 元。送检的银行转账支票及背书证实，上述转账支票所列资金均转入工商银行"徐×"账户。

（五）前述检验结果中有关冲销"徐×"借款 149,006.99 元，是指 A 有限责任公司通过冲销"徐×"借款业务结算 149,006.99 元经费，该款项已在"徐×"借款时支付，所涉及的结算金额及原借款现金支票情况见附件三。

二、检验结果

检验送检的 A 有限责任公司财务会计资料及相关银行资料复印件证实：

A 有限责任公司销售公司 2005 年至 2009 年经费结算业务中，包括"徐×"经手的 3,387 张原始凭证，内容涉及办公用品及设备购置费、交通费、业务费、实习费、劳务补助、图书资料购置费、婚纱摄影费等费用，金额合计 1,365,087.80 元，A 有限责任公司实际核销 1,365,210.52 元，除扣税 241 元外，实际支付"徐×"货币资金 1,364,970.52 元，其中：签发现金支票支付 783,784.53 元；签发转账支票支付 426,532.20 元；冲销"徐×"原借款 149,006.99 元；支付现金 5,646.80 元。

××人民检察院司法会计鉴定中心

司法会计师：×××（签名）

司法会计师：×××（签名）

二〇××年×月×日

附件：1. A 有限责任公司土木工程销售公司部分报销账项汇总表，共七页。

2. 徐×报销错账汇总表，共一页。

3. A 有限责任公司土木工程销售公司部分报销冲销借款情况汇总表，共二页。

附件 1：A 有限责任公司土木工程销售公司部分报销账项汇总表

序号	时 间	凭证号	报销金额	结 算 方 式				
				现金支票	转账支票	冲销往来	现金	扣税
1	2005.4	120	460.00	460.00				
2	2005.4	120	795.00	795.00				
3	2005.4	189	340.00	340.00				
4	2005.4	189	420.00	420.00				
5	2005.6	27	345.00	345.00				
6	2005.6	27	335.00	335.00				
7	2006.1	18	3,763.80	3,763.80				
8	2006.9	151	3,273.00			3,273.00		
9	2006.9	151	6,360.00			6,360.00		
10	2006.9	151	543.00			367.00	176.00	
11	2006.9	152	3,000.00			3,000.00		
12	2006.9	152	7,910.00			7,000.00	910.00	
13	2006.9	293	447.00	447.00				
14	2006.9	293	280.00	280.00				
15	2006.9	293	600.00	600.00				
16	2006.9	293	544.00	544.00				
17	2006.9	293	450.00	450.00				
18	2006.9	293	215.00	215.00				
19	2006.9	293	1,892.60	1,892.60				
20	2006.9	293	972.00	972.00				
21	2006.9	293	1,714.00	1,714.00				
22	2006.10	66	325.00	325.00				
23	2006.10	70	2,916.00	549.31		2,366.69		

续表

序号	时间	凭证号	报销金额	结算方式				
				现金支票	转账支票	冲销往来	现金	扣税
24	2006.10	70	1,658.00			1,658.00		
25	2006.10	88	1,400.00	1,400.00				
26	2006.10	88	1,340.00	1,340.00				
27	2006.10	88	7,150.00	7,150.00				
28	2006.10	88	516.30	516.30				
29	2006.10	88	810.00	810.00				
30	2006.10	88	1,180.00	1,180.00				
31	2006.10	89	9,000.00	9,000.00				
32	2006.10	89	5,136.00	5,136.00				
33	2006.10	89	600.00	600.00				
34	2006.12	1	515.00			515.00		
35	2006.12	1	310.00			310.00		
36	2006.12	1	4,273.00			4,273.00		
37	2006.12	1	930.00			930.00		
38	2006.12	1	2,797.00			2,797.00		
39	2006.12	1	3,800.00			3,800.00		
40	2006.12	1	3,200.00			3,200.00		
41	2006.12	1	3,000.00			3,000.00		
42	2006.12	1	6,000.00			6,000.00		
43	2006.12	1	4,000.00			4,000.00		
44	2006.12	1	901.00			901.00		
45	2006.12	1	3,518.20			3,518.20		
46	2006.12	1	662.00			662.00		
47	2006.12	1	8,185.80			8,185.80		
48	2006.12	1	580.00			580.00		
49	2006.12	314	1,500.00			1,500.00		
50	2006.12	314	8,964.80			8,964.80		

续表

序号	时 间	凭证号	报销金额	结 算 方 式				
				现金支票	转账支票	冲销往来	现金	扣税
51	2007.4	154	6,180.00			6,180.00		
52	2007.4	154	11,429.00			11,429.00		
53	2007.4	154	4,767.80			4,767.80		
54	2007.4	154	6,837.00			6,837.00		
55	2007.4	154	6,016.00			5,240.30	775.70	
56	2007.4	154	860.00				860.00	
57	2007.5	234	4,409.00			4,409.00		
58	2007.5	234	1,434.50			1,434.50		
59	2007.5	234	975.00			975.00		
60	2007.5	234	620.00			620.00		
61	2007.5	234	1,000.00			561.50	438.50	
62	2007.5	365	405.50	405.50				
63	2007.5	365	480.00	480.00				
64	2007.6	311	810.00	810.00				
65	2007.6	311	3,504.62	3,504.62				
66	2007.6	311	3,671.00	3,671.00				
67	2007.7	67	3,103.50	3,103.50				
68	2007.7	67	615.00	615.00				
69	2007.7	67	1,095.00	1,095.00				
70	2007.9	168	201.50			201.50		
71	2007.9	168	725.00			725.00		
72	2007.9	168	1,200.00			1,200.00		
73	2007.9	168	6,148.00			6,148.00		
74	2007.9	168	2,638.70			1,725.50	913.20	
75	2007.10	211	2,945.00		2,945.00			
76	2007.10	211	1,626.00		1,626.00			
77	2007.10	211	3,500.00		3,500.00			

序号	时 间	凭证号	报销金额	结　算　方　式				
				现金支票	转账支票	冲销往来	现金	扣税
78	2007.10	211	9,643.00		9,643.00			
79	2007.10	211	342.20		342.20			
80	2007.11	3	545.00			545.00		
81	2007.11	3	516.00			516.00		
82	2007.11	3	221.50			221.50		
83	2007.11	3	503.50			503.50		
84	2007.11	3	1,100.00			217.20	882.80	
85	2007.11	186	426.00	426.00				
86	2007.11	303	651.80	651.80				
87	2007.12	75	846.00			275.40	570.60	
88	2007.12	417	1,005.00		1,005.00			
89	2007.12	477	282.00		282.00			
90	2007.12	477	3,609.00		3,609.00			
91	2007.12	477	5,404.10		5,404.10			
92	2007.12	477	1,072.50		1,072.50			
93	2008.1	121	2,300.00		2,300.00			
94	2008.1	121	423.60		423.60			
95	2008.1	121	500.00		500.00			
96	2008.1	121	1,709.00		1,709.00			
97	2008.1	121	2,146.00		2,146.00			
98	2008.1	121	6,252.00		6,012.00			240.00
99	2008.1	121	18,000.00		18,000.00			
100	2008.1	121	1,986.00		1,986.00			
101	2008.1	233	10,703.40	10,703.40				
102	2008.1	376	4,200.00		4,200.00			
103	2008.1	424	820.00		820.00			
104	2008.1	424	643.50		643.50			

续表

序号	时间	凭证号	报销金额	结算方式				
				现金支票	转账支票	冲销往来	现金	扣税
105	2008.3	42	12,000.00		12,000.00			
106	2008.3	42	900.00		900.00			
107	2008.3	189	2,159.70	2,159.70				
108	2008.3	189	660.00	660.00				
109	2008.3	228	6,668.40		6,668.40			
110	2008.3	332	1,000.00	1,000.00				
111	2008.3	332	8,000.00	8,000.00				
112	2008.4	78	380.40		380.40			
113	2008.4	78	865.00		865.00			
114	2008.4	78	11,541.00		11,541.00			
115	2008.4	78	816.00		816.00			
116	2008.4	78	1,800.00		1,800.00			
117	2008.4	78	6,300.00		6,300.00			
118	2008.4	78	6,300.00		6,300.00			
119	2008.4	432	10,424.00		10,424.00			
120	2008.5	47	560.00		560.00			
121	2008.5	47	8,560.00		8,560.00			
122	2008.5	47	7,500.00		7,500.00			
123	2008.6	203	5,720.00		5,720.00			
124	2008.6	203	6,003.00		6,003.00			
125	2008.6	203	900.00		900.00			
126	2008.6	203	1,098.90		1,098.90			
127	2008.6	203	300.00		300.00			
128	2008.7	80	300.00		300.00			
129	2008.7	80	900.00		900.00			
130	2008.7	80	2,000.00		2,000.00			
131	2008.7	80	32,600.00		32,600.00			

序号	时　间	凭证号	报销金额	结　算　方　式				
				现金支票	转账支票	冲销往来	现金	扣税
132	2008.7	80	300.00		300.00			
133	2008.7	80	270.00		270.00			
134	2008.7	80	900.00		900.00			
135	2008.7	80	261.00		261.00			
136	2008.7	80	262.40		262.40			
137	2008.9	39	120.00				120.00	
138	2009.1	191	9,750.00	9,750.00				
139	2009.1	191	48,760.00	48,760.00				
140	2009.1	191	48,520.00	48,520.00				
141	2009.1	191	8,980.00	8,980.00				
142	2009.1	191	8,950.00	8,950.00				
143	2009.1	191	9,824.00	9,824.00				
144	2009.1	191	17,216.00	17,216.00				
145	2009.1	356	39,170.00		39,170.00			
146	2009.1	525	3,105.00		3,105.00			
147	2009.1	525	48,180.00		48,180.00			
148	2009.3	470	45,860.00		39,734.20	6,125.80		
149	2009.3	470	9,450.00		9,450.00			
150	2009.3	470	8,600.00		8,600.00			
151	2009.3	470	9,660.00		9,660.00			
152	2009.3	470	47,730.00		47,730.00			
153	2009.3	470	4,650.00		4,650.00			
154	2009.3	470	4,975.00		4,975.00			
155	2009.3	470	4,950.00		4,950.00			
156	2009.3	470	4,920.00		4,920.00			
157	2009.3	470	1,505.00		1,505.00			
158	2009.3	470	5,304.00		5,304.00			

序号	时 间	凭证号	报销金额	结 算 方 式				
				现金支票	转账支票	冲销往来	现金	扣税
159	2009.4	533	425.90	425.90				
160	2009.4	533	9,580.00	9,580.00				
161	2009.4	533	9,900.00	9,900.00				
162	2009.4	533	9,950.00	9,950.00				
163	2009.4	533	39,480.00	39,480.00				
164	2009.4	533	31,003.00	31,003.00				
165	2009.4	533	9,560.00	9,560.00				
166	2009.4	533	8,960.00	8,960.00				
167	2009.4	533	1,144.00	1,144.00				
168	2009.4	533	6,690.00	6,690.00				
169	2009.4	533	9,896.00	9,896.00				
170	2009.4	533	9,900.00	9,900.00				
171	2009.4	533	9,870.00	9,870.00				
172	2009.4	533	38,430.00	38,430.00				
173	2009.4	533	4,950.00	4,950.00				
174	2009.4	533	9,800.00	9,800.00				
175	2009.4	533	9,850.00	9,850.00				
176	2009.4	533	9,980.00	9,980.00				
177	2009.4	533	4,950.00	4,950.00				
178	2009.4	533	4,700.00	4,700.00				
179	2009.4	534	609.10	609.10				
180	2009.4	534	28,570.00	28,570.00				
181	2009.4	534	38,590.00	38,590.00				
182	2009.4	534	9,500.00	9,500.00				
183	2009.4	534	9,780.00	9,780.00				
184	2009.4	534	4,996.00	4,996.00				
185	2009.4	534	9,900.00	9,900.00				

序号	时　间	凭证号	报销金额	结　算　方　式				
				现金支票	转账支票	冲销往来	现金	扣税
186	2009.4	534	9,920.00	9,920.00				
187	2009.4	534	9,800.00	9,800.00				
188	2009.4	534	4,950.00	4,950.00				
189	2009.4	534	4,900.00	4,900.00				
190	2009.4	534	9,700.00	9,700.00				
191	2009.4	534	10,163.00	10,163.00				
192	2009.4	534	4,980.00	4,980.00				
193	2009.4	534	4,980.00	4,980.00				
194	2009.4	534	4,810.00	4,810.00				
195	2009.4	534	4,990.00	4,990.00				
196	2009.4	534	4,950.00	4,950.00				
197	2009.4	534	4,970.00	4,970.00				
198	2009.4	534	5,954.00	5,954.00				
199	2009.4	534	2,400.00	2,400.00				
200	2009.4	534	6,300.00	6,300.00				
201	2009.4	534	3,600.00	3,600.00				
202	2009.4	534	2,600.00	2,600.00				
203	2009.4	534	9,200.00	9,200.00				
204	2009.4	534	29,560.00	29,560.00				
205	2009.4	534	4,910.00	4,910.00				
206	2009.4	534	9,840.00	9,840.00				
207	2009.4	534	9,700.00	9,700.00				
208	2009.4	534	9,800.00	9,800.00				
209	2009.4	534	9,980.00	9,980.00				
210	2009.4	534	8,950.00	8,950.00				
211	2009.4	534	9,790.00	9,790.00				
212	2009.4	534	8,648.00	8,648.00				

续表

序号	时 间	凭证号	报销金额	结 算 方 式				
				现金支票	转账支票	冲销往来	现金	扣税
213	2009.5	254	4,530.00	1,610.00		2,920.00		
214	2009.5	254	163.00			163.00		
215	2009.5	254	905.00			905.00		
216	2009.5	254	7,000.00			7,000.00		
217	2009.5	254	1,280.00			1,280.00		
合 计			1,366,491.52	783,784.53	426,532.20	150,287.99	5,646.80	240.00

附件2：徐×报销错账汇总表

序号	时 间	凭证编号	经办人	报销情况			多报（＋）
				张数	报销金额	票据金额	少报（－）
1	2006.9	293	徐×	63	544.00	545.00	－1.00
2	2006.9	293	徐×	5	972.00	972.58	－0.58
3	2006.10	88	徐×	3	1,180.00	1,180.18	－0.18
4	2006.12	1	徐×	7	4,273.00	4,431.00	－158.00
5	2006.12	1	徐×	4	930.00	930.76	－0.76
6	2006.12	1	徐×	17	8,185.80	8,185.79	0.01
7	2006.12	1	徐×	51	580.00	540.00	40.00
8	2006.12	314	徐×	6	8,964.80	8,964.82	－0.02
9	2007.4	154	徐×	10	6,837.00	6,839.00	－2.00
10	2007.5	234	徐×	17	4,409.00	4,406.00	3.00
11	2007.5	234	徐×	31	1,434.50	1,441.50	－7.00
12	2007.5	234	徐×	103	975.00	945.00	30.00
13	2007.5	234	徐×	64	620.00	640.00	－20.00
14	2007.5	234	徐×	90	1,000.00	895.00	105.00
15	2007.5	365	徐×	66	405.50	475.50	－70.00
16	2007.5	365	徐×	50	480.00	490.00	－10.00
17	2007.7	67	徐×	5	3,103.50	3,103.53	－0.03
18	2007.7	67	徐×	86	615.00	606.00	9.00

续表

序号	时 间	凭证编号	经办人	报销情况			多报（+）少报（－）
				张数	报销金额	票据金额	
19	2007.9	168	徐×	82	725.00	735.00	－10.00
20	2007.9	168	徐×	9	2,638.70	3,088.70	－450.00
21	2007.10	211	徐×	7	3,500.00	3,000.00	500.00
22	2007.11	186	徐×	46	426.00	421.20	4.80
23	2007.12	477	徐×	7	3,609.00	3,609.21	－0.21
24	2007.12	477	徐×	7	5,404.10	5,404.16	－0.06
25	2007.12	477	徐×	3	1,072.50	1,022.46	50.04
26	2008.1	424	徐×	74	643.50	651.50	－8.00
27	2008.3	42	徐×	92	900.00	910.00	－10.00
28	2008.3	189	徐×	10	2,159.70	2,159.85	－0.15
29	2008.3	228	徐×	21	6,668.40	6,667.40	1.00
30	2008.6	203	徐×	3	1,098.90	1,098.88	0.02
31	2008.7	80	徐×	51	261.00	468.00	－207.00
32	2008.9	506	徐×	9	900.00	810.00	90.00
33	2009.4	533	徐×	46	425.90	425.50	0.40
合　计							－121.72

附件 3：A 有限责任公司土木工程销售公司部分报销冲销借款情况汇总表

序号	时 间	报销情况			借款情况			
		凭证	经办人	冲销金额	存根日期	凭证	支票编号	支票金额
1	2006.9	151	徐×	3,273.00	2006.3.21	261	00344768	15,000.00
	2006.9	151	徐×	6,360.00				
	2006.9	151	徐×	367.00				
2	2006.9	152	徐×	3,000.00	2006.3.14	110	00344559	10,000.00
	2006.9	152	徐×	7,000.00				
3	2006.10	70	徐×	2,366.69	2006.4.20	239	00344769	8,000.00
	2006.10	70	徐×	1,658.00				

续表

序号	时 间	报 销 情 况			借 款 情 况			
		凭证	经办人	冲销金额	存根日期	凭证	支票编号	支票金额
4	1900.1	1	徐×	515.00	2006.6.23	339	01232512	50,000.00
	2006.12	1	徐×	310.00	2005.3.25	291	01174708	2,600.00
	2006.12	1	徐×	4,273.00	2006.5.24	347	00385798	33,000.00
	2006.12	1	徐×	930.00				
	2006.12	1	徐×	2,797.00				
	2006.12	1	徐×	3,800.00				
	2006.12	1	徐×	3,200.00				
	2006.12	1	徐×	3,000.00				
	2006.12	1	徐×	6,000.00				
	2006.12	1	徐×	4,000.00				
	2006.12	1	徐×	901.00				
	2006.12	1	徐×	3,518.20				
	2006.12	1	徐×	662.00				
	2006.12	1	徐×	8,185.80				
	2006.12	1	徐×	580.00				
5	2006.12	314	徐×	1,500.00	2005.3.25	73	01230849	37,810.40
	2006.12	314	徐×	8,964.80	2005.3.25	291	01174708	2,600.00
					2006.5.24	347	00385798	33,000.00
					2007.3.15	83	00688312	68,000.00
6	2007.4	154	徐×	6,180.00	2005.12.26	472	00238544	2,262.00
	2007.4	154	徐×	11,429.00	2006.4.20	237	00384513	10,652.20
	2007.4	154	徐×	4,767.80	2006.5.24	347	00385798	33,000.00
	2007.4	154	徐×	6,837.00	2007.3.15	83	00688312	68,000.00
	2007.4	154	徐×	5,240.30				
	2007.4	154	徐×					

续表

序号	时间	报销情况			借款情况			
		凭证	经办人	冲销金额	存根日期	凭证	支票编号	支票金额
7	2007.5	234	徐×	4,409.00	2007.3.22	225	00733066	8,000.00
	2007.5	234	徐×	1,434.50				
	2007.5	234	徐×	975.00				
	2007.5	234	徐×	620.00				
	2007.5	234	徐×	561.50				
8	2007.9	168	徐×	201.50	2006.4.17	271	00345684	26,000.00
	2007.9	168	徐×	725.00				
	2007.9	168	徐×	1,200.00				
	2007.9	168	徐×	6,148.00				
	2007.9	168	徐×	1,725.50				
9	2007.11	3	徐×	545.00	2007.9.13	49	00861340	30,000.00
	2007.11	3	徐×	516.00				
	2007.11	3	徐×	221.50				
	2007.11	3	徐×	503.50				
	2007.11	3	徐×	217.20				
10	2007.12	75	徐×	275.40	2007.9.11	100	0047398	20,000.00
11	2009.3	470	徐×	6,125.80	2006.10.23	229	00479826	15,000.00
					2006.7.6	32	00453069	48,548.00
					2007.11.15	259	00984251	4,000.00
12	2009.5	254	徐×	2,920.00	2007.11.14	229	00861427	10,000.00
	2009.5	254	徐×	163.00	2006.10.16	96	00479321	16,693.00
	2009.5	254	徐×	905.00				
	2009.5	254	徐×	7,000.00				
	2009.5	254	徐×	1,280.00				
合　计				150,287.99				

案例 5－2

第六章　司法会计师财务数据测算业务与案例

第一节　财务数据测算业务概述

一、财务数据测算业务的含义

财务数据测算业务，是指司法会计师在特别假定某项涉案财务活动能够正常开展的前提下，测算基于这种财务活动所产生的各种财务数据，并提供测算意见的一项诉讼协助业务。

财务数据测算业务的特征：

第一，财务数据测算业务属于司法会计师的诉讼协助业务。

财务数据测算业务，是司法会计师协助诉讼主体测算某些财务数据的业务，财务数据测算虽然也被运用于解决涉案财务问题，但因其本身不符合司法会计鉴定的一般假定要求而不属于司法会计鉴定业务。

第二，财务数据测算业务都会涉及特别假定事项。

财务数据测算是对涉案财务数据的一种计算，这种计算的基础都是在特别假定某项涉案财务活动能够正常开展的前提下进行的，因此，财务数据测算业务都会涉及特别假定事项。一方面，如果没有特别假定事项的存在，所有的财务数据测算业务都无法开展；另一方面，司法会计师如果不使用特别假定事项而是根据对涉案财务会计资料检验分析的结果计算出财务数据，则应当按照司法会计鉴定业务程序进行处理。

第三，财务数据测算业务的对象是涉案财务数据。

所谓涉案财务数据，是指诉讼中出现的需要查明的财务数据。目前司法实践中出现的需要进行测算财务数据的情形涉及：（1）虚拟存款利息、虚拟证券交易收益额等投资损益额；（2）预期财务收支差额；（3）虚拟经营损益额；（4）应纳税额等。

第四，财务数据测算业务应当形成测算意见。

司法会计师实施财务数据测算后，应当出具测算意见。所谓测算意见，是指司法会计师针对测算事项，依据特别假定事项、相关检验结果和标准作出的推测性意见。测算意见是司法会计师主要根据特别假定事项等推测形成的意见，因而其可靠性较差。

二、关于财务数据测算业务性质与诉讼作用问题的讨论

我国早在 20 世纪 80 年代后期的法律诉讼中就出现财务数据测算活动，主要涉及预期财务收支差额、应纳税额等财务数据的测算。这种测算在未配备司法会计师的侦查机关，通常是由侦查人员进行，测算结果虽不作为证据，但有些犯罪嫌疑人及其辩护人对测算结果也会认可；在配备司法会计师的侦查机关，通常则会作为司法会计鉴定业务处理，即将测算意见作为鉴定意见提交法庭。我国市场经济发展和各种新型经济案件的出现，使得诉讼中财务数据测算业务有些新的扩展，逐渐增加了虚拟经营损益额、虚拟证券交易收益额以及虚拟存款利息等内容。

但是，随着我国诉讼法律制度的变革所引发的法庭抗辩能力的提高，近些年来法庭上对财务数据测算结果作为鉴定意见科学性的质疑越来越多。一方面，财务数据的测算所要解决的是涉案财务问题，而财务问题则属于司法会计鉴定的范围，因而将该项业务作为司法会计鉴定业务有一定的根据；另一方面，需要进行财务数据测算的情形中，因相关鉴定证据的缺失需要大量采用特别假定事项，这显然又与司法会计鉴定科学性要求相悖，因而测算结果在被作为鉴定意见提交到法庭时，质疑声主要集中在鉴定意见的主观成分过强，不符合鉴定意见科学性的证据特征。这些情形的出现要求理论界给财务数据测算的性质作出明确的界定。

实际上，早在司法会计师承接财务数据测算业务的初期，理论界就已经介入研究了。由于司法会计师将测算结果作为鉴定意见提交后，法庭往往也会将其作为鉴定意见采纳，因而理论界一直将财务数据测算业务视为司法会计鉴定业务研究，并提出一些具体的操作理论。

从司法会计鉴定的基本要求看，司法会计师的财务数据测算业务确实不符合司法会计鉴定一般假定要求，将测算结果作为鉴定意见显然缺乏科学性，因而极易导致不良诉讼后果。从司法实践的实际需求角度，财务数据测算的确也会涉及司法会计专业技能、经验的运用，但由诉讼主体直接解决财务数据测算问题确实也不妥当：一方面，诉讼主体可能会受到专业知识、技能和经验所限，无法实施财务数据测算；另一方面，即使一些具备司法会计业务能力的诉讼主体能够进行测算，但也无法将测算结果作为证据提交法庭。

事实上，在法律诉讼中经常出现的类似情形还有很多，例如，骨龄测算被称为"骨龄鉴定"、资产价值评估被称为"价格鉴定"等。这使得理论界在研究司法会计师的财务数据测算业务的性质时，可以有所借鉴。其实，司法界很清楚，骨龄测算结果并不具备司法鉴定意见的基本特征，因而最高人民法院在《关于办理死刑案件审查判断证据若干问题的规定》① 中对"骨龄鉴定"的运用做了明

---

① 　参见最高人民法院法发〔2010〕20 号文。

确的限制。该规定第四十条内容为："审查被告人实施犯罪时是否已满十八周岁，一般应当以户籍证明为依据；对户籍证明有异议，并有经查证属实的出生证明文件、无利害关系人的证言等证据证明被告人不满十八周岁的，应认定被告人不满十八周岁；没有户籍证明以及出生证明文件的，应当根据人口普查登记、无利害关系人的证言等证据综合进行判断，必要时，可以进行骨龄鉴定，并将结果作为判断被告人年龄的参考。未排除证据之间的矛盾，无充分证据证明被告人实施被指控的犯罪时已满十八周岁且确实无法查明的，不能认定其已满十八周岁"。从这一规定可以看出：首先，"骨龄鉴定"不是认定被告人是否年满十八周岁必需的调查措施；其次，如果证据之间存在矛盾时，"可以进行骨龄鉴定"，但"骨龄鉴定"的结果只能作为法官综合判断中的参考证据。

借鉴最高人民法院对类似测算结果的规范，再来研究司法会计师财务数据测算业务的性质与作用问题，就有了可参照的依据。

首先，司法会计师的财务数据测算业务的性质不属于司法会计鉴定业务，而是一种诉讼协助业务，即在诉讼中无法采用司法会计鉴定或其他途径解决涉案财务数据问题的"必要时"，司法会计师可以协助诉讼主体进行财务数据的测算。因此，司法会计师的财务数据测算业务属于诉讼协助业务。

其次，司法会计师通过财务数据测算形成的测算意见，不属于法定的一般证据，其只能作为法官判断涉案财务会计事实时的参考，即属于诉讼参考证据的范畴。

三、测算财务数据的事实依据

司法会计师的财务测算业务都是为了解决涉案财务会计问题，因而测算业务所采用的方法、程序与鉴定业务的近似，其最突出的特征表现在事实依据方面。

司法会计师测算财务数据的事实依据包括涉案财务会计资料证据和特别假定事项。解决涉案财务会计问题的事实依据均包含特别假定事项，这是司法会计师测算业务的主要特征。在实际测算财务数据时，司法会计师可以部分或完全采用特别假定事项作为事实根据。正是由于需要采用大量的特别假定事项，无法向司法会计鉴定那样根据财务会计资料及相关证据进行计算，所以这一业务才被称为"测算"，其结果的可靠性也会大大低于鉴定意见。

在理解和运用财务数据测算业务的事实依据时，应当把握好特别测算事项与特别假定事项之间的关系。

第一，不同类型财务数据的测算业务所涉及的特别假定事项会不同，这是因不同类型的财务数据所涉及的财务事实不同所致，因而实践中应当根据具体财务数据的类型来设定特别假定事项。例如：虚拟存款利息的测算业务中会涉及存款额、存款期间和存款利率等财务事实，当这些事实缺乏证据证明时就需要设定存款额、存款期间和存款利率等特别假定事项；而应纳税额测算的测算业务会涉及销售收入等财务事实，当财务收入缺乏证据证明时，就需要特别假定销售数量、销售价格等事项。

第二，相同类型的财务数据的测算涉及的特别假定事项也不尽相同，这是因为相同类型的财务数据的测算原理不同所致，因而实践中需要根据具体的测算原理所涉及的财务会计资料证据状况来设定特别假定事项。例如：测算虚拟经营事项的经营损益额的原理可以采用利润率测算法和分项测算法两类，采用利润率法时所设定的特别假定是虚拟的经营事项利润率与参照目标期间的利润率相同，而采用分析测算法时所设定的特别假定则是虚拟的经营事项的利润构成与参照目标的利润构成相同。

第三，特别假定事项中可能含有能够被证明的财务会计事实，这是因为特别假定事项范围内可能存有财务会计资料证据的缘故，因而实践中对能够证明的部分假定事项应当依据实际的财务事实，并相应调整假定事项内容。例如：预期财务收支差额的测算业务中，可以采用收入、支出的假定事项来测算财务收支差额，但如果预期的财务收入额或支出额中存在能够证明实际发生数额的发票等证据时，则应当根据这些证据来认定部分收入额或部分支出额，并在假定的财务收入额或财务支出额中减去这部分收入额或支出额。

四、财务数据测算业务与财务数据问题鉴定业务的共性与差异

财务数据测算业务的内容目前涉及投资损益、财务收支、经营损益、应纳税额等财务数据的测算，而司法会计鉴定业务中也会涉及投资损益、财务收支、经营损益、应纳税额等财务数据的判定，这使得两者之间表现出一些共同的特性。例如：在启动目的、对象等方面，都涉及查明与涉案财务数据有关的案情以及解决具体的涉案财务问题。同时，有些财务数据的测算需要建立在司法会计鉴定基础上进行，这表现出财务数据测算业务与财务数据问题鉴定业务的关联。例如：虚拟经营损益额的测算可以采用利润率法进行，司法会计师采用这种方法进行测算时，就需要先对参照目标的利润率问题进行鉴定，按照鉴定结果确认的利润率作为假定事项来测算虚拟经营损益额。

但是，财务数据测算业务与财务数据问题鉴定业务，从概念上讲属于司法会计师的两类不同性质的业务，从操作上其差异点也非常突出。

首先，财务数据测算业务所涉及的都是虚拟的财务活动，即需要测算其数据的财务活动并没有实际发生（或者因为缺乏必要的检材而无法判明其活动内容的具体情况），而财务数据问题鉴定业务所涉及的财务活动必须是已经实际发生的且需要有充足的财务资料证据所证明。

其次，财务数据测算业务的事实依据主要是一些特别假定事项，这包括了财

务活动本身及其标准的特别假定事项，而财务数据问题鉴定业务，不仅需要根据对检材的检验结果来认识财务问题所涉及的客观情况（很少使用特别假定事项），司法会计师还需要独立判明应当采用的判定标准。

最后，财务数据的测算意见所依据的材料既包含财务会计资料及相关证据，也包含一些言词证据，而财务数据问题鉴定意见只能依据财务会计资料及相关证据作出①。由于测算意见所依据的材料本身并不具备可验证性、可靠性和稳定性的要求，因而只能作为诉讼中的参考证据，而司法会计鉴定意见则属于法定的诉讼证据。

明确上述三项主要差异，无论对送检方还是司法会计师来讲都十分必要，否则在司法实践中可能会将两者混为一谈，导致在业务受理、操作方法、操作结果等方面出现差错，进而可能在案件事实的证明方面产生不良的诉讼后果。

第二节　财务数据测算业务的一般程序

一、财务数据测算业务的受理

司法会计师受理财务数据测算业务，应当由其所在的司法会计机构统一接收。司法会计机构受理测算业务时，应当要求送检方出具相应的法律文书，提供送检人身份证明、测算所需材料，并介绍案情、测算目的和测算事项。

司法会计师确定受理测算业务前，应当充分听取送检方对案情、测算目的、测算事项以及送检方提供的检材情况、有关特别假定事项的介绍，然后根据自己的学识与经验，判定能否完成测算业务以及有无应当回避的情形，确定是否受理。

（一）送检业务性质的判断

由于财务数据测算业务一直被视为司法会计鉴定业务，因而送检方通常会将需要确认的财务数据问题作为财务问题的鉴定业务项提出。司法会计师在受理司法会计鉴定业务时应当注意判明业务性质：一是，明确需要确认的财务数据所涉及的财务事实是否发生，如果相关财务事实没有发生，显然不能作为鉴定业务受理，但可以考虑能否作为测算业务受理；二是，如果司法会计师判明相关财务事实已经发生，但根据送检方介绍的材料情况判断不符合一般假定要求的，无法作为鉴定业务受理时，可以考虑能否作为测算业务受理。

---

① 这一差异导致理论上对结论事项依据需要采用不同的名词进行表述：测算意见的基本依因为包含言词证据而被称为"材料"，鉴定业务的基本依据因为只包括财务会计资料、财务会计资料证据等能够实施检验的资料，则称之为"检材"。

反之，由于确认涉案财务数据的司法会计鉴定需要提供大量检材，有的诉讼主体为了省略收集检材的程序，也可能将应当通过司法会计鉴定确认的财务数据问题当作财务数据测算业务提出，因此，司法会计师应当判断提请测算的财务数据问题是否属于司法会计鉴定的范围，对应当通过司法会计鉴定解决的财务会计问题，不得作为财务测算业务受理。这一要求主要考虑到两点：一是，由于财务数据的测算结果只能作为参考证据使用，而司法会计鉴定意见则可以作为法定证据使用，因而在后来进行的诉讼中相关诉讼主体发现测算数据应当通过鉴定解决的，则会另行提出鉴定事项，导致先前进行的测算业务的浪费；二是，测算业务的结果需要建立在大量特别假定事项基础上得出，其可靠程度远低于鉴定意见，因而测算业务只能是在无法鉴定的情形下不得已采用的一种调查方式。

（二）测算事项的审查

测算事项，是指送检方要求在特定条件下测算涉案财务数据的内容。测算事项应当由特别假定事项和需要测算的财务数据构成。

送检方要求测算财务数据，应当明确相关的特别假定事项，即在所提出的测算事项中应当确定进行财务数据测算的前提条件。实际操作中，有的送检方已经考虑好了特别假定事项，会在提出测算事项时明确特别假定事项，对此，司法会计师应当对特别假定事项的适当性、充分性进行审查。这里所谓适当性，即送检方提出的特别假定事项应当符合本案的实际情况；所谓充分性，即送检方提出的特别假定事项应当能够满足测算相关财务数据的需要。

司法实践中会存在送检方虽然提出测算财务数据的要求，但可能会因缺乏相关知识无法确定特别假定事项的情形。对此，司法会计师可以根据送检方介绍的案情、测算目的、测算财务数据的类型，向送检方提供特别假定事项方面的咨询。

司法会计师还应当注意审查送检方提出需要测算的财务数据，主要是根据送检方提出的案件事实和测算目的来分析、判断财务数据测算结果的证据意义，即财务数据的测算结果能否达到查明某项案情的测算目的。

司法会计师及其所在机构确定受理测算业务后，应当根据测算财务数据的需要确定需要获取的材料范围，并根据这一范围对送检方提供的材料进行初步的审核查验，确认材料是否充足和完整。如果发现材料不足或不完整的情形时，应当向送检方问明原委，确定是否能够补充。对送检方应当提供但其尚未收集的材料，应当告知送检方需要收集、补充的具体材料；对确因各种原因已无法收集必要材料，需要考虑增加特别假定事项。

除在送检方或者材料保管场所实施检验的情形外，司法会计师获取材料时应当办理收检手续。包括制作收检文书，写明案由、材料的名称及数量等，并由送检方和收检人签名。送检方补充提供材料时，司法会计师应当另行办理收检手续。

司法会计师收检后，应当收集并熟悉引用标准，熟悉与测算事项有关的专用标准。

司法会计师确定受理测算业务后，需要按照司法会计机构的规定，进行检案登记，办理受理手续。受理手续可以采用《受理业务登记表》，内容可以包括送检方概况、案情概要、鉴定事项、受理审查情况以及司法会计机构负责人意见等。

二、财务数据测算业务的实施

（一）财务数据测算方案的制订

1. 检测送检的材料

财务数据测算业务中存在两类需要进行检验的材料，一是，直接作为测算依据的材料，包括财务会计资料证据和相关证明材料，如测算应纳税额业务中送检方提供的商品库存资料、测算虚拟存款利息额业务中送检方提供的财务收支证明文件；二是，参照目标期内涉及的财务会计资料及相关证据，例如：利润测算参照目标期内的财务会计资料，用于计算参照目标的利润率。

司法会计师需要检测送检方提供的材料质量，判明是否存在需要增加的非常规检验项目。

材料质量的检测通常包括测算事项涉及的主要账户资料是否存在、主要材料类型是否完整、主要材料的字迹是否清晰、相关账簿记载的会计事项是否与会计期间同期、相关账户余额的接转是否正常等。其他检测项目可能还包括会计政策、会计估计、财务会计习惯等。

2. 测算方案的内容

所谓测算方案，是指根据测算事项、材料状况、特别假定事项等编制的财务数据测算计划，包括检验事项、测算方法和步骤等内容。司法会计师应当明确测算原理、测算方法和可能的测算结果，进而形成测算方案。

（二）测算方案的具体执行

司法会计师应当查验有关材料的记载情况，并就材料所存在的对同一财务会计事项的记录矛盾或差异进行鉴别分析，采用适当的方法确认或排除矛盾点；对检验发现的财务会计核算结果或财务会计错误进行研究、分析和鉴别；将检验所见的与鉴别、分析、论证有关的财务会计业务记录录入测算表格，并根据测算表格的设计要求，计算出有关的数据。其中：对涉及复杂计算过程的检验结果应当考虑进行复验的必要性，以确保检验结果的正确可靠，防止鉴定失误。

司法会计师对每一检验事项完成后都应当提出鉴别分析意见，这包括对检验中发现的财务会计错误、检验结果与详细检验论证方案要求的符合性、某些检验结果对其他检验分析事项的影响等提出鉴别分析意见。

司法会计师应当根据检验分析结果，及时补充和修正测算方案，如果发现材料存在缺陷或存在影响作出测算意见的重大缺陷时，应当分别作出处理。包括：发现材料不足时，应当通知送检方补充材料；发现材料存在重大缺陷，无法作出测算意见时，可与送检方沟通修改特别假定事项。

司法会计师完成测算后，需要通过汇总检验、分析与鉴别的结果，确定测算意见，并口头通知送检方，征求送检方关于测算文书需要强调说明和分析的相关事项的意见。

司法会计师在作出测算意见后，应当制作司法会计测算意见书，以书面形式提供测算意见。在制作测算文书前，应当将作为附件使用的测算表格按照文书测算依据部分的表述顺序进行整理并编号；对测算文书中所需引用的各种证据材料应当全部复制，并按照测算文书的表述顺序加以整理。

司法会计师应当制作一份正本和若干份副本测算文书，并按照本鉴定机构规定的签发程序，办理签发手续，加盖业务专用章，然后将司法会计测算文书的正本和所需副本，连同应当退回的材料一并送达送检方，并办理送达手续。测算文书发出后，如果被发现有文字、数字书写错误的，司法会计师可以在已出具的文书错误处进行修正，并在修正处加盖鉴定机构校对章；如果被发现有明显的测算错误需要修正测算意见的，司法会计师可以出具补充测算意见文书，对原测算意见作出修正；如果被发现有明显的测算错误但无法补充测算的，司法会计师应当向送检方或使用该测算意见的诉讼机关发出书面声明，以终止该测算文书的效力。

司法会计师在出具测算文书后，应当整理测算业务档案。首先需要按照受理文书、测算意见文书、草稿、证据等顺序整理测算资料；然后对测算资料进行编号；最后填写档案目录并将档案装订成册归档。

第三节　虚拟存款利息额测算业务

一、虚拟存款利息额测算业务的含义与适用范围

所谓虚拟存款，是指假定诉讼涉及的某些资金被存入金融机构所形成的假定存在的存款业务，是一种虚构的存款事实。虚拟存款利息额测算业务，是指司法会计师在送检方假定存在某些虚拟存款的情况下，按照送检方提供的存款金额、存款期间等特别假定事项，测算虚拟存款利息额的一项诉讼协助业务。

按照诉讼法律原则，诉讼涉及的资金是否存入金融机构应当根据存单、银行分户账页等证据证明，无法证明的，不认定存款事实的存在，但实际的诉讼中也

有例外。例如：在刑事诉讼中，当缺乏实际存款证据但又有可能发生存款的情形中，如果假定这些存款已经发生（即虚拟存款）会有利于被告人时，则应当按照存疑有利于被告人的原则，确认存在存款的发生。最典型的例子就是巨额财产来源不明案件中，由于被告人实际发生收入的跨度时间较长，会导致其由合法收入形成的存款情况无法查明，但实际情况往往是被告人通常都会有存款，如果假定被告人存在将合法收入存入了金融机构的情形，其产生的合法利息收入则会形成其合法财产的来源。尽管法律规定应当由被告人说明财产来源的合法性[①]，但并非要求其证明这种合法性，因而被告人在说明其部分财产来源于存款利息收入的情况下，公诉方就需要证明其利息收入。又如：在合作经营纠纷的民事诉讼中，由于经营期限较长、财务资料缺失导致存款利息收入无法直接证明的情况下，如果当事人各方认可存在存款，则也会产生虚拟存款利息额测算事项。

法律诉讼中，上述允许按照虚拟存款利息确定收入的特例，导致了司法会计师的虚拟存款利息额测算业务的出现。

虚拟存款利息额测算业务，适用于没有实际存款资料，无法证明实际存款额、存款类型的情况下确认存款利息额的情形。下列情形不适用虚拟存款额测算业务：

1. 诉讼涉及的存款业务已经发生且送检方提供了相应取款、计息资料的，应当通过检验存、取款资料，证实某些存款实际取得的利息总额，并出具《司法会计检验报告》。

2. 诉讼涉及的存款业务已经发生且送检方提供了相应的存款资料，因存款尚未到期而没有形成计息资料的，可以通过司法会计鉴定确认某项存款在某期间已经产生的利息额，并出具司法会计鉴定文书。

3. 诉讼涉及的"按照银行同期利率"确定偿还、补偿资金的情形，不涉及存款业务，因而也就不需要通过检验、鉴定或虚拟存款利息额测算等途径认定存款利息。遇有此类情形时，司法会计师可以通过作为咨询业务，并可以出具《司法会计咨询意见书》，证实按照银行同期利率计算的某项资金的数额。例如法院判决"某人某时点应当归还他人多少元资金，到期不还的按照银行同期利率计算。"

[①] 《中华人民共和国刑法》第395条规定：国家工作人员的财产或者支出明显超过合法收入，差额巨大的，可以责令说明来源。本人不能说明其来源是合法的，差额部分以非法所得论，处五年以下有期徒刑或者拘役，财产的差额部分予以追缴。

二、虚拟存款利息额的测算原理

虚拟存款利息额的测算原理涉及特别假定事项（例如：财务主体将多余的资金全部存入银行、计息期间、存款利率类型等）以及利息额的测算方法等。

（一）存款资金来源的假定

按照资金动态平衡原理，虚拟存款存在的前提是财务主体具备等量的可存入金融机构的资金。根据这一原理，如果假定存在银行存款，则需要证明有等量的可用于存款的资金来源。在虚拟存款业务中有两种情形：一种情形是有财务会计资料证据证明可用于存款的资金数额，如现金收入凭证；另一种情形则是并不存在证明可用于存款的财务会计资料证据，这就需要增加存款资金来源的假定事项。例如：巨额财产来源不明案件涉及的被告人家庭净收入金额的假定问题，就属于后一种。在巨额财产来源不明案件中，为了测算被告人合法收入形成的虚拟存款利息，普遍采用的特别假定事项为：被告人家庭收入与家庭支出的差额全部存入银行。这一差额按照诉讼原理应当由送检方通过调查确认，送检方通过调查获取的资料通常包括：（1）证明收入额和支出额的财务资料证据，如工资单、购房凭证、购置高档家庭用品和家庭消费的发票等；（2）仅能够说明收入额和支出额的某些材料，如工资证明、其他收入证明、借出款项证明等；（3）还有一种情形送检方通过委托统计机关对被告人家庭收入和支出进行统计调查，将统计调查结果作为收入额和支出额的特别假定资料，送交司法会计师。

这里需要强调的是：虚拟存款数额问题应当由送检方通过调查确认，送检方仅提供计算虚拟存款额涉及的财务收支资料的，应当在提出测算事项时明确根据这些资料计算虚拟存款额，例如："假定送检的财务收支资料所反映的财务收支差额已全部存入金融机构，……测算存款利息额"。

在实际操作中，司法会计师应当检验送检的财务收支资料，明确各项资料所证明的收入或支出的范围，如发现重复计算或遗漏计算的财务收支事项，应当调整收入额或支出额。

本章以巨额财产来源不明案件中涉及的收入额和支出额的计算为例，说明财务收支资料的检验以及相关计算过程。这类案件的虚拟利息额测算，通常是将家庭收入与支出的差额视为虚拟存款额。

家庭收入：可能涉及工资及津贴收入、奖金收入、实物性收入、出差补助收入、出国补助收入、稿费收入、讲课费收入、房租收入、利息收入、投资收入、经营收益、接受遗产收入等。

家庭支出：饮食支出、穿着支出、家用设备用品支出、接受劳务支出、医疗支出、交通及通讯支出、接受娱乐教育文化、居住支出（房租、维修、物业管理费、装潢、水电燃料费等）、其他生活性采购支出、购房支出、建房支出、赠予支出、大额出借资金支出（尚未归还部分）、投资损失、经营损失等。

在送检方提供的资料中，上述收入或支出的证据和资料之间有的可能存在重复，例如个人收入证明中已经包含了工资，但送检方还提供了同期的某月工资单，则不应当再计算工资单所列工资、津贴收入；又如统计部门提供的人均销售支出额中已经包含了家用设备用品的平均支出额，送检方同时又提供了购买冰箱的支出发票，该发票金额则不能被加计到家庭支出额中。另外，送检方提供综合人均销售支出中没有包含的家庭支出事项有其他证明的，应当按照其他证明增加家庭支出额，例如，国家统计部门提供的人均销售支出额中未包含购建房屋支出的，应当根据发票或其他购房证明，将发票或证明所列购建房屋支出增加到家庭支出额中。

这里还需要提示的一点是：采用人均消费支出等统计指标计算家庭支出额时，会涉及家庭成员的变化，这一变化不能由司法会计师根据案情介绍自行确定，而是应当由送检方在所提出的测算事项中说明。

（二）计息期间的假定

计息期间，是指送检方假定的虚拟存款发生以及存续的具体时间范围。计息期间的设定涉及累算利息和计算复利等利息额测算事项，应当由送检方在提出测算事项时加以明确。

送检方提供的虚拟存款资料通常只能解决年度收支差额，如果司法会计师直接利用年度收支差额作为存款额计算利息，则等于假定该项差额都是年初形成了存款，这显然不符合实际。如果将年度收支差额按照月份平分后逐月测算利息额，即年初月份形成的虚拟存款额按照12个月计息，以后月份逐月递减计息期间，则相对符合一般虚拟存款形成过程，但这种计算方法显然比较麻烦。实际操作中通常采用的方法是：将年度收支差额除以2（即乘以6/12）。

（三）存款类型及利率的假定

存款业务与利率具有相应的对应关系，通常的规律是存款期限越长，利率越高。实际金融市场上多种多样存款业务，导致产生了不同的利率。除基准利率（一年期存款利率）外，还包括各种活期、定期、定活两便、零存整取等不同存款类型所形成的不同存款利率，但由于虚拟存款的类型是无法证明的，因而就需要进行假定，即通过假定虚拟存款的类型来假定虚拟存款利率。

关于在测算虚拟存款利息额业务中如何确定虚拟存款类型问题，法理方面存在不同的认识，司法实践层面上也存在不同的做法。问题的关键在于存款类型的假定涉及采用较高的利率、平均利率还是较低的利率来测算利息额。按照处理法律纠纷的一般原则讲，采用平均利率比较符合各方利益，这一点争议不大。争论主要发生在巨额财产来源不明等刑事案件涉及被告人合法收入的虚拟存款利率的假定问题。在此类刑事案件中，采用较高的利率测算虚拟存款利息额显然会有利于被告人，这似乎更符合在事实不清的情况下采用"有利于被告人"刑事原则，但这样去做也会带来非议，即现实生活中被告人根本不可能将每笔收益都及时地按照最高存款年限存入银行，因而这一假定存在不理性。因此，尽管相当一部分司法者会认为这样做符合法理要求，但司法实践中并没有出现实际的例子。事实上，司法会计理论上并不需要过细地讨论这个问题，因为如何假定虚拟存款的类型应当是提出测算事项的诉讼主体的任务。司法会计师的任务是提供专业的建议。例如：央行在实施发布和调整基准利率，金融机构的其他类型存款的利率，都是根据基准利率测算形成的。基准利率基本上能够反映平均利率，因而通常情况下送检方应当采用基准利率作为测算虚拟存款利息额的利率。但是，如果当事人之间约定了存款类型的，应当按照约定的存款类型确定利率的类型，送检方还可以根据案情当事人的实际情况，通过自由心证确定利率的类型。

虚拟存款利息额测算中涉及的利率，显然是测算利息额的一种标准。理论界和实践中对这种标准的属性问题存在不同认识和做法。一种认识和做法是将这种标准视为假定事项，由送检方予以确认；另一种认识和做法则是将这种标准视为引用标准，由司法会计师确定利率①。作者认为，一则，虚拟存款本身就是一种假定存在的存款业务，而测算虚拟存款利息额所涉及的利率，本质上属于测算业务中的一种参照目标，不属于财务标准，所以测算利息额所需利用的利率应当作为假定事项由送检方确定；二则，在虚拟存款利润额测算业务中，存款业务的类型本身也是虚拟的，应当由送检方假定其具体类型，在不考虑银行利率差异的情形下，存款类型决定了利率，即送检方假定存款类型时就确定了利率假定。因此，利率本身属于假定事项，而非一般财务标准，因而由司法会计师确定利率的做法是不可取的。

司法会计师在利用利率假定时应当注意以下三个问题：

第一，虚拟存款计息期间超过一年的，应当计算复利。其原理是：当以前年度产生了虚拟存款利息后，该存款利息会作为本金在以后年度中产生利息。具体的测算方法是：测算后一年度利息额时，在虚拟存款额中增加前一年度的测算形成的利息额。

第二，当虚拟存款计息期间利率发生变化时，应当按照送检方假定的情形，采用加权平均利率作为利率的特别假定。具体的测算方法是：（年初利率×执行的天数＋调整后利率×执行的天数）／当年总天数。如果当年度多次调整利率的，可以在括号内继续增加"调整后利率×执行天数"。

---

① 甚至有司法会计师为了"公平"起见，采用加权平均法计算不同时期的平均利率，并作为标准来测算利息额。这种做法显然会增加测算工作的复杂性。特别是未来金融市场放开后，利率将会进一步复杂化，司法会计师如果计算平均利率，也会面临着更加复杂的情形。

第三，虚拟存款计息期间发生补贴利率等特殊利率时，可以考虑根据特殊利率的适用条件，确定是否调整虚拟存款利率。这里可能出现的问题是特殊利率是否符合送检方确定的相关假定事项。当虚拟计息期间中发生补贴利率时，是否需要对利率假定进行调整，应当由送检方确定，并在其所提出的测算事项中予以明确。例如：我国曾实行过的保值补贴利率针对的是三年期存款，如果送检方假定采用基准利率，其所假定的存款类型是一年期存款时，在采用基准利率情况下增加保值利率，等于修订了虚拟存款类型的假定。

（四）对实际存款证据的考虑

虚拟存款的计息期间存在实际存款资料的，应当确认存款记载的利息额或者通过计算确定该存款业务产生的当期利息额，同时将实际存款额在当期虚拟存款额中扣除后计算虚拟存款利息额，该期利息额为实际存款利息与虚拟存款利息之和。

（五）虚拟存款利息额的测算方法

作者根据上述分析，假定以央行基准利率为假定利率，提出以下虚拟存款利息额的测算方法，供司法会计师在实务操作中参考。

某年度虚拟存款利息额 =（以前年度虚拟存款额累计 + 以前年度虚拟利息额累计 + 当年度虚拟存款额/2）×假定利率

某年度扣除利息税后虚拟存款利息额 =（以前年度虚拟存款额累计 + 以前年度虚拟利息额累计 + 当期虚拟存款额/2）×假定利率×（1 - 利息税率）

含实际存款资料的某年度虚拟存款利息额 =（以前年度虚拟存款额累计 + 以前年度累计利息额 + 当年度虚拟存款额/2 - 当期实际存款额）×假定利率 + 当期实际存款利息额

含实际存款资料的某年度虚扣除利息税拟存款利息额 =（以前年度虚拟存款额累计 + 以前年度累计利息额 + 当年度虚拟存款额/2 - 当期实际存款额）×假定利率×（1 - 利息税率）+ 当期实际存款利息额

三、虚拟存款利息额测算业务的操作要点

（一）测算虚拟存款利息额所需材料

测算虚拟存款利息额通常需要依据下列材料：

1. 能够证明虚拟存款资金数额的财务会计资料证据；
2. 能够说明虚拟存款资金数额的其他资料，如收入证明等；
3. 虚拟存款计息期间的实际存款证据，包括存单、存折、银行分户账页等。

（二）测算虚拟存款利息额的主要步骤

1. 根据送检方提供的虚拟存款资料，计算各计息期间的虚拟存款数额；
2. 计算各期间虚拟存款的利息额、扣税额、利息所得额等；

3. 计算确认虚拟存款利息总额、利息所得总额等。

（三）虚拟存款利息额测算意见

虚拟存款利息测算意见的主文部分，通常包括财务主体、虚拟存款的假定事项、虚拟存款利息额、应纳利息税额、利息收入所得额等内容。参考表述方法：根据送检方提供某"存款人"某年度至某年度的财务收支资料，假定净收入额全部存入银行，依照各同期一年期存款利率测算，可形成存款利息总额多少元，扣除应纳个人所得税多少元，利息净收入总额多少元。

第四节　虚拟证券交易收益额测算业务

一、虚拟证券交易收益额测算业务的含义与适用范围

所谓虚拟证券交易，是指假定诉讼涉及的某些资金被用于证券投资所形成的假定存在的证券交易。虚拟证券交易收益额测算业务，是指司法会计师在送检方假定某些资金被用于证券交易的情况下，按照送检方设定的特别假定事项，测算虚拟证券交易可形成收益额的一项诉讼协助业务。

法律诉讼中可能涉及虚拟证券交易收益额问题，主要是基于诉讼中出现将本应用于证券交易的涉案资金被挪作他用，需要确认涉案资金可形成收益额的情形。例如：当事人滥用职权（或权利）将本应投入证券交易的资金挪作他用，而同期实际进行的证券交易产生了大量的投资收益，这就会导致投资方损失其应得收益①。诉讼中为了确认投资方应得的收益数额，则需要通过虚拟证券交易收益额的测算，确认这部分被挪作他用的资金可能产生的投资收益额，并用于证明投资方的应得收益损失额。

虚拟证券交易收益额测算业务，适用于案件中存在实际的证券投资业务，但涉案资金没有被实际用于证券交易的情形。下列情形不适用虚拟证券交易收益额测算业务：

1. 涉案资金已经被实际用于证券投资的，应当通过司法会计鉴定确认涉案资金的证券交易损益额；

2. 涉案证券交易中，已经存入证券资金账户的资金因某种原因没有实际用于证券交易，但按照约定这部分资金属于证券投资并参与投资损益分配的，应当通过司法会计鉴定确认这部分资金的投资损益额。

司法实践中，第二种情形的司法会计鉴定业务极易与虚拟证券交易收益额测

---

① 这种情形可能发生在刑事案件中，如滥用职权案件、挪用公款案件等；也可能发生在民事案件中，如合伙证券交易纠纷案件等。

算业务相混淆，这是因为司法会计师在处理第二种情形时，也需要送检方特别假定存入证券资金账户的某笔资金属于证券投资额（送检方通常是根据当事人约定提出这一假定的）。两者的不同点在于：第一，前者假定涉案资金属于没有实际被运用于证券交易的证券投资额，后者则假定涉案资金为投资额；第二，前者中涉案资金未被用于证券交易是因客观上缺乏交易机会所致，后者则是出于当事人的主观意图刻意不将涉案资金用于证券交易。从实际操作讲，前者是在不增加投资收益的情况下确认特别假定的投资额应当分配的投资收益额；后者则是以实际投资收益率为参照目标，测算在实际投资收益额外由于存在虚拟证券交易而应当增加的投资收益额。因此，测算虚拟证券交易收益额，是在假定虚拟证券投资能够取得与参照目标相同的投资收益率前提下可以形成的收益额，而不是分配参照目标实际取得的收益所应当形成的收益额。

二、虚拟证券交易收益额的测算原理

虚拟证券交易收益额的测算原理涉及特别假定事项（例如：虚拟证券投资额、虚拟交易期间、参照目标等）以及虚拟交易收益额的测算方法。

（一）虚拟证券投资额的假定

虚拟证券投资额，是指假定被用于证券交易所占用的投资额。虚拟证券交易收益额测算业务与实际证券交易收益额鉴定业务的差异之一，在于虚拟证券投资是由送检方假定存在的投资额。因此，在虚拟证券交易收益额测算业务中，送检方必须在提出测算事项时明确虚拟证券投资额，并假定该虚拟证券投资已被用于证券交易。

（二）虚拟交易期间的假定

虚拟交易期间，是指送检方假定虚拟投资额在特定证券资金账户中的存续期间，这一特定账户通常是涉案当事人进行证券投资所使用的资金账户。

虚拟交易期间假定是确定参照目标的依据。测算虚拟证券交易收益额，需要以实际发生的证券交易事项的收益率作为参照目标，而对于持续存在证券投资来讲，交易期间的不同其收益率通常会有差异，因而送检方需要在提出测算事项时明确虚拟交易期间，以便确定参照目标。

（三）参照目标的假定

虚拟证券交易收益额测算，需要以某一特定的证券投资收益率为参照目标，这一参照目标通常是指涉案投资主体在某一期间证券投资的实际收益率。

（四）虚拟证券交易收益额的测算方法

某期间虚拟证券交易收益额＝虚拟投资额×参照目标证券投资收益率

其中：参照目标证券投资收益率＝实际发生的证券投资收益/实际存在的证券投资额

三、虚拟证券交易收益额测算业务的操作要点

（一）测算虚拟证券交易收益额所需材料

测算虚拟证券交易收益额，通常需要具备（但不限于）下列材料：

1. 证明虚拟证券交易额的财务资料；

2. 参照目标涉及的实际证券交易资料。

（二）测算虚拟证券交易收益额测算主要步骤

1. 根据送检方设定的交易期间及其所提供的同期实际证券交易资料，按照证券投资损益类问题的鉴定规程，进行投资收益额问题鉴定。

2. 根据送检方提供的同期证券资金账户资料，确定实际发生的投资额，并根据前述鉴定结果计算投资收益率。

3. 根据证券投资收益率及送检方设定的虚拟证券投资额，计算确认虚拟证券投资交易收益额。

（三）虚拟证券交易测算意见

虚拟证券交易测算意见的主文部分，通常包括投资主体、虚拟投资金额、参照目标、虚拟投资收益额等内容。参考表述方法：按照某证券资金账户某期间的证券交易收益率计算，多少元的证券投资额可形成投资收益额多少元（或可出现投资损失多少元）。

第五节　预期财务收支测算业务的操作要点

一、预期财务收支测算业务的含义与适用范围

所谓预期财务收支，是指案件涉及的预期能够正常完成的财务收支活动。这种预期的财务收支通常是指财务活动已经进行但尚未完成的情形。一方面，如果根本没有启动财务活动，其预期财务收支情况可以直接根据预算或合同确认，无须进行测算；另一方面，司法实践中存在的预期财务收支测算业务也都是针对已经启动但尚未完成的财务收支活动。

预期财务收支测算，是指假定某项财务活动预期能够正常完成的情况下，按照送检方提供的条件，测算未来可产生的财务收支额（或其差额）。

预期财务收支测算，包括预期财务收入额测算、预期财务支出额测算和预期财务收支差额测算。

所谓预期财务收入额，是指在未来一定期间可能实现的收入额。

所谓预期财务支出额，是指在未来一定期间内可能支付的财务支出额。

所谓预期财务收支差额，是指预期财务收入额与预期财务支出额的差额。

　　预期财务收支测算，通常适用于诉讼案件涉及财务活动尚未进行完毕，需要查明未来可预见的财务活动可能产生的财务收入、财务支出以及财务收支额等事实的情形。

二、预期财务收支的测算原理

　　预期财务收支的测算原理涉及特别假定事项（例如：未来财务收支可预见等）以及预期财务收支测算方法。

（一）未来财务收支可预见的假定

　　未来财务收支可预见的假定，是指尚未完成的财务收支活动能够根据相关财务资料进行预见。未来财务收支可预见，是司法会计师能够执行预期财务收支测算业务的前提。

　　司法会计师执行预期财务收支业务，并非像一般经济事项调查那样实施各种调查活动，因而未来财务收支可预见的假定通常需要符合两个条件：第一，有预算、合同等规范未来财务收支活动的财务资料，这是司法会计师判断预期财务收支的主要根据；第二，涉案财务收支活动已经启动，这使得司法会计师能够根据已经存在的部分财务收支活动判断预算、合同可执行并借以考察执行效果。

（二）预期财务收支的测算方法

　　预期财务收入额＝执行预算或合同可取得收入额－已实现收入额±调整因素

　　预期财务支出额＝执行预算或合同应当支付的全部支出额－已实际支出额±调整因素

　　前述公式中的"调整因素"，是指预算或合同执行中出现了与规定的财务收支项目或财务收支金额不相符的情形时，需要调整规定收入、支出项目或金额的因素，包括增加或减少收入、支出项目或金额。

　　预期财务收支差额＝预期财务收入－预期财务支出

三、预期财务收支测算的操作要点

（一）预期财务收支测算所需材料

1. 预算、经济合同等规范涉案财务收支业务的文件；

2. 证明涉案财务主体已取得收入的财务资料；

3. 证明涉案财务主体已付出支出的财务资料；

4. 与该测算事项相关的其他收、付款资料；

5. 能够证明上列材料内容真实性的其他财务会计资料证据。

（二）预期财务收入额测算的操作要点

1. 检验涉案预算或合同等经济文件，明确预算或合同规定的财务收入项目、财务收入金额。

2. 检验记载已实现财务收入的资料，并通过比较确认实际财务收入项目、财务收入金额与预算或合同等财务文件规定的相符性，发现存在明显差异的情形，确定预期财务收入的调整项目及金额。

3. 根据记载已实现的财务收入的项目和资料，计算已经实现的财务收入额。

4. 根据上述检验结果及调整因素，计算确认预期财务收入额。

（三）预期财务支出额测算的操作要点

1. 检验涉案预算或合同等经济文件，明确预算或合同规定的财务支出项目、财务支出金额。

2. 检验记载已产生财务支出的资料，并通过比较确认实际财务支出项目、财务支出金额与预算或合同等财务文件规定的相符性，发现存在明显差异的情形，确定预期财务支出的调整项目及金额。

3. 根据记载已发生的财务支出的项目和资料，计算已经产生的财务支出额。

4. 根据上述检验结果及调整因素，计算确认预期支出额。

（四）预期财务收支差额测算的操作要点

1. 按照前述操作要点，测算预期财务收入额，明确未来尚可实现的财务收入项目及金额；

2. 按照前述操作要点，测算预期财务支出额，明确未来尚需负担的财务支出项目及金额；

3. 据上述测算结果，测算预期财务收支差额。

（五）预期财务收支测算意见

预期财务收支测算意见的主文部分，可以包括财务主体、财务项目的称谓、已形成财务收支额、预期财务收入额、预期财务支出额、预期财务收支差额等内容。参考表述方法：甲单位某财务项目某期间已形成财务收入多少元，至某时点可形成多少元的收入；甲单位某财务项目某期间已支付费用总额多少元，至某时点尚需支付多少元的费用；甲单位某财务项目某期间已经形成财务收支差额多少元，至某时点尚可形成收入多少元，尚需支出费用多少元，尚会形成多少元的净收入（或净支出）额。

第六节　虚拟经营损益额测算业务

一、虚拟经营损益额测算业务的含义与适用范围

所谓虚拟经营损益额，是指假定某项经营活动能够正常进行所会产生的经营损益额。

虚拟经营损益额测算，是指司法会计师以某些特别假定事项为前提，按照送

检方确定的参照目标，测算财务主体进行某项经营活动可能产生的经营损益额的一项诉讼协助业务。

首先，虚拟的经营活动具有可实施性，即如果不是因为某些原因，涉案经营活动是能够被实施的，这些导致无法实施经营的原因及其后果可能是诉讼的争议焦点。例如：由于发生了侵权事件而导致经营活动无法实施，进而产生经营收益损失，这就需要在假定该项经营活动能够正常实施的情况下，测算其能够产生的经营收益，进而为讼诉主体查明侵权后果提供测算意见。如果证明涉案经营活动不具备可实施性，则就不需要启动虚拟经济损益额测算业务。

其次，由于涉案经营活动没有实际发生，因而测算虚拟经营损益额需要明确参照目标，且送检方应当在提出测算事项时明确参照目标的对象。例如：参照某财务主体某年度的利润率。

最后，虚拟经营损益额的测算业务包括虚拟经营收入、虚拟经营成本费用、虚拟经营损益额的测算，其中：虚拟经营收入、虚拟经营成本费用的测算可以单独执行。

虚拟经营损益额测算业务，主要适用于因各种原因导致涉案经营活动无法开展进而产生经营损失事实的查证。这里需要注意的两点：一是，导致涉案经营主体无法开展某项经营活动的原因不属于虚拟经营损益额测算业务的内容，应当由送检方通过调查查明，如果送检方调查这一原因涉及司法会计鉴定或其他测算业务的，应当启动相应的鉴定或测算业务；二是，虚拟经营损益额的测算可用来证明经营损失（例如测算意见可用于证明受害单位因使用伪劣材料、原件导致的经营损失额），但确认是否由于某种原因导致了这种经营损失的应当由送检方判明，司法会计师不得受理要求确认"经营损失额"的测算事项。

二、虚拟经营损益额的测算原理

虚拟经营损益额的测算原理会涉及一系列特别假定事项、参照目标和经营损益额测算方法。测算经营损益所需的特别假定事项、参照目标等，由送检方确定。司法会计师应当根据专业经验，考察送检方确定的特别假定事项、参照目标的合理性。

（一）测算经营损益额的特别假定事项

具体的经营损益额测算业务可能涉及（但不限于）下列不同的特别假定事项：

1. 经营价格的金额可确定（即经营价格有某明确的参照目标），且经营价格未受到市场的影响而发生显著变化，这一假定是确定测算经营收入额和经营成本费用额的价格前提；

2. 有固定的销售渠道可以完成预期增加的经营数量，这一假定是确定经营收入可实现性的前提；

3. 有固定的采购渠道可以完成预期增加的采购数量，这一假定是确定生产、经营活动能够进行的前提；

4. 经营成本、费用可识别或成本、费用率不变，这一假定是确定经营成本费用额的前提；

5. 利润率不变，这一假定是能够利用参照目标的利润率测算经营损益的前提。

（二）测算经营损益的参照目标

能够作为测算经营损益额参照目标的情形通常是涉案经营主体在某期间的生产、经营状况，也可以是其他经营主体经营相同项目的某期间生产、经营状况。

（三）经营损益的类型

送检方应当在提出的测算事项中明确需要测算的经营损益额类型，如毛利额、销售利润额、利润总额、净利润额等。

（四）虚拟经营损益额测算方法

虚拟经营损益额的测算方法包括利润率测算法和分项测算法两种。

1. 利润率测算法

利润率测算法，是指在对参照目标的经营损益额问题（或相关会计问题）进行司法会计鉴定的基础上，确定利润率，并利用该利润率测算经营损益额的方法。

司法会计师应当检验参照目标期内相关经营损益报表，关注利润率是否稳定。

司法会计师应当通过检验，考察参照目标期内相关经营损益报表的可靠性。经营损益报表可靠程度较高的，可以采用利润率测算法，其他情形应当采用分项测算法。

2. 分项测算法

分项测算法，是指按照经营损益的构成，根据对参照目标的经营收入、成本、费用、税金等资料进行检验基础上，分别测算各项经营损益的构成指标，进而计算经营损益额的方法。

三、虚拟经营损益额测算业务的操作要点

（一）测算经营损益额所需材料

1. 相关经济合同；

2. 参照目标涉及的财务会计资料；

3. 测算经营损益额所需的其他相关资料；

4. 能够证明上列材料内容真实性的其他财务会计资料证据。

（二）采用利润率测算法的操作要点

1. 检验相关经营合同，分析确定参照目标的合理性。

2. 按照经营损益类问题的鉴定规程，对相关期间利润额问题（或者相关会计问题）进行司法会计鉴定，并根据鉴定结果计算确定利润率。

3. 根据对送检的相关财务资料的检验结果及送检方确定的假定事项，确定测算经营损益额的基础依据，如生产数量、销售数量等。

4. 根据前述鉴定、测算结果，测算经营损益额。

（三）采用分项测算法的操作要点

1. 检验相关经营合同，分析确定参照目标的合理性。

2. 检验参照目标期内经营收入资料，采用加权平均法确定平均收入价格，并根据送检方假定的销售数量或对送检资料的检验结果，测算经营收入总额。

3. 检验参照目标期内的经营成本资料，确定有效成本组成，并采用加权平均法确定平均成本，然后根据送检方确定的相关假定事项或检验送检的相关财务资料，测算经营成本总额。

4. 检验参照目标期内的经营费用资料，确定有效费用组成，并采用加权平均法确定经营费用率，然后根据送检方确定的假定事项或检验送检的相关财务资料，测算费用总额。

5. 根据上述测算结果和税率，测算应纳税总额。

6. 根据上述测算结果及经营损益额构成要素，测算经营损益额。

（四）经营损益额测算意见

经营损益额测算意见的主文部分，通常包括经营主体、经营项目的称谓、特别假定、可能产生的损益额等。参考表述方法：如果甲单位某时点增加某生产线，在经营条件相同的情况下某期间可产生净利润多少元；甲单位按照某合同规定经营多少数量的某种商品，可产生销售利润多少元；按照甲单位某期间毛利率测算，该单位生产经营某项商品可获得毛利润多少元。

第七节　应纳税额测算业务

一、应纳税额测算业务的含义与适用范围

应纳税额测算，是指以某些特定假定事项为前提，按照送检方提供的纳税基础数据，测算财务主体应纳某种税金的税额。

应纳税额测算，主要适用于需要查明逃税额、抗税额、应纳税款额，但因缺乏必要的检材无法通过司法会计鉴定解决应纳税额问题的情形。

二、应纳税额的测算原理

应纳税额的测算原理会涉及一系列特别假定事项、参照目标和应纳税额测算方法。测算经营损益所需的特别假定事项、参照目标等，由送检方确定。司法会计师应当根据专业经验，考察送检方确定的特别假定事项、参照目标的合理性。

（一）测算应纳税额的特别假定事项

测算应纳税额的特别假定事项可能是（但不限于）下列情形：

1. 重大短库商品已被销售，并收取货款，这一假定是隐匿销售商品收入情形中确定测算应纳流转税额的前提；

2. 与销售成本费用支出相关的劳务已经提供，并收取劳务款项，这一假定是隐匿提供劳务收入情形中确定测算应纳流转税额的前提；

3. 计税价格为特定期间的平均销售价格，这一假定是确定隐匿应税收入情形中确定测算流转税额的价格前提；

4. 记录完整但缺少原始凭证依据的会计资料能够反映缺失财务资料的内容，这一假定是直接利用无原始凭证的会计资料所列数据测算应纳流转税额的前提；

5. 非流转税涉及的应纳税财务事项已经发生，这一假定是测算流转税以外的其他应纳税额的前提；

6. 应纳税额的税负率与参照目标的税负率相同，这是采用税负率法测算企业所得税率的前提。

（二）应纳税额的税种与计税依据

送检方应当在测算事项中明确测算应纳税额的税种以及计税依据。

送检方可以假定应纳税额的计税依据或者提供能够证明计税依据的材料。送检方假定计税依据的，应当在测算事项中明确计税依据的具体数额，如应纳税额涉及销售数量等。

（三）应纳税额的测算方法

应纳税额的测算方法包括计税依据测算法和税负率测算法两种。

1. 计税依据测算法

所谓计税依据测算法，是指按照测算应纳税额税种的计税构成，根据对财务会计资料的检验结果和特别假定事项，测算应纳税额的方法。

采用计税依据测算法测算应纳税额需要确定计税依据。确定计税依据时应当采用鉴定优先的原则，即应当根据送检方提供资料的情况，分析是否存在能够通过司法会计鉴定确认的计税依据。对能够通过司法会计鉴定确认的计税依据，不得采用特别假定事项。

2. 税负率测算法

所谓税负率测算法，是指根据对参照目标期间财务会计资料的检验结果，确定税负率，并利用该税负率测算应纳税额的方法。

采用税负率测算法进行应纳税额测算，应当确定参照目标。参照目标可能（但不限于）涉案纳税主体前期的税负率、同类经营主体的同期税负率等。

税负率测算法仅适用于企业所得税额的测算。

三、应纳税额测算业务的操作要点

（一）应纳税额测算所需材料

1. 税务登记、纳税申报表、减免税报批等确认具体计税标准的财务资料；

2. 购销合同、劳务合同、转让合同、委托合同、价格表等计税根据资料；

3. 纳税主体涉税期间、参照目标期间的财务会计资料；

4. 证实应税收入真实性、正确性的财务会计资料证据；

5. 证实抵扣或扣除项目支出真实性、正确性的财务会计资料证据；

6. 证实涉税货物实际状况的资产盘点表或《勘验、检查笔录》。

（二）采用计税依据测算法的操作要点

1. 检验合同及相关财务资料，对实际发生的计税依据涉及的具体财务问题，适用收入、成本、费用等鉴定规程，确认实际发生的计税依据的数额；

2. 对有一定的财务会计资料证明可能存在应纳税财务活动的，通过检验财务会计资料，测算相关计税依据；

3. 根据上述鉴定、测算结果以及特别假定事项、计税标准，测算应纳税额。

（三）采用税负率测算法的操作要点

1. 检验参照目标涉及的财务会计资料，确认参照目标涉及的实际纳税额及纳税附加，计算参照目标涉及的税负率；

2. 通过测算经营收入额、经营成本费用额、应纳税额，测算计税依据；

3. 根据参照目标税负率、计税依据和适用的税率，测算应纳税额。

（四）应纳税额测算意见

应纳税额测算意见的主文部分，应当包括纳税主体、特别假定事项、应纳税额的测算结果等。参考表述方法：甲单位库存短少的多少数量的某种商品，如果该商品已经全部销售，应纳增值税额为多少元；按照甲单位某年度所得税税负率测算，该单位某期间应纳企业所得税多少元。

第八节　财务数据测算文书的制作

司法会计师执行财务数据测算业务后，应当出具测算意见，并采用司法会计测算意见书表达。

所谓司法会计测算意见书，是指司法会计师实施财务数据测算后，针对测算事项发表测算意见的书面文件。

一、司法会计测算意见书的基本内容与参考格式

司法会计测算意见书的内容通常由首部、绪言部分、主文部分和尾部四部分构成。

（一）司法会计测算意见的基本内容

首部：标题与文号。

绪言部分：受理测算业务的依据与事由；测算事项；接受材料概况。

主文部分：测算依据与测算情况；测算意见。

尾部：司法会计师所在鉴定机构名称及业务专用章；司法会计师签名；文书制作日期；附件情况。

（二）司法会计测算意见书的参考格式

司法会计测算意见书的格式，是指司法会计测算意见书基本内容的排列顺序。具体格式由执行测算业务的司法会计师确定，但应当完整地表达司法会计测算意见书的基本内容。

司法会计测算意见书的参考格式见图 6-1。

司法会计测算意见书

×× 鉴〔20××〕第 × 号

受理依据与事由。

测算事项。

接受材料概况。

一、测算依据

二、测算情况

三、测算意见

×× 人民检察院司法鉴定中心

（检验、鉴定专用章）

司法会计师：×××（签名）

司法会计师：×××（签名）

二○×× 年 × 月 × 日

图 6-1

二、司法会计测算意见书的首部与尾部的制作要求

司法会计测算意见书的标题为"司法会计测算意见书"（不得冠以司法会计师所在机构的名称），所用文号按照司法会计机构的编号习惯和出具文书的顺序确定。

司法会计测算意见书的尾部应当表述司法会计师所在机构名称、司法会计师的职务（职称）与姓名、报告日期、附件情况等情况。具体制作要求包括：

第一，应当打印司法会计师所在机构的全称，并加盖业务专用章，以证明司法会计师的身份。

第二，应当打印司法会计师的职务（职称）与姓名，司法会计师应当在打印的姓名后签名。

第三，司法会计测算意见书有附件的，应当在司法会计测算意见书的尾部写明附件的名称及页数。需要提示的是：作为测算意见依据的材料，应当由测算机构存档，无须作为司法会计测算意见书的附件。

三、司法会计测算意见书绪言部分的制作要求

司法会计测算意见书的首段通常应当写明送检方全称以及用于启动测算业务的文书名称和文号，并写明司法会计师是通过接受指派还是接受聘请方式受理测算业务等受理依据；同时应当写明测算事由，即对何案件涉及的财务数据进行测算，包括案由以及主要当事人的姓名（名称）。

司法会计测算意见书列示测算事项，应当写明下列事项：

一是，送检方要求测算的财务数据的具体类型；

二是，送检方确定的特别假定事项；

三是，送检方确定的参照目标。

司法会计测算意见书表达接受材料的基本情况时，应当根据接受材料的具体情况进行表述。其中：送检方移送材料的，应当写明收检时间、送检方名称、送检人姓名及职务，以及主要材料的名称等；在材料存放场所进行检验的，应当写明检验地点、检验时间、送检方名称、在场送检人的姓名及职务、主要材料的名称等。

四、司法会计测算意见书主文部分的制作要求

司法会计测算意见书的主文部分包括"测算依据与测算情况"和"测算意见"，并分别单独列示小标题

（一）测算依据与测算情况部分

司法会计测算意见的依据包括检验所见、检验结果、特别假定事项。

所谓检验所见，是指司法会计师在检验中看到的材料记载内容。表述检验所见，应当写明材料的名称及其所记载的能够作为测算意见依据的内容。

检验结果，是指经过验证的材料所能证实的财务会计信息。检验结果所涉及的财务会计信息，包括材料直接证明的信息和经过汇总、调整所证实的信息。

检验所见、检验结果涉及大量同类信息的，可以采用列表法汇总表述，即采用测算表格进行表述。其中：测算表格所列行数不多的，可直接在文书内进行表述；测算表格所列行数较多的，可以作为附件处理，但应当在文书内写明汇总结果，并注明"详见附件×"。

司法会计师应当客观全面地表述检验所见、检验结果，以区别于特别假定事项。

表述测算情况应当表达具体的测算方法和测算过程。其中：表述测算方法是可以采用公式，但应当说明公式的含义；表述测算过程时应当引用"测算依据"部分提供的数据，并按照逻辑规则反映测算意见的形成过程。

（二）测算意见部分

司法会计测算意见书所述测算意见的内容，只能针对该测算意见书所列测算事项，并应当完整地回答测算事项，即不得遗漏测算事项，也不得自行增加测算事项。

第九节　财务数据测算业务案例——虚拟银行存款利息额测算案例

一、测算业务的背景

某区人民检察院立案侦查××制药集团有限责任公司总经理岳××受贿案件中，扣押了大量款项，扣除受贿金额100多万元外，岳××说不清其余款项的合法来源，该院拟增加认定岳××涉嫌巨额财产来源不明罪，聘请市检察院司法鉴定中心司法会计师就岳××来源不明的巨额财产数额问题进行司法会计鉴定。

侦查人员向司法会计师介绍了案情、岳××家庭情况以及鉴定目的。

岳××于1974年参加工作，其妻秦××于1978年参加工作，两人同在××市食品药品检验所工作，1981年二人结婚。2004年4月，岳××调任××制药集团有限责任公司任总经理。其子岳×2005年3月参加工作。现已扣押和查明在案的家庭财产共计折合人民币3,759,782.68元，扣除受贿金额1,713,000元，仍有大量款项不能说明合法来源，需要通过鉴定确认来源不明的财产数额。通过调查证实，岳××家庭收入主要来源于薪金收入、银行存款利息收入，没有其他投资、经营、继承等收入。其夫妻主要工作单位××市食品药品检验所1993年

3月以前的档案流失，目前只能查明他们1993年4月以后的薪金收入。侦查部门已从统计局获取了1981年至1993年《国有经济职工平均工资》统计资料，以证明1993年4月以前岳、秦的个人收入情况；1981年至2005年××市统计局《各时期城市居民生活情况》统计资料，以证明岳××家庭消费支出数额。检察机关提请司法会计鉴定的目的是查明岳××来源不明的财产金额。

司法会计师通过与侦查人员沟通，讨论了查明岳××来源不明财产数额方法与判定路线，就不能受理对该问题的鉴定业务与侦查人员达成共识。认定来源不明的巨额财产数额的基本法理是：犯罪嫌疑人现有家庭财产数额加上其家庭消费支出金额为其家庭财产总额，家庭财产总额减去其合法收入和已确认的非法收入，其差额为无法说明合法来源的财产。根据这一原理，确认来源不明的巨额财产数额，涉及家庭财产数额、合法收入金额和已经确认的非法收入金额、家庭消费支出金额。

关于家庭财产数额。家庭财产数额涉及货币财产和实物财产、无形财产等，其中：（1）货币财产数额、实物财产的种类和数量等均可以通过书证或现场勘验结果证明，不存在需要进行司法会计鉴定问题；（2）实物财产和无形财产的价值，除部分可能存在购买形成的财务凭证外，大量的财产没有财务资料证据，因而不具备通过司法会计鉴定确认的前提条件。这两点说明，家庭财产数额不需要或无法通过司法会计鉴定来确认其财产价值。

关于家庭合法收入金额。家庭合法收入金额通常包括薪金、家庭理财、投资经营、继承等收入额，这些收入类型中很多也不具备财务会计资料，因而不具备司法会计鉴定的前提条件。同时，一些收入的合法性问题也需要检察官判断，司法会计师无权确认。据此，家庭合法收入额问题也不能通过司法会计鉴定解决。

关于家庭消费支出金额。家庭消费支出金额涉及日常消费支出、购置家用品支出、购置不动产支出等。这些支出中，购置不动产外，日常消费和购置家用品的多数支出均不会形成司法会计鉴定证据，因而也就无法通过司法会计鉴定确认家庭消费支出金额。

综上，不明财产数额问题不应当通过司法会计鉴定确认。查明犯罪嫌疑人无法说明合法来源的巨额财产金额问题，需要检察官根据相关证据通过自由心证和自由裁量确认，这一问题不属于司法会计鉴定的范围，但司法会计师可以为查明这一数额提供相应的诉讼支持。比如：通过检验能够提供的相关家庭收入方面的检材，查明检材所能够证明的犯罪嫌疑人家庭收入总额。本案中就可以通过专项检验业务，检验检察机关能够提供的相关单位支付犯罪嫌疑人及其家人薪酬检材，查明犯罪嫌疑人部分家庭薪酬收入金额，为证明其家庭合法收入额提供检验结果。据此，侦查人员设定了以下查明薪金收入的司法会计专项检验事项：

一是，查明××市食品药品检验所1993年4月至2004年3月期间支付岳×

×薪金、奖励、福利等个人收入款项情况。

二是，查明××制药集团有限责任公司 2004 年 4 月至 2005 年期间支付岳×
×薪金、奖励、福利等个人收入款项情况。

三是，查明送检的 1993 年 4 月至 2005 年××市食品药品检验所相关的工资
结算表及其他有关财务资料记载的支付秦××薪金、奖励、福利等个人收入款项
情况。

四是，查明××市××市工程咨询院食品药品检验所 2005 年期间支付岳×
薪金、奖励、福利等个人收入款项情况。

二、测算事项的确定与实施

同时，本案中还涉及犯罪嫌疑人家庭合法收入和支出的差额可能形成的存款
利息收入问题。这个问题可以通过财务数据测算业务，由司法会计师测算虚拟存
款利息额，以确定利息收入额，作为证明其合法来源的组成部分。

经过进一步的沟通，侦查人员明确了测算上述虚拟存款的利息收入额涉及的
下列特别假定事项：

一是，岳××家庭自 1981 年至 2005 年期间的个人收支差额全部存入银行；

二是，岳××家庭年支出额为本市城市居民年人均消费支出额；

三是，岳××存款利率为央行设定的存款基准利率（一年期存款利率）。

在明确上述特别假定事项的基础上，侦查部门提出了测算事项：按照××市
统计局 1981 年至 1993 年 4 月《国有经济职工平均工资》统计资料以及岳××
1993 年 5 月至 2005 年、秦××1993 年 5 月至 2005 年、岳×2005 年所在单位各
时期支付各种款项确定的收入，减去三人 1981 年至 2005 年按照××市统计局
《各时期城市居民生活情况》统计资料所列对应年份的城市居民年人均消费支出
后的差额，依据中国人民银行各年度基准存款利率（一年期存款利率），测算上
述差额所形成的（扣除利息税后）利息金额。

司法会计师根据测算原理设计了电子表格，并利用检验结果、统计数据进行
了原始数据的填列。该表格自动形成各年度收入额、支出额、累计额、利息额、
利息所得额以及利息所得总额。

司法会计师通过检验相关单位的财务会计资料，出具了四份《司法会计检
验报告》，确认了岳××等人的个人薪酬收入额。后测算出虚拟存款利息额，提
供了《司法会计测算意见书》。这些文书为检察机关确认岳××涉嫌巨额财产来
源不明罪提供了具体的证据。法院在判决书中也引用了这些文书所提供的金额数
额。以下是相关文书。

司法会计检验报告

×检技鉴〔20××〕第 15 号

根据××市××区人民检察院〔20××〕5 号《聘请书》，受该院聘请，对××制药集团有限责任公司总经理岳××涉嫌受贿、巨额财产来源不明一案涉及的财务会计资料进行司法会计检验。

检验事项：查明××市食品药品检验所 1993 年 4 月至 2004 年 3 月期间支付岳××薪金、奖励、福利等个人收入款项情况。

200×年×月×日，由本案侦查人员刘××、孙××在场，在××市食品药品检验所对 1993 年 4 月至 2004 年 3 月薪金、补助、福利发放资料进行了检验。

一、检验

（一）检验××市食品药品检验所财务会计资料证实，该所 1993 年 4 月至 2004 年 3 月期间应付岳××工资总额为 172,497.44 元，扣除款项合计额为 14,097.75 元，实付工资总额为 158,399.69 元（详见附件一）。

（二）检验××市食品药品检验所财务会计资料证实，该所 1993 年 4 月至 2004 年 3 月期间支付岳××奖金、补助、防暑降温费等总额为 186,782.21 元，扣款 10,575.00 元，实付总额为 176,207.21 元（详见附件二）。

上述实际支付岳××薪金、奖金、加班费、补助、防暑降温费等工资、补助、福利总额为 334,570.50 元（158,399.69 元＋176,207.21 元）。

二、检验结果

检验××市食品药品检验所财务会计资料证实，××市食品药品检验所 1993 年 4 月至 2004 年 3 月实际支付岳××薪金、奖励、福利等个人收入款项共计 334,570.50 元。

　　　　　　　　　　　　　　　××人民检察院司法鉴定中心

　　　　　　　　　　　　　　　司法会计师：×××（签名）

　　　　　　　　　　　　　　　司法会计师：×××（签名）

　　　　　　　　　　　　　　　二〇××年×月×日

附件一：食品药品检验所 1993 年 4 月至 2004 年 3 月支付岳××工资情况，共 7 页。

附件二：食品药品检验所 1993 年至 2004 年支付岳××奖金、福利情况，共 5 页。

××市食品药品检验所 1993 年 4 月至 2004 年 3 月支付岳××工资情况（附件一）

日期	凭证编号	应发工资	扣款合计	实发工资
1993 年 5 月	现付＊＊	332.52	24	308.52
1993 年 6 月	现付＊＊	332.52	24	308.52
1993 年 7 月	现付＊＊	332.52	24	308.52
1993 年 8 月	现付＊＊	332.52	24	308.52
……	……	……	……	……
2004 年 1 月	银付＊＊	2,696.28	258.28	2,438.00
2004 年 2 月	银付＊＊	2,696.28	258.28	2,438.00
2004 年 3 月	银付＊＊	2,696.28	319.28	2,377.00
合计		172,497.44	14,097.75	158,399.69

××市食品药品检验所 1993 年至 2004 年支付岳××奖金、福利情况（附件二）

日期	凭证编号	摘要	应发金额	扣款	实发金额
1993.7	现付＊＊	午餐	30	0	30
1993.8	现付＊＊	7 月奖金	187.7	0	187.7
1993.12	现付＊＊	11 月奖金	187.7	0	187.7
1993.12	现付＊＊	加班费	24	0	24
2002.12	现付＊＊	加班费	229.47	0	229.47
2002.12	现付＊＊	加班费	843.19	0	843.19
2003.12	现付＊＊	奖金	35,000.00	0	35,000.00
合计			186,782.21	10,575.00	176,207.21

司法会计检验报告

×检技鉴〔20××〕第 16 号

根据××市××区人民检察院〔20××〕5 号《聘请书》，受该院聘请，对××制药集团有限责任公司总经理岳××涉嫌受贿、巨额财产来源不明一案涉及的财务会计资料进行司法会计检验。

检验事项：查明××制药集团有限责任公司 2004 年 4 月至 2005 年期间支付岳××薪金、奖励、福利等个人收入款项情况。

200×年×月×日，由本案侦查人员刘××、孙××在场，在××制药集团有限责任公司对 2004 年 4 月至 2005 年发放薪金、补助、福利等资料进行了检验。

一、检验

（一）检验××制药集团有限责任公司财务会计资料证实，该集团 2004 年 4 月至 2005 年应支付岳××工资总额为 132,404.70 元，扣除款项合计为 32,015.77 元，实付工资总额为 100,388.93 元（详见附件一）。

（二）检验××制药集团有限责任公司财务会计资料证实，××制药集团有限责任公司 2004 年至 2005 年支付岳××奖金、加班费等款项总额为 180,808.35 元，扣款 25,092.23 元，实付总额 155,716.12 元（详见附件二）。

上述实际支付岳××薪金、奖金、加班费等工资、补助、奖金总额为 256,105.05 元（100,388.93 元 + 155,716.12 元）。

二、检验结果

检验××制药集团有限责任公司财务会计资料证实，××制药集团有限责任公司 2004 年 4 月至 2005 年实际支付岳××薪金、奖金、补助等个人收入款项 256,105.05 元。

××人民检察院司法鉴定中心

司法会计师：×××（签名）

司法会计师：×××（签名）

二○××年×月×日

附件一：2004 年 4 月至 2005 年××制药集团发放岳××工资情况，共 2 页。

附件二：2004 年 4 月至 2005 年××制药集团支付岳××奖金、补助情况，共 2 页。

2004 年 4 月至 2005 年××制药集团发放岳××工资情况（附件一）

日期	应发工资	凭证编号	扣款合计	实发工资
2004 年 4 月	3,283.00	银付＊＊	361.1	2,921.90
2004 年 5 月	3,283.00	银付＊＊	420.19	2,862.81
……	……	……	……	……
2005 年 10 月	6,647.44	银付＊＊	1,432.44	5,215.00
2005 年 11 月	6,647.44	银付＊＊	1,432.44	5,215.00
2005 年 12 月	6,647.44	银付＊＊	1,432.44	5,215.00
合计	132,404.70		32,015.77	100,388.93

2004 年 4 月至 2005 年 ××制药集团支付岳××奖金、补助情况（附件二）

日期	编号	摘要	应发金额	扣款	实发金额
2004.4	现付＊＊	一季度考核奖	480	24	456
2004.4	现付＊＊	奖金	795	0	795
2004.5	现付＊＊	岗位补助	140	0	140
……	……	……			……
2005.7	现付＊＊	电话费节余	1,470.00	0	1,470.00
2005.6	现付＊＊	半年考核奖	3,382.35	382.35	3,000.00
2005.12	现付＊＊	半年考核奖	3,000.00	0	3,000.00
合计			180,808.35	25,092.23	155,716.12

司法会计检验报告

×检技鉴〔20××〕第 17 号

根据××市××区人民检察院〔20××〕5 号《聘请书》，受该院聘请，对××制药集团有限责任公司总经理岳××涉嫌受贿、巨额财产来源不明一案涉及的财务会计资料进行司法会计检验。

检验事项：查明送检的 1993 年 4 月至 2005 年××市食品药品检验所相关的工资结算表及其他有关财务资料记载的支付秦××薪金、奖励、福利等个人收入款项情况。

200×年×月×日，由本案侦查人员刘××、孙××在场，在××市食品药品检验所对 1993 年 4 月至 2005 年薪金、补助、福利发放资料进行了检验。

一、检验：

（一）检验××市食品药品检验所财务会计资料证实，该所 1993 年 4 月至 2005 年期间应付秦××工资总额为 132,310.67 元，扣除款项合计额为 14,097.75 元，实付工资总额为 127,186.91 元（详见附件一）。

（二）检验××市食品药品检验所财务会计资料证实，该所 1993 年 4 月至 2005 年（1999 年无发放其本人非工资收入的记录）期间支付秦××奖金、加班费等总额为 3,390.00 元，扣款总额为 220.72 元，实际支付总额为 3,169.28 元（详见附件二）。

上述实际支付秦××薪金、奖金、加班费等薪酬、补助总额为 130,356.19 元（127,186.91 元＋3,169.28 元）。

二、检验结果

检验××市食品药品检验所财务会计资料证实，××市食品药品检验所1993年4月至2005年期间实际支付秦××薪金、奖励、福利等个人收入款项共计130,356.19元。

××人民检察院司法鉴定中心

司法会计师：×××（签名）

司法会计师：×××（签名）

二〇××年×月×日

附件一：××市食品药品检验所1993年4月至2005年支付秦××工资情况，共9页。

附件二：××市食品药品检验所1993年至2005年支付秦××其他收入情况，共2页。

××市食品药品检验所1993年4月至2005年支付秦××工资情况（附件一）

日 期	凭证编号	工资合计	扣款合计	实发工资
1993年5月	现付**	209.1	0	209.1
1993年6月	现付**	209.1	0	209.1
1993年7月	现付**	209.1	0	209.1
……	……	……	……	……
2005年10月	银付**	1,614.95	0	1,614.95
2005年11月	银付**	1,614.95	0	1,614.95
2005年12月	银付**	1,638.95	0	1,638.95
合计		132,310.67	5,123.76	127,186.91

××市食品药品检验所1993年至2005年支付秦××奖金、福利情况（附件二）

日 期	编号	发放事由	工资合计	扣款	实发工资
1993年7月	现付**	奖金	91.00	0	91.00
1993年12月	现付**	奖金	121.00		121.00
1994年2月	现付**	夜班费	22.00		22.00
1994年2月	现付**	奖金	875.00	200	675.00
1997年1月	现付**	奖金	368.00	0	368.00

续表

日期	编号	发放事由	工资合计	扣款	实发工资
1997 年 6 月	现付＊＊	奖金	80.00	0	80.00
1997 年 7 月	现付＊＊	奖金	74.00	10.72	63.28
1997 年 7 月	现付＊＊	奖金	74.00	0	74.00
1997 年 8 月	现付＊＊	奖金	78.00	0	78.00
1997 年 10 月	现付＊＊	奖金	78.00	0	78.00
1997 年 10 月	现付＊＊	奖金	150.00	0	150.00
1997 年 11 月	现付＊＊	奖金	78.00	0	78.00
1997 年 12 月	现付＊＊	奖金	78.00	0	78.00
1997 年 12 月	现付＊＊	奖金	120.00	0	120.00
1998 年 1 月	现付＊＊	奖金	240.00	0	240.00
……	……	……	……	……	……
2004 年 3 月	现付＊＊	奖金	60.00	0	60.00
2004 年 4 月	现付＊＊	奖金	78.00	0	78.00
2004 年 6 月	现付＊＊	奖金	20.00	0	20.00
2004 年 7 月	现付＊＊	奖金	78.00	0	78.00
2004 年 10 月	现付＊＊	奖金	324.00	0	324.00
2005 年 2 月	现付＊＊	奖金	225	0	225.00
合计			3,390.00	220.72	3,169.28

司法会计检验报告

×检技鉴〔20××〕第 18 号

　　根据××市××区人民检察院〔20××〕5 号《聘请书》，受该院聘请，对××制药集团有限责任公司总经理岳××涉嫌受贿、巨额财产来源不明一案涉及的财务会计资料进行司法会计检验。

　　检验事项：查明××市××市工程咨询院食品药品检验所 2005 年支付岳×薪金、奖励、福利等个人收入款项情况。

　　200×年×月×日，由本案侦查人员刘××、孙××在场，在××市工程咨询院对该院 2005 年薪金、补助、福利发放资料进行了检验。

一、检验

检验××市工程咨询院财务会计资料证实，该院 2005 年应付岳×工资总额 14,040.00 元，扣除款项合计额为 1,725.96 元，实发总额为 12,314.04 元，详见下表：

日期	凭证号	应发金额	扣款	实发金额
2005 年 3 月	银付＊＊	1,500.00	40.00	1,460.00
2005 年 4 月	银付＊＊	540.00	0.00	540.00
2005 年 5 月	银付＊＊	1,500.00	40.00	1,460.00
2005 年 6 月	银付＊＊	1,500.00	475.72	1,024.28
2005 年 7 月	银付＊＊	1,500.00	212.68	1,287.32
2005 年 8 月	银付＊＊	1,500.00	212.68	1,287.32
2005 年 9 月	银付＊＊	1,500.00	222.28	1,277.72
2005 年 10 月	银付＊＊	1,500.00	174.20	1,325.80
2005 年 11 月	银付＊＊	1,500.00	174.20	1,325.80
2005 年 12 月	银付＊＊	1,500.00	174.20	1,325.80
合计		14,040.00	1,725.96	12,314.04

二、检验结果

经检验，送检××市工程咨询院的财务资料证实，××市工程咨询院 2005 年支付岳×应发工资总额 27,258.00 元；扣款分别为：公积金 570.64 元、失业保险 81.52 元、其他扣款 263.04 元、扣款 770.76 元，扣款总额 1,685.96 元；支付岳×实发工资总额 25,572.04 元。

××人民检察院司法鉴定中心

司法会计师：×××（签名）

司法会计师：×××（签名）

二〇××年×月×日

司法会计测算意见书

×检技鉴〔20××〕第 19 号

根据××市××区人民检察院〔20××〕5 号《聘请书》，受该院聘请，对××制药集团有限责任公司总经理岳××涉嫌受贿、巨额财产来源不明一案涉及的财务数据进行司法会计测算。

测算事项：按照××市统计局 1981 年至 1993 年 4 月《国有经济职工平均工资》统计资料以及岳×× 1993 年 5 月至 2005 年、秦×× 1993 年 5 月至 2005 年、岳× 2005 年所在单位各时期支付各种款项确定的收入，减去三人 1981 至 2005 年按照××市统计局《各时期城市居民生活情况》统计资料所列对应年份的城市居民年人均消费支出后的差额，依据中国人民银行各年度基准存款利率（一年期存款利率），测算上述差额所形成的（扣除利息税后）利息金额。

200× 年 × 月 × 日，本案侦查人员刘××、孙×× 送来××市统计局《各时期城市居民生活情况》、中国人民银行××分行货币信贷管理处《金融机构法定存款利率表》。

一、测算依据

（一）测算岳××收入计算依据：（1）××市统计局"国有经济职工平均工资"统计资料所列 1981 年至 1993 年 4 月期间各月工资额；（2）×检技鉴〔20××〕15 号、16 号《司法会计检验报告》所列××市食品药品检验所 1993 年 4 月至 2005 年期间实际支付岳×× 薪金、奖励、福利等个人收入。

（二）测算秦××收入计算依据：（1）××市统计局"国有经济职工平均工资"统计资料所列 1981 年 2 月至 1993 年 4 月期间各月工资额；（2）×检技鉴〔20××〕17 号《司法会计检验报告》所列××市食品药品检验所 1993 年 4 月至 2005 年期间实际支付秦×× 薪金、奖励、福利等个人收入。

（三）测算岳×收入计算依据：×检技鉴〔20××〕18 号《司法会计检验报告》所列××市工程咨询院 2005 年支付岳×工资总额。

（四）测算岳××、秦××、岳×消费开支计算依据：依据××市统计局提供的"各时期城市居民生活情况"所列 1981 年至 2005 年各月个人消费性支出额。

（五）测算利息的利率依据，中国人民银行《金融机构法定存款利率表》1981 年至 2005 年各期基准利率。

二、测算原理

1981 年利息额 =（个人收入总额 - 个人支出总额）÷2 ×1981 年一年期利率

1982 年至 1999 年每年度利息收入 = ［（以前年度计息收支差额累计 +（当年度个人收入总额 - 当年度个人支出总额）÷2 + 以前年度利息额累计额］×当年度年基准利率

2000 年至某期间虚拟存款利息收入所得 = 当期利息额 ×（1 - 利息税率）

根据上述测算原理及前述计算依据，各年度利息合计金额为 75,717.09 元（具体测算过程详见附件）。

三、测算结果

　　按照××市统计局 1981 年至 1993 年 4 月《国有经济职工平均工资》统计资料以及岳×× 1993 年 5 月至 2005 年、秦×× 1993 年 5 月至 2005 年、岳× 2005 年所在单位各时期支付各种款项，减去三人 1981 年至 2005 年按照××市统计局《各时期城市居民生活情况》统计资料所列对应年份的城市居民年人均消费支出后的差额，依据中国人民银行各年度基准存款利率（一年期存款利率），可形成利息金额为 75,717.09 元。

××人民检察院司法鉴定中心

司法会计师：×××（签名）

司法会计师：×××（签名）

二○××年×月×日

　　附：岳××、秦××、岳×各年度收支差额及利息额测算表，共 2 页。

第十节　财务数据测算业务案例——虚拟经营损益额测算案例

一、送检背景

　　某集团公司所属专用材料有限公司的主要业务之一是生产 A 型涂敷品，并内销本集团公司相关单位。财务流程是：集团公司向所属使用 A 型涂敷品的企业下达采购、涂敷计划，并规定结算价格，然后指令专用材料有限公司按照计划生产并向相关企业提供 A 型涂敷品，专用材料有限公司凭相关企业的入库单开出发票，到集团公司结算货款。按照规定的经营方式，专用材料有限公司应当负责将涂敷品涂于相关成件表层，因而该公司按照服务类业务缴纳营业税，但该公司的实际操作中则是仅提供涂敷品，涂敷工作由相关企业自行承担。集团公司向所属相关单位下达过 2007 年 A 型涂敷品 18.1 吨的采购、涂敷计划，但并未通知专用材料有限公司组织生产。专用材料公司总经理范某得知这一情况后，便通过个人成立的公司组织加工了 A 型涂敷品 18.1 吨，然后按照集团公司给所属单位的采购计划，以专用材料有限公司的名义送给相关单位，并向集团公司结算了货款，从而导致了专用材料有限公司因未能经营该项业务而产生了利润损失。集团公司向公安机关举报范某，公安机关以范某涉嫌国有公司人员滥用职权罪立案。该案侦查中涉及确认专用材料有限公司的利润损失问题，侦查人员让集团公司提供发案单位损失的利润额。集团公司财务人员计算了利润损失额为 579,200 元，并以集团公司的名义形成书面证明材料提供给公安机关。公安机关将该证明材料作为证据随案移送审查起诉。

公诉机关起诉后，辩护律师在法庭调查中就某集团公司出具的损失证明材料提出了异议，认为利润损失额的确认应当依据司法会计鉴定意见判断，某集团公司提供的证明材料不具备证据的客观性、合法性要求。于是，辩护律师要求就利润损失问题进行司法会计鉴定。法庭认可辩护律师的意见。后公诉机关在该案休庭期间聘请司法会计师进行司法会计鉴定。

二、测算业务的受理情况

司法会计师听取了送检方关于案情、鉴定目的、鉴定事项的介绍，认为该项业务不属于司法会计鉴定业务。主要理由是：经营损益问题鉴定只能针对实际存在的经营活动所产生的经营损益额问题进行鉴别、判定，但本案中的专用材料有限公司并未生产、经营涉案 A 型涂敷品，也就没有形成鉴定该问题所需材料，因而不具备进行司法会计鉴定的一般假定前提要求。司法会计师告知送检方可以通过测算虚拟经营损益额，以测算意见作为证据证明本案的利润损失额的参考证据。送检方同意改为测算业务。

司法会计师与送检方商定了测算事项："根据某专用材料有限公司 2007 年实际形成的税费率以及 2008 年生产加工 A 型涂敷品的相关数据，测算该公司 2007 年增加经营 18.1 吨 A 型涂敷品业务可能产生的经营损益额"。这一测算事项明确：（1）测算财务数据的类型——经营损益额；（2）参照目标——某材料有限公司 2007 年实际形成的税费率及 2008 年生产加工 A 型涂敷品的相关数据。

司法会计师根据上述测算事项，要求送检方提供能够证明经营价格的集团公司《2007 年 A 型涂敷品涂敷范围及费用结算表》、能够证明参照税费额的财务会计资料证据，同时，由于需要通过现场检验参照目标涉及相关财务会计资料，要求送检方准备某材料有限公司的 2006 年至 2009 年的财务会计资料。

三、主要操作事项与测算结果

司法会计师拟订了测算方案。本项测算业务仅涉及发案单位的某一产品的经营损益额，且能够获取证明相关测算依据的资料，确定采用分项测算法。测算原理为：可增加经营损益额 = 可得收入 - 原料采购成本 - 加工人工费 - 包装费 - 生产费用 - 流转税费 - 管理费用 - 财务费用 - 所得税。

1. 测算可得收入

由于某集团公司按照计划价格结算，因而 18.1 吨 A 型涂敷品的可得收入可以根据该公司的计划价格和数量直接确定。司法会计师根据该集团公司《2007 年 A 型涂敷品涂敷范围及费用结算表》规定的每吨结算价格 10 万元，计算出

18.1 吨 A 型涂敷品可得收入为 181 万元。

2. 测算原料采购成本

为了确定原料采购成本，司法会计师查验专用材料公司 2006 年至 2009 年库存原材料账户资料，发现除 2007 年未购进 A 型涂敷品的原料外，该公司所用 A 型涂敷品的原料均固定从某化工所购入。根据送检的供销合同复印件及专用材料有限公司 2008 年的采购凭证，原料购入单价为 61,000 元/吨（含增值税），按照 18.1 吨计算（未考虑消耗）原料价款为 1,104,100 元。根据合同规定，原料均由 ×化工所提供运输，因而不存在运输、装卸费用等采购成本。

3. 测算直接加工费用

司法会计师检验专用材料有限公司 2006 年至 2009 年账户资料发现，该公司设置了"委托加工物资——A 型涂敷品"账户。检验该账户资料，确定该公司生产 A 型涂敷品均采用发包加工的方法，其中 2008 年加工单价均为 3,500 元/吨，依此测算 18.1 吨 A 型涂敷品的加工人工费为 63,350 元。

4. 测算销售包装费用

司法会计师检验了专用材料有限公司包装物账户资料，证实该公司 2008 年仅购进一批 A 型涂敷品的包装用纸箱，总数量为 2,156 个，价税合计为 9,486.40 元，其单价应当为 4.40 元/只。根据送检方提供的 A 型涂敷品包装纸箱照片，每箱装载 A 型涂敷品 10kg，测算出 18.1 吨 A 型涂敷品所需包装箱数量为 1,810 只，包装费总费用则为 1,810×4.40＝7,964（元）。

5. 测算生产费用

司法会计师根据案情增加了关于生产费用的特别假定，即专用材料有限公司 2007 年增加 A 型涂敷品经营，会引起相关生产费用的增加，主要会引起增加的生产费用项目包括生产用水费、生产用电费、办公费、装卸费、其他支出。不引起生产费用发生变化的其他费用项目则不考虑。例如：由于该公司采用支付加工费方式形成直接生产，该费用已经单独测算，因而除加工费外，不会增加人员工资、以工资为基础的各项计提费用，如：固定资产折旧是按照固定资产原值进行折算的，增加业务量并不会带来该公司固定资产折旧费用的增加（具体加工设备的磨损由承包加工者自负）。

根据上述假定，司法会计师分别检验了该公司 2007 年的营业收入及相关费用资料，确定营业收入总额为 24,310,260.60 元、相关生产费用合计为 1,919,226.01 元，并据此确定了收入费用率为 7.8947159%，按照加工 18.1 吨 A 型涂敷品可增加营业收入 1,810,000 元测算，需增加生产费用总额为 142,894.36 元。

6. 测算流转税费

按照 18.1 吨 A 型涂敷品可获得 1,810,000 元收入测算，销售 18.1 吨 A 型涂敷品应纳营业税 90,500 元、城市建设维护税 6,335 元、教育费附加 2,715 元、地方教育费附加 905 元，税费合计 100,455 元。

7. 测算管理费用

司法会计师根据案情增加了关于管理费用的特别假定，即专用材料有限公司 2007 年增加 A 型涂敷品经营，会引起相关管理费用的增加。可能会引起增加的管理费用项目包括第七项检验结果所列管理用燃料费、修理费、办公费、业务招待费、其他支出。不引起管理费用发生变化的其他费用项目则不考虑，如由于该公司管理人员固定费用和固定资产费用不会因增加该项业务而导致变化，该项因而不会增加管理人员的工资、以工资为基础的计提费用、固定资产折旧费用等相关费用。

根据上述假定，司法会计师分别检验了该公司 2007 年的营业收入及相关费用资料，确定营业收入总额为 24,310,260.60 元、相关管理费用合计为 639,261.60 元，并据此确定了收入费用率为 2.6295958%，按照加工 18.1 吨 A 型涂敷品可增加营业收入 1,810,000 元测算，需增加管理费用总额为 47,595.68 元。

8. 测算财务费用

司法会计师根据案情增加了关于财务费用的特别假定，即专用材料有限公司 2007 年增加 A 型涂敷品经营，会引起相关财务费用的变化。司法会计师据此分别检验了该公司 2007 年的营业收入及财务费用资料，确定营业收入总额为 24,310,260.60 元、财务费用合计为 -13,441.01 元，并据此确定了收入费用率为 -0.0552895%，按照加工 18.1 吨 A 型涂敷品可增加营业收入 1,810,000 元测算，财务费用的变化为 -1,000.74 元。

9. 测算企业所得税

专用材料有限公司增加 18.1 吨 A 型涂敷品可得利润总额 = 可得收入 - 采购成本 - 加工人工费 - 包装费 - 生产费用 - 流转税费 - 管理费用 - 财务费用。根据前述收入、成本、税费测算结果，专用材料有限公司增加 18.1 吨 A 型涂敷品可得利润总额为 344,641.70 元。

司法会计师通过检验专用材料有限公司 2007 年利润资料及所得税计提资料证实，该公司账面利润额为 2,615,048.52 元，计提企业所得税 401,607.85 元，平均税率 15.357568%。专用材料有限公司增加 18.1 吨 A 型涂敷品应纳企业所得税额为 52,928.58 元。

司法会计师根据上述测算原理和对经营损益额具体构成进行测算的结果，计算出专用材料有限公司增加 18.1 吨 A 型涂敷品可得利润为 292,945.44 元，并出具了下列司法会计测算意见书。

司法会计测算意见书

×会鉴〔20××〕第×号

根据××市××区人民检察院刑字〔2009〕第 10 号《聘请书》，受该院聘请，对××专用材料有限公司总经理范某涉嫌国有公司人员滥用职权案涉及的财务数据进行测算。

测算事项：根据××专用材料有限公司 2007 年实际形成的税费率以及 2008 年生产加工 A 型涂敷品的相关数据，测算该公司 2007 年增加生产经营 18.1 吨 A 型涂敷品业务可能产生的经营损益额。

20××年×月×日，××区人民检察院检察员×××、×××送来下列材料：

1. ××专用材料有限公司（以下简称专用材料公司）的上级单位××集团公司（以下简称×集团公司）《2007 年 A 型涂敷品涂敷范围及费用结算表》复印件；

2. 专用材料公司与××化工材料研究所（以下简称×化工所）2008 年签订的供销合同复印件；

3. 专用材料公司 2008 年从×化工所购入 A 型涂敷品发票复印件；

4. 专用材料公司 2008 年"委托加工物资——A 型涂敷品"明细账页、记账凭证、附件复印件；

2009 年 12 月 20 日至 23 日，由××区人民检察院检察员×××、×××在场，在专用材料公司总经理办公室对该公司相关财务会计资料进行了技术检验。

一、测算依据

1. ×集团公司《2007 年 A 型涂敷品涂敷范围及费用结算表》显示：2007 年所需涂敷 A 型涂敷品的计划为：A 分公司 1.3 吨、B 分公司 1.7 吨、C 分公司 8.2 吨、D 分公司 1.3 吨、E 分公司 1.0 吨、F 分公司 4.6 吨，涂敷结算价格为每吨 10 万元。

2. 专用材料公司与×化工所签订的供销合同复印件以及专用材料公司 2008 年从×化工所购入 A 型涂敷品原料的凭证等记载：2008 年购入单价均为 61,000 元/吨（含增值税），由×化工所送货至专用材料公司。检验该公司 2008 年成本、费用账户资料，未见运送该项原料运输费用的结算资料。

3. 经检验专用材料公司 2008 年"委托加工物资——A 型涂敷品"账户资料证实，该公司全年加工 A 型涂敷品支付加工费（人工费）均为每吨 3,500 元。

4. 专用材料公司 2008 年 1 月 21 日购进包装 A 型涂敷品用纸箱 2,156 个，价税合计为 9,486.40 元（详检该公司 2008 年 1 月第 33 号银行付款凭证及附件）。

送检方提供的 A 型涂敷品包装纸箱照片显示：10kg/箱。

5. 检验专用材料公司 2007 年度《利润及利润分配》及营业收入账户资料证实，该公司 2007 年账面列示营业收入总额为 24,310,260.60 元。

6. 检验专用材料公司《×集团企业期间费用情况表》及相关费用明细账户资料证实，该公司 2007 年账面列示部分生产费用金额如下：

生产用水费：11,422.98 元；

生产用电费：45,691.92 元；

办公费：747,054.83 元；

装卸费：610,114.75 元；

其他支出：504,941.53 元。

上述费用合计为 1,919,226.01 元。

7. 检验专用材料公司《×集团企业期间费用情况表》及相关管理费用明细账户资料证实，该公司 2007 年账面列示部分管理费用金额如下：

生产用燃料费：24,056.84 元；

修理费：12,479.00 元；

办公费：411,471.25 元；

业务招待费：160,826.90 元；

其他支出：30,427.61 元。

上述费用合计为 639,261.60 元。

8. 检验专用材料公司 2007 年度《利润及利润分配》及财务费用明细账户资料证实，该公司 2007 年财务费用为 -13,441.01 元。

9. 检验专用材料公司 2007 年度《利润及利润分配》及相关明细账户资料证实，该公司 2007 年账面列示利润额为 2,615,048.52 元，计提企业所得税 401,607.85 元。

二、测算情况

本项经营损益额测算按照下列原理测定：

可形成经营损益额 = 可得收入 - 原料采购成本 - 加工人工费 - 包装费 - 生产费用 - 流转税费 - 管理费用 - 财务费用 - 所得税

（一）关于可形成经营损益额的测算

根据第 1 项检验结果所列 10 万元/吨结算单价计算，专用材料公司经营 18.1 吨 A 型涂敷品可得收入为 1,810,000 元，即

18.1 吨 × 10 万元/吨 = 1,810,000 元

（二）关于原料采购成本的测算

根据第 2 项检验结果所列 61,000 元/吨的原料采购单价计算，专用材料公司采购 18.1 吨 A 型涂敷品原料价款为 1,104,100 元，即

18.1 吨 × 61,000 元/吨 = 1,104,100 元

（三）关于直接加工费用的测算

根据第 3 项检验结果所列 3,500 元/吨的加工人工费单价计算，专用材料公司加工 18.1 吨 A 型涂敷品人工费用为 63,350 元，即

18.1 吨×3,500 元/吨＝63,350 元

（四）关于包装费用的测算

根据第 4 项检验结果所列专用材料公司采购 2,156 只 A 型涂敷品包装箱价税合计为 9,486.40 元计算，每个包装箱单价为 4.40 元，即

9,486.40 元/2,156 只＝4.40 元/只

根据第 4 项检验结果所列单个包装箱包装量计算，每吨包装箱消耗量为 100 个，18.1 吨包装箱费用为 7,964 元，即

18.1 吨所需包装箱数量＝18.1 吨×100 只/吨＝1,810 只

18.1 吨所需费用＝1810 只×4.40 元/只＝7,964 元

（五）关于生产费用的测算

本项测算中特别假定：专用材料公司 2007 年增加 A 型涂敷品经营，会引起相关生产费用的增加。由于该公司采用支付加工费方式进行，因而除加工费外，不会增加人员工资、以工资为基础的计提费用、固定资产折旧费用等相关费用。可能会引起增加的生产费用项目包括第 6 项检验结果所列生产用水费、生产用电费、办公费、装卸费、其他支出。

根据第 5、6 项检验结果及上述鉴定原理，计入可能会引起增加生产费用的部分的生产费用率为：可增加生产费用额/年度营业收入，即

1,919,226.01/24,310,260.60 元＝7.8947159%

增加 1,810,000 元营业收入可增加生产费用为：增加营业收入×生产费用率，即：

1,810,000 元×7.8947159%＝142,894.36 元

（六）关于流转税费的测算

根据第 1 项测算结果所述营业收入以及营业税、城市建设维护税的税率和相关附加率，销售 18.1 吨 A 型涂敷品应纳税费 100,455 元，即

营业税＝1,810,000 元×5%＝90,500 元

城市建设维护税＝90,500 元×7%＝6,335 元

教育费附加＝90,500 元×3%＝2,715 元

地方教育费附加 90,500 元×1%＝905 元

税费合计＝90,500 元＋6,335 元＋2,715 元＋905 元＝100,455 元

（七）关于管理费用的测算

本项测算中特别假定：专用材料公司 2007 年增加 A 型涂敷品经营，会引起相关管理费用的增加。由于该公司管理人员固定费用和固定资产费用不会因增加

该项业务而导致变化，因而不会增加人员工资、以工资为基础的计提费用、固定资产折旧费用等相关管理费用。可能会引起增加的管理费用项目包括第 7 项检验结果所列生产用燃料费、修理费、办公费、业务招待费、其他支出。

根据第 5、7 项检验结果及上述假定，计入可能会引起增加管理费用的部分的管理费用率为：可增加管理费用额/年度营业收入，即

639,261.60 元/24,310,260.60 元 = 2.6295958%

增加 1,810,000 元营业收入可能增加管理费用为：增加营业收入×管理费用率，即

1,810,000 元×2.6295958% = 47,595.68 元

（八）关于财务费用的测算

本项测算中特别假定：专用材料公司 2007 年增加 A 型涂敷品经营，会引起相关财务费用的变化。

根据第 5、8 项检验结果及上述鉴定原理，计入可能会引起增加财务费用的部分的财务费用率为：可增加财务费用额/年度营业收入，即

-13,441.01 元/24,310,260.60 元 = -0.0552895%

增加 1,810,000 元营业收入可能增加加工财务费用为：增加营业收入×财务费用率，即

1,810,000 元× -0.0552895% = -1,000.74 元

（九）利润总额的测算

专用材料公司增加 18.1 吨 A 型涂敷品可得利润总额 = 可得收入 - 采购成本 - 加工人工费 - 包装费 - 生产费用 - 流转税费 - 管理费用 - 财务费用。

根据前述（二）至（八）测算结果，专用材料公司增加 18.1 吨 A 型涂敷品可得利润总额为 344,641.70 元，即

1,810,000 元 -1,104,100 元 -63,350 元 -7,964 元 -142,894.36 元 -100,455 元 -47,595.68 元 -（-1,000.74）元 = 344,641.70 元

（十）关于企业所得税的测算

根据第 9 项检验结果计算该公司企业所得税平均税负率为 15.357568%，即利润总额 2,615,048.52 元/企业所得税 401,607.85 元 = 15.357568%

根据上述论证结果，专用材料公司增加 18.1 吨 A 型涂敷品应纳企业所得税额为：增加利润额×企业所得税平均税负率，即

344,641.70 元×15.357568% = 52,928.58 元

（十一）根据上述鉴定原理及论证结果，专用材料公司增加 18.1 吨 A 型涂敷品可得利润为 292,945.44 元，即

利润总额 344,641.70 元 - 所得税额 52,928.58 元 = 净利润额 292,945.44 元

三、测算意见

根据对送检的××专用材料有限公司财务会计资料的检验结果，以该公司2007年实际形成的税费率以及2008年生产加工A型涂敷品的相关数据，测算该公司2007年增加经营18.1吨A型涂敷品业务可获利润额292,945.44元。

××市人民检察院司法鉴定中心

司法会计师：×××（签名）

司法会计师：×××（签名）

二○××年×月×日

第七章 司法会计师文证审查业务与案例

第一节 司法会计文证审查业务概述

一、文证审查业务的含义

"文证审查"一词来源于法医学的一种检验手段，原意是指法医师通过对病历、医学检验报告、照片等文书证据材料的检验，获取进行法医学鉴定所需信息的方法。后来随着检察机关审查批准逮捕、审查起诉的需要，检察官经常需要法医师协助审查法医鉴定文书、法医检验报告等文书证据，逐步形成了法医师的一项诉讼协助业务。检察机关借助于法医学名词将这项诉讼协助业务命名为"法医文证审查"。20世纪90年代初，随着司法会计专业的发展，司法会计师也开展了类似的证据审查业务，并称之为"司法会计文证审查"。

司法会计文证审查，泛指诉讼主体对案件中反映的财务会计业务内容的文书证据材料进行审查判断的诉讼活动，这些文书证据材料包括财务会计资料证据、各种报告文书以及其他涉及财务会计业务内容的书面的言词证据。由于审查这些文书证据材料会涉及对司法会计、财务会计知识和技能的运用，因而被称为司法会计文证审查。

司法会计文证审查业务，专指司法会计师对案件中含有财务会计业务内容的文书证据材料进行的技术性审查，是司法会计师实施的一项诉讼协助业务。由于文证审查业务的主体限定于司法会计师，相对于诉讼主体所进行的文证审查而言，理论上称之为狭义的司法会计文证审查。

从上述概念可以看出，司法会计文证审查与司法会计文证审查业务，都是指对案件中反映财务会计业务内容的文书证据材料进行的审查判断。二者的区别在于：

1. 审查人不同。广义的司法会计文证审查是案件审查的组成部分，审查人主要是诉讼主体，也包括司法会计师；狭义的司法会计文证审查则仅指由司法会计师进行的一项技术协助活动，审查人仅指司法会计师。

2. 审查的内容不同。广义的司法会计文证审查是指对反映财务会计业务内容的所有文书证据材料的全部内容进行的审查与判断；狭义的司法会计文证审查则仅指对反映财务会计业务内容的文书证据材料的技术性内容进行的审查与判断。

文证审查业务的产生，主要是基于诉讼需要，即诉讼主体在审查证据中因缺乏必要的专业知识遇到困难时，需要司法会计师提供诉讼协助，因此，司法会计师执行文证审查业务的任务是，运用司法会计技能，协助诉讼主体审查判断案件中反映财务会计业务的文书证据材料，以便于诉讼主体正确地运用证据，证明或判明案情。

二、文证审查业务的对象

（一）司法会计文证审查的对象

司法会计文证审查的对象，是指诉讼中反映财务会计业务内容的文书证据材料，包括结论性证据和非结论性证据两类。

所谓结论性证据，是指含有结论性意见内容的文书证据材料，主要包括司法会计鉴定文书、司法会计检验报告、审计报告、验资报告、查账报告、资产评估报告等。

所谓非结论性证据，是指除结论性证据以外的其他文书证据材料，主要包括财务会计资料证据、《勘验、检查笔录》以及案件中相关当事人的陈述、证人证言等。

（二）对司法会计文证审查对象的不同表述

关于司法会计文证审查对象，传统上习惯表述为技术性证据。形成这种表述的原因主要是为了区分司法会计师审查诉讼证据和诉讼主体审查诉讼证据的范围，将所有利用技术方法形成的各种结论性证据统称为技术性证据。这种表述方法，突出了司法会计文证审查对象的技术性，从而强调文证审查业务的独立性。有的诉讼机关也已据此将司法会计师的文证审查业务与鉴定业务等同起来，规定所有的鉴定文书、检验报告等技术性证据都需要通过司法会计师进行文证审查后才能用于诉讼。但事实上，无论从法律依据还是司法会计实践看，文证审查业务都不可能也不需要独立的进行。首先，从诉讼法律依据角度讲，法律将所有的证据审查责任都归于诉讼主体，并最终赋予法官通过审查证据决定是否采信证据的自由心证的权力，司法会计师显然不具备独立实施审查证据的权力（权利）；鉴定业务显然不同，诉讼法律均规定了应当由具备专门知识的人实施鉴定，这使得司法会计师的鉴定业务具有独立性的特征。其次，从司法实践看，如果将所谓技术性证据全部交由司法会计师进行审查，不仅可能会耽搁诉讼时效，也会使得一些诉讼机关因缺乏司法会计师而无法实现；同时，警官、检察官、法官等诉讼主体本身应当具备审查各种证据的能力，因而在大部分情形中并不需要司法会计师提供审查证据方面的诉讼协助，也能很好地完成对所谓"技术性证据"的审查职责，因而也就没有必要将文证审查职责全部赋予司法会计师，只需要在必要的时候，指派或聘请司法会计师协助完成文证审查工作。

关于司法会计文证审查对象的范围，传统上所谓"技术性证据"，实际上是指包含有结论性意见的各种结论性证据，因而将非结论性证据排除于文证审查对象以外。这一观点的形成与最初导致产生文证审查业务的原因有关——主要是因为审查鉴定文书的需要而产生的，而鉴定文书本身确实具有专业性（"技术性"）的特点，因而非结论性证据则被忽视了。作者认为，在司法实践中，之所以需要司法会计师协助进行司法会计文证审查，主要是因为某些文书证据材料中含有涉及和反映财务会计业务的技术性内容，需要借助于司法会计师的专业知识进行审查。由于案件中涉及和反映财务会计业务技术性内容的文书证据材料，既包括鉴定文书、检验文书、审计文书等结论性证据，也包括财务会计资料证据等非结论性证据，因而司法会计文证审查的对象范围，既应包括结论性证据，也应包括非结论性证据。

司法会计理论上将文证审查对象分为结论性证据和非结论性证据的意义在于：由于两种证据的性质、内容和证明方式不同，因而对其进行文证审查的内容和方法存在差异，司法会计理论上将文证审查对象进行划分，有利于分别研究不同类型证据的审查任务、审查内容、审查方法等操作理论。例如，所谓结论性证据，顾名思义其内容是由专业人员经过专业判断形成的，因而审查这类证据的重点应当是其是否具备科学性和可靠性的要求，而非结论性证据应当是在财务会计活动中形成并直接反映财务会计事实的，因而审查这类证据的重点应当是其是否具备完备性以及是否存在矛盾等方面。两者不同的审查任务决定了各自应当有其具体的审查内容、审查方法，区分这两类审查对象则为分别进行文证审查理论的研究提供了方便。

三、文证审查业务与鉴定业务的区别

由司法会计师执行的文证审查业务与鉴定业务，在许多方面具有相同或相似之处。如二者都可以由司法会计师实施；都会涉及对相关财务会计资料证据进行审查；都会提供结论性意见等。这些雷同之处导致了一些专家会将两者等同起来，其结果往往是把两者混淆。司法实践中则表现为把文证审查业务当作了鉴定业务实施，或者反之。较为常见的例子是：由于少数鉴定业务中并不具备能够实施检验的财务会计资料，司法会计师仅是依据对财务会计资料证据的检验结果进行鉴别、判断活动，这有点像文证审查业务，因而当这种情形出现时，有的司法会计师本来受理的是文证审查业务，但却针对财务会计资料证据涉及的财务会计问题做出了判断，并以文证审查意见的名义提供了鉴定意见；也有的司法会计师本来受理的是鉴定业务，却仅针对涉案财务会计资料证据的完整性作出了判断，而没有提出针对涉案财务会计问题的鉴定意见。这种情形的出现显然是由于没有

把握好文证审查业务与鉴定业务的差异。事实上，对财务会计资料证据的文证审查应当仅对财务会计资料证据本身作出评判，而司法会计师在鉴定业务中虽可能也只是面对财务会计资料证据，但需要通过检验财务会计资料证据获取相关信息后对案件涉及的财务会计问题作出判断。文证审查业务与鉴定业务毕竟是司法会计师执行的两种不同性质的业务，为了避免出现混同、错位现象，有必要在理论上厘清两者的差异，以便于司法会计师能够正确地执行这两种不同的业务。

第一，从业务性质看，文证审查业务属于证据审查活动，其任务是审查判断诉讼证据；而鉴定业务则属于司法鉴定活动，其任务是鉴别判定相关财务会计问题。这一业务性质的差异，使得文证审查事项、审查意见能够与鉴定事项、鉴定意见区别开来，文证审查事项，是指需要进行审查的各种证据，审查意见则是司法会计师对审查事项涉及的诉讼证据的评价意见；鉴定事项是指需要鉴定的具体财务会计问题，鉴定意见则是司法会计师对具体财务会计问题的认识。换句话说，文证审查不需要针对案件涉及的财务会计问题进行判断，而司法会计鉴定也不需要评价诉讼证据的可采性。

第二，从业务方式看，在文证审查业务中，司法会计师仅对提请审查的证据材料进行审查，便可作出审查意见；而在鉴定业务中，司法会计师则必须对案件涉及的财务会计资料及相关证据进行检验后，才能作出鉴定意见。这一业务方式的差异，使得文证审查的方式能够与鉴定业务的方式区别开来，文证审查业务仅审查证据的本身，通常并不需要像鉴定业务那样对案件涉及的财务会计资料进行审查。

第三，从结论事项的内容和意义看，文证审查业务意见是司法会计师针对案件中已提取和固定的证据的状况及证明意义提出的审查意见，其结论事项针对的是诉讼证据，因而这种结论事项通常不具备法定证据的意义，一些法官将其作为判决依据采信时，也只是作为一种专家证据审查意见，并表示了对专家审查证据结果的认同；而鉴定业务意见则是针对诉讼涉及的财务会计问题作出的结论性意见，其结论事项的内容构成法定证据，法官采用这一证据是为了用其来证明案件事实的。

第四，从主体责任看，司法会计师在文证审查中仅就诉讼涉及的证据进行审查，其审查结果仅供诉讼主体参考，因而司法会计师通常不存在诉讼责任问题，法律也没有就此作出规范；而在鉴定业务中，司法会计师针对案件涉及的财务会计问题作出鉴定意见，这种鉴定意见必须符合法定要求，这就需要司法会计师对其所作出的鉴定意见承担相应的法律责任，法律上也规范了这种责任。

这里特别需要说明的是，由于对司法会计鉴定文书进行的文证审查业务与司法会计鉴定复核业务，都涉及对原鉴定意见的评价，因而少数司法会计师会错误地把文证审查业务理解为鉴定复核业务，这使得一些司法会计师在受理审查司会计鉴定意见的业务时对鉴定意见进行了复核。这种做法不仅改变了文证审查业务的性质，也导致一些司法会计师会因工作量大而不愿承接鉴定意见的审查业务。鉴定复核业务属于司法会计鉴定业务，其与文证审查业务除存在着前述一般差异外，从操作层面上讲主要表现为两点：其一，文证审查不需要对鉴定文书中所述检验所见或检验结果内容的真实性进行审查，而鉴定复核则需要对鉴定文书中所述检验所见或检验结果进行复合性检验，即需要对原鉴定意见涉及的鉴定证据（检材）进行全面检验（这显然是一个不小的工作量）；其二，文证审查意见仅是根据鉴定文书的表述内容对原鉴定意见的科学性和可靠性作出评价，而鉴定复核不仅需要根据对原鉴定意见所依据的鉴定证据进行复核性检验的结果，对原鉴定意见的科学性和可靠性作出评价，当原鉴定意见存在错误时，还需要根据正确的检验结果和正确的鉴定原理等表述正确的鉴定意见。

第二节 司法会计文证审查的程序

一、送审与受理

（一）送审

诉讼机关需要指派内部的司法会计师进行文证审查时，应当填制《技术协助通知书》，连同送审材料一并送交司法会计师。诉讼主体需要从外部聘请司法会计师等专业人员进行文证审查时，应当在征得司法会计师所在单位的同意后，填制《聘请书》，连同送审材料一并送交司法会计师。

因审查对象的不同，诉讼主体送审材料的内容存在差异：

1. 诉讼主体需要审查结论性证据的，应当提供结论性证据以及相关案卷材料。对结论性证据内容较为复杂的情形，司法会计师认为需要同时审查形成结论性证据时的相关工作记录的，送审方应当提供相关工作记录。

2. 诉讼主体需要审查非结论性证据的，应当提供送审前已形成的司法结论文书、财务会计资料证据及相关案卷材料。

对相关案卷尚未装订等不便于移送交付送审材料的，可以邀请司法会计师到案卷存放地点审查相关案卷材料。

（二）受理

司法会计师接到文证审查通知后，需要做好受理及准备工作。

首先，司法会计师应当听取送审方对案情及文证材料收集情况的介绍，了解审查的具体目的和要求。

在了解审查目的时，司法会计师应当注意分析有无需要通过司法会计检验、鉴定解决的财务会计问题。如果存在应当进行司法会计检验、鉴定的情形，需要建议送审方组织实施司法会计检验、鉴定。司法会计师应当避免以文证审查业务取代专项检验业务、鉴定业务的情形。

其次，查看送审材料是否齐全，如明显缺少必要的审查材料的，可以要求送审方补送；司法会计师发现送审证据内容不清晰，无法进行审查时，可以要求送审方重新调取证据材料。

二、结论性证据的审查步骤

1. 阅读审查结论内容，明确结论事项的范围、意义，确定审查的重点。

2. 阅读文证所述有关结论的事实依据，并通过阅读相关的附件、财务会计资料证据的内容，审查结论的事实依据是否存在和充分。

3. 阅读文证中的分析论证意见，并审查结论所引用的技术标准是否适当，分析论证依据是否符合逻辑。

4. 审查结论性证据的形成程序是否合规、合法。

5. 综合审查结果，提出审查意见。

三、非结论性证据的审查步骤

1. 阅读案卷中立案文书、侦查终结报告、起诉书、判决书等司法结论文书中有关财务会计事实的记述，明确需要非结论性证据证明的财务会计事实内容，确定审查的具体方法。

2. 根据确定的审查方法，逐一审查财务会计资料证据等非结论性证据。

3. 综合审查结果，提出审查意见。

四、文证审查结果的处理

司法会计师对文证审查的结果，可以采用口头方式或书面方式提供鉴定意见。

（一）口头方式

口头方式，是指司法会计师通过与送审方交谈，提供文证审查意见。主要适用于提供无须补充证据的非结论性证据的审查意见。

司法会计师采用口头方式提供文证审查意见，应当事先将审查意见制作成答复提纲。答复后，应当记录答复的时间、地点及送审方人员姓名等情况，连同答复提纲一并存档。

（二）书面方式

书面方式，是指司法会计师将文证审查情况及审查意见制作成文书的答复方式。主要适用于表达结论性证据的审查意见，以及提出需要补充具体证据的非结论性证据的审查意见。

　　司法会计师采用书面答复方式提供文证审查意见，应当制作司法会计文证审查意见书，按照所在司法会计机构的规定办理相应手续后，送交送审方。

　　司法会计师应当将结论性证据的复印件、文证审查意见书一并归档。

第三节　结论性证据的审查要点

一、结论性证据审查的一般内容

（一）审查材料是否完整，内容是否全面

1. 审查送审的结论性证据材料是否连贯，有无缺页、所列附件是否齐全；

2. 审查送审的结论性证据材料的形式要件是否齐全。

（二）审查检查、验证的方法、步骤是否科学、合理

1. 审查送审的结论性证据材料所述检查、验证方法是否符合有关的技术操作规范；

2. 审查送审的结论性证据材料所述的检查、验证步骤是否有利于科学地作出技术性结论。

（三）结论的依据是否充分、适当

1. 根据形成结论的技术性原理，审查结论性证据材料所列示的检查、验证事项是否完备，结论是否有符合要求的证据依据；

2. 审查结论所利用的判定技术标准是否适当，标准的应用是否科学。

（四）结论是否科学、可靠

　　主要是结合上述审查结果，审查有关结论事项的内容是否成立、表述是否恰当。

二、司法会计鉴定文书的审查要点

　　司法会计鉴定文书主要包括司法会计鉴定书、司法会计分析意见书、司法会计咨询意见书、司法会计鉴定复核意见书、司法会计鉴定说明、司法会计鉴定笔录等①。

（一）审查司法会计鉴定文书所列鉴定事项，判明鉴定事项的合法性

　　审查司法会计鉴定文书，首要的就是看鉴定事项是否合法，这是因为鉴定文书所列鉴定意见是针对鉴定事项的，如果鉴定事项存在明显的违法（如超出了司法会计鉴定范围），那么这份司法会计鉴定文书肯定存在无法作为诉讼证据使

---

① 另外，目前一些中介机构出具的司法会计鉴定文书统称为"司法会计鉴定意见书"，或统称为"司法会计审计鉴定书"。

用的错误，原则上就不需要审查其他内容了。

司法会计鉴定事项的合法性，是指司法会计鉴定事项应当符合法律要求。司法实践中存在的不符合法律要求的情形主要表现为超出司法会计鉴定范围设定鉴定事项。例如，司法会计鉴定事项应当限于解决专门性问题（财务会计问题），而一些司法会计鉴定文书所列鉴定事项却涉及了法律问题，如"对某人贪污公款多少元的财务事实进行鉴定"等；又如，司法会计鉴定事项不能涉及需要采用自由心证确认财务会计问题，而一些司法会计鉴定文书所列鉴定事项却涉及行为人及其行为过程的确认，如"确认某单位某项财务会计错误的责任人"等；再如，司法会计鉴定事项应当列明需要解决的案件涉及的财务会计问题，而一些以司法会计鉴定为标题的文书所列鉴定事项实际上是审计事项，如"对某某单位的某期间的财务会计资料进行全面鉴定"。

案例 7-1：某行政机关的派出机构短少库存现金 10 万元，作案嫌疑人涉及该机构负责人和内勤。侦查机关启动司法会计鉴定时，要求确认两人谁应当对短库 10 万元负责。第一次鉴定后，鉴定意见确认该机构负责人为责任人，该负责人不服，要求重新鉴定；第二次鉴定后，鉴定意见确认该机构内勤为责任人，内勤不服，要求重新鉴定；第三次鉴定后，鉴定意见确认两人均为责任人，这次两人均不服，再次要求重新鉴定。

侦查机关聘请司法会计师对上述三份鉴定文书进行文证审查。司法会计师先看了鉴定事项，认为该鉴定事项超出了司法会计鉴定范围，其结论无论确认谁是责任人都不会是科学的鉴定意见。司法会计师仅查看了鉴定事项和鉴定意见，没有对文书的其他内容进行审查，便提出了审查意见：三份鉴定文书所列鉴定事项均超出了司法会计鉴定范围，导致司法会计鉴定人提出的鉴定意见缺乏科学性和可靠性。

（二）审查鉴定意见的内容，明确鉴定意见的证据意义

一是，审查鉴定意见的含义是否明确，即审查鉴定意见肯定或否定的某一财务会计事实，表述的是否清晰明确。

二是，审查鉴定意见内容是否与文书所列鉴定事项相照应。这包括：①鉴定意见是否答非所问；②鉴定意见是否超出鉴定事项范围，是否存在确认不应由司法会计鉴定人解决的法律问题或其他专门性问题的情形；③鉴定文书列示多项鉴定事项的情况下，鉴定意见有无遗漏应当结论的事项内容。

三是，审查鉴定意见类型，即该鉴定意见是鉴定意见、分析意见还是咨询意见，是确定性意见还是限定性意见，以判明鉴定意见的可靠程度。其中，对于分析意见应当注意其证据缺陷；对咨询意见应当搞清特别假定事项的含义；对限定性意见应当明确附加判定条件的含义。

通过上述审查应当判明司法会计鉴定意见是否符合一般要求及所能证明的案

件事实范围。

（三）审查司法会计鉴定文书的形式要件是否完备，判断鉴定程序是否合法

司法会计鉴定文书的形式要件一般包括：标题与文号、鉴定依据与鉴定事由、鉴定事项、接受检材概况、检验所见及检验结果、鉴定意见的论证、鉴定意见、鉴定机构名称及业务专用章、鉴定人签名、报告日期、附件情况等基本内容。

判断鉴定程序是否合法，主要涉及审查：①鉴定文书是否表达了送检方指派或聘请司法会计鉴定人的手续；②据以作出司法会计鉴定意见的鉴定证据是否由送检方依法提供、现场检验是否有送检方在场，司法会计鉴定人是否存在自行收集检材的情形等；③鉴定文书是否表明司法会计鉴定人的司法鉴定资格等。

（四）审查鉴定中所采用的检验方法是否恰当合理，判断检验结果作为鉴定意见依据的可靠性

主要是通过审查鉴定文书中对有关检验过程的记述，审查检验所采用的方法和步骤是否恰当，是否符合相关的司法会计鉴定规范，以及检查验证步骤是否有利于科学地作出结论。

审查中发现（可能存在）技术性错误，可以通过审查司法会计鉴定文书附件等进行核实性审查。

（五）审查司法会计鉴定意见的依据是否充足和客观，以判断鉴定意见的依据是否真实可靠

审查鉴定文书论证部分的每一具体的鉴别分析意见，是否都有具体的论据作为鉴别分析的依据。这些论据包括引用检验部分所述的事实依据和论证部分所述的标准依据。司法会计鉴定意见是由司法会计鉴定人依据一定的鉴定标准，对检验结果（事实依据）进行鉴别分析后得出的，如果鉴定文书所列具体的鉴别分析意见缺乏依据或者依据不充分，那么根据这些分析所推出鉴定意见便不具备可靠性。

审查鉴定意见的依据是否充足、客观的主要方法：

一是，审查据以推断鉴定意见的检验结果在鉴定文书的检验部分是否有详细的表述，从而判明鉴定意见的事实根据是否充分、客观。这里所谓充分，是指鉴定文书的检验部分对检验结果表述是否包含了检材名称、检验所见等与检验结果相关的事项；所谓客观，是指鉴定文书对检验所见的表述是否客观地反映了检材内容，必要时应当核对检材。对较为关键的证据材料，应当考虑能够通过查阅案卷进行对照审查。

二是，审查据以推断鉴定意见所依据的鉴定标准的具体出处和适用范围，从而判明这些技术标准是否存在以及运用的是否恰当。特别应注意排除司法会计鉴定人以自己的习惯认识代替法定标准，或以现行标准取代历史标准（或反之）

的情形。

三是，采用核对、复算等方法，审查鉴定文书的检验、论证部分涉及的各项数据的金额计算是否无误。

（六）审查得出司法会计鉴定意见所采用的分析论证方法是否恰当，判断鉴定意见的推导过程是否科学

首先，注意审查所运用的司法会计鉴定方法是否恰当。特别是应当注意审查有无采用非司法会计技术方法进行鉴别判定的情形。例如，引用参考证据进行论述，并据以推断鉴定意见等情形。同时，对于鉴定中设定的"参照客体"、鉴定表格的内容，可以根据鉴定文书中所列的计算方法进行核验。

其次，注意审查鉴定文书的论证过程是否符合逻辑，有无违反逻辑规律或推理不当的错误。司法会计鉴定文书中常见的逻辑错误主要有：

1. 概念混淆。所谓概念混淆，是指鉴定文书中所使用概念、名词存在张冠李戴等概念混淆情形。概念混淆通常表现为专业术语运用不当、偷换概念等。例如，将会计事项与会计处理概念的混淆，可能表现出将会计调整账项业务表述为资金转移业务的情形。

2. 自相矛盾。所谓自相矛盾，是指鉴定文书中对检验结果的分析论证前后不一、自相矛盾。例如，一方面确认了某一账务处理系弊端账项，另一方面在调整错账涉及的账户余额时又认为无须对该账项进行调整。又如，在同一诉讼中不同鉴定事项的鉴定意见中，有的鉴定意见是在认定某单位财务会计资料虚假基础上作出的，而有的鉴定意见则是在认定该单位财务会计资料不存在虚假的基础上作出的。

3. 推不出。所谓推不出，是指鉴定文书中所列鉴定意见缺乏合乎逻辑地推断，即根据鉴定文书中表述的检验结果、鉴定标准等无法合乎逻辑地推出鉴定意见。例如，只对错误账项进行了会计分析，便得出存在财务收付错误的结论。

4. 循环论证。例如，使用平衡分析法进行鉴定的，其鉴定文书的论证部分，先使用分析量来分析确认参照量，而后又使用参照量来鉴别确认分析量。

三、司法会计检验报告的审查要点

司法会计检验报告，是指司法会计师进行司法会计检验后制作的，主要载明检验过程及检验结果的司法会计证据文书。

（一）审查司法会计检验报告的形式要件是否完整

司法会计检验报告一般包括文书名称与文号、受理专项检验的依据与事由、检验事项、接受检材概况、检验所见、检验结果、司法会计师所在机构的名称及业务专用章、司法会计师签名、报告日期、附件情况等内容。阅读检验报告时，应当注意审查检验报告的内容是否全面、连贯，检验的范围是否全面，检材是否

充分，所列附件是否齐全。

（二）审查报告所述的检查、验证的方法、步骤是否科学、合理

主要是通过审查检验报告中对有关检验过程的记述，审查检验所采用的方法和步骤是否恰当，是否符合相关的司法会计技术操作规范，以及检查验证步骤是否有利于客观地形成检验结果。

（三）审查检验结果的依据是否客观、充分

主要是审查检验报告所列示检验结果能否为检验部分所表达的检验结果所证实，即检验的事项内容是否全面，是否满足检验结果的要求。对审查中发现（或可能存在）的技术性错误，可以通过审查检验工作底稿等进行核实性审查。

（四）审查检验结果是否客观、可靠

主要是在审查检验结果依据的基础上，审查有关结论事项的内容是否成立、表述是否恰当及有无超范围结论的情形。检验结果是对检验结果的汇总表述，既不应带有推理的结果（推理结果属于鉴定意见），也不需要对所有检验资料的内容进行具体的评价和说明。

四、审计报告的审查要点

审计报告，是指审计人员根据授权或委托进行审计后，将审计情况及审计结果以书面形式报告授权人或委托人的一种书面文件。

1. 审查审计报告所列审计事项和结论，明确审计报告类型。

审计报告通常分为会计报表审计报告和专题审计报告。会计报表审计报告，其审计事项主要是评价会计报表，如注册会计师对上市公司年终报表的审计报告；专题审计报告的审计事项可以针对舞弊嫌疑、经济效益、特定经济事项等专题出具审计意见，如舞弊审计报告、经济责任审计报告、离任审计报告以及其他专项审计调查报告等。

会计报表审计报告，依据审计结论的确定性程度以及结论方向不同，分为无保留意见的审计报告、带强调事项段的无保留意见的审计报告、保留意见的审计报告、否定意见的审计报告、无法表示意见的审计报告。

2. 审查审计报告的形式要件是否完备，报告材料是否完整。

（1）根据审计准则等审计标准，审查审计报告形式要件的完备性。例如，会计报表审计报告的形式要件包括标题、文号、收件人、引言段、管理层对财务报表的责任段、注册会计师的责任段、审计意见段、注册会计师的签名和盖章；专项审计报告的形式要件通常包括标题、文号、被审计单位名称、审计项目名称、审计依据、实施审计的基本情况、被审计单位管理责任和审计者的审计责任、被审计单位基本情况、审计评价意见、审计发现的问题及其处理意见（如对被审计单位舞弊事实、定性、处理处罚意见以及法律法规依据；审计发现的影

响绩效的重要问题的事实、原因、后果以及提出的纠正意见；审计发现的相关内部控制、信息系统重大缺陷，以及提出的纠正意见等）、依法需要移送事项的事实和移送处理意见、针对审计发现的问题的改进建议、审计机关名称、审计组名称及审计组组长签名、签发日期等。

（2）审查审计报告页码是否连贯，有无缺页。

（3）根据审计报告的内容，审查报告书的附件是否齐备。审计报告除报告书外，根据审计结果不同，可能需要附有与报告书中的说明事项有关的弊端账项汇总表、账项调整汇总表、原账户余额表及账户余额调整表、原会计报表及会计报表调整表、专项收支统计表等。

3. 审查报告涉及的调整事项是否符合实际情况。

主要是通过查看报告书中有关被审计单位财务会计状况的概述，了解被审计单位的财务会计业务的基本情况，进而审查审计报告中对有关账项的调整是否符合被审计单位的实际情况。其中：查看审计报告中有关调整弊端账项的记述，审查调整所采用的方法是否符合财务会计标准的规定，调整结果是否正确。

4. 查看审计报告中有关审计过程的记录，审查审计所采用的方法和步骤是否恰当。

5. 查看审计报告中有关审计除外事项的说明，审查除外事项的合理性，判断除外事项可能会对审计结论产生的影响。

6. 查看审计报告中有关弊端账项内容及核实情况的记述，审查弊端账项的判定是否合理以及有无具体的审计证据依据。

7. 结合审查案卷中有关财务会计资料证据，审查审计报告附表中的有关数字记载是否正确。

8. 审计采用核对、复算等方法，审查审计报告附表中有关数据的填列是否正确，合计、总计的金额计算是否无误。

9. 根据上述审查结果，判断审计结论的科学性、可靠性。

10. 审查审计结论的证明范围，确认审计报告的证据意义。

五、验资报告的审查要点

验资报告，是指由注册会计师、注册审计师在进行验资活动后，出具的载明验资结果和鉴证意见的书面文件。

（一）审查验资报告的形式要件是否完整

主要是查看验资报告的格式和项目填列是否符合有关验资报告的制作标准。同时应当注意验资报告除报告书外，还应附有有关出资事项的文件、出资凭证的复印件、财产估价表、验资过程表及有关出资额的计算表等。

（二）审查验资程序是否符合验资规范

主要是通过阅读验资报告有关验资过程的记述，审查验资程序是否符合验资操作技术标准。如查看验资报告中有关验资方法的记述，结合查看验资附表，审查验资所采用方法是否适当。

（三）审查验资报告中的数据计算结果是否正确

主要是采用核对、复算等方法，审查验资报告附表中有关数据的填列是否正确，合计、总计的金额计算是否无误。审查中发现（或可能存在）的技术性错误，应当通过审查验资工作底稿等进行核实性审查。

（四）审查验资结果及验资人的合法性

主要是通过查看验资报告中的结论事项内容，审查其是否按照有关技术标准记述了必须揭示的结论事项；通过查看验资报告对验资人的职务（或职称）的记述，审查验资人员的组成是否符合国家的有关规定。

六、资产评估报告的审查要点

资产评估报告，是指注册资产评估师遵照相关法律、法规和资产评估准则，在实施了必要的评估程序对特定评估对象价值进行估算后，编写并由其所在评估机构向委托方提交的反映其专业意见的书面文件。

1. 审查资产评估报告的形式要件是否完整。通过查看资产评估报告中有关评估成员的职务记述及附件，审查验资人员的组成是否符合国家有关规定；资产评估报告的基本内容有：评估报告类型、委托方和资产占有方及其他评估报告使用者、评估范围和评估对象基本情况、评估目的、价值类型、评估基准日、评估假设和限制条件、评估依据、评估程序实施过程和情况、评估结论、声明、评估报告日、评估机构和注册资产评估师签章、附件等；资产评估报告除报告书外，还应附有委托方和资产占有方营业执照复印件、委托方和资产占有方的承诺函、评估机构资格证明和签字注册资产评估师资格证明的复印件、评估机构营业执照复印件等。完整评估报告还应附有评估明细表、重要作价依据和其他重要的评估过程说明资料。

2. 审查资产评估过程是否符合规范。主要是通过查看资产评估报告中有关评估程序实施过程和情况的记述，审查评估业务承接、资产勘查、收集评估资料、分析及整理评估资料、选择评估方法和标准等过程是否符合资产评估操作技术标准。

3. 审查资产评估方法运用是否恰当。主要是通过查看资产评估报告中有关评估方法的运用记述，审查评估方法、相关参数的选取和运用评估方法进行计算、分析、判断等是否适当，特别应当注意审查相关技术参数来源是否适当。同时，采用核对、复算等方法，审查资产评估附表中有关数据的填列是否正确，合计、总计的金额计算是否无误。

4. 审查核对资产评估报告书中对相关资产核算结果的验证记述与附件中相关记录是否相符。

5. 前述审查中发现技术性错误的，应当考虑通过审查评估工作底稿等证据材料进行核实性审查。

6. 查看资产评估报告书中评估结论事项的记述，审查资产评估报告是否按照有关技术标准记述了必须揭示的结论事项。

第四节 非结论性证据的审查

一、非结论性证据审查的一般内容

（一）审查证据材料的技术结构是否完整，取证是否全面

主要是从财务会计资料的技术结构角度审查财务会计资料证据是否齐全，证明案件中某一财务会计事实所需的财务会计资料证据是否全部收集入卷。

（二）审查表达财务会计事实的证据之间有无矛盾

主要是审查证明同一财务会计事实的证据之间，在时间、地点、数量、单价、金额等方面的记录是否一致。

（三）审查财务会计资料证据与已认定的财务会计事实是否相符

主要是审查财务会计资料证据所记述的财务会计事实与有关司法结论所记述的相关财务会计事实之间有无差异或矛盾。

（四）审查非结论性证据内容有无明显错误

主要是审查财务会计资料证据中的有关数据计算结果是否正确。

二、非结论性证据的审查方法

常用非结论性证据审查方法主要是审阅法，即通过阅读证据材料进行审查活动。

对证据材料较多且涉及财务会计业务较为复杂的情形，可以采用证据目录法、制图法、证据列示法、核对法等。

（一）证据目录法

证据目录法，是指根据案卷中证据的排列顺序，制作证据目录，以方便查找证实某一财务会计事实的证据材料的一种文证审查方法。

制作证据目录，是通过填制证据目录表进行的，可以采用 Excel 电子表格编制证据目录。证据目录表包括以下填列项目：

①页码。即证据材料所在的案卷页码。

②证据提供者。

③证据名称。即证据材料的简称。

④证据内容。即证据所列事项。

⑤业务时间。即证据所列业务时间。

⑥备注。主要用于标记审查标志或记录审查发现的问题。

制作目录法，主要适用于案情复杂、已提取的证据较多、装卷较乱等不便于审查证据的技术结构和取证情况的情形。

采用制作证据目录法时，应当注意以下几点：

一是，要按照卷中证据出现的顺序填列，防止遗漏。

二是，制作证据目录的同时一般不审查证据内容，以防止出现填列错误，贻误审查。

三是，在对证据目录进行重新排序时，通常复制后再行排序，防止打乱原始记录顺序。

（二）制图法

制图法，是指根据案卷中的司法结论或证据所表明的财务会计过程，通过图形来确定应当收集的证据内容或发现证据矛盾的一种文证审查方法。

制图法按照制图依据不同，有不同的审查作用：

1. 根据案卷中的司法结论对财务会计事实的记述制图，可以清晰地反映出案件涉及的资金流向或资金转化过程，借图可以按每次资金转换为线索，逐一审查各资金转换过程的证据是否完备。

2. 根据案卷中的具体财务会计资料证据所反映的财务会计事实制图，可以总括地反映出各财务会计资料证据所反映的财务会计事实的全貌。一方面，可以利用该图审查司法结论中所记述的财务会计事实与证据所反映的财务会计事实是否一致；另一方面，还可以通过观察图形的衔接情况，审查有无遗漏应当收集的证据或证据之间有无矛盾。

制图法，主要适用于案件资金流向比较复杂，不易总括地把握各个具体事实关联关系的情形。

（三）证据列示法

证据列示法，是指根据案卷中司法结论对财务会计事实各具体情节的记述，按照一般的财务会计流程，列示出证明各具体情节所需要的证据，通过阅卷，逐项地审查证据的一种文证审查方法。

采用证据列示法时，首先根据案卷中的司法结论将案件事实的具体情节逐一列示出来，然后根据案发单位的财务会计制度或一般会计原则，按事实情节分别列示出证明各事实情节所需的证据，最后通过阅卷审查案卷中的证据，达到文证审查的目的。

采用证据列示法审查非结论性证据时，应当注意对已审查过的证据作出标记或记录。一方面，可以通过对已审查证据的分析，确认尚应补充收集的证据名称和内容；另一方面，可以通过分析尚未审查的证据内容，确认有无遗漏应当认定的案件事实或重要情节。

证据列示法，适用于对案卷中所列的财务会计资料证据较多，但司法结论中对财务会计事实的记述比较具体的文证审查。

（四）核对法

核对法，是指通过核对案卷中有同一或勾稽关系的财务会计资料证据，审查证据有无矛盾及是否完备的一种文证审查方法。

采用核对法的具体操作方法，可参照采用司法会计检查方法中的核对技巧具体实施。

第五节　司法会计文证审查意见书的制作

一、司法会计文证审查意见书概述

司法会计文证审查意见书，是指司法会计师参与司法会计文证审查后制作的，主要载明审查情况及审查意见的司法会计审查文书。

（一）司法会计文证审查意见书的性质

司法会计文证审查意见书属于诉讼证据审查文书，即该文书本身所记述的内容主要针对司法会计师对诉讼证据的审查情况和审查意见。司法会计师应当认清文证审查意见书的这一性质，以避免与鉴定文书、检验文书等司法会计文书相混淆。

司法会计文证审查意见书不同于鉴定文书之处在于：其结论事项内容仅针对诉讼证据，不针对涉案财务会计问题，因而该文书不能用于表述对涉案财务会计问题判定事项。司法实践中存在的问题通常是：司法会计师将对结论性证据的文证审查业务视为鉴定复核业务，当发现原鉴定意见不妥当时，便自行主张要求送审方提供检材并实施鉴定复核业务，进而采用文证审查意见书表述重新鉴定的结果①。正确的做法是：当司法会计师发现鉴定意见存在错误时，应当通过文证审查文书指出其错误所在，并在审查意见中提出鉴定复核或重新鉴定的建议。司法会计实践中还存在着另一种不妥当的做法：个别司法会计师在受理司法鉴定业务时，可能因受到客观条件的限制而无法按时保质地完成鉴定业务，便以文证审查意见书的形式来表达鉴定意见，这一点从"审查意见"的表述中便可以清晰地

---

① 由于概念不清，有的诉讼机关甚至在统计文证审查结果时包含了"改变原鉴定意见"的统计指标。这一统计指标主要用于反映在文证审查中认为鉴定意见错误，重新作出鉴定意见的情形，这种做法也反映了将文证审查业务视为了鉴定复核业务的错误理念。

看出——即所谓的审查意见并没有针对诉讼证据，而针对的是涉案财务会计问题。例如，某民事案件中被告人认为鉴定确认的搬迁补偿费金额 17.2 万元严重失实，不服法院依此作出的判决，向检察机关申请抗诉。检察机关委托某司法会计中心对原鉴定意见进行审查，出具的《文证审查意见书》认定搬迁补偿费应在 2 万元以内。这里，文证审查意见书本应对审查结论性证据中发现的问题进行评价，涉案搬迁费用应当是多少的问题应当通过司法会计检验或鉴定确认，文证审查意见书不应当涉及对该问题的判断。又如，某区人民法院受理被审计公司诉会计师事务所出具虚假《审计报告》的案件中，法院委托某司法鉴定中心对被审计公司的"初创时期有无原始投入、是谁投入、有多少数额"等问题进行司法会计鉴定。该司法鉴定中心却出具了《司法鉴定文证审查意见书》，并确认"被审计公司初创时有原始投入，系法定代表人××投入，其金额为人民币 4.8 万元"。这里，法院提出了有关企业接受投资问题的鉴定事项，司法会计鉴定人通过鉴定也做出了鉴定意见，应当出具司法鉴定文书表达其鉴定意见。

司法会计文证审查意见书与检验文书的不同之处在于，其内容仅针对诉讼证据，而检验文书仅表达检验结果，并不评价诉讼证据。因此，司法会计文证审查意见书中不应当出现对检材进行检验情况的表述，其审查意见中也不应当包含对检验结果的表述。

（二）司法会计文证审查意见书的诉讼价值

司法会计文证审查意见书最初是由检察机关提出并创立的。由于文证审查的法定主体应当是诉讼主体，司法会计师的文证审查业务只是协助诉讼主体审查诉讼证据，其审查结果应当作为诉讼主体对证据审查意见的组成部分，并不能单独形成诉讼证据，因此，检察机关一直将文证审查意见书作为内部文书。例如，公诉人员在审查起诉中可以邀请司法会计师协助审查某些诉讼证据，司法会计师提出的审查意见仅是作为公诉人员证据审查活动中的参考意见，如果公诉人员认为司法会计师提出的诉讼证据存在缺陷的审查意见合理，可以将该意见内容直接列入其要求侦查部门补充证据的清单或者作为作出不起诉意见的依据，但均不将文证审查意见书作为证据对外提供。后来随着庭审法制度的改革，除鉴定意见以外的专家意见逐步受到了重视，审判机关以及后来修订的诉讼法律也逐步允许有专门知识的人出庭参与质证，这使得司法会计师对证据的审查意见可能被法庭所采纳。于是，有些地方的法庭开始聘请司法会计师对一些结论性证据进行审查，并将文证审查意见列入了判决文书中，这使得司法会计文证审查意见书的性质发生了质的改变，由内部文书发展成为证据文书①。

---

① 检察机关为了适应这一变化，于 21 世纪初将文证审查意见书中加盖的公章，由技术部门的行政章改为业务专用章。

很显然，国内外诉讼法律均允许司法会计师出庭协助当事人质证，而质证的前提则是审查诉讼证据，司法会计师对诉讼证据的认识显然会作为法官自由心证的一项参考依据，这使得司法会计文证审查意见具备了一定的诉讼证据功能。当然，文证审查意见书的诉讼证据属性并不完全符合法定证据标准的要求，因而应当作为证据采信时的参考证据使用。事实上，对法官而言，司法会计文证审查意见书只是给其提供了一种认识证据的科学方法或途径，如果这种方法被法官认为是科学的，法官即可以利用其来评价相关诉讼证据的可采性。

二、司法会计文证审查意见书的基本内容与参考格式

司法会计文证审查意见书，一般由首部、绪言、正文和尾部四部分组成。

首部部分，主要载明文证审查意见书的名称及文号。如"司法会计文证审查意见书"及"高检技审字〔2004〕第9号"等。

绪言部分，主要写明文证审查的受理依据、案由、审查对象等内容。

正文部分，主要写明文证审查及审查结论的形成过程等，一般是由审查情况、审查意见两部分组成。

尾部部分，主要载明审查人所在机构的名称、审查人的技术职务和姓名、文书制作日期等内容。

司法会计文证审查意见书格式，是指该文书基本内容的排列方式，可以由司法会计师根据具体文证审查的情况和结果自行确定。

司法会计文证审查意见书的参考格式：

司法会计文证审查意见书

×检技审字〔20××〕第×号

（绪言）

一、审查情况

……

二、审查意见

……

×××人民检察院司法鉴定中心

司法会计师：×××（签名）

二〇××年×月×日

三、司法会计文证审查意见书的制作要点

司法会计文证审查意见书的制作要点，主要涉及绪言、审查情况和审查意见三个部分。

（一）绪言部分的制作要点

司法会计文证审查意见书的绪言部分应当说明送审方、送审时间、案由以及审查事项。其中，审查事项应当具体写明审查的对象及要求。

涉及结论性证据的审查事项，通常应当写明出具结论性证据的人的所在机构名称、证据标题、文书编号以及需要对其科学性、可靠性进行审查的具体要求。

涉及非结论性证据的审查事项，通常应当写明需要采用财务会计资料证据等非结论性证据证明的案情以及对结论性证据的完整性、客观性、关联性等进行审查的具体要求。其中：案情需要具体的表述的，可以单独表述需证事项——及需要证明的案情的具体情况。

（二）文证审查意见书主文部分的制作要点

文证审查意见书的主文部分包括审查情况和审查意见。司法会计师根据具体审查结果和习惯，可以分开表述这两部分内容，也可以一并表述。

表述审查情况时，对结论性证据进行的审查通常需要写明对结论事项依据、结论事项内容的审查情况；对非结论性证据的审查通常需要写明对需要证明的案情、审查所见的证据状况。

表述审查意见时，结论性证据的审查意见应当写明对结论事项科学性、可靠性的评价意见；非结论性证据审查意见应当写明对证据的完整性、相符性的评价意见。

第六节　结论性证据文证审查业务案例

一、司法会计鉴定文书的文证审查案例

被告人李×，某商业中心主管会计、出纳员，在单位集资活动中涉嫌职务侵占。侦查机关聘请注册会计师进行了审计，××会计师事务所出具了审计报告，审计结论包括：

1. 截至 2006 年 3 月 31 日，××市某商业中心 2002 年 6 月 30 日的集资款入账金额为 215,500 元。

2. 截至 2006 年 3 月 31 日，××市某商业中心 2002 年 6 月 30 日的集资款已偿还金额为 436,300 元。另有无法确定集资时间的已偿还集资款 21,100 元未计入上述已偿还金额中。

3. 截至 2006 年 3 月 31 日，××市某商业中心 2002 年 6 月 30 日的集资款已偿还：李×本金 93,500 元、利息 37,246.03 元；魏×本金 41,400 元、利息 17,449.95元；蔡×本金 66,000 元、利息 28,965.39 元；策×本金 56,000 元、利息 22,163.22 元。

4. 在偿还 2002 年 6 月 30 日的集资款时，因领导只批准部分偿还，故账务处理是先全部付清本金及前段利息，再开具收据部分收回作为新集资。如此循环延续，截至 2006 年 3 月 31 日，李×等四人集资的最后余额为：李×25,000 元、魏×21,900 元、蔡×11,500 元、策×12,500 元。循环延续过程中新支付的利息分别为：李×18,323 元、魏×9,392.07 元、蔡×18,281 元、策×12,030.50 元。

5. 我们计算出了××市商业中心 2002 年 7 月第 1 本会计凭证中银行存款及现金的发生额，其中：（1）银行存款发生额为增加 222,219.86 元；（2）现金发生额为增加 226,803.13 元，共计增加银行存款及现金 449,022.99 元。

上述审计结果显示商业中心归还集资款的支付额大大超过了集资款的入账金额，其差额部分可能是由几种情形造成的：一是，个人涉嫌隐匿了部分集资收入，这可能构成贪污或挪用的嫌疑账项；二是，商业中心隐匿了部分集资收入，挪作他用；三是，原集资额没有这么多，犯罪嫌疑人伪造了部分集资凭证，骗取了商业中心的款项。侦查机关认定犯罪嫌疑人李×在担任××市商业中心主管会计、现金出纳员期间，利用职务之便，采取虚开集资单据等手段，侵吞公款 299,799.01 元据为己有。案发后，赃款全部追回①。

该案侦查终结后，公诉机关以李×涉嫌职务侵占罪提起公诉，一审法院以职务侵占罪判处李×5 年有期徒刑。李×上诉，二审法院裁定发回重审。

一审法院重审后判决无罪，检察机关拟提出抗诉，指派司法会计师就下列涉案财务会计问题进行了鉴定：

1. ××市某商业中心 2003 年总账是否是原始账？2002 年度资金平衡表与 2003 年总账数据是否一致？

2. 在账证短缺情况下，原审计结论是否真实？

3. ××市某商业中心 2002 年 6 月 30 日的集资总额是多少？

4. 李×、魏×、蔡×、策×在 2002 年 6 月 30 日共集资多少？至案发提取多少？

---

① 作者认为，侦查机关对犯罪手段的认定与案件事实存在不符：如果是虚开集资单据冒领集资款，其作案手段应当是"骗取"，而非"侵吞"；如果作案手段认定为"侵吞"，则应当是隐匿了集资单据。本案司法会计鉴定出现问题，可能与这种认定作案手段的错误有一定的联系，即司法会计师为了符合侦查机关（可能包括公诉机关）所作的这种矛盾的司法结论，其在评价案件涉及的财务会计事实便出现了一系列矛盾之说。

5. 李×等四人是否虚报集资？虚报多少？账上有无凭证？

司法会计师出具了下列鉴定意见：

1. 某商业中心 2003 年总账内容真实、数字准确，是原始账。该账是商业中心合法真实的会计账簿，是编制财务报告的合法依据。2002 年度资金平衡表与 2003 年总账数据一致。

2. 在企业账目短缺的情况下，××会审字〔×××〕第×号审计报告内容真实可靠，计算方法正确，求得的数字准确。

（1）截至 2006 年 3 月 31 日，××市商业中心 2002 年 6 月 30 日集资额为 215,500 元的审计结论正确可靠。

（2）截至 2006 年 3 月 31 日，××市某商业中心 2002 年 6 月 30 日的集资付出金额 436,300 元，说明了虚假集资 220,800 元的事实存在。

（3）截至 2006 年 3 月 31 日，××市某商业中心 2002 年 6 月 30 日李×等四人集资共计 256,900 元，已取得利息 105,410.76 元的书证确凿。其中李×本金 93,500 元、利息 37,446.03 元，魏×本金 41,400 元、利息 16,836.12 元，蔡×本金 66,000 元、利息 28,965.39 元，策×本金 56,000 元、利息 22,163.22元。

（4）截至 2006 年 3 月 31 日××市某商业中心 2002 年 6 月 30 日李×等四人集资已支付本金 186,000 元（256,900－70,900），其中李×应结余 25,000 元、魏×21,900 元、蔡×11,500 元、策×12,500 元，原审计结论正确。所发生的循环利息为 63,945.60 元的财务事实确已发生。其中李×23,636.20 元、魏×1,000.59元、蔡×18,272 元、策×12,031.50 元。

（5）截至 2006 年 3 月 30 日，××市某商业中心 2002 年 6 月 30 日李×等四人集资已支付本息合计为 355,356.36 元。其中：……四人本金合计 186,000 元，利息合计 105,410.76 元；循环利息 63,945.60 元，利息合计169,356.36 元。

3. ××市商业中心职工集资 215,500 元，虚假集资 220,800 元的财务事实存在。

（1）××市商业中心 2002 年 6 月 30 日的集资总额为 215,500 元，是真实准确的；

（2）某商业中心集资多出的 220,800 元是虚假的，也是没有财务事实根据的。

4. 截至 2006 年 3 月 31 日，李×等四人共提出集资款为 186,000 元，内含四人的真实集资 36,100 元。

5. 李×等四人有虚假集资，虚假额为 220,800 元，从已付出的会计凭证得以证实。

（1）李×等四人实际集资 36,100 元，从 2002 年 3 月 30 日至 2006 年 3 月 30 日，提取应付利息是 24,082.85 元；

（2）李×等四人实际提取集资本金和利息合计60,182.85元；

（3）李×等四人利用虚假集资手段共冒领本息295,173.51元。

公诉机关根据上述鉴定意见向二审法院提出抗诉。二审法院在法庭调查中，聘请外地司法会计师对鉴定文书进行了审查。审查结果发现该鉴定文书存在严重问题：一是，所谓的鉴定结论的内容包括了鉴定结论、检验结果和审计报告审查意见三类结论；二是，部分结论含义不清；三是，部分结论缺乏事实依据；四是，部分结论缺乏科学性和可靠性。司法会计师最终提出的审查意见是：×技鉴会字〔20××〕第×号《司法会计鉴定书》所列示结论事项缺乏科学性和可靠性。

二审法院根据上述文证审查意见，决定不采信司法会计鉴定意见，维持了一审判决李×无罪的原判。

司法会计师出具的文书审查意见书如下：

司法会计文证审查意见书

×文审〔20××〕第×号

根据××市人民法院刑二审〔20××〕5号《聘请书》，受该院聘请，对×技鉴会字〔20××〕第×号《司法会计鉴定书》所列鉴定结论的科学性、可靠性进行技术性审查。

20××年×月×日，××市人民法院审判员×××送来李×职务侵占一案卷宗，包括×技鉴会字〔20××〕第×号《司法会计鉴定书》。

一、审查情况及具体审查意见

×技鉴会字〔20××〕第×号《司法会计鉴定书》共列示5部分多项鉴定结论，以下结合对各项鉴定结论进行审查的情况，提出具体审查意见。

（一）对"某商业中心2003年总账内容真实、数字准确，是原始账。该账是商业中心合法真实的会计账簿，是编制财务报告的合法依据"结论（见鉴定书第3页）的审查意见：

1. 账簿是会计主体处理会计事项的书面记录。账簿记载内容的真实性是指该内容正确反映了会计事项。从账务鉴定原理讲，总账记账内容真实性的确认，需要取得①记账凭证真实正确地反映了原始凭证的内容；②会计凭证汇总表（与科目汇总表意义相同）真实正确地反映了记账凭证的内容；③总账发生额真实正确地反映了会计凭证汇总表的记载内容等项检验结果，方可作出结论。审查该鉴定书第一项检验结果（见第2页）未发现判断总账内容真实性所需的①、②项检验结果，因而该项确认"2003年总账内容真实"的结论，不符合该鉴定事项的司法会计鉴定原理。同时,鉴定人所收检材中缺少 2003 年 3 月的一本记账凭证(见鉴定书第 1 页),通常会导致会计凭证汇总表的缺少,因而,鉴定书第 2 页中"经逐笔检验 2003 年会计凭证汇总表所反映的经济内容,与总账登记相符"的检验结果缺乏真实性。

2. 该结论事项主要以 2003 年度总账期初数与 2002 年度资金平衡表数据相符性的检验结果为依据,即"说明 2003 年总账内容真实、数字准确"、"该账是商业中心合法真实的会计账簿,是编制财务报告的合法依据",除缺少前述必要的检验结果作依据外,即使认定 2003 年度总账期初数真实性,也需要取得对 2002 年度的资金平衡表真实性的验证结果作依据,但该鉴定书中未表述这一验证过程和结果,其结论显然缺乏必要的依据。

3. 原始账簿是与重新登记的账簿是相对应的概念,因而账簿是否系原始账簿,需要通过笔迹、书写时间等文件检验鉴定结果及口供、证言等言词证据来确认——这应当是诉讼主体通过自由心证才能确认的事实。据此,"账簿是否是原始账"不属于司法会计鉴定的范围。上述有关"某商业中心 2003 年总账是原始账"的结论事项不科学,已超出司法会计鉴定的范围。另外,会计实务中会因各种不同原因重新登记账簿,因而账簿记录是否为原始记录,与其内容是否真实、准确无关,所以该结论事项中将"总账内容真实、数字准确"作为判定原始账的鉴定原理也缺乏科学性。

(二)对某商业中心"2002 年度资金平衡表与 2003 年总账数据一致"结论(见鉴定书第 4 页)的审查意见:

总账账户余额与资金平衡表的项目数据之间存在着钩稽关系,因而通过检验 2002 年度资金平衡表、2003 年总账数据,可以判明只是 2002 年资金平衡表项目数字与 2003 年总账期初余额两者之间的相符性。这里存在两处表述错误:一是,2002 年度资金平衡表与 2003 年总账的期初余额通常不会完全一致(该鉴定书所附资料也证明了两者的数字不一致),因为根据会计常识,两者之间的关系属于钩稽关系而非同一关系;二是,2003 年总账数据的含义很广,除期初余额外,还包括了发生额、期中余额和期末余额,而 2002 年资金平衡表则不反映 2003 年总账的发生额、期中余额和期末余额。因此,这一结论事项违背了会计常识,不符合实际(起码属于表述不当)。

(三)对"在企业账目短缺的情况下,××会审字〔×××〕第×号审计报告真实"结论(见鉴定书第 16 页)的审查意见:

首先,该结论事项中确认"审计报告真实"过于笼统,含义不明确。"审计报告真实"的结论,是指审计报告本身真实存在,还是指审计报告表述内容真实,或是指审计结论的内容真实?从本案提请鉴定目的看,这里应当是指审计结论内容真实。

其次，审计结论内容的真实性问题，涉及审计手续、审计原理和审计结论等诸多方面，但从该鉴定书表述的其他鉴定事项看，鉴定结论与审计结论确认的相同事项的数据存在着差异（见鉴定书16页及审计报告第2页），在鉴定人认定的事实内容与审计报告认定的事实内容不同的情况下，仍然认定"审计报告真实"，显然与事实不符。

（四）对"截至2006年3月31日，××市商业中心2002年6月30日集资额为215,500元的审计结论正确可靠"结论（见鉴定书第16页）的审查意见：

该结论事项与第3部分第（1）项鉴定结论重复，这里一并表述审查意见。

首先，原审计结论认定的是"集资款入账金额"215,500元（见116号审计报告第2页），而上述鉴定结论则表述为"集资额"215,500元。集资款入账金额与集资款金额是两个不同的概念："集资款入账金额"是指对集资事项的会计处理情况，属于会计事实；而"集资额"是指集资事项的数额，属于财务事实。因此，这一审计结论认定的是会计事实，而鉴定结论所肯定的是财务事实，该项鉴定结论显然存在明显的概念错误。在司法会计鉴定中，会计事实与财务事实的认定根据是不同的：会计记账事实，是依据对会计资料（主要指记账凭证、账簿和会计报表）的检验结果认定，而财务事实，则主要依据财务资料（本项鉴定中主要指集资凭证）作出。由于该鉴定结论所依据的检验结果中未表述对财务资料的检验结果，因而推不出有关"集资额审计结论正确可靠"的结论。

其次，本项审计结论及鉴定结论在确认××市商业中心2002年6月30日"集资款入账金额"问题时，需要通过检验相关会计记录排除可能发生的记账错误（如错记账户等）和账务计算错误所可能导致的会计报表中"个人借款"项目数据错误。但是，由于本案中缺乏2002年总账、日记账和一本会计凭证，无论审计人员还是鉴定人都未能对商业中心2002年的相关会计资料进行检验，其集资入账金额的判断缺乏基本依据，因而鉴定人仅依据对2002年的会计报表项目数据检验结果就肯定审计结论正确可靠，其结论本身缺乏科学性和可靠性。

（五）关于认定"虚假集资额220,800元的事实存在"结论的审查意见。

首先需要指出的是，该鉴定书的结论事项中多次对"虚假集资额220,800元的事实存在"进行了重复结论，包括：（1）第2部分中的第（2）项结论事项认定"截至2006年3月31日，××市某商业中心2002年6月30日的集资付出金额436,300元，说明了虚假集资220,800元的事实存在"（见鉴定书第16页）；（2）第3部分结论事项认定"××市商业中心职工集资215,500元，虚假集资220,800元的财务事实存在"（见鉴定书第19页）；（3）第5部分结论事项认定"李×等四人有虚假集资，虚假额为220,800元，从已付出的会计凭证得以证实"（见鉴定书第22页）。这里一并对这三项鉴定结论提出审查意见。

1. 集资活动属于财务活动，司法会计鉴定人确认集资活动是否发生的依据应当是集资凭证，而所谓虚假集资应当是指能够用虚假集资凭证或其他虚假集资证据证明的财务事实。但是，集资凭证的真实性问题以及其他能够证明集资虚假性的证据通常应当由诉讼主体（或审计人员）调查证实，并通过自由心证确认，因而这里确认是否存在虚假集资活动的问题已经超出了司法会计鉴定的范围。

2. 本案中商业中心归还集资人集资的依据是该中心出具的集资凭证，这应当证明集资业务的存在，因而利用归还集资额与集资入账额的差额来证明存在虚假资金的鉴定原理不科学。鉴定书中虽然没有对确认虚假集资额事项的鉴定原理作出说明，但从其表述顺序看，显然是以前项结论事项为基础推断而成，其原理是：该商业中心集资的记账金额为 215,500 元，而归还集资的账面金额为 436,300 元，从而证明虚假集资 220,800 元。但是，前述结论事项中认定只有部分集资凭证所列集资业务进行了账务处理，而归还集资款项 436,300 元，只能说明有集资 220,800 元的集资事项未进行账务处理这一会计事实，但无法说明存在虚假集资 220,800 元的事实。

3. 这里所谓"李×等四人有虚假集资，虚假额为 220,800 元，从已支付的会计凭证得以证实"的推断存在逻辑错误，"支付的会计凭证"只是证实了商业中心支付了 436,900 元集资款，并未证实"虚假（集资）额为 220,800 元"，这一结果其实是鉴定人根据商业中心集资收入的记账金额 215,500 元与支付集资款项 436,900 元差额推测而成，会计凭证的内容并不能证实虚假集资额 220,800 元的存在。

（六）对"截至 2006 年 3 月 31 日，××市某商业中心 2002 年 6 月 30 日李×等四人集资共计 256,900 元，已取得利息 105,410.76 元的书证确凿"结论（见鉴定书第 16 页）的审查意见：

该项结论属于检验结果，即直接反映了鉴定人对李×等集资情况及收取利息情况的检验结果。与前述认定虚假集资额的结论联系起来看，存在的问题是：这里认定了四人 256,900 元集资款，已经超过了前述结论事项认定集资款为 215,500 元，因而前述以认定集资款 215,500 元为基础确认的"虚假集资额 220,800 元"结论事项与该项检验结果存在矛盾。

（七）对"截至 2006 年 3 月 31 日××市某商业中心 2002 年 6 月 30 日李×等四人集资已支付本金 186,000 元（256,900－70,900），其中李×应结余 25,000 元，魏×21,900 元，蔡×11,500 元，策×12,500 元，原审计结论正确"结论（见鉴定书第 16 页）的审查意见：

从司法会计鉴定原理角度讲，商业中心已经支付李×等四人集资款 186,000 元应当以该中心的支付凭证为依据，但鉴定人采用的方法是利用李×等四人交付集资总额 256,900 元减去账面结存额 70,900 元计算得出，这一做法的错误之处在于：没有在确认该中心账户余额正确性的前提下，便假定账面余额正确倒挤计算出已支付集资款的金额。这种做法本身显然不可靠，因而也就不应当作出"原审计结论正确"的审查意见。

（八）对"截至 2006 年 3 月 30 日，××市某商业中心 2002 年 6 月 30 日李×等四人集资已支付本息合计为 355,356.36 元。其中：……四人本金合计186,000元，利息合计 105,410.76 元；循环利息 63,945.60 元，利息合计169,356.36元"结论（见鉴定书第 16 页）的审查意见：

该结论事项仅涉及检验事项，未涉及鉴定事项，因而不属于鉴定结论。

由于鉴定书中未列示该项检验结果具体依据，因而无法审查其检验结果的可靠性。

（九）对"在企业账目短缺的情况下，××会审字〔×××〕第×号审计报告内容真实可靠，计算方法正确，求得的数字准确"结论（见鉴定书第 19 页）的审查意见：

首先，本项结论事项所表述的是对审计报告的审查意见，而非鉴定结论。

其次，根据前述审查结果，审计报告的数据与鉴定结论所列数据存在差异，显然不能得出"审计报告真实可靠，计算方法正确，求得的数字准确"的审查意见。

（十）对"某商业中心 02 年 6 月 30 日的集资总额为 215,500 元，是真实准确的"结论（见鉴定书第 22 页）的审查意见：

1. 该项结论是对前述第 2 部分第（1）项结论的重复，但这里的论证依据出现了问题：鉴定书第 18、19 页列示"通过以上计算出的 2002 年第一本 1－36 号凭证的银行存款发生额为 222,219.66 元，说明了某商业中心 2002 年 6 月 30 日的全部职工集资 215,500 元，是在这本凭证中反映"。首先，这里的 222,219.66 元银行发生额的表述与审计结论中认定 2002 年第一本 1－36 号凭证列示银行存款账户的净增加额 222,219.66 元存在矛盾，净增加额与"发生额"从会计学专业上不是相同的概念；其次，即使是发生额，也只能说明银行存款金额大于集资金额，鉴定人并没有提出认定这些银行存款发生额包含集资额的鉴定证据，即无论是增加额还是发生额，与"全部职工集资 215,500 元"是否"在这本凭证中反映"并不存在着逻辑上的推断关系，也无法"说明"集资额"是在这本凭证中反映"。换句话说，以银行存款的增加额大于集资额为由说明集资额的存在只能是一种推测，而司法会计鉴定人不应当根据推测的结果出具鉴定意见，这是司法会计鉴定的常识。

2. 鉴定书第 19 页列示"通过上述计算出的 2002 年 7 月第一本凭证现金发生额为 226,803.13 元，经核实记录很详细，全部是商业中心的当月销货款，与职工集资毫无关系"。首先，审计报告反映 226,803.13 元是现金增加额，而不是这里所表述的"发生额"。其次，由于鉴定书缺列了有关销货款的检验所见，因而没有依据相应的证据来证明现金增加额是否"与职工集资无关"。

（十一）对"截至 2006 年 3 月 31 日，李×等四人共提出集资款为 186,000 元，内含四人的真实集资 36,100 元"结论（见鉴定书第 23 页）的审查意见：

首先，鉴定书第 23 页第二段所述全体职工集资金额不一致，分别为 215,500 元和 179,400 元，并将差额确认为李×等四人的实际集资额。其原意可能是要说明全体集资额是 215,500 元，除李×等四人外其他职工的集资合计为 179,400 元。

其次，李×等四人的实际集资额，应当根据集资凭证直接判断，如果有鉴定证据确认孙等四人的集资凭证不真实，那么，也不能将集资差额确认系李×等四人的实际集资额（因为这一差额不一定是李×等人的集资额，也可能是其他人的集资额）。所以，上述认定李×等四人"真实集资 36,100 元"的结论缺乏集资凭证作依据。

最后，鉴定书第 23 页显示鉴定人采用了两种方法计算出李×等四人的实际集资额一致。司法会计鉴定中所谓两种计算方法，是指两种不同的鉴定原理。但这里所述的两种计算方法实际采用了同一种计算原理，即都是以鉴定人推算的实际集资总额 215,500 元和虚假集资额 220,800 元为基础的计算。

（十二）对"李×等四人实际集资 36,100 元，从 2002 年 3 月 30 日至 2006 年 3 月 30 日，提取应付利息是 24,082.85 元"结论（见鉴定书第 27 页）的审查意见：

鉴定人在计算 36,100 元集资利息时采用的鉴定原理是：（1）以鉴定人认定的虚假集资额及所获利息总额为基础，采用加权平均法计算所得利息为 23,798.20 元；（2）假定 36,100 元的到期日为 2006 年 3 月 30 日，计算全期所得利息为 24,367.50 元；（3）采用算术平均法，将上述两计算结果平均，确认 36,100 元实际所获利息 24,082.85 元。但是，这些鉴定原理的采用，需要有商业中心 2006 年 3 月 30 日偿还李×等四人集资款事实作为结论的依据。由于鉴定书中未表述这一事实依据，因而无法评价其鉴定的科学性。

（十三）对"李×等四人利用虚假集资手段共冒领本息 295,173.51 元"结论（见鉴定书第 27 页）的审查意见：

该结论事项是鉴定人在前述各项结论基础上，针对"李×等四人是否虚报集资？虚报多少？账上有无凭证？"的鉴定事项提出的结论性意见。但是，送检方提出的这一鉴定事项并不妥当，司法会计鉴定人也不应当回答这一问题。首先，认定虚报集资的一个焦点问题是李×等四人所持 2002 年 6 月 30 日的集资凭证是否真实，而集资凭证真实性的确认，按照财务会计资料证据的识别分工原则应当由侦查人员承担，除符合特殊条件的情形外，司法会计鉴定人无权识别；其次，虚报集资是指出资人没有交付集资款项而在报账时却报告交付了集资款项的行为，但是，鉴定书所反映的却是出资人有交付集资的凭证，但受资人无接受集资的账目记录——这种情形可能与隐匿集资款有关，与所谓虚假集资无关。

二、综合审查意见

根据上述审查结果，提出以下基本审查意见：

（一）×技鉴会字〔20××〕第×号《司法会计鉴定书》所列示的结论事项，包括了鉴定结论、检验结果和审计报告审查意见三种情形，并非都是鉴定结论；

（二）×技鉴会字〔20××〕第×号《司法会计鉴定书》所列示的部分结论事项含义不清。如，认定××〔20××〕第×号审计报告真实；认定某商业中心职工集资215,500元，虚假集资220,800元的财务事实存在；认定某商业中心集资多出的220,800元是虚假的，也是没有财务事实根据的等；

（三）×技鉴会字〔20××〕第×号《司法会计鉴定书》所列示的部分结论事项缺乏事实依据。如，认定某商业中心2002年6月30日集资额为215,500元；认定截至2006年3月31日，李×等四人共提出集资款为186,000元，内含四人的真实集资36,100元等；

（四）×技鉴会字〔20××〕第×号《司法会计鉴定书》所列示的部分结论事项缺乏科学性和可靠性。如，认定某商业中心2003年总账是原始账；认定李×等四人有虚假集资，虚假额为220,800元，从已付出的会计凭证得以证实；认定李×等四人实际集资36,100元，从2002年3月30日至2006年3月30日，提取应付利息是24,082.85元；认定李×等四人利用虚假集资手段共冒领本息295,173.51元。

综上，×技鉴会字〔20××〕第×号《司法会计鉴定书》所列示结论事项缺乏科学性和可靠性。

××市人民检察院司法鉴定中心

司法会计师：×××（签名）

二〇××年×月×日

二、审计报告的文证审查案例

××公安局立查××公司波及2.8万名受害人的非法经营案件，并聘请注册会计师对该公司涉案经营收入额问题进行鉴定，以便将鉴定意见作为认定非法收入额的证据。注册会计师出具了《司法会计鉴定报告》，认定经营收入3.83亿元。公诉机关以非法经营罪并涉及3.83亿元非法收入将案件起诉到法院。

法院开庭后，辩护律师出示了由某会计师事务所出具的《专项审计报告》，该报告确认涉案公司经营收入为2.40亿元。辩护律师认为，《专项审计报告》是根据审计准则形成的，而目前司法会计鉴定并没有准则，因而《司法会计鉴定报告》是在没有鉴定标准的情况下形成的，本案认定该公司经营数额应当以《专项审计报告》为准。法官要求公诉人提供证据，确认差额形成原因，法庭休庭。公诉人将上述报告退公安机关补充证据，公安机关拟找本案司法会计鉴定人并提出新的看法，但因鉴定人正在做开颅手术无法进行解释。由于该案需要继续开庭，公诉方指派司法会计师协助解决问题。

司法会计师建议通过对《专项审计报告》进行文证审查确定其是否存在问题，公诉方接受建议并办理了文证审查审批手续。司法会计师通过审查发现结论中经营收入额系原封不动照搬了××公司的会计报表所列项目数字，且案卷有大量证据证明该公司对营业收入的核算存在多记、少记等会计核算错误，进而确认审计人员没有进行必要的实质性测试，提出了该项审计活动违背审计准则规定的原则，审计结论不科学、不可靠的审查意见。

公诉方将《司法会计文证审查意见书》提交了法庭。庭审中辩护律师指出公诉方提供的《司法会计文证审查意见书》，系公诉方的审查意见，不具备公正性。检察官反驳道：《司法会计文证审查意见书》系专家意见，公诉人认可这一专家意见，因而直接提交法庭。

法院作出的判决文书中不仅采信了公诉方提交的《司法会计鉴定报告》，还专门列出了《司法会计文证审查意见书》的审查意见作为根据。

以下是本案的《司法会计文证审查意见书》：

司法会计文证审查意见书

×文审〔20××〕第×号

根据××市人民检察院刑二〔20××〕×号《文证审查委托书》，检察员张××送来×××等人涉嫌非法经营案件卷宗材料，要求对案卷中××会计师事务所20××年×月×日出具的××审字〔20××〕第×号《专项审计报告》中认定××有限责任公司经营收入的审计结论的科学性、可靠性进行技术审查。

一、审查情况

××会计师事务所20××年×月×日出具的××审字〔20××〕第×号《专项审计报告》，反映该所对××有限责任公司财务收支情况进行的审计。该报告第三项反映审计涉及会计期间的经营情况：累计经营收入为340,678,612元。其中：2000年为145,883,455元，2001年为33,194,478元，2002年为161,600,679元。

经审查发现：上列有关××有限责任公司经营收入金额与送审材料中的该公司2001年、2002年经营收入、退货明细账记载的账户余额相同，这表明该项审计结果的依据系该陵园会计核算结果。该《专项审计报告》中没有说明对××

有限责任公司经营收入会计核算结果进行实质性测试（或抽查）情况。送审卷宗第二卷第 36 页至第 121 页显示，××有限责任公司有关营业收入的会计核算中存在着若干具体的多记、少记等会计核算错误，因而进一步证实《专项审计报告》的制作人没有对该公司经营收入业务进行必要的实质性测试。

根据审计准则，在没有实施必要的实质性测试的情况下，不应当出具无保留意见的审计结论，而送审的××审字＼〔20××〕第×号《专项审计报告》所列审计结论是在没有对营业收入进行必要的实质性测试的情况下出具的无保留意见的审计结论，违背了谨慎性审计原则。

二、审查意见

××会计师事务所 20××年×月×日出具的××审字〔20××〕第×号《专项审计报告》中有关经营收入的审计结论，是在违背审计原则的情况下出具的审计意见，该项审计结果不科学、不可靠。

××市人民检察院司法鉴定中心

司法会计师：×××（签名）

二〇××年×月×日

三、审计报告与非结论性证据文证审查案例

鲁联公司在审计中发现，公司招待所交款员夏某利用职务便利非法占有招待所的住宿收入 53,840 元，遂向侦查机关进行了举报，并提供了审计报告。

侦查机关以夏某涉嫌贪污立案侦查。在侦查过程中，夏某一直不承认自己有贪污行为，仅在侦查终结前的提审时承认了有贪污行为，但没有供述具体的贪污事实。侦查机关认定夏某贪污的主要依据是审计报告。该案公诉后，夏某当庭翻供，指责侦查人员在终审提审时给其许愿不会作为犯罪处理，其才勉强承认了贪污。后公诉机关将撤回起诉，以夏某涉嫌贪污 49,7400 元作出相对不起诉处理决定。夏某不服，向上级检察机关提出申诉。上级公诉机关在审查该案过程中指派司法会计师对审计报告以及其他涉及财务会计业务的证据进行了文证审查。

司法会计师通过阅读案卷材料，先搞清楚了涉案招待所交款员交付现金收入的财务流程：夏某收取各营业员提供的住宿费发票和收入款项，进行清点、核对一致后，按照总金额开出缴款凭证，连同发票、款项一并交给公司会计人员。公司会计人员核对无误后，留下一联交款凭证，然后在夏某保管的一联交款凭证中加盖财务专用章并签字，证明其已经收取收入款项。审计结果是：夏某任交款员期间，应交款总额为 1,281,750 元，实交款 1,227,910 元，隐匿收入 53,840 元。审计报告认定夏某采用收入不报账的手段占有公款 53,840 元，其审计方法是通过核对发票存根联和记账联，确认共 67 笔住宿收入没有记账，进而推断交款员

夏某没有将这 53,840 元收入报账。司法会计是在审查审计报告时发现了审计原理与审计方法存在的错误。从审计原理讲，住宿发票的存根联与记账联存在差异，只能证明该招待所有 53,840 元的收入没有记账，但该招待所的财务流程显示夏某交款到会计记账之间还有会计人员经收住宿费现金收入，因而隐匿收入未记账涉及的款项也可能是会计人员所为；从审计方法讲，审计人员应当核对缴款凭证与发票记账联的一致性，进而判明夏某是否已将发票存在所列收入全额交付给了会计人员，但审计人员仅核对了发票的记账联和存根联，没有将发票与缴款凭证进行核对。因此，无论是审计原理和审计方法都存在着明显的漏洞，审计结论不科学、不可靠。司法会计师在进一步阅卷中还发现了重要线索：由于夏某不懂业务，会计人员常常以各种理由要求其重新填写缴款凭证，其中一次是夏某先前填写了 6 张缴款凭证并交了款项，会计人员和夏某都签了字，但两个月后会计人员又找到夏某要求按照其所说的金额重新填写两张缴款凭证，并将旧的 6 张缴款凭证单据扔掉，被夏某拾回单独保管。重新写的单据没有签名，但其合计比前 6 张的合计额少了 22,182.30 元。另外，夏某还持有会计人员出具的白条收据 11,042.90 元

上级检察机关根据《司法会计审查意见书》，以事实不清、证据不足为由，撤销了下级检察机关相对不起诉的决定，并决定将收缴夏某的款项发还本人。

以下是本案的《司法会计文证审查意见书》：

司法会计文证审查意见书

×文审〔20××〕第×号

本院控告申诉处检察员×××送来夏某贪污一案的三本正卷、两本副卷的案卷以及××〔20××〕×号《文证审查委托书》，要求案卷中涉及××会计师事务所 20××年×月×日出具的××审字〔20××〕第×号《专项审计报告》及涉及财务会计业务的其他证据进行技术性审查。

经审查认为：

1. 送审的正卷中有××会计师事务所 20××年×月×日出具的××审字〔20××〕第×号《专项审计报告》，审计结论确认鲁联公司招待所夏某任交款员期间，应交款总额为 1,281,750 元，实交款 1,227,910 元，隐匿收入 53,840 元的审计结论存在原理性错误，该结论不科学、不可靠。

《专项审计报告》认定隐匿收入的审计原理是：将鲁联公司招待所发票存根联总金额作为认定夏某应交款项的依据，将鲁联公司已经作为收入记账的发票记账联总金额作为认定夏某实交款项的依据，将两者的差额认定为夏某隐匿收入额。该项审计原理的错误在于确认夏某实交款项的依据选择错误：根据该招待所

上缴收入的财务流程，确认夏某实交款项的财务凭证并非是发票的记账联，而是由夏某开出会计人员审查后加盖公章、签字后的缴款凭证。由于审计结论的依据存在错误，因而该项审计结果不具备科学性。

2. 认定夏某贪污营业收入 49,7400 元证据中，缺少犯罪嫌疑人的具体供述，正卷中未附具体的计算依据，副卷中有关计算夏某少交营业收入导致现金短库 49,7400 元的财务问题，应通过司法会计鉴定确认。

3. 关于夏某提供的 6 张已作废《缴款凭证》问题：①6 张《缴款凭证》均系×年所开，会计人员××证言中所述因日期填写错误重新填开《缴款凭证》与书证记录的时间存在矛盾。②依据现有证据材料看，作废的 6 张《交款单》中均有鲁联公司的财务专用章和会计人员××的签章，证明《缴款凭证》所列金额已交付会计人员××。从财务技术上讲，重新填开的《交款单》与作废的《交款单》之间的差额，与招待所的现金短库存在关联。

4. 关于夏某提供的会计人员××收取 11,042.90 元的白条问题：①会计人员××证言中所述套取现金的转账支票 11,042.90 元，已经通过编制记账凭证顶替夏某所交现金收入记账，但卷宗中缺少证明会计人员所述事实的财务会计资料证据。②从财务技术上讲，夏某所持的白条可以视为其库存现金，《专项审计报告》应当就此事作出评判，但《专项审计报告》在没有评价这一事件的情况下确认隐匿收入，也是不科学的。

××市人民检察院司法鉴定中心

司法会计师：×××（签名）

二○××年×月×日

四、税务认定报告文证审查案例

公安机关在侦办××销售有限公司涉嫌逃税案件中，提请检察机关逮捕该公司法人代表。检察机关侦查监督部门在审查该案涉及逃税的相关证据时，启动了文证审查业务。

本案是由税务机关移送公安机关的。移送前，税务机关已经作出了税务处理决定，认定该公司逃税 194,361.54 元。当事人不服税务处理决定，申请复议。税务机关又作出了行政复议决定，维持了原处理决定。

司法会计师经过审查后认为，税务机关的处理决定中在认定当事人逃税的事实中存在瑕疵，该决定不能作为认定逃税的结论性证据。同时，发现该案应当进行的司法会计鉴定事项以及其他诉讼证据方面的缺陷，就如何补充证据提出了建议。后公安机关根据这些建议逐一补充了相关证据。由于该案当事人拒不认罪，且不断非法干扰侦查、审判活动，本案起诉后法院以逃税罪对其进行了从重处罚。

司法会计文证审查意见书

×文审〔2009〕第×号

　　根据×检侦监委审〔20××〕10号《委托文证审查书》，本院侦查监督处××于20××年10月19日送来××销售有限公司涉嫌逃税案件证据材料，要求对该案卷中的财务会计资料证据进行技术性审查。

　　送审的财务会计资料证据：

　　1.××市国家税务局稽查局××稽处〔2009〕×号《税务处理决定书》。

　　2.××市国家税务局××税复决字〔2009〕×号《行政复议决定书》。

　　3.××销售有限公司（以下简称××销售有限公司）2007年8月第5号记账凭证及附件、库存商品明细账页。

　　4.××销售有限公司2007年8月第32号记账凭证及附件、库存商品明细账页。

　　5.××销售有限公司2008年4月第20号记账凭证及附件。

　　6.××汽车集团有限公司车辆出库单、商品运转指令单、售后服务处理单。

一、审查

　　（一）××市国家税务局稽查局2009年5月27日作出的××稽处〔2009〕109号《税务处理决定书》认定××销售有限公司违法事实：2007年8月账簿记载，当月从××汽车集团特种车有限公司购进3辆牵引车，购进成本为583,589.74元，在账簿记载中2007年这3辆车未实现销售，但2007年8月在账务处理上却结转了销售成本。经核对2008年的销售账发现，2008年4月30日将上述3辆车作了收入（凭证号为2008年4月第20号）。××销售有限公司未按税法规定申报应税销售收入588,974.36元，应调增该年度应纳所得税额588,974.36元。该局决定：××销售有限公司补交企业所得税194,361.54元。

　　（二）××市国家税务局2009年10月13日作出的××税复决字〔2009〕1号《行政复议决定书》，对下列两个问题进行了答复：

　　1.关于3辆车的成本接转问题。

　　《行政复议决定书》以××销售有限公司2007年8月"库存商品"账户余额为贷方272,924.28元为依据，确认其8月列入该账户的3辆牵引车的购进成本为583,589.74元已全部接转销售成本。

　　2.关于调增2007年度应纳税所得额问题。

　　《行政复议决定书》认为，××销售有限公司2007年6月已经实现3辆牵引车的销售收入，2008年4月才确认销售收入，依照税法应当计入07年收入。但就如何计算所得税问题没有作出具体答复。

　　上述两份文书中没有提及××销售有限公司2007年所得税申报情况。

（三）××销售有限公司 2007 年 8 月第 5 号记账凭证及附件、库存商品明细账页、8 月第 32 号记账凭证及附件、库存商品明细账页证实：该公司在 2007 年 8 月将 3 辆牵引车做入库账务处理，8 月底因超额接转销售成本导致"库存商品"账户余额出现贷方余额 272,924.28 元。

（四）××汽车集团有限公司的车辆出库单、商品运转指令单、售后服务处理单证实××销售有限公司已经实现 3 辆牵引车的销售。

二、审查分析

本案涉及逃避缴纳企业所得税问题。按照企业所得税计税原理，不申报收入和虚报准予扣除项目金额，都会导致少交企业所得税的后果，并导致税款损失。

（一）上述税务机关的两份文书中，仅以××销售有限公司 2007 年 8 月超额接转"库存商品"成本为由，认定该公司将 3 辆牵引车购进成本为 583,589.74 元全部接转销售成本的证据不足：认定 3 辆牵引车购进成本被结转应以具体的结转明细资料为依据，但送审卷宗中没有这一资料（可能这一资料客观上没有形成）；如果没有具体结转明细资料，需要对该单位全年度接转成本是否与销售收入相匹配作出判断，但税务机关的文书中没有表明这一判断事实。

（二）确认××销售有限公司是否没有申报收入 3 辆牵引车的销售收入，需要根据该公司纳税申报资料及与其公司收入记账的相符性进行判断，才能确认该公司未记账收入是否没有申报，但税务机关的文书中没有标明这一判断事实。

（三）××销售有限公司的上述涉嫌逃税行为应当导致国家税款的损失，但上述税务机关的文书中没有明确相关收入涉及的税金是否存在损失问题的判断。

（四）案卷中缺少证明犯罪嫌疑人缴纳所得税情况的纳税申报、完税证明等证实其实际纳税情况的书证，影响对其是否存在逃税行为的认定。

三、审查意见

（一）鉴于送审的××稽处〔2009〕109 号《税务处理决定书》和××税复决字〔2009〕1 号《行政复议决定书》文书在认定事实方面存在技术瑕疵，该证据只能证明税务机关对该案的查处情况及处理结果，但无法作为认定犯罪嫌疑人逃税行为的证据。

（二）建议对××销售有限公司 2007 年至案发应纳增值税额问题进行司法会计鉴定，以查明未申报或未缴纳所得税额，证实逃税数额。

（三）建议补充下列书证：

1. 收集××汽车集团有限公司处理 2007 年 7 月 20 日销售给××销售有限公司的会计凭证及相关书证，证实其 2007 年 6 月 22 日为××销售有限公司出库的四台牵引车系其 7 月 20 出具的发票所列牵引车。

2. 收集××汽车集团有限公司 2007 年至案发销售给××销售有限公司车辆的发票、出库单等销售凭证，为通过鉴定确认××销售有限公司是否存在重列购车成本问题提供检材。

3. 收集××销售有限公司 2007 年至案发所得税纳税申报材料，为通过鉴定确认××销售有限公司未纳所得税税额提供检材。

4. 收集××销售有限公司 2007 年至 2008 年销售收入、应交税金、预付账款、库存商品等相关账页，完善与已提取书证有关的会计资料证据。

以上审查意见及建议供参考（本文书系内部资料，请存副卷）。

××市人民检察院司法鉴定中心

司法会计师：×××（签名）

二〇××年×月×日

第七节 非结论性证据文证审查文书示例

一、挪用资金案件文证审查意见书示例

司法会计文证审查意见书

×文审〔20××〕第×号

20××年 12 月 1 日，本院审查起诉处徐××送来××有限公司总经理刘××涉嫌挪用资金一案卷宗，要求对刘××挪用本公司资金 304 万元的财务会计资料证据的完整性进行技术性审查。现将审查结果报告如下：

《移送审查意见书》认定的案件事实：2001 年 1 月，刘××擅自决定将本单位××股票 10 万股卖出，计款 304 万元，借给金××个人炒股使用。

送审案卷中的第 5 卷书证可以证明：××有限公司于 2001 年 1 月 9 日借给"金××"资金 304 万元，款项来源于××证券公司营业部"刘××"资金账户中 2001 年 1 月 5 日卖出"××"股票 10 万股所获款项及该账户存入资金 11.2 万元，款项由××证券公司营业部签发三张支票支付，分别支付××证券公司营业部"王××"账户 170 万元、××基金专户"××公司"账户 30 万元、××有限公司郑州营业部 104 万元。××有限公司郑州营业部及"金××"于 2003 年 3 月 5 日至 7 月 4 日分 8 次归还借款 304 万元及利息 6 万元。

审查意见及建议：

1. 案卷中的财务会计资料证实××有限公司 2001 年 1 月销售××股票 10 万股收入为 2,928,000 元，这与司法结论中认定的 304 万元不符。

2. 需补充 2001 年 1 月 9 日存入××证券公司营业部"刘××"资金账户 11.2 万元现金来源证据，以证实 304 万元均为公款。

3. 需补充××证券公司营业部"刘××"资金账户及××有限公司"其他货币资金 - 保证金 - 刘××"账户的账页、存款凭证，以证实该账户所卖出 10 股股票系公款所买进，进而证实 304 万元系公款。

4. 需补充××证券公司营业部"王××"账户资料，以证实金××将 170 万元用于"炒股"。如证实被用于"炒股"，建议对 170 万元证券投资收益问题进行司法会计鉴定，以查明非法收益额。

5. 需补充××基金专户"××公司"账户资料，以证实金××将 30 万元用于"炒股"。如证实被用于"炒股"，建议对 30 万元证券投资收益问题进行司法会计鉴定，以查明非法收益额。

6. 现有证据证实××有限公司郑州营业部所收 104 万元未用于"炒股"。

7. 建议对本案涉及的款项流转情况涉及的财务会计资料进行专项检验，获取《司法会计检验报告》，以方便起诉。

以上审查意见及建议供参考（本文书系内部资料，请存副卷）。

××市人民检察院司法鉴定中心

司法会计师：×××（签名）

二〇××年×月×日

二、贪污、挪用公款案件文证审查意见书示例

司法会计文证审查意见书

×文审〔20××〕第×号

根据×检侦监委审〔20××〕1 号《文证审查委托书》，本院侦查监督处检察员×××、××于 20××年 5 月 3 日送来××区人民检察院侦查的××集团有限责任公司会计王××贪污、挪用公款案件的案卷四本，要求对卷中财务会计资料证据的完备性进行技术性审查。

一、审查

（一）××区人民检察院××检反贪报捕〔20××〕1 号《报请逮捕书》认定案件事实：

1. 犯罪嫌疑人王××在担任××集团有限责任公司财务处主管会计期间，利用负责银行存款存取业务的职务便利，于 2006 年至 2009 年期间，采取收入不入账的手段，私自分七次将累计公款 3665 万元，以单位名义转存"银行七天通知存款"获取高息，同时采取银行存款支出不入账的方式，将所得全部利息共计 191,969.75 元分多次转到其保管的公司工会账户兑出现金，全部据为己有。

2. 至 2010 年 12 月底，犯罪嫌疑人王××利用负责公司工会账目及银行存取款业务的职务便利，将工会账户上 15 万元公款提出现金后私自借给他人用于其经营使用。在接受我院调查期间，犯罪嫌疑人王××于 2011 年 4 月 15 日将该款归还单位工会账户。

（二）关于王××贪污××集团有限责任公司定期存款利息事实的证据审查（按装卷顺序）：

1. 2007 年 1 月 22 日××公司签发 1055 账户 6094# 转账支票转存七天定期存款 200 万元；同日签发 1055 账户 6095# 转账支票转存七天定期存款 300 万元；3 月 26 日签发 1055 账户 0862# 转账支票转存七天定期存款 200 万元，共计转存 700 万元。

2007 年 5 月 29 日银行计结上述 700 万元定期存款利息 34,245 元，同日转入××公司 1055 账户；银行计结同期活期利息三笔共计 15,220 元，卷中无书证证明去向。

上述本金 700 万元本金继续转存至 2007 年 10 月 22 日，本息合计 7,048,545 元，分别转入××公司 1436 账户两笔计 5,034,675 元、××公司 1055 账户 2,013,870 元。未见同期活期存款计息凭证及去向书证。

2. 2007 年 7 月 6 日××公司签发 1055 户 1436# 转账支票转存七天定期存款 100 万元。

2007 年 10 月 22 日银行计结上述 100 万元定期存款利息 5,130 元，本息合计 1,005,130 元被转入××公司 1055 账户。未见同期活期存款计息凭证及去向书证。

3. 2007 年 10 月 23 日××公司签发 1436 账户 1525# 转账支票转存七天定期存款 200 万元；签发 1436 账户 1524# 转账支票转存七天定期存款 200 万元；签发 5716 账户 7576# 转账支票转存七天定期存款 200 万元，共计转存 600 万元。

2008 年 1 月 7 日银行计结上述 600 万元活期存款利息 9,120 元，本息合计 6,009,120 元，于当日转入××公司 1436 账户。未见同期定期存款计息凭证及去向书证。

4. 2008 年 1 月 7 日××公司签发 5716 账户 7607#、7608# 转账支票，1 月 8 日签发 5716 账户 7610 转账支票，分别转存七天定期存款 200 万元，共计转存 600 万元。

2008 年 5 月 12 日银行计结上述 600 万元定期存款利息 35,815 元，本息合计 6,035,815 元分别存入××公司 1055 账户。未见同期活期存款计息凭证及去向书证。

5. 2008 年 2 月 2 日××公司签发 5716 账户 7612# 转账支票，转存七天定期存款 200 万元。

2008 年 4 月 25 日银行计结上述 200 万元活期存款利息 3,320 元，定期存款利息 7,885 元，于当日将本金及定期利息合计 2,007,885 元转入××公司 1055 账户。未见同期活期存款去向书证。

6. 2006 年 8 月 9 日××公司签发 1055 账户 6076# 转账支票，于 8 月 11 日转存七天定期存款 265 万元。

第 4 本案卷反映，2007 年 1 月 5 日存入××公司 1055 户 2,667,529.75 元。该项存款应为本金 265 万元及利息 17,529.75 元，但未见计息单据和存款说明。

上述转存七天定期存款总额为 2,465 万元，比提起逮捕认定数少 1,200 万元；涉及利息 158,269.75 元，比提请逮捕认定数少 33,700 元。

（二）关于王××挪用公款情况的证据审查：

卷宗中无 2010 年 12 月底王××从××公司工会账户提取 15 万元现金的凭证，蔬菜工会 6235 账户对账单中也无支付 15 万元的记录。

二、审查意见

（一）关于贪污事实的书证归纳

根据卷中书证反映：2006 年至 2008 年期间，××公司分六次（共 12 笔）累计将 2,445 万元活期存款转存七天定期存款，并将部分利息共计 158,269.75 元先转入××公司账户，再转入××公司工会银行存款账户，工会存在提取现金不记账现象。

侦查部门认定的分七次转存七天定期存款的事实中：一是，未提供 2008 年转存七天存款的 500 万元书证；二是，可能将第一次 700 万元重复计算。两项共计 1200 万元。

侦查部门认定的贪污利息 191,969.75 元的事实中：一是，将 2008 年 2 月 3 日××机电公司转入××公司存款账户的 2,800 元认定为利息收入；二是，未提供 2008 年转存七天存款的 500 万元共计 30,900 元的利息书证。两项共计 33,700 元，加书证已证实的转入××公司账户的 158,269.75 元利息，为侦查认定的利息总额 191,969.75 元。

（二）关于贪污事实的书证缺陷（按时间顺序）

1. 2006 年 8 月 11 日转存七天定期存款一笔，计 265 万元。2007 年 1 月 5 日收回 2,667,529.75 元存款，应为本金 265 万元及利息 17,529.75 元。

需补充银行《利息及代扣税款清单》、转账凭证等，以证明 17,529.75 元的来源及公款性质。

2. 2007 年 1 月 22 日、3 月 26 日转存七天定期存款三笔，共计 700 万元。5 月 29 日收回定期存款利息 34,245 元；10 月 22 日收回定期存款利息 48,545 元。

问题一：卷中《利息及代扣税款清单》显示，5 月 29 日该 700 万元存款被计同期活期利息三笔，共计 15,220 元。需要补充银行资料证明该项活期存款利息的去向（疑该款项被贪污）。

问题二：第二次结息中是否存在同期活期利息问题，建议未来侦查中进行查证。

3. 2007 年 7 月 6 日转存七天定期存款一笔，计 100 万元。10 月 22 日收回定期存款利息 5,130 元。

建议未来侦查中查证该笔存款是否存在同期活期利息。

4. 2007 年 10 月 23 日转存七天定期存款三笔，共计 600 万元。2008 年 1 月 7 日收回活期存款利息三笔共计 9,120 元。

建议未来侦查中追查该笔存款的定期存款利息及去向。

5. 2008 年 1 月 7 日转存七天定期存款三笔，共计 600 万元。2008 年 5 月 12 日收回定期存款利息三笔共计 35,815 元。

建议未来侦查中查证该笔存款是否存在同期活期利息。

6. 2008 年 2 月 2 日转存七天定期存款一笔计 200 万元。2008 年 4 月 25 日收回定期存款利息 7,885 元。

问题：卷中《利息及代扣税款清单》显示，该笔存款另获取同期活期存款利息 3,320 元。需要补充银行资料证明去向（疑该款项被贪污）。

（三）关于挪用公款事实的书证归纳

目前卷宗中没有关于王××从工会账户上提出 15 万元的任何书证，从工会账户对账单看，也不可能存在这样的书证。

该项事实可能是：王××从工会库存现金中挪用 15 万元给其弟使用。

（四）其他建议

1. 本案的贪污手段应为窃取（即王××利用兼任工会出纳员的职务便利窃取公司现金），认定窃取公款实施，应当就"××公司工会现金应结存额与实际结存额是否相符"的问题进行司法会计鉴定，以证明王××监守自盗的犯罪后果。通过该项鉴定同时还可以证实王××从工会账户提取现金未记账的金额，为证明贪污、挪用公款的手段和资金资源认定提供证据。

2. 为了查明贪污现金的资金来源，建议组织司法会计检验，获取检验报告，以证明已存入××公司、××公司广场账户的七天存款利息被转入工会账户，为确定贪污利息提供证据。

3. 为了查明王××未将转存七天定期存款业务记账的事实，建议对××公司的相关银行存款业务进行司法会计检验，获取检验报告，在证明这些业务没有记账事实的同时，还要证明××公司银行存款账户由××公司财务会计部门控制的事实。

4. 为了查明王××2010 年 12 月挪用 15 万元公款的事实，建议就"××公司工会2008年12月初现金应结存额"问题进行司法会计鉴定，以确定其是否具备挪用公款的条件。

××市人民检察院司法鉴定中心

司法会计师：×××（签名）

二〇××年×月×日

三、逃税案件文证审查意见书示例

司法会计文证审查意见书

×文审〔20××〕第×号

根据×检侦监委审〔20××〕×号《委托文证审查书》，本院侦查监督处××于20××年12月26日送来××市公安局侦查的××金属加工有限公司逃税案件的案卷1本，要求对卷中财务会计资料证据的完备性进行技术性审查。

一、审查情况

（一）××市公安局×公刑捕字〔20××〕×号《提请批准逮捕书》认定案件事实：

2006年8月至2007年2月，犯罪嫌疑人为偷逃税款，在××公司与金江强实业有限公司（下称××央公司）没有真实贸易的情况下，通过××冶炼厂厂长×××购买了伪造的××海关签发的16份进口增值税专用缴款书（××央公司开给××公司，面值2000余万元），在××市国税局合计申报抵扣税款3,155,897.43元。其中：2006年应补交增值税1,649,145.31元，2007年应补交增值税1,506,752.12元，经调查，××公司在2006年度在××市国税局已交国税196,333.44元，在××市地税局已交地税22,307.47元，××公司在2006年年度逃税款占应纳税款的比例为88.3%（1,649,145.31/1,649,145.31 + 218,640.91元）。

（二）关于××金属加工有限公司证据审查（按装卷顺序）：

1. ××市国家税务局××稽处〔20××〕×号《税务处理决定书》，认定××金属加工有限公司2006年8月至2007年2月共取得××海关签发的进口增值税专用缴款书16份，合计申报抵扣税款3,155,897.43元。经协查，上述16份海关进口增值税专用缴款书无入库信息，属于伪造的海关完税凭证。处理决定：上述16份海关完税凭证其进项税款不予抵扣，××金属加工有限公司应补交增值税3,155,897.43元。

上述文书中未说明申报抵扣证据。

2. ××市国家税务局××稽罚〔20××〕××号《税务行政处罚决定书》，认定××金属加工有限公司从2006年8月至2007年2月共取得××海关签发的进口增值税专用缴款书16份，全部进行了申报抵扣，合计申报抵扣税款3,155,897.43元。处罚决定：决定对××金属加工有限公司处因偷税而少缴的税款3,155,897.43元1倍的罚款，计3,155,897.43元。

上述文书中未说明申报抵扣证据。

3. 卷中无正式税务稽查报告。

4. 《××金属加工有限公司增值税销项明细表》。该表未说明来源、制作单位、无合计额，无法证明销项税总额及其实在性。

5. ××金属加工有限公司记账凭证七份，均列示借记"应交税金——应交增值税（进项）"及抵扣金额，反映该七份凭证所附16份海关完税凭证3,155,897.43元已作抵扣业务进行了会计处理。

6. 卷中无××金属加工有限公司"应交税金——应交增值税"明细账页，无法证实前述记账凭证所列抵扣业务是否记账。

7. 卷中无××金属加工有限公司2006年至2007年增值税纳税申报资料。

二、审查意见

通过审查发现，本案认定通过虚假票据抵扣逃税额的书证中缺少证明××金属加工有限公司2006年应纳税额的证据。包括：

1. ××金属加工有限公司2006年销售业务的书证（如发票、销售收入明细账簿等），用于证明其应纳销项税基础。

2. ××金属加工有限公司2006年"应交税款——应交增值税"明细账页，证明其所做抵扣增值税业务已经记账。

3. ××金属加工有限公司2006年增值税纳税申报资料，证明其申报增值税时已将虚开的《进口增值税专用缴款书》所列进项税额抵扣。

另外，为了查明××金属加工有限公司2006年逃税数额及占应纳税额的比例，建议就"××金属加工有限公司2006年应纳增值税额、未纳增值税额以及未纳增值税额占应纳增值税额的比例"问题进行司法会计鉴定。

××市人民检察院司法鉴定中心

司法会计师：×××（签名）

二〇××年×月×日

第八章　司法会计师庭审质证业务与案例

本章主要介绍司法会计师协助庭审质证业务的含义、法律依据、任务、程序和注意事项。

第一节　庭审质证业务概述

一、庭审质证业务的含义与诉讼意义

司法会计师庭审质证业务，是指司法会计师受一方当事人（含公诉机关）的聘请，经审判机关通知，出庭协助该方当事人参与法庭调查的一种司法会计诉讼协助业务。由于司法会计师出庭的主要任务是参与质证，因而该项业务称为"庭审质证业务"。

在法庭审理涉及财务会计业务的案件中，司法会计师依法以"具有专门知识的人"的身份，参与法庭调查，质证司法会计鉴定意见，协助诉讼主体解决财务会计资料证据识别问题、财务会计事实的认定问题。

首先，案件涉及的财务会计问题应当通过司法会计鉴定解决，已经进行了司法会计鉴定并形成了鉴定意见的，如果当事人有异议，司法会计鉴定人应当出庭作证。由于司法会计鉴定具有专业性的特点，诉讼各方在审查鉴定意见时可能会发生困难，解决这一困难的途径包括通过启动文证审查业务解决、由诉讼主体通过庭外咨询司法会计师解决等。然而，如果能够聘请司法会计师出庭参与质证，则可以将文证审查、咨询等结合起来，会更有利于审查鉴定意见。据此，当事人认为鉴定意见存在缺陷时或无法判明鉴定意见的科学性、可靠性时，聘请（并申请法庭批准）司法会计师出庭协助其质证鉴定意见，会有利于法官正确评断鉴定意见。还有一种情形是，有些涉案财务会计问题会因不具备鉴定所需的检材等原因无法通过司法会计鉴定解决，这类情形中，聘请司法会计师出庭参与质证，可以就专门性问题进行说明，进而对诉讼涉及的财务会计问题的解决会有所帮助。

其次，财务会计资料证据具有技术性的特征，当法庭调查中涉及财务会计资料证据的真实性、正确性、合规性的识别问题时，司法会计师出庭可以从专业角度提出识别意见或建议，供法官参考。与司法会计鉴定不同，司法会计师在法庭

上可以通过询问当事人、证人等，对涉案财务会计资料的背景、形成过程等进行深入的了解，并依据这些事实提出识别意见，或者提出通过司法会计鉴定等途径识别财务会计资料的具体建议。

最后，法庭调查遇到财务会计事实认定问题时，可能涉及对财务会计资料证据的判断、对财务会计事实情节的专业判断等，因而可能需要通过司法会计师出庭协助质证，并就财务会计事实的认定提出专业意见或建议（如建议法庭通过组织司法会计检验查明相关财务会计事实）。

从司法实践看，很多涉及财务会计业务的案件都有可能需要司法会计师出庭协助质证。特别是在刑事诉讼中，可能出现被告人因专业知识不足而无法对司法会计鉴定意见提出质疑，或虽然提出了质疑但因缺乏专业性无人理会等情形，这会导致当事人诉讼权利得不到救济。如果当事人能够申请司法会计师出庭参与质证，则会减少这类情形的发生，依法保障当事人的诉讼权利。

案例 8-1：某单位某部门兼职出纳员刘××，没有专门学习过财务、会计业务，对财务会计业务一知半解。过一段时间，会计员就会告知出纳员她短库了，出纳员则从自己家中拿些现金补上一部分。到底如何短库，短库多少她一直不清楚。时间长了，她发现部门负责人与会计员有些问题，便向有关部门举报。后来，检察机关将其传唤并告知其有贪污行为。出纳员认为自己不仅没有贪污，还无故地给公家垫了不少钱。出纳员被拘留、逮捕。检察机关在侦查中，聘请司法会计师对相关问题进行了司法会计鉴定。

鉴定事项：对××单位××部门刘××1998年9月22日接任出纳员至2001年1月3日移交出纳工作止的账务进行司法会计鉴定，要求鉴定××单位××部门刘××截至2001年1月3日止现金余额、1997年11—12月收管理费和1999年1月受培训费共47,890元是否入账以及1998年9月至2011年12月会计账务核算的准确性。

司法会计师出具的鉴定结论：综上所述，2002年1月3日刘××移交××部门出纳工作时已无现金，而根据会计资料记未入账的收支单据计算，出纳员刘××手中应有现金318,073.56元。特别说明：1998年9月22日刘××接任出纳员时少收5,838.70元，出纳员刘××在1998年10月的××部门现金日记账上所列支的37,500元支出，会计记账收入中与内部收款收据中没有明确对应关系的123,610元，本鉴定将该三笔款项暂列为出纳员刘××现金余额的递减事项，××人民检察院可结合调查证据对此进行调整。本鉴定中未入账收支单据，以出纳刘××2002年4月10—11日清理为准。若此后出纳刘××还有其他收支单据，××人民检察院可结合调查证据对此进行调整。

法庭调查期间，刘××不认可上述鉴定意见，要求重新鉴定，但未被法院采纳。一审判决刘××有期徒刑15年。刘不服判决提出上诉，并再次要求重新鉴定，也未被二审法院采纳，二审判决维持原判。之后，刘××不断申诉，法院按照监督审程序再次审理，仍然不采纳刘××提出的重新鉴定申请，再审结果仍为维持原判。

该案发生在2012年新刑事诉讼法颁布之前，因而当事人无法聘请司法会计师协助庭审质证。而本案司法会计鉴定过程中是否存在瑕疵不得而知，但仅从鉴定事项和鉴定结论中即可看出鉴定意见的不可取之处：

第一，鉴定文书中所列鉴定事项均系会计问题鉴定，即"账务"问题、"现金余额"问题、"是否入账"问题和"会计账务核算的准确性"问题，但鉴定意见中并未涉及对这些问题的判定。即鉴定意见并没有回答鉴定事项所列需要解决的会计问题。

第二，鉴定文书所列鉴定结论中叙述的均系财务事实，但鉴定事项没有列示要求确认这些财务事实涉及的财务问题，该项鉴定结论显然是答非所问，带有明显的审计意见的痕迹。

第三，鉴定结论中有关"2002年1月3日刘××移交××部门出纳工作时已无现金"的结论缺乏鉴定证据依据。刘××移交××部门出纳工作时是否还有库存现金，鉴定人应当根据交接资料确认，而鉴定文书中没有显示刘移交出纳工作时的交接资料。

第四，鉴定结论中有关"出纳刘××手中应有现金318,073.56元"的结论缺乏科学性。从鉴定文书所述结论的推断依据和内容看，该金额应当是"截至2001年1月3日现金余额"，由于前面认定了"刘××已无现金"，因而该金额应当是××部门的现金短库数额，而非是"出纳刘××手中应有现金"数额。首先，一个部门现金出现短库的原因很多，短库现金到底在谁"手中"的问题，显然是无法通过司法会计鉴定确认的，而需要通过侦查确认，因而这一结论内容超出了司法会计鉴定的范围。"出纳刘××手中应有现金318,073.56元"的结论显然是一种推测结果，这一结果是建立在"其他人没有经手过库存现金"、"出纳员在收付现金过程中没有出现过差错"、"库存现金没有被他人非法获取"等特别假定事项基础上得出的，这些特别假定事项缺乏事实根据。按照司法鉴定的一般原理，鉴定结论应当是推断的结果而非推测的结果。因此，该鉴定结论不符合司法鉴定结论的科学性的要求。

本案例说明了司法会计师出庭参与质证的必要性。试想，如果刑事诉讼法能够早一点就"有专门知识的人"出庭参与质证作出规定，且本案当事人能够聘请到熟悉鉴定业务的司法会计师出庭协助质证，指出本案鉴定意见的不科学性，当事人则不需要申请重新鉴定，法官也可能不会采信本项鉴定意见。

二、司法会计师出庭协助质证的法律依据

有关司法会计师出庭协助质证的法律依据，最早见诸于最高人民法院 2001 年 12 月 21 日发布的《关于民事诉讼证据的若干规定》的第 61 条："当事人可以向人民法院申请由一至二名具有专门知识的人员出庭就案件的专门性问题进行说明。人民法院准许其申请的，有关费用由提出申请的当事人负担。审判人员和当事人可以对出庭的具有专门知识的人员进行询问。经人民法院准许，可以由当事人各自申请的具有专门知识的人员就案件中的问题进行对质。具有专门知识的人员可以对鉴定人进行询问"。

2012 年全国人大常委会对刑事诉讼法和民事诉讼法进行了修订，均增加了"有专门知识的人"出庭协助质证的规定。

（一）刑事诉讼法的相关规定

《中华人民共和国刑事诉讼法》第 192 条第 2 款规定：公诉人、当事人和辩护人、诉讼代理人可以申请法庭通知有专门知识的人出庭，就鉴定人作出的鉴定意见提出意见。

该条第 3 款规定：法庭对于上述申请，应当作出是否同意的决定。

该条第 4 款规定：有专门知识的人出庭，适用鉴定人的有关规定。

其中，根据第 4 款的规定，司法会计师出席法庭质证适用于刑事诉讼法对鉴定人的下列规定：

1. 根据刑事诉讼法第 28 条的规定，履行回避义务；

2. 根据刑事诉讼法第 62 条的规定，在涉及危害国家安全犯罪、恐怖活动犯罪、黑社会性质的组织犯罪、毒品犯罪等案件中出庭作证时，认为因在诉讼中作证，本人或者其近亲属的人身安全面临危险的，可以向人民法院、人民检察院、公安机关请求予以保护；

3. 根据刑事诉讼法第 145 条第 2 款的规定，故意作虚假鉴定的，应当承担法律责任；

4. 根据刑事诉讼法第 182 条第 3 款的规定，人民法院确定开庭日期后，应当将开庭的时间、地点通知司法会计师。

（二）民事诉讼法的相关规定

《中华人民共和国刑事诉讼法》第 79 条规定：当事人可以申请人民法院通知有专门知识的人出庭，就鉴定人作出的鉴定意见或者专业问题提出意见。

根据该项规定，司法会计师在民事案件中出庭不仅可以就鉴定意见提出看法，还可以就专业问题发表意见。

（三）对前述法律规定的理解

1. 关于司法会计师参与质证的范围问题。

根据前述法律规定，在刑事诉讼和民事诉讼中司法会计师参与质证的对象都

是鉴定意见，但在民事诉讼中还可以就专业问题提出意见，这里的专业问题包括了哪些方面问题？作者理解，其一，刑事诉讼法律虽然将有专门知识的人参与质证的对象限定于鉴定意见，这只是说明只有存在鉴定意见的法庭调查时才允许专家参与，但司法会计师在实际参与鉴定意见的质证并非像文证审查那样仅涉及对鉴定文书的评断，而是会涉及对鉴定意见所依据的财务会计资料及相关证据、鉴定标准等进行具体的质证，因而其质证范围实际上并不仅限于鉴定意见本身，也会涉及相关的财务会计资料证据、财务会计事实的认定。其二，在民事诉讼法不仅涉及鉴定意见，还涉及"专业问题"，这就扩大了司法会计师参与质证的案件范围（即不仅限于存在鉴定意见的案件）。这里的"专业问题"，显然不仅是指作为司法鉴定对象的"专门性问题"，还应包括与专业有关的证据、事实认定方面的问题，例如涉案财务会计资料证据或其他证据涉及的专业问题、案件事实涉及的专业问题。事实上，即使按照法律规定仅对鉴定意见进行质证，也会涉及其他证据。比如，目前很多诉讼主体都会将审计报告、司法会计检验报告、税务认定报告、资产评估报告等作为鉴定文书提交法庭，而法庭也会将其视为鉴定意见。出现这种情形时，司法会计师出庭质证的对象则不仅限于司法会计鉴定意见，还会涉及其他结论性证据。由此而言，司法会计师参与质证范围可能会涉及与涉案财务会计业务有关的所有证据。

2. 关于参与质证的司法会计师的诉讼立场问题。

司法会计师参与庭审质证，其身份显然不是司法会计鉴定人。但是，由于司法会计师参与庭审质证是受一方当事人聘请参与的，司法会计师是否具有代理该方当事人参与诉讼的地位。提出这一问题的原因，主要涉及司法会计师作为"有专门知识的人"参与质证的身份是否等同于司法鉴定人的问题。从英美法系国家的情况看，由于其司法鉴定人也是受一方当事人的指派或雇用参与到诉讼中，因而也会存在着是否是为一方当事人提供诉讼服务的问题，国内有些学者甚至将其解释为就是为一方当事人服务的。但从实际情况看，一方面，英美法系国家的司法鉴定人无论是哪方当事人雇用的，按照法律规定和法理，其都应当站在中立的立场上对专门性问题提出专家证言；另一方面，从实际操作看角度讲，英美法系的司法鉴定人确实存在倾向于其雇用者的情形。因此，在司法会计鉴定人与参与质证的司法会计师诉讼立场地位的比较中，国内一些学者认为司法会计鉴定人是中立的，而法庭会计鉴定人是为当事人服务的观点并没有法律或法理的依据。其实，类似的司法鉴定的情况在我国也存在。因此，在讨论参与法庭质证的司法会计师应有的诉讼立场时，不应当因为司法会计师是受一方当事人聘请参与质证，就当然地认为其诉讼立场应当是偏向聘请方的。这一点从刑事诉讼法的规定也可以看出，即刑事诉讼法规定"有专门知识的人出庭，适用鉴定人的有关规定"。当然，从司法实践角度讲，司法会计师受一方当事人的聘请参与质证，其自觉或不自觉地会倾向于聘请方，例如对聘请方不利的证据积极地提出质疑，对聘请方有利的证据即使存在严重的缺陷也置之不理，但这种情形在司法会计鉴定中也会存在。作者认为，司法会计师出庭参与质证时，也应当站在中立的立场上，科学地评价鉴定意见或其他专业问题，这样做才能显现出司法会计师的专业素养和职业道德水平，否则一味地站在自己的当事人立场上，在法庭调查中胡搅蛮缠，不仅会影响到司法会计师的个人形象，也会给整个司法会计师行业带来不良影响。

三、司法会计师出庭质证的任务

根据我国诉讼法律的规定精神，司法会计师出庭协助质证的任务包括：

1. 对鉴定意见提出质疑，即就司法会计鉴定意见的不当之处向鉴定人发问并进行评价；

2. 就诉讼中的财务会计问题接受审判人员和当事人的询问，并进行答复；

3. 就诉讼中的财务会计事实问题与对方当事人、证人、鉴定人进行对质；

4. 主动就诉讼中的财务会计问题进行说明等。

司法会计师在执行上述质证任务过程中，其质证的范围将可能会涉及对具体的财务会计资料证据、当事人陈述、证人证言、鉴定意见等。

四、庭审质证业务与出庭作证的差异

司法会计师出庭协助质证与出庭作证，都是为了解决诉讼涉及的财务会计问题，且都会形成专家意见，因而司法会计师执行不同业务在法庭上可以享受的诉讼权利近似，但其诉讼义务差异较大。

首先，虽然司法会计师出庭协助质证中也会存在回避义务，但司法实践中的要求却不一定向出庭作证那样严格。据个例子，如果A司法会计师承担了甲单位的舞弊审计活动，后因为该项审计结果导致了诉讼，A司法会计师则仅有可能成为该项诉讼的证人——证明审计过程和结果，但不应当成为该案的司法会计鉴定人——因为他与该项诉讼有利害关系。但是，如果该项诉讼中出现了司法会计鉴定意见，那么甲单位作为本项诉讼案件当事人为了质证鉴定意见，可能会聘请A司法会计师出庭参与质证，如果A司法会计师没有成为本案的证人，那么法院就可能同意A司法会计师出庭参与质证。

其次，司法会计师出庭质证，是受当事人的委托并经过审判机关的同意参与到法庭审判中，其出庭义务是基于当事人的委托，而不是法律规定，且就其主动发表的意见而言，内容通常都是有利于聘请方的，即不主动发表对聘请方不利的意见；而司法会计师出庭作证则是基于司法会计鉴定人的法定诉讼义务，其主动发表的意见也应当站在中立的立场上，这是因为其应当基于中立立场出具鉴定意

见的缘故。

再次，司法会计师出庭协助质证，仅是基于法庭质证的需要；而司法会计师出庭作证则不仅基于法庭质证的需要，还基于作证的需要——证明鉴定意见本身的客观存在。

最后，司法会计师接到法庭通知未出庭参与质证，通常不会直接导致相应的法律后果；但司法会计师如果经法庭通知不出席法庭作证，其所出具的鉴定意见则不能作为证据被法庭采信。

第二节　庭审质证业务的程序

一、庭审质证业务的受理

案件当事人聘请司法会计师出庭协助质证，通常需要征得司法会计师所在机构的同意。司法会计师所在机构为中介机构的，还需要与司法会计机构签订协议，确认出庭事项及相关费用。

司法会计师在承接出庭协助质证业务时，应当向当事人了解案情，明确当事人请其出庭的目的和要求。在这一过程中，司法会计师需要考虑对出庭需要解决的财务会计问题的熟悉程度以及个人的出庭能力，确定是否承担该项任务。

二、司法会计师出庭前的准备工作

司法会计师出庭前应当做好下列准备工作：

1. 法庭调查涉及司法会计鉴定意见、审计报告等结论性证据的，应当对结论性证据进行文证审查；

2. 法庭调查涉及非结论性证据的，应当对当事人所能够提供的证据进行文证审查；

3. 熟悉与本案财务会计问题有关的财务会计标准；

4. 撰写出庭说明，主要内容是司法会计师对案件涉及的财务会计问题的看法；

5. 撰写对鉴定人或当事人、证人的发问提纲，提纲内容应当包括提问的问题及对可能获得的答案的分析要点；

6. 撰写出庭答辩提纲，主要内容是针对法庭各方提问的答复要点；

7. 了解对方当事人是否委托了司法会计师等出庭协助质证，对对方当事人已经委托司法会计师等出庭的，需要考虑撰写对质提纲。

由于委托人提供的证据、案情等可能存在片面性，因而司法会计师在上述准备工作中应当注意客观、全面地分析相关问题和证据。

三、司法会计师出席法庭

司法会计师应当根据审判机关的通知，携带有效职业身份证明按时出庭。通常需要携带证明其司法会计师职务或相关职称的证件。

司法会计师到庭后，应当按照法庭的安排就坐。

1. 根据法官的提示，说明自己的司法会计师身份。

2. 根据审判人员的安排和要求，就本案涉及的财务会计问题及相关证据发表看法：（1）对相关证据的文证审查意见；（2）对相关财务会计问题的看法和理由。

3. 就司法会计鉴定意见等证据存在的问题向鉴定人发问。发问的主要问题应当集中在鉴定事项的含义、鉴定意见所依据的鉴定证据的状况、不采用某些鉴定证据的理由、对鉴定原理和引用标准的理解、不采用相关判定标准的理由、鉴定意见的含义等等。

4. 答复审判人员、当事人就本案涉及的财务会计问题及相关证据、标准问题的询问。

5. 根据法庭安排，与相关当事人聘请的司法会计师等就本案涉及的财务会计问题进行对质。对质的主要内容涉及财务会计问题的证明所需证据规格、本案的具体证据规格是否得到了满足、相关证据与所要解决的财务会计问题的关联性是否恰当等。

四、司法会计师出庭质证应当注意的事项

1. 遵守法庭秩序，服从审判人员指挥，不参与本案涉及的财务会计业务以外的事实或问题的调查。

2. 对鉴定人、对方当事人委托司法会计师等进行发问时，应当先征得审判长的同意。

3. 答复有关方面的询问时，应当注意使用容易被非专业人员理解的通俗语言进行解释。必要时可以使用较为贴切的社会生活案例阐释问题。

4. 注意不要受委托人、对方当事人或其他出席法庭人员不良情绪的影响，按部就班地履行出庭义务。

第三节　司法会计师协助庭审质证业务案例
——民事抗诉案件出庭质证案例

一、受理业务背景

A 银行向乙公司发放贷款。为了解决担保问题，A 银行出面找到信用良好且

无贷款业务的甲公司为乙公司担保，并签订了《担保借款协议书》。后 A 银行以乙公司未归还贷款为由，起诉该公司要求其归还贷款，乙公司属于商业公司，已经资不抵债，几乎没有资产可执行。因此，A 银行同时起诉了甲公司要求其履行担保义务。

一审法院判决甲公司承担担保责任，代乙公司偿还 A 银行借款本金及利息 50 万元。

甲公司不服一审判决，提出上诉。二审法院维持原判。

甲公司申请检察机关抗诉。在审查抗诉中，办案人就有关问题咨询了司法会计师，发现该案事实认定确实存在错误，后检察机关提起了抗诉。因抗诉中不方便对相关问题实施司法会计鉴定，甲公司提出再审开庭时，聘请司法会计师出庭协助质证。

二、司法会计师受理及出庭前工作

二审法院经过听证后决定再审。甲公司聘请司法会计师出庭协助质证。

司法会计师受理该项业务后，阅读了二审案卷以及律师补充的财务会计资料证据。

已生效的判决确认：乙公司向 A 银行申请周转贷款 100 万元，甲公司提供了担保并有《担保借款协议书》为证。乙公司尚有两笔分别为 35 万元和 3 万元的临时贷款未归还，截至诉讼前尚欠借款利息 12 万元，共计 50 万元。乙公司应当在判决生效 10 日内归还 A 银行借款及利息 50 万元。乙公司不能偿还的部分由甲公司代为偿还。

司法会计师阅卷发现证据存在下列问题：

1. A 银行向法庭提供的乙公司提交该行内容为申请临时贷款的《借款申请书》日期被涂改为提前两年度，且该申请书中贷款审查意见栏中只有私名章及合同专用章，没有银行签署的审查意见，而贷款审批小组意见栏内既无签署意见，也没有签名或签章。卷中没有该借款业务的《担保借款协议书》。但是，甲公司在该申请书的担保栏中加盖了公章。

2. A 银行提供的《担保借款协议书》由 A 银行及甲、乙公司共同签署，内容为从当年的 2 月至 12 月 A 银行向乙公司提供周转贷款 100 万元，甲公司以资产作担保。但未提供乙公司申请周转贷款的《借款申请书》。

3. A 银行提供的其与乙公司签定的《担保借款契约》18 份，涉及贷款总额 320 万元（其中：周转贷款契约 2 份，涉及贷款总额 30 万元；临时贷款契约 16 份，涉及贷款总额 290 万元。这些契约中注明的贷款依据均为前述《担保借款协议书》。很明显，前述《担保借款协议书》涉及的贷款类型为周转贷款，而上述 16 分契约涉及的借款类型为临时贷款（或商流贷款），超出了协议规定的担保贷款的范围。

司法会计师根据案卷中的资料，将贷款情况进行了汇总：

契约编号	贷款种类	贷款金额	归还情况
5889992	周转贷款	150,000	已 还
5889997	临时贷款	300,000	已 还
5243754	临时贷款	200,000	已 还
5243766	临时贷款	300,000	已 还
5243771	商流贷款	150,000	已 还
5243773	临时贷款	100,000	已 还
5243774	周转贷款	150,000	已 还
5243775	临时贷款	200,000	已 还
5243802	临时贷款	200,000	已 还
5243805	临时贷款	50,000	已 还
5243807	临时贷款	200,000	已 还
5243811	临时贷款	150,000	已 还
5243816	临时贷款	350,000	未 还
5243821	临时贷款	30,000	未 还
5243926	临时贷款	300,000	已 还
5243927	临时贷款	150,000	已 还
1899075	临时贷款	200,000	已 还
5243933	临时贷款	30,000	已 还

从上述汇总情况可以看出，本案贷款纠纷涉及的是：①第5243816号《担保借款契约》所列35万元临时贷款；②第5243821号《担保借款契约》所列3万元临时贷款。

甲公司在前两审中没有发现借款类型的差异，并依据此事实提出异议，法院也没有就这一问题在判决书中作出评判，但这确实会影响到甲公司担保责任的认定，因而这将成为解决本案纠纷的关键所在。

司法会计师的上述工作相当于非结论性证据的文证审查工作，审查结果已经提示了本案原判决认定事实的关键错误，因而甲公司在再审中即使司法会计师不参与质证，也能够胜诉。司法会计师认为已没有出庭参与质证的必要，但甲公司坚持要求司法会计师出庭提供协助。司法会计师据此准备了出庭意见。

三、司法会计师出庭情况及案件结果

法院启动再审程序后，甲公司向法院提交了《申请书》，申请司法会计师出庭参与质证。法院同意，并于开庭前五天将《出庭通知书》送达司法会计师。

司法会计师到庭后，审判长审查了司法会计师身份。在当事人双方分别发表意见后，审判长提示司法会计师发表意见。

司法会计师根据事先的准备发表了意见：

（一）根据某某银行贷款细则的规定，流动资金贷款包括周转贷款、临时贷款、小额设备贷款和其他贷款。本案中涉及周转贷款、临时贷款。

（二）根据某某银行贷款细则规定的贷款发放程序：企业提出的贷款书面申请后，由贷款员进行贷前调查，提出初步意见并提报贷款审批小组集体研究，并按照贷款审批权限审查同意后，借贷双方签订借款合同（或协议），经有权人批准签字后，办理借款契约。

本案卷宗中的《借款申请书》、《担保借款协议书》均未按照上述规定办理。其中：

1. 本案争议的乙公司申请临时贷款所用《借款申请书》，既无 A 银行贷款审批小组集体签署的研究意见，也未据此签订相关的《担保借款协议书》，这表明 A 银行未批准该项借款申请，实际也没有根据该《借款申请书》签订有关合同向乙公司提供贷款，甲公司虽在申请书担保栏内有签章，但因未签订相应的担保合同，其财务担保责任未出现。

2. A 银行、乙公司及甲公司签订《担保借款协议书》无借款审批手续（原因不详），该协议已经履行完毕：A 银行已根据该协议向乙公司发放周转贷款 2 笔，共计 30 万元，乙公司已经归还。该担保借款协议规定最后借款日期是当年 12 月 31 日，期间 A 银行未再向乙公司提供周转贷款，显然，甲公司按该协议规定应当承担的财务担保责任已经完成。

（三）根据某某银行贷款细则的规定，发放临时贷款实行逐笔申请、逐笔发放的原则。但 A 银行与乙公司 1993 年签订的 15 份临时贷款契约，没有按照上述原则办理相应的申请及借款协议手续，违反了银行有关贷款手续的规定。

（四）A 银行与乙公司签订的 15 份临时贷款借款契约中，均引用了双方签订的前述《担保借款协议书》作为契约签订依据，但该协议书规定的借款种类为周转贷款，与上述 15 份契约约定的（临时贷款）贷款种类不符。据此确认，这 15 份担保借款契约中有关"按××第 0202 号担保借款协议书执行"的记载不真实，这 15 份借款契约的履行与本案中《担保借款协议书》中所规定的贷款及担保关系无关。

综上所述，本案争议的贷款业务与甲公司无关。

司法会计师发表上述意见后，审判长询问 A 银行诉讼代理人有何异议，A 银行诉讼代理人表示听不懂。审判长问司法会计师还有没有需要询问当事人的问题。司法会计师先后向 A 银行诉讼代理人提出了下列问题：

问：A 银行提交的乙公司申请临时贷款的《借款申请书》日期为涂改提前两年？

答：不清楚，可能是写错了。

问：《借款申请书》为何没有签署审批意见？

答：不清楚。

问：A 银行有没有根据《借款申请书》向乙公司提供贷款？

答：提供了。

问：请指出那笔贷款是根据这份《借款申请书》提供的贷款？

答：35 万元、3 万元都是根据这份《借款申请书》提供的贷款？

问：请问这两笔贷款属于什么类型的贷款？

答：这两笔贷款属于临时贷款。

问：甲公司提供担保的贷款是那种类型？

答：按照贷款协议是周转贷款。

问：周转贷款与临时贷款属于一类贷款吗？

答：不属于一类贷款，但性质差不多，都属于流动贷款。

问：周转贷款与临时贷款究竟是否属于同一种贷款？

答：（未回答）。

审判长：请被申诉人诉讼代理人回答问题。

答：不属于同一种贷款。

司法会计师表示没有问题提问了，同时再次强调：临时贷款与周转贷款属于不同种类的贷款，本案争议事实涉及的是临时贷款，而甲公司提供担保的贷款类型是周转贷款，本案争议的贷款事实并不涉及甲公司的担保事项。

法庭调查结束前，甲公司诉讼代理人在最后陈述中，重复了司法会计师提出的问题和观点，表示本案与甲公司无关，要求撤销原判决。

再审法院做出了改判，取消了原判决中要求甲公司承担连带责任的内容。

第九章　司法会计师非诉讼业务概述

第一节　非诉讼业务的范围与性质

一、非诉讼业务的含义与范围

（一）非诉讼业务的含义

司法会计师的非诉讼业务，也称诉外业务，是指司法会计师利用其自身的专业知识、技能和经验，接受相关公民、法人、诉讼机关或其他组织的委托，办理诉讼以外的调查或非调查业务、会计鉴定业务。

司法会计师非诉讼业务具有以下特征：

一是，非诉讼业务是司法会计师利用自身的专业知识、技能和经验执行的业务。

司法会计师通常具备一定的法学（含司法会计学）、经济管理学（含会计学、审计学）等方面的知识，以及从事经济事项调查、法律或经济事项的诊断和评价、法律事务、经济管理等方面的技能和经验。这些专业知识、技能和经验，一方面，能够保证司法会计师执行好相应的非诉讼业务，另一方面，也限制了司法会计师可执行的非诉讼业务的范围，即司法会计师不能超出自身专业知识、技能和经验储备受理相关业务[①]。

二是，司法会计师的非诉讼业务具有法律服务和经济管理服务活动的属性，其所服务的对象是委托司法会计师从事非诉讼业务的机关、企业、事业等单位以及公民等社会主体。

三是，司法会计师的非诉讼业务主要分为诉外调查业务和非调查业务两类。从中、外司法会计师执行诉外业务的社会实践看，司法会计师的调查业务包括舞弊调查、舞弊诊断、经济事项调查等类型；司法会计师的非调查业务包括经济合同事务、非诉讼调解、担任特别顾问等类型。另外，司法会计师还承担诉讼会

[①]　司法会计师素养决定了其能够从事各项非诉讼业务，但如果从事需要特定执业资格的活动时，应当同时具备相关的执业资格。例如，司法会计师如果从事上市公司会计报表审计业务，则需要取得注册会计师资格。本章所列司法会计师的非诉讼业务，仅指司法会计师在无须取得其他的执业资格的情况下可以从事的非诉讼业务。

鉴定业务。

（二）诉外调查业务的范围

司法会计师可以利用自身熟悉财务会计事项调查的知识和技能，承接诉外调查业务。

1. 舞弊调查业务

舞弊调查业务，是指司法会计师接受委托，对相关单位可能存在的财务、会计方面的舞弊情况进行审计、调查，并就审计、调查结果提供《审计报告》或《调查报告》。

舞弊调查业务也称舞弊审计业务，这是因为舞弊调查的程序、目的、方法等与舞弊审计雷同。

2. 舞弊诊断业务

舞弊诊断业务（含犯罪诊断），是指司法会计师接受服务主体的委托或指派，通过对特定单位内部控制制度的考察和评估，或通过分析举报材料，协助有关单位、企业或其他社会组织等诊断可能存在财务舞弊或经济犯罪的财务、会计部位或环节，或诊断财务舞弊举报材料的实在性，并提出诊断意见或改进建议。其中：舞弊诊断业务主要是受公司、企业所有者或管理者的委托进行；而犯罪诊断活动则主要是受诉讼机关、纪律监督机关的委托进行，主要存在于犯罪预防、举报线索评价等项活动中。

3. 经济事项调查业务

经济事项调查业务，是指司法会计师接受服务主体的委托，协助进行相关经济背景、主体经济状况、资信情况、利害关系等事项的调查。

（三）司法会计师非调查业务的范围

司法会计师可以利用自身法律、司法会计、财务、会计等方面的专门知识和经验，承接诉讼以外的非调查业务。

1. 参与经济合同事务业务

参与经济合同事务业务，是指司法会计师接受服务主体的委托，参与经济合同的谈判、起草、拟订、审查、修改、履行监管等业务活动。

2. 参与非诉讼调解业务

非诉讼调解，是指在没有启动诉讼的情况下，对民事、行政纠纷进行的调解活动。司法会计师参与非诉讼调解业务，是指司法会计师接受经济纠纷一方当事人的委托，参与不通过诉讼解决的经济纠纷的调解活动。

3. 担任特别顾问

担任特别顾问，是指司法会计师接受服务主体的委托，担任服务主体的特别顾问，协助处理的法律及财务事务。

（四）诉外会计鉴定业务的范围

司法会计师可以利用自身会计鉴定方面的知识和技能，执行诉外会计鉴定业务。

这里所谓的诉外会计鉴定业务，是指司法会计师在诉讼活动以外接受服务对象的委托，鉴别、判定相关财务会计问题的业务。

司法会计师承接诉外会计鉴定业务，通常是为了满足服务对象进行非诉讼调查、诉外调解经济纠纷等的需要。例如，国家监察机关在调查财务舞弊案件中需要对相关财务会计问题进行的会计鉴定；投资纠纷的诉外调解中明确各方的利益而进行的投资损益问题的鉴定。

这里需要明确的是诉外会计鉴定业务属于非诉讼活动，而司法会计鉴定属于诉讼活动，因而从性质上讲，诉外会计鉴定业务不属于司法会计鉴定业务。

二、非诉讼业务的性质

（一）司法会计师的非诉讼业务不属于司法会计活动

司法会计活动属于法律诉讼活动，而司法会计师的非诉讼业务是在法律诉讼以外执行的业务，因而司法会计师所从事的非诉讼业务活动不属于司法会计活动的范畴。这一性质决定了司法会计师不需要按照诉讼法律以及司法会计活动标准执行非诉讼业务。

司法会计师主要从事司法会计活动，但中外社会实践中都存在着司法会计师承担非诉讼业务的情形，而且实际执行的非诉讼业务的范围也几乎相同。司法会计师其能够从事非诉讼业务，主要是基于其职业素养所决定的。社会上类似的情形很多，例如，审计师应当主要从事审计业务，但由于审计师职业素养中包含了其熟练的会计业务，因而审计师也可以从事会计活动；长期从事会计业务的会计师，即使没有获得审计专业的资格，但其在长期工作中所积累的各种舞弊识别技能，使其能够完成相应的审计业务，他们经常会参与内部审计；审计师、会计师们由于精通会计专业知识，能够解决案件中的财务会计问题，因而也会被聘请执行司法会计业务，或担任司法会计鉴定人。同样的道理，司法会计师的执业素养要求其能够掌握对各种财务舞弊活动进行调查、识别及获取证据的能力，使得司法会计师完全有能力承担舞弊调查或舞弊诊断业务。

（二）司法会计师的非诉讼业务的性质由具体业务的社会活动性质所决定

司法会计师所承接的非诉讼业务的性质，不是由其职业称谓所决定的，而是由其所从事的具体非诉讼业务的性质所决定。例如，司法会计师承担的舞弊审计业务，其业务性质属于审计活动范畴，因而其应当按照审计标准行事。

明确司法会计师的非诉讼业务性质，有利于其确定具体业务的行为准则。司法会计师从事非诉讼业务活动不应当按照司法会计鉴定、诉讼协助等专用标准行事，而是应当按照其所承担业务的相关准则行事。例如，司法会计师在报告舞弊调查结果时应当使用舞弊调查报告，而不是司法会计报告。目前国内一些司法会计师在从事舞弊调查后采用《司法会计检查报告》的形式来报告工作结果的做法是不可取的。

由于司法会计师从事的非诉讼业务不属于司法会计活动，其所进行的业务内容、方法等也就不属于司法会计学的研究范畴。例如，司法会计师可以承担舞弊审计业务，且舞弊审计的结果可能会引起诉讼，所以舞弊审计理论会涉及舞弊审计师的出庭作证问题，但司法会计学的主要研究内容是司法会计活动而不是舞弊审计，因而司法会计学者可以将审计学中有关舞弊审计的研究成果直接用于诉讼对策的研究，但不应当将研究重点放在舞弊审计方面。因此，本章主要是概括的介绍司法会计师从事非诉讼业务的范围和受理业务的程序问题，至于如何操作各项非诉讼业务，应当由具体业务涉及的相关学科介绍。

第二节　诉外调查业务的执行程序

司法会计师的诉外调查业务，主要发生在以下情形：

一是，接受侦查机关的指派或聘请，独立或参与侦查机关已受理经济犯罪举报等线索的舞弊调查；

二是，接受监察等行政监督机关的聘请，参与经济职务违纪、违规案件调查活动；

三是，接受企业、事业、机关等单位的委托，独立或参与舞弊审计、舞弊诊断或经济事项调查活动。

一、诉外调查业务的受理

司法会计师执行诉外调查业务，应当由其所在机构统一受理。受理诉外调查业务时，司法会计师应当与服务对象进行沟通，搞清调查活动的背景与目的、性质、范围、公开性、执行方式、调查结果的处理等事项，以确保双方能够清楚理解拟执行调查业务的内容和合作方式。其中：

搞清调查活动的背景与目的，主要是明确为什么要启动调查活动，从而考察调查活动的合法性与合理性；

搞清调查活动的性质，主要是明确调查活动的属性和类型，例如，属于诉讼活动还是非诉讼活动，属于舞弊调查、舞弊诊断还是一般经济事项调查活动；

搞清调查活动的范围，主要是明确调查活动可能涉及的单位、人员等，从而考察调查活动活动的可执行性；

搞清调查活动的公开性，主要是明确调查活动是否需要保密以及保密范围、保密程度等，从而考察调查活动是否具备执行条件，以便于制订调查计划；

　　搞清调查活动的执行方式，主要是明确调查活动是否司法会计师独立进行并由服务对象提供保障，还是以服务对象为主进行，司法会计师主要提供专业协助（以及协助的范围和方式）；

　　搞清调查活动结果的处理事项，主要是明确是否需要司法会计师就调查结果独立出具报告，出具何种报告，或者由服务对象出具报告，司法会计师参预报告的编写。

　　司法会计师在与服务对象进行充分沟通后，应当就下列事项达成一致意见：

　　一是执行诉外调查业务的原因、目的和公开性等；

　　二是调查业务的性质，包括确定调查业务的非诉讼特征和不提供司法会计文书；

　　三是调查业务类型、范围，包括需要执行调查业务的类型和范围以及完成的标志；

　　四是调查业务所涉及的财务、会计信息范围；

　　五是调查业务的执行要求，包括具体分工与责任以及执行的程序、时间、司法会计师的参与程度等；

　　六是预期需要提供的调查结果及用途，包括是否需要提供报告以及报告的性质和类型；

　　七是调查结果涉及诉讼时司法会计师的责任与义务等。

　　诉讼机关的司法会计师受理本机关启动的非诉讼调查业务，相关部门应当办理技术协助手续；受理本机关以外的非诉讼调查业务，应当经过诉讼机关负责人的批准，并由服务对象办理委托手续。

　　中介机构的司法会计师确定执行调查业务，通常需要所在机构与服务对象签订业务约定书，就调查的目的、具体要求、费用等协商一致，以避免双方对商定业务程序的理解产生分歧。

　　业务约定书的内容通常包括：调查业务的性质与目的、调查业务涉及的具体职责、执行调查中需要沟通的具体信息、调查业务的范围、执行调查业务的具体分工和工作安排（包括出具调查结果的文书类型和时间）、调查业务风险的归责、司法会计师对调查中获知的信息保密、调查费用的安排、违约责任及解决争议的方法、签约双方的公章及其法定代表人或其授权代表的签字盖章、签订日期等。

二、诉外调查业务的执行

　　司法会计师受理诉外调查业务后，通常需要了解相关情况，熟悉相关标准，根据与服务对象的约定，编制或参与编制调查方案，以便有效地执行调查业务。

由司法会计师独立实施的调查业务，其所编制的调查方案应当征得服务对象的同意，这是服务对象能够配合调查或为调查业务提供相关保障的重要前提。

在实施调查中，调查方案不是一成不变的，通常需要根据调查工作的进展以及调查获取的客观信息调整调查方案。司法会计师如果对调查方案进行了调整，应当及时告知服务对象。

司法会计师在调查活动中可以采用的调查方法通常包括：询问和分析；复算、核对、比较；检查与观察；函证等。其中：询问的对象主要是了解被调查事项内容的相关当事人、证人等，司法会计师应当随时分析调查所获取的信息。

司法会计师对在调查中获取的证据，应当采用适当的方法进行固定。

三、诉外调查情况与结果的报告

司法会计师完成调查业务后，司法会计师可以按照事先约定独立出具书面文书，也可以参与服务对象制作的调查报告等，以报告调查业务的执行情况和结果。其中，司法会计师独立提供事先商定的调查文件的内容通常包括：标题；收件人；调查业务涉及的特定主体、财务、会计等信息；说明调查业务的目的；说明已按照约定要求执行了商定程序；列出所执行的具体程序；说明执行调查业务的结果，包括详细说明发现的错误和例外事项；说明报告仅适用于调查目的涉及的特定用途；司法会计师的签名和盖章；司法会计师所在机构的名称、地址及盖章；报告日期。

司法会计师参与服务对象制作的调查报告时，可以就报告事项提出建议。报告形成后，司法会计师应当认真审核报告内容，确认无误后可以在报告的尾部签名。

四、诉外调查业务的后续事项

实际执行诉外业务中，可能会涉及一些后续工作。

如果财务舞弊仅涉及一般经济管理事务，司法会计师通常在报告中提出相应的改进建议即可，不需要参与讨论对舞弊者的处理问题；如果涉及大额的补偿、赔偿事项或经济犯罪事项时，便可能会被要求提供诉讼咨询。

诉外调查结果引起涉及诉讼的，司法会计师可能需要就调查过程及其调查所发现的财务会计事实等事项向诉讼机关提供相应的证词或报告。这里需要特别提示的是，由于司法会计师诉外调查业务中与服务对象之间形成了特定关系，因而一旦调查结果涉及诉讼，司法会计师便会因诉讼回避的法律规定，而不能再担任这一诉讼中的司法会计鉴定人（无论这一诉讼是刑事的还是民事的）。

第三节　诉外非调查业务的执行程序

一、诉外非调查业务的一般执行程序

司法会计师受理非调查业务，应当与服务对象进行沟通，并就下列事项进行沟通并达成一致意见，以确保双方已经清楚理解拟执行的非调查业务的性质、内容、方式等：

一是非调查业务性质，包括非调查业务的类型和非诉讼性特征；

二是业务类型、范围，包括司法会计师在非调查业务中职务、职责；

三是业务执行要求，包括具体分工以及执行的程序、时间、参与程度等。

司法会计师确定执行非调查业务，应当由所在机构与服务对象签订业务约定书，以避免对非调查业务的理解产生分歧。如果司法会计师以个人名义受邀担任国家机关或社会团体特别顾问的，不需要服务对象与其所在机构签订业务约定书。

业务约定书的内容通常包括：非调查业务的性质与目的、司法会计师的具体职务和职责、执行非调查业务中涉及信息的沟通方式和内容以及信息保密、违约责任及解决争议的方法、签约双方的公章及其法定代表人或其授权代表的签字盖章、签订日期等。

司法会计师应当根据约定的具体业务类型编制工作计划或规划，确定的业务类型、范围和要求，执行相关非调查业务活动。

司法会计师执行非调查业务中不独立出具文书，但可以协助服务对象编写相关文书，或在相关的谈判文书、调解文书中签名或盖章。其中，对执行合同业务、调解业务中所形成的主要文件，应当获取副本件存档。

二、参与经济合同事务的注意事项

司法会计师参与经济合同事务的业务内容通常可能包括：参与合同事项调查、参与合同谈判、起草合同文本、审查合同文本、合同执行问题调查、合同纠纷的处理等事务。

司法会计师参与经济合同事务应当注意以下事项：

1. 司法会计师参与合同事务，并非是代理并包揽全部合同事务。因此，司法会计师在受理业务时应当搞清参与合同事务的具体任务和要求。

2. 司法会计师参与经济业务的过程中，应当注意形成工作记录，并保留由其起草或记录的合同草案、会议纪要、合同谈判纪要等。

3. 司法会计师如果承担了合同执行的监督事项，应当经常与服务对象联络，发现问题时应当就合同是否需要中止、变更、解除等给服务对象提出建议。

4. 司法会计师在相关合同纠纷发生时，应当注意利用职业判断，确定其中是否存在财务舞弊，并为服务对象的调解、诉讼提供咨询意见。

5. 司法会计师在完成具体的经济合同事务后，应当写出工作报告，记录参与合同事务的过程以及所取得的工作效果。

三、参与非诉讼调解业务的注意事项

司法会计师参与非诉讼调解业务应当注意下列事项：

1. 司法会计师参与非诉讼调解可能是应调解方或一方当事人的约请，也可能是应纠纷各方当事人的共同约请，应当根据具体情形确定好在调解中的地位和参与程度；

2. 司法会计师在具体调解前应当充分熟悉能够获取的财务会计资料证据或其他信息，对纠纷事实概况有所了解和判断；

3. 司法会计师参预非诉讼调解时，应当充分倾听纠纷各方对事实的陈述以及诉求；

4. 司法会计师参与调解时，可以就纠纷的事实确认以及相关的法律、财务会计标准、通过诉讼处理的法律、经济后果等发表看法；

5. 司法会计师可以就调解方案提出建议。

四、担任特别顾问的注意事项

司法会计师担任特别顾问，应当注意以下事项：

1. 司法会计师担任特别顾问，应当由服务对象向其所在机构提出意向，经协商一致后签订相应的协议，规定特别顾问的职责范围、履行职责的方式、报酬支付及违反协议事项的处理等。

2. 司法会计师担任特别顾问，其职责范围可以包括协助顾问单位的内部控制制度的建立与监察、参与或主持内部审计、参与重大经济合同事务、参与经济案件诉讼等。

3. 司法会计师担任特别顾问，应当获得服务对象的聘请书等相关的文件。

4. 司法会计师特别顾问往往会同时具有法律顾问和财务顾问的职责，司法会计师应当根据自身的业务能力，履行事先商定的职责。

第四节　诉外会计鉴定业务的执行程序

一、诉外会计鉴定业务的一般执行程序

司法会计师受理诉外会计鉴定业务，应当与服务对象进行沟通，并就下列事

项进行沟通并达成一致意见，以确保双方已经清楚理解拟执行的会计鉴定业务的性质、内容、方式等：

一是执行会计鉴定业务的原因、目的、公开性等；

二是会计鉴定业务性质，包括确定会计鉴定的非诉讼特征和不提供司法会计文书；

三是执行会计鉴定涉及的财务、会计信息范围及检材的提供要求；

四是执行会计鉴定业务要求，包括参与人员、完成时间、提供会计鉴定报告等；

五是委托方、司法会计师的责任与义务等。

司法会计师确定执行会计鉴定业务，应当由所在机构与服务对象签订业务约定书，就会计鉴定业务的目的、具体要求、费用等协商一致，以避免对商定业务程序的理解产生分歧。

业务约定书通常应当包括（但不限于）下列内容：

1. 会计鉴定业务的性质与目的；

2. 会计鉴定业务涉及的具体职责；

3. 鉴定业务执行中需要沟通的具体信息；

4. 鉴定事项；

5. 检材的获取与提供；

6. 司法会计师对鉴定过程中获知的信息保密；

7. 鉴定费用的安排；

8. 鉴定业务风险的归责；

9. 违约责任及解决争议的方法；

10. 签约双方的公章及其法定代表人或其授权代表的签字盖章；

11. 签订日期。

司法会计师应当根据业务约定书确定的鉴定事项，参照相关财务会计问题的鉴定标准，实施司法会计鉴定。

会计鉴定完成后，司法会计师应当出具《会计鉴定书》。

《会计鉴定书》通常包括标题；会计鉴定的依据（如委托方信息）；责任声明，说明委托方责任、鉴定人的责任；鉴定事项；检材提供、接受检材情况；检验结果；鉴定意见的论证；鉴定意见；鉴定文书用途声明；司法会计师所在机构的名称及盖章；司法会计师的职务、姓名及签名；报告日期。

二、执行诉外会计鉴定业务的注意事项

司法会计师实施诉讼外会计鉴定业务的应当注意以下事项：

一是鉴定文书的标题应当是"会计鉴定书"，不得采用"司法会计鉴定书"。

　　二是鉴定文书中应当声明本项鉴定不属于司法会计鉴定、检材的可靠性由委托方负责、司法会计师的责任是提供科学的鉴定意见、《会计鉴定书》不得用于诉讼或其他用途。

　　三是司法会计师应当在文书中签名。

　　四是会计鉴定结果引起诉讼的，司法会计师可以根据诉讼机关的要求，以证人身份就鉴定的相关事项向诉讼机关提供相应的证词，但司法会计师不得以司法会计鉴定人的身份出席法庭。

第十章　司法会计师出庭作证案例

本章主要介绍一起逃税案件中的司法会计师出庭作证的案例。本案例涉及了司法会计师出庭作证中的程序、常用答辩要点以及涉税问题答辩的主要事项。

一、鉴定业务受理背景

2009 年 5 月，某市公安局立案侦查了嘉鸣公司（合伙经营）逃税案件，并拘留了该公司负责人徐某和经营责任人齐某（二人合伙经营）。该公司主要是生产、销售各类组装设备。

公安机关在侦查期间两次请市国税局就逃税数额进行了鉴定。国税局先后出具的《税务鉴定书》和《处罚决定书》最终确认：甲公司 2006 年 5 月至 2009 年 4 月共接收货款 24,216,063.52 元，应申报交纳税款 1,370,720.58 元，实缴 14,930 元，偷逃税款 1,355,790.58 元。逃税额占应纳税款比例 98.91%。该案在审查起诉期间，根据徐某、齐某申请，国税局启动了复议程序，并收回了原来出具的相关文件，导致本案因缺乏认定犯罪数额的结论性证据而无法起诉。公诉机关通过退回补充侦查，要求公安机关组织司法会计鉴定。公安机关经过与某市检察院司法鉴定中心协商，聘请该中心司法会计师就本案涉税问题进行鉴定，以便查明犯罪数额等问题。

公安机关于 2010 年 1 月 4 日提请鉴定，鉴定要求设定为：确认甲公司 2006 年 5 月至 2009 年 4 月未纳税额及所占同期应纳税比例。

二、鉴定业务的执行与结果

经初检发现检材质量极差：（1）该公司没有会计核算资料；（2）鉴定涉及的三年期间中，保留完整的财务资料主要为后三个月；（3）经销商提供的资料大部分仅为支付货款《证明》，且有些证明未注明货物类型；（4）该公司未保留纳税资料。

为完善检材，司法会计师进行了下列工作：

（1）对扣押资料及微机数据进行了梳理、查找和挑选，补充了部分检材；

（2）拟利用市国税局已录入数据，以节约录入时间（后因其录入数据不完备，未能直接利用）；

（3）请公安机关补充该公司生产、销售所用配件的进口纳税资料；

（4）要求公安机关补充地税局的纳税资料（查询结果证实甲公司没有在地税局登记）；

（5）要求公安机关对未能注明交易内容的经销商《证明》补充取证。

根据上述初步检验结果确定：本项鉴定不具备出具鉴定结论的条件，但如果详细检验结果能够确定大部分收入的话，可以出具分析意见。司法会计师据此制定了详细检验论证方案，并按照方案进行了详细检验、论证。

在详细检验中发现，该公司收取的外埠汇款很多，其中一部分无法认定系营业收入。司法会计师建议公安机关增加提请有关该公司收取外埠汇款的专项检验事项，以便于未来法庭熟悉该公司的总体收款状态，也便于反驳辩方提出司法会计鉴定人将该公司收取的全部外部汇款作为涉税收入的质疑①，公安机关采纳了这一建议并在《聘请书》中增加了此项内容。该项检验结果在后来的审判中发挥了重要作用。

详细检验中还发现，该案中的部分鉴定证据因缺少完整的相关资料无法验证，因而相应的应税收入的检验结果不完整，确定出具分析意见。

经过近两个月的工作，作出检验、分析意见。

检验意见确认：2006年5月至2009年4月期间，嘉鸣公司共收取外埠汇款1,448笔，金额合计36,574,164.02元。

分析意见确认：（1）嘉鸣公司2006年5月至2009年4月未纳税额合计1,157,563.40元，占同期应纳税额的91.78%；（2）嘉鸣公司2006年5月至2009年4月未纳增值税1,080,857.29元，占同期应纳税额的85.70%。

根据上述结论，分别制作并出具了《检验报告》和《分析意见书》。

本案起诉到法院，先后两次开庭。由于本案证据存在一定缺陷，两被告人始终不认罪。辩护人意识到鉴定意见将成为本案的关键证据，因而对鉴定意见进行了详细研究并咨询了知名大学的税法教授和税务机关的专家。在两天的法庭调查中，辩护人针对鉴定人的资格及《分析意见书》提出了大量的问题，意图全盘否定鉴定意见。

辩护人还同时提出，被告人齐某没有参与进口配件的经营业务，不应对该公司直接销售的进口配件业务涉及的纳税事项负责，并申请鉴定。法官根据法庭调查结果认为，齐某确实不应当承担因销售进口配件所导致的部分逃税，即齐不需要对该部分逃税数额承担刑事责任。本案法官与司法会计师沟通如何解决齐某逃税数额的认定问题。司法会计师认为：作为同一案件的同一问题的司法会计鉴定

① 司法会计师在鉴定过程中，应当根据检验实际情况，随时考虑作出的鉴定意见在未来法庭质证过程中可能会受到的质疑，提前做好防范工作。

不可能做两次不同的鉴定意见，建议法院采用诉讼咨询程序处理，即由法院出具《咨询函》，设定不计算销售进口配件的特别假定事项，要求在不将该公司销售给乙销售商 300 余万元销售业务视为应纳税销售额的情况下，调整鉴定意见。司法会计师根据法院设定的特别假定事项，经过调整原鉴定中确认的应税销售额，重新计算未纳税额及其占应纳税额的比例，出具了《咨询意见书》，确认：如果不将甲公司收取销售给乙公司配件款 3,002,729 元的收入计入甲公司应纳增值税销售额，甲公司未纳税额及未纳税额比例则调整为：（1）2006 年 5 月至 2009 年 4 月应纳未纳增值税 910,891.49 元、应纳未纳城市维护建设税 64,808.50 元，未纳税额合计 975,699.99 元，占同期应纳税额的 90.39%；（2）2006 年 5 月至 2009 年 4 月未纳增值税 910,891.49 元，占同期应纳税额的 84.39%。

法院分别采信了《检验报告》、《分析意见书》、《咨询意见书》，一审判处徐某有期徒刑三年、齐某有期徒刑三年缓刑三年。

以下是本案中形成的检验、鉴定文书。

司法会计检验报告

××会鉴〔20××〕第×号

根据××市公安局 2010 年 1 月 4 日〔2010〕第 003 号《聘请书》，受该局聘请，对嘉鸣有限公司（李某等人）涉嫌逃税罪一案涉及的财务资料进行司法会计检验。

检验事项：查明下列银行存款账户中 2006 年 5 月至 2009 年 4 月期间收取外埠汇款金额。

（1）中国银行××市××支行"李某"＊＊＊1006 及＊＊＊3014 信用卡账户；

（2）中国工商银行××市××支行"牟某"＊＊＊6018 储蓄账户；

（3）交通银行××分行"李某"＊＊＊1603 信用卡账户；

（4）交通银行××分行"牟某"＊＊＊1203 信用卡账户；

（5）中国工商银行××市××支行"嘉鸣有限公司"＊＊＊＊4812 账户；

（6）交通银行××分行"李某"＊＊＊6409 及＊＊6418 信用卡账户。

2010 年 1 月 4 日，××市公安局经济犯罪侦查支队侦查人员魏××、习××送来本案相关银行存款资料复印件，包括：（1）中国银行市××支行"李某"信用卡分户账页（原账号＊＊＊1006 后改为＊＊＊3014，以下简称中行"李某"3014 户）；（2）中国工商银行××市××支行"牟某"储蓄存折及分户账页（账号＊＊＊6018，以下简称工行"牟某"6018 户）；（3）交通银行××分行"李某"信用卡分户账（账号＊＊＊1603，以下简称交行"李某"1603 户）；

（4）交通银行××分行"牟某"信用卡分户账（账号＊＊＊1203，以下简称交行"牟某"1203户）；（5）中国工商银行××市××支行"嘉鸣有限公司"分户账（账号＊＊＊4812，以下简称工行4812"嘉鸣公司"户）；（6）交通银行济南分行"李某"信用卡分户账（原账号＊＊＊6409后改为＊＊＊6418，以下简称交行"李某"6418户）；（7）与上述账户有关的银行结算资料、对账资料复印件。

一、检验

（一）检验发现送检的银行存款账户资料均涉及嘉鸣有限公司收取销售收入款项结算业务。

（二）送检的银行存款账户资料中显示，2006年5月至2009年4月期间，收取外埠汇款1,448笔，金额合计36,574,164.02元（详见附件）。其中：

1. 送检的工行3014账户分户账及对账资料复印件显示，该账户2006年8月至2008年6月期间，记录外埠汇款23笔，共计292,335元。

2. 送检的工行6018账户分户账及对账资料复印件显示，该账户2007年12月至2009年4月期间，记录外埠汇款91笔，共计1,106,655元。另有部分"跨行、续存"结算业务，因缺乏相关资料尚无法检出是否系外埠汇款。

3. 送检的交行1603账户分户账及对账资料复印件显示，该账户2008年9月至2009年4月期间，记录外埠汇款1笔，计50,000元。

4. 送检的交行1203账户分户账及对账资料复印件显示，该账户2007年12月至2009年4月期间，记录外埠汇款259笔，共计8,194,534元。

5. 送检的工行6418账户分户账及对账资料复印件显示，该账户2006年5月至2009年4月期间，记录外埠汇款924笔，共计21,288,785.50元。

6. 送检的工行4812账户分户账及对账资料复印件显示，该账户2007年6月至2009年4月期间，记录外埠汇款150笔，共计5,641,854.52元。

（三）前述账户资料记录的外埠汇款中：

2006年5月至12月99笔，共计2,199,818元；

2007年316笔，共计6,773,114.50元；

2008年720笔，共计19,660,098.92元；

2009年1月至4月313笔，共计7,941,132.60元。

二、检验结果

检验送检的银行存款账户资料证实：

（一）送检的银行存款账户资料中均涉及嘉鸣有限公司收取销售收入款项结算业务。

（二）送检的银行存款账户资料显示，2006年5月至2009年4月期间，共收取外埠汇款1,448笔，金额合计36,574,164.02元。

××市人民检察院司法鉴定中心

司法会计师：×××（签名）

二〇一〇年一月十八日

附件：嘉鸣有限公司收款账户外埠汇款统计表

嘉鸣有限公司收款账户外埠汇款统计表

序　号	日　期	收款银行	汇款金额	备注
1	20060510	交行 6418	34,500.00	
2	20060520	交行 6418	57,360.00	
3	20060523	交行 6418	6,700.00	
4	20060527	交行 6418	4,500.00	
5	20060528	交行 6418	55,000.00	
6	20060603	交行 6418	12,800.00	
7	20060618	交行 6418	28,860.00	
8	20060618	交行 6418	39,800.00	
9	20060624	交行 6418	19,500.00	
10	20060624	交行 6418	21,800.00	
11	20060626	交行 6418	22,410.00	
……	……	……	……	……
1441	20090429	工行 4812	20,000.00	
1442	20090429	交行 6418	13,800.00	
1443	20090429	交行 6418	150.00	
1444	20090429	交行 6418	22,930.00	
1445	20090429	交行 6418	50,000.00	
1446	20090430	交行 6418	18,800.00	
1447	20090430	交行 6418	32,390.00	
1448	20090430	交行 6418	23,600.00	
2009 年小计			7,941,132.60	
总　合　计			36,574,164.02	

司法会计分析意见书

××会鉴〔20××〕第×号

根据××市公安局 2010 年 1 月 4 日×公经字〔2010〕004 号《聘请书》，受该局聘请，对××嘉鸣有限公司（李某等人）涉嫌逃税罪一案涉及的财务问题进行司法会计鉴定。

鉴定事项：

（1）确认××嘉鸣有限公司 2006 年 5 月至 2009 年 4 月未纳税额及所占同期应纳税比例；

（2）确认××嘉鸣有限公司 2006 年 5 月至 2009 年 4 月未纳增值税额及所占同期应纳税比例。

2010 年 1 月 20 日至 2 月 20 日期间，由××市公安局经济犯罪侦查支队侦查人员魏××、习××在场，对××嘉鸣有限公司（以下简称嘉鸣公司）2006 年 5 月至 2009 年 4 月财务资料，以及对账资料、银行资料复印件等相关证据进行了检验。包括：

（一）银行资料复印件，涉及：

（1）中国银行市××支行"李某"信用卡分户账页（原账号＊＊＊1006 后改为＊＊＊3014，以下简称中行 3014 户）；

（2）中国工商银行××市××支行"牟某"储蓄存折及分户账页（账号＊＊＊6018，以下简称工行 6018 户）；

（3）交通银行××分行"李某"信用卡分户账（账号＊＊＊1603，以下简称交行 1603 户）；

（4）交通银行××分行"牟某"信用卡分户账（账号＊＊＊1203，以下简称交行 1203 户）；

（5）中国工商银行××市××支行"嘉鸣有限公司"分户账（账号＊＊＊4812，以下简称工行 4812 户）；

（6）交通银行济南分行"李某"信用卡分户账（原账号＊＊＊6409 后改为＊＊＊6418，以下简称交行 6418 户）；

（7）与上述账户有关的银行结算资料、对账资料复印件。

（二）嘉鸣公司部分合同、发货单、银行票据复印件。

（三）××海关通关处、××市国家税务局稽查局、地方税务局××分局查询记录。

（四）购买嘉鸣公司家具的下列 22 个单位（个人）对账证明、合同、信件等复印件（略）。

一、分析资料及数据

（一）检验中未见嘉鸣公司会计核算资料以及该销售定价方法资料。

（二）送检的营业执照、合同、发货单等资料显示，嘉鸣公司主要经营业务为××（商品）的生产、零售。检验送检的财务资料及对账资料证实，嘉鸣公司 2006 年 5 月至 2009 年 4 月期间除专门销售给北京××公司的配件（可确认收入为 3,002,729 元）外，其余为销售各式成套设备的收入。

（三）检验送检的财务及对账资料证实，嘉鸣公司 2006 年 5 月至 2009 年 4 月期间可确认销售收入 711 笔，共计 19,359,161 元（详见附件）。其中：

2006 年 5 月至 12 月销售收入 60 笔，共计 1,548,888 元；

2007 年销售收入 143 笔，共计 3,098,566 元；

2008 年销售收入 321 笔，共计 9,269,990 元；

2009 年 1 月至 4 月销售收入 187 笔，共计 5,441,717 元。

送检的银行存款账户资料证实，上述销售收入已存入相关送检的银行存款分户账资料所反映的银行账户。包括：（1）中行"李某"3014 户；（2）工行"牟某"6018 户；（3）交行"李某"1603 户；（4）交行"牟某"1203 户；（5）工行"嘉鸣公司"4812 户；（6）交行"李某"6418 户。

上述销售收入金额中，不含下列结算事项：

（1）检验结果多于对账证明，但无法验证原因的部分金额；

（2）对账证明中重复计算金额以及经检验证实 2006 年 4 月至 2009 年 5 月期间尚未付款的金额；

（3）对账证明中注明装修费、借款往来的结算金额；

（4）收入结算业务中所含的汇款银行手续费；

（5）银行账户记录中外埠企业汇入结算款项，但无其他可验证资料的金额；或虽有其他可验证资料，但银行账户未记录的金额；

（6）因缺少银行分户账资料而无法确认收入实现的金额。未送检银行账户资料涉及：中国工行××市××支行"许××"信用卡账户（账号＊＊＊3972）、中国银行××市××支行"孙××"信用卡账户（账号＊＊＊4226）、交通银行××分行"刘××"信用卡账户（账号＊＊＊2359）、中国农业银行××分行"李某"信用卡账户（账号＊＊＊0816）。

（四）××市国家税务局××分局出具的证明及××市国家税务局稽查局查询记录等资料显示，税务机关对嘉鸣公司按照小规模纳税人管理，采用定期定额方式征收增值税：核定月营业额 4,000 元，核定税率 6%，核定纳税额 240 元。该公司 2006 年 5 月至 2009 年 4 月期间，已缴纳（含补交）增值税 14,944.28 元。其中：

2006 年 5 月至 12 月缴纳增值税 1,921.08 元；

2007 年缴纳增值税 2,887.80 元；

2008 年缴纳增值税 9,175.40 元；

2009 年 1 月至 4 月缴纳增值税 960.00 元。

（五）送检的××海关查询记录等资料显示：嘉鸣公司通过××科技发展公司等公司代理进口配件。完税资料中同时记载经营单位××科技发展公司（或××实业总公司）及货主单位为嘉鸣公司的，仅有 2008 年 9 月 28 日发生的进口配件业务 7 笔，实征关税 43,936 元、实征进口增值税 44,814.73 元：

序　号	实征关税额	实征增值税额
1	9,823.80	10,020.28
2	13,449.80	13,718.80
3	3,281.40	3,347.03
4	5,785.00	5,900.70
5	1,387.40	1,415.15
6	3,362.20	3,429.44
7	6,846.40	6,983.33
合 计	43,936.00	44,814.73

（六）××市地方税务局××分局查询证明，嘉鸣公司 2006 年 5 月至 2009 年 4 月期间未向地方税务局申报纳税。

二、分析

（一）关于嘉鸣公司应纳销项增值税额

根据我国税法关于小规模纳税人增值税计税原理，以不含税销售额为计税依据。因送检的材料中未含嘉鸣公司的定价方法（即其销售收入是否包含税金）的资料，本项分析中将该公司销售收入视为含税销售额。

嘉鸣公司主要经营业务为加工生产销售设备，根据我国税法规定的增值税计税原理，嘉鸣公司应按照 6% 征收率及下列公式计算应纳增值税额。

销售额＝含税销售额／（1＋征收率）

应纳增值税额＝销售额×征收率

根据前述第（三）项检验结果所列销售收入额，嘉鸣公司销售额及应纳增值税额：

销售额＝19,359,161 元／（1＋6%）

　　　　＝18,263,359.43 元

应纳增值税额＝18,263,359.43 元×6%

　　　　　　　　=1,095,801.57 元

　其中：

2006 年 5 月至 12 月应纳增值税额 87,672.91 元；

2007 年应纳增值税额 175,390.53 元；

2008 年应纳增值税额 524,716.42 元；

2009 年 1 月至 4 月应纳增值税额 308,021.72 元。

（二）关于嘉鸣公司应纳城市维护建设税额

我国税法规定的城市维护建设税计税原理，凡缴纳增值税都应以增值税额为计税依据，缴纳城市维护建设税。

应纳城市维护建设税额 = 增值税额 ×7%

根据前述分析结果，嘉鸣公司应纳城市维护建设税：

应纳城市维护建设税额 =1,095,801.57 元 ×7%

　　　　　　　　=76,706.11 元

　其中：

2006 年 5 月至 12 月应纳城市维护建设税额 6,137.10 元；

2007 年应纳城市维护建设税额 12,277.34 元；

2008 年应纳城市维护建设税额 36,730.15 元；

2009 年 1 月至 4 月应纳城市维护建设税额 21,561.52 元。

（三）关于嘉鸣公司应纳税总额

嘉鸣公司为个体经营，其应纳所得税额需要申报后核定，该公司未申报因而未取得税务局审定意见，因此，本项应纳税额分析中不包含该公司应纳所得税额。

该公司通过（××实业总公司）××科技发展公司代理进口配件，根据进口增值税纳税义务人确认原理：以完税凭证记载的纳税人为增值税纳税义务人。公安机关提供的完税资料中记载有嘉鸣公司的 2008 年 9 月 28 日 7 笔进口配件业务，已征进口增值税 44,814.73 元。

根据前述分析资料，嘉鸣公司应纳税总额包括：应纳增值税、应纳城市维护建设税、应纳进口增值税、应纳关税。

应纳税总额 =1,095,801.57 元 +76,706.11 元 +44,814.73 元 +43,936.00元
=1,261,258.41 元

　其中：

2006 年 5 月至 12 月应纳税额 93,810.01 元；

2007 年应纳税额 187,667.87 元；

2008 年应纳税额 650,197.29 元；

2009 年 1 月至 4 月应纳税额 329,583.24 元。

（四）嘉鸣公司已纳税额

根据前述第（四）、（五）项分析数据，嘉鸣公司已纳税额包括：已纳销项增值税 14,944.28 元、已纳进口增值税 44,814.73 元、已纳关税 43,936 元，合计已纳税额 103,695.01 元。其中：

2006 年 5 月至 12 月已纳销项增值税 1,921.08 元；

2007 年已纳销项增值税 2,887.80 元；

2008 年已纳销项增值税 9,175.40 元、进口增值税 44,814.73 元、已纳关税 43,936 元，合计已纳税 97,926.13 元；

2009 年 1 月至 4 月已纳销项增值税 960.00 元。

（五）嘉鸣公司应纳未纳税额

未纳税额 = 应纳税额 − 已纳税额

根据前述第（一）至（四）项分析结果，嘉鸣公司未纳税额：

$$未纳税额 = 1,261,258.41 \ 元 − 103,695.01 \ 元$$
$$= 1,157,563.40 \ 元$$

其中：

2006 年 5 月至 12 月未纳增值税额 91,888.93 元；

2007 年未纳增值税额 184,780.07 元；

2008 年未纳增值税额 552,271.16 元；

2009 年 1 月至 4 月未纳增值税额 328,623.24 元。

前述嘉鸣公司未纳税额仅包括未纳增值税额及城市维护建设税额：

（1）未纳增值税额 = 1,095,801.57 元 − 14,944.28 元
$$= 1,080,857.29 \ 元$$

其中：

2006 年 5 月至 12 月未纳增值税额 85,751.83 元；

2007 年未纳增值税额 172,502.73 元；

2008 年未纳增值税额 515,541.01 元；

2009 年 1 月至 4 月未纳增值税额 307,061.72 元。

（2）未纳城市维护税额 = 76,706.11 元 − 0
$$= 76,706.11 \ 元$$

其中：

2006 年 5 月至 12 月应纳城市维护建设税 6,137.10 元；

2007 年应纳城市维护建设税额 12,277.34 元；

2008 年应纳城市维护建设税额 36,730.15 元；

2009 年 1 月至 4 月应纳城市维护建设税额 21,561.52 元。

（六）嘉鸣公司未纳税额占同期应纳税额比例

未纳税额占同期应纳税额比例＝未纳税额/同期应纳税额

（1）根据前述分析结果，嘉鸣有限公司2006年5月至2009年4月未纳税额占同期应纳税额比例：

未纳税额比例＝1,157,563.40元/1,261,258.41元

　　　　　　＝91.78%

其中：

2006年5月至12月未纳税额占应纳税额比例97.95%；

2007年未纳税额占应纳税额比例98.46%；

2008年未纳税额占应纳税额比例84.94%；

2009年1月至4月未纳税额占应纳税额比例99.71%。

（2）根据前述分析数据，嘉鸣公司2006年5月至2009年4月未纳增值税额占同期应纳税额比例为：

未纳税额比例＝1,080,857.28/1,261,258.41元

　　　　　　＝85.70%

2006年5月至12月未纳增值税额占应纳税额比例91.41%；

2007年未纳增值税额占应纳税额比例91.92%；

2008年未纳增值税额占应纳税额比例79.29%；

2009年1月至4月未纳增值税额占应纳税额比例93.17%。

三、分析意见

根据对送检的财务资料及对账资料复印件等材料进行检验分析结果：

（一）嘉鸣有限公司2006年5月至2009年4月应纳未纳增值税1,080,857.29元、应纳未纳城市维护建设税76,706.11元，未纳税额合计1,157,563.40元，占同期应纳税额的91.78%。其中：

2006年5月至12月未纳税额占应纳税额的97.95%；

2007年未纳税额占应纳税额的98.46%；

2008年未纳税额占应纳税额的84.94%；

2009年1月至4月未纳税额占应纳税额的99.71%。

（二）嘉鸣有限公司2006年5月至2009年4月未纳增值税1,080,857.29元，占同期应纳税额的85.70%，其中：

2006年5月至12月未纳增值税额占应纳税额的91.41%；

2007年未纳增值税额占应纳税额的91.92%；

2008年未纳增值税额占应纳税额的79.29%；

2009年1月至4月未纳增值税额占应纳税额的93.17%。

××市人民检察院司法鉴定中心

司法会计师：×××（签名）

司法会计师：×××（签名）

二〇一〇年一月十八日

附件：嘉鸣公司2006年5月至2009年4月期间可确认销售收入

嘉鸣公司2006年5月至2009年4月期间可确认销售收入

序号	付款单位	日　期	销售收入金额	收款账户	备注
1	9 沈阳经销商	2006年5月10日	34,500.00	交行6418	
2	4 成都经销商	2006年5月23日	6,700.00	交行6418	
3	5 成都经销商	2006年5月27日	4,500.00	交行6418	
4	3 长沙经销商	2006年5月28日	55,000.00	交行6418	
5	9 沈阳经销商	2006年6月18日	39,800.00	交行6418	
6	11 北京经销商	2006年6月18日	28,860.00	交行6418	
……	……	……	……	……	……
707	4 成都经销商	2009年4月29日	22,930.00	交行6418	
708	5 成都经销商	2009年4月29日	13,800.00	交行6418	
709	3 长沙经销商	2009年4月30日	18,800.00	交行6418	
710	9 沈阳经销商	2009年4月30日	32,390.00	交行6418	
711	20 北京经销商	2009年4月30日	5,200.00	交行6418	
		2009年小计	5,441,717.00		
		总　计	19,359,161.00		

司法会计咨询意见书

××会鉴〔20××〕第×号

×××人民法院：

贵院于2010年4月8日送来〔20××〕第1号《咨询函》，针对×检技鉴〔20××〕第3号《司法会计分析意见书》所提供的鉴定意见，对××嘉鸣有限公司未纳税额及未纳税比例问题提出下列咨询：

如果不将××公司收取销售给北京××公司配件的3,002,729元收入计入该公司应纳增值税销售额，该公司未纳税额及未纳税额比例如何调整。

一、相关数据

1. ×检技鉴〔2010〕第 3 号《司法会计分析意见书》第（二）项《分析资料及数据》指出：嘉鸣有限公司 2006 年 5 月至 2009 年 4 月期间收取销售给北京和润思源家具有限公司配件款中，可确认收入为 3,002,729 元。

2. ×检技鉴〔2010〕第 3 号《司法会计分析意见书》第（三）项《分析资料及数据》指出：嘉鸣有限公司 2006 年 5 月至 2009 年 4 月期间可确认销售收入711 笔，共计 19,359,161 元。

3. ×检技鉴〔2010〕第 3 号《司法会计分析意见书》第（四）项《分析资料及数据》指出：嘉鸣有限公司 2006 年 5 月至 2009 年 4 月期间，已缴纳（含补交）增值税 14,944.28 元。

4. ×检技鉴〔2010〕第 3 号《司法会计分析意见书》第（五）项《分析资料及数据》指出：嘉鸣有限公司 2008 年 9 月 28 日发生的进口配件业务 7 笔，实征关税 43,936 元、实征进口增值税 44,814.73 元。

5. ×检技鉴〔2010〕第 3 号《司法会计分析意见书》第（四）项《分析资料及数据》指出：嘉鸣有限公司已纳税额合计 103,695.01 元。

6. ×检技鉴〔2010〕第 3 号《司法会计分析意见书》对××嘉鸣有限公司未纳税额及未纳税比例问题的鉴定意见：

（1）该公司 2006 年 5 月至 2009 年 4 月应纳未纳增值税 1,080,857.29 元、应纳未纳城市维护建设税 76,706.11 元，未纳税额合计 1,157,563.40 元，占同期应纳税额的 91.78%。

（2）该公司 2006 年 5 月至 2009 年 4 月未纳增值税 1,080,857.29 元，占同期应纳税额的 85.70%。

二、数据分析

如果去除嘉鸣有限公司 2006 年 5 月至 2009 年 4 月期间销售给北京××公司配件款 3,002,729 元，该公司 2006 年 5 月至 2009 年 4 月期间可确认销售收入款项则减为 16,356,432 元，即：

19,359,161 元 − 3,002,729 元 = 16,356,432 元

根据×检技鉴〔2010〕3 号《司法会计分析意见书》所列鉴定原理及前述相关数据：

$$销售额 = 16,356,432 元 / （1 + 6\%）$$
$$= 15,430,596.23 元$$
$$应纳增值税额 = 15,430,596.23 元 × 6\%$$
$$= 925,835.77 元$$
$$应纳城市维护建设税额 = 925,835.77 元 × 7\%$$
$$= 64,808.50 元$$

应纳税总额 = 925,835.77 元 + 64,808.50 元 + 44,814.73 元 + 43,936.00 元

　　　　　= 1,079,395.00 元

未纳税额 = 1,079,395.00 元 - 103,695.01 元

　　　　= 975,699.99 元

其中：未纳增值税额 = 925,835.77 元 - 14,944.28 元 = 910,891.49 元

未纳城市维护税 = 64,808.50 元 - 0

　　　　　　　= 64,808.50 元

未纳税额比例 = 975,699.99 元 / 1,079,395.00 元

　　　　　　= 90.39%

其中：

未纳增值税额比例 = 910,891.49 元 / 1,079,395.00 元

　　　　　　　　= 84.39%

三、意见

根据上述数据及分析结果，答复咨询如下：

如果不将××嘉鸣有限公司收取销售给北京××公司配件款 3,002,729 元收入计入该公司应纳增值税销售额，该公司未纳税额及未纳税额比例则调整为：

（一）2006 年 5 月至 2009 年 4 月应纳未纳增值税 910,891.49 元、应纳未纳城市维护建设税 64,808.50 元，未纳税额合计 975,699.99 元，占同期应纳税额的 90.39%。

（二）2006 年 5 月至 2009 年 4 月未纳增值税 910,891.49 元，占同期应纳税额的 84.39%。

××市人民检察院司法鉴定中心

司法会计师：×××（签名）

司法会计师：×××（签名）

二〇一〇年四月十八日

三、司法会计师出庭情况

法院于 6 月 8 日发出《出庭通知书》。司法会计师分别与检察官、法官进行了沟通，了解案件的进展情况，与法官商定在法庭上仅宣读检验、鉴定文书的绪言和结论部分，同时告知法官出庭时鉴定人会主动发言。

司法会计师于 6 月 12 日出庭。按照法庭所设"鉴定人"席签坐下。由于本案已经开过一次庭，因而法官宣布开庭后直接进入对鉴定意见的质证程序。

审判长：鉴定人姓名、职业？

鉴定人：×××，司法会计师。

审判长：请鉴定人出示职业证明文件。

鉴定人：（将司法会计师任命文件、鉴定权证书的复印件交给法警，法警转交审判长）

审判长：请鉴定人宣读检验报告、鉴定意见。

鉴定人：（宣读检验报告、分析意见书、咨询意见书）

审判长：鉴定人还有需要补充的吗？

鉴定人：有（宣读《鉴定说明》）。审判长：根据您的要求，刚才宣读了由我进行司法会计鉴定后出具的×检技发〔20××〕第2号《司法会计检验报告》、第3号《司法会计分析意见书》、第4号《司法会计咨询意见书》。现就本项鉴定中涉及的几个基本问题，向合议庭作进一步说明。

关于鉴定资格的说明

本鉴定人从19××年起先后从事过两个行业的会计工作。19××年参加了本系统全国会计、审计业务培训班。19××年取得由××省财政厅颁发的《会计师岗位知识合格证》。19××年出具了第一份司法会计鉴定文书被××市中级人民法院采信。19××年被任命为×××人民检察院司法会计师。19××年首批取得司法会计学鉴定资格证书。19××年取得由国家财政部颁发的《会计师证》。

此次受××市公安局聘请，以鉴定人身份成为本案的诉讼参与人。在实施检验鉴定过程中，本人依法独立行使鉴定权，没有受到来自于我所在检察机关及其他相关方面的不当影响，也没有履行警官、检察官的职责，独立出具了×检技鉴〔20××〕第2号《司法会计检验报告》、×检技鉴〔20××〕第3号《司法会计分析意见书》。

为答复××人民法院提出的咨询，又独立出具了×检技鉴〔20××〕第4号《司法会计咨询意见书》。

关于本项鉴定的类型及鉴定路线

司法会计鉴定，按照鉴定对象可以划分为财务问题鉴定、会计问题鉴定和混合型问题鉴定三类。其中，财务问题鉴定解决与案件经济活动有关的财务问题。财务问题的具体类型很多，涉及资产、负债、成本费用、权益、损益、（征）纳税等若干方面。本项鉴定解决与本案纳税活动有关的涉税问题，属于财务问题鉴定。

财务问题的鉴定有两条鉴定思路可遵循：一是，采用借用会计法；二是，采用直接鉴定法。其中，直接鉴定法，是指不涉及会计核算过程及结果，而直接依据对财务资料检验分析的结果，鉴别判定财务问题的鉴定思路。由于公安机关未能提供嘉鸣有限公司的会计资料，无法采用借用会计法进行，故本项鉴定采用的鉴定思路是直接鉴定法。

本项鉴定的背景及采用原则

我国在刑事诉讼习惯上将涉税问题鉴定委托税务机关进行，这一做法显然违背刑事诉讼法有关鉴定的规范，目前已经开始得到纠正。本案在侦查过程中先采用了这一习惯，后聘请我担任司法会计鉴定人。

嘉鸣有限公司工商登记为合伙经营，税务机关按照小规模纳税人管理。鉴定涉及经营期间为 2006 年 5 月至 2009 年 4 月。公安机关既未提供该公司会计核算资料，也未提供该公司收支凭证粘贴簿、进销货登记簿和完整的纳税资料。因此，本项鉴定无法完全根据嘉鸣有限公司的资料进行，这不仅影响了鉴定证据标准的设定，也导致不能出具鉴定结论。

关于应税销售额的确认，本项鉴定采用的鉴定证据标准是：第一，有购货方出具的支付货款《证明》，该检材证明其支付给嘉鸣有限公司的款项系购货款；第二，有银行提供的分户账页和汇款资料，证明嘉鸣有限公司收取了该项销货款；第三，有部分销售合同、发货资料（发货清单、对账单、确认单等）证实双方具有买卖嘉鸣有限公司货物的财务关系。根据该标准，已认定的销售收入都由两份以上的检材所证明。该证据标准的运用结果是：嘉鸣有限公司已经取得的相当一部分销售收入由于缺乏购货方证明，未能被认定为应税销售额，因而鉴定意见所反映的未纳税额大大低于该公司实际存在的未纳税额。

关于未纳税额的确认，考虑到本项鉴定中检材不够完备，而鉴定结果的运用会涉及定罪问题，为慎重起见，采取了"就低不就高"的原则。具体体现为以下六个方面：

1. 在应税销售额的确认标准方面，在缺少书面的定价制度情况下，将销售收入款项视为含税收入，即确认可认定的销售收入中含有 6% 的税金，从而少认定应税销售额 1,095,802 元，相应减少认定未纳税额 65,748.12 元。事实上，嘉鸣有限公司绝大部分销售中没有开具合法程序获取的发票，根据常识，个体经营户在不开具发票的情况下，其销售额是不含税的。

2. 在应税销售额的计算依据方面，凡有检材中出现非应税收入记载的，无论是否还有其他检材可确认为销售收入，均未认定。例如：《对账证明》中注明"装修费"的结算金额，虽有检材可证明属于销售收入，但仍未认定为应税销售额。

3. 在应纳税额鉴定原理方面，嘉鸣有限公司从 2006 年至 2009 年期间，其销售额已大大超出小规模纳税人的标准（即年应税销售额均在 100 万元以上），因而应当按照一般纳税人的计税标准 17% 的税率计算销项税额，并不能抵扣进项税额（该公司实际可用于抵扣的进项增值税发票也很少），如果按照这一标准确定应纳税额，该公司未纳税额的应比现有鉴定意见高出一倍多，未纳税比率也会相应提高。但鉴定人考虑到本案存在着定期定额的纳税核定情况，确定仍按照6%的征收率来确定应纳税额。

4. 在未纳税额比例计算方面，已经提供的进口环节税完税证据中货主单位为嘉鸣有限公司的，一律视为嘉鸣有限公司为纳税义务人，并推定其缴纳了税金。这一做法的结果——减小了嘉鸣有限公司未纳税额比例。

5. 据了解，嘉鸣有限公司工商登记为合伙经营。登记经营者系下岗职工，依纳税制度可以免征附征税款（城市建设维护税）。但该公司为何不如实进行工商登记，其性质到底是合伙经营还是个体经营的事实尚需要法庭审理后才能确定。为了慎重起见，在发表鉴定意见时，将附征税额与增值税额分开计算未纳税额及未纳税比例，以方便法官在确认经营形式后采信适用的结论。

6. 因公安机关未能提供嘉鸣有限公司应保存的大部分经营资料，本项鉴定中没有计算确认该公司或经营者个人的所得税。

本鉴定人认为，上述"就低不就高"的原则，是在检材存在缺陷的情况下，按刑事诉讼惯例体现的有利于当事人的做法。如果合议庭认为这一原则的适用有不适当之处，可以通过补充鉴定提高未纳税额的金额和未纳税额比例。

鉴于本项鉴定所采用的鉴定证据标准以及"就低不就高"的未纳税额认定原则，导致鉴定意见尚不能涵盖嘉鸣有限公司的全部未纳税额，所得鉴定结果达不到出具鉴定结论的标准，因而鉴定人出具了《司法会计分析意见书》，以便在庭审调查中发现需要修正的证据时，对鉴定意见进行修正。需要说明的是，本《分析意见》属于我国法律规定的鉴定人应当出具的"鉴定意见"。

鉴定涉及的主要技术标准的来源

1. 国务院 1993 年发布的《中华人民共和国增值税暂行条例》。

2. 财政部 1993 年发布的《中华人民共和国增值税暂行条例实施细则》。

3. 国家税务总局 1995 年 6 月 2 日国税函发〔1995〕288 号文，《增值税问题解答（之一）》。

4. 国家税务总局 1996 年 10 月 31 日《关于实行定期定额纳税的个体户实际经营额超过定额如何处理问题的批复》。

5. 国家税务总局 1997 年 6 月 19 日国税发〔1997〕101 号《个体工商户定期定额管理暂行办法》。

6. 财政部、国家税务总局 1998 年 6 月 12 日财税字〔1998〕113 号《关于贯彻国务院有关完善小规模商业企业增值税政策的决定的通知》。

7. 国家税务总局 1998 年 6 月 30 日国税发〔1998〕104 号《关于做好商业个体经营者增值税征收率调整工作的通知》。

8. 2001 年中华人民共和国主席第 49 号令：《中华人民共和国税收征收管理

法》。

9. 财政部、国家税务总局2006年12月27日财税〔2006〕208号《关于下岗失业人员再就业有关税收政策问题的通知》。

10. 2007年国务院发布的《中华人民共和国进出口关税条例》。

11. 国家税务局国税发字〔2009〕150号《关于加强增值税专用发票管理有关问题的通知》。

12. 于朝:《司法会计学（修订版）》,中国检察出版社2008年版。

谢谢审判长、陪审员

审判长:被告人对鉴定意见有何看法?

被告人:我不懂,让律师提出看法。

审判长:辩护人对鉴定意见有何看法。

辩护人:审判长,根据我国诉讼法律的规定,本案的鉴定人不合法。理由是:（1）本案鉴定人不具备鉴定税务问题的资格;（2）市人民检察院系本案的批捕机关,也是本案的公诉机关（市检察院指令××检察院提起公诉）,市检察院对本案有直接利害关系,鉴定人作为市检察院的工作人员与本案也有直接的利害关系,因此应当主动回避;（3）鉴定人是履行职务的行为,其所作鉴定意见代表了检察机关的意见,比如,该意见书是公安机关委托鉴定人个人作出的,而该《意见书》却加盖了"××省××市人民检察院司法鉴定中心鉴定专用章",并编有×检技鉴〔20××〕第3号,表述这些都反映出该《意见书》是市检察院的意见。

审判长:请鉴定人回答。

鉴定人:关于鉴定资质问题,本鉴定人已在宣读鉴定文书后所作的鉴定说明中清楚地表达了鉴定资质问题,这里不再重复表达。我分别回答辩护人的提出的四个问题。

一是关于鉴定资格问题。本鉴定人是依据我国刑事诉讼法第119条规定,由××市公安机关聘请,以独立的"有专门知识的人"身份担任本案鉴定人,系本案的诉讼参与人。《分析意见书》所表达的结论系本鉴定人作为司法会计专家出具的结论性意见,不代表本鉴定人所在检察机关的意见。这一点,辩护人只需关注一下在这个法庭上表达检察机关意见的《起诉书》和本鉴定人出具的三份文书形式差异,便可以得出结论。

二是关于文书加盖鉴定专用章问题。本鉴定人出具的三份文书中加盖本鉴定人所在机关司法鉴定中心的检验、鉴定专用章,并不表明该文书系代表本鉴定人所在机关出具的。该鉴定专用章有两个作用:一是根据我国诉讼法律规定精神,个人鉴定的应当加盖其所在单位公章,以证明其身份,加盖专用章可以证明本鉴定人在文书尾部写明的"司法会计师"职务身份的真实性;二是,根据高检院

《诉讼规则》的规定，聘请鉴定人应当取得其所在单位的同意，加盖专用章可以证明本鉴定人担任本案鉴定人是经过所在单位同意的。

三是关于文书编号问题。本鉴定人是一名职业鉴定人，《分析意见书》中使用文书编号，是任何一个职业鉴定人出具鉴定文书所必需的。文书编号有两个作用：首先，职业鉴定人不是散兵游勇，都是有单位的，其出具的鉴定文书都必须在本单位存档，给文书编号便于查找档案时使用；其次，文书编号可以方便公诉人、法官、当事人及律师等在撰写法律文书时引用。"×检技鉴〔20××〕第3号"的含义是，××市人民检察院司法鉴定人20××年出具的第三份检验鉴定文书。

审判长，在本案诉讼中，本鉴定人没有履行侦查人员、检察人员的职责，因而不属于刑事诉讼法所规定的回避情形，也不需要主动回避。本鉴定人想提醒辩护人两点：第一，我国刑事诉讼法规定的鉴定人产生途径是指派或聘请，其中指派肯定是诉讼机关自己的职业鉴定人，如果按照辩护人的逻辑，这些诉讼机关肯定与案件有利害关系，因而就不可能进行指派，但这一逻辑需要在修改诉讼法后才能讲得过去；第二，本鉴定人在这个法庭上与在场的法官、公诉人的诉讼地位是不一样的，倒是与您具有同等的诉讼地位——都属于诉讼参与人。另外，从目前我国司法鉴定制度来看，刑事涉税问题的司法会计鉴定，在公安机关尚未配备司法会计师的情况下，最好人选可能就只有检察机关的司法会计师了。其他人选与案件利害关系可能更多一些：请税务局的人鉴定吧，他们都是国家的税收人员，属于受害人一方的人，肯定有利害关系；请注册会计师、税务师鉴定吧，公安机关肯定支付高额的鉴定费，他们收了钱就可能为公安机关说话，而不替当事人着想，利害关系可见一斑。这么比较一下，还就是我们检察机关的司法会计师没有利益关系。顺便介绍一个情况：因法院采信本鉴定人出具的鉴定意见，判决被告人无罪的案例，不仅本地区有，外省也有。

四是关于本项鉴定是否属于履行职务行为的问题。请辩护人解释一下你所讲得职务行为是指什么？

辩护人：鉴定人本人是检察官，在本案中履行了法律职务行为。

鉴定人：首先，如果从职业角度讲，本人在本案中是在履行司法会计师的职务。本人于19××年被任命为××市人民检察院司法会计师（该任命文件市检察院已送市法院、市公安局备案），在本项鉴定中所履行的就是司法会计师的职责之一——对案件中财务会计问题进行鉴定。其次，请辩护人注意，本项鉴定是本案诉讼活动的一部分，本鉴定人现在是进行诉讼活动，从诉讼活动角度讲，本鉴定人没有履行所谓法律职务行为。因为，在诉讼中只有具有诉讼公权力的人才可能履行职务——比如侦查员、检察官、法官等，而本人在本案中仅是一名司法会计鉴定人，与您的诉讼地位相同，属于诉讼参与人，只享有法律赋予的相应的诉讼权利和诉讼义务，没有权力履行法律职务行为。

辩护人：你的意思是你出具的鉴定意见只是专家意见。

鉴定人：是的，鉴定意见可以理解为是专家意见的一种类型。

辩护人：明白了。请鉴定人解释一下是否有证据证明税务问题鉴定属于司法会计鉴定职责。

鉴定人：请辩护人明确一下需要什么形式的证据？

辩护人：法律文件的明文规定。

鉴定人：没有。审判长，每门法庭科学的都有其鉴定领域，该领域的具体范围是随着社会科学技术的发展而发展的。2001年全国人大内务司法委员会进行专项调查显示，目前我国的司法鉴定涉及1100多个领域，且各领域的鉴定范围都是发展的。该项调查结论指出，不可能就各个鉴定领域的具体范围问题通过法律文件的形式固定。根据高法院有关证明问题的司法解释规定，常识性问题不需要举证，而法律及法学常识告诉本鉴定人们，司法会计鉴定的对象是财务会计问题，包括财务问题、会计问题及混合型问题。纳税及纳税会计处理问题属于财务会计问题，其中，纳税问题属于财务问题，纳税会计处理问题属于会计问题。本案涉及纳税问题，所以应当通过司法会计鉴定解决。

辩护人：《分析意见书》不符合证据的形式要件，司法会计鉴定应当出具鉴定意见而不是分析意见。

鉴定人：辩护人提问中没有解释您所说的形式要件的内容，能否解释一下，您认为《分析意见书》的应当符合哪些形式要件？本鉴定人认为，《司法会计分析意见书》属于鉴定文书，根据高法院有关鉴定文书形式要件的司法解释，其形式要件包括：（1）实施鉴定的法律依据（聘请书）；（2）鉴定要求（分析目标）；（3）检材来源（送检还是现场检验）；（4）结论的事实依据（检验或分析资料及数据）；（5）鉴定标准及鉴别判定过程（分析或论证）；（6）结论（分析意见）。刚才宣读《意见书》中这些要件均有，不知道辩护人还发现缺乏什么要件？

辩护人：按照规定，鉴定后应当出具鉴定书，为什么出具《分析意见书》，既然是意见书，结论就是不确定的。《分析意见书》是用来表达或然性结论。

鉴定人：关于为什么出具《分析意见书》的问题，刚才本鉴定人已经在《鉴定说明》中作了解释。这里本鉴定人可以给辩护人阐释一下《司法会计分析意见书》的证据地位问题：

首先，从鉴定意见的表达形式看，目前国内有关鉴定结果的表达形式包括《鉴定书》、《分析意见书》、《检验报告》、《终止鉴定通知》、《咨询意见书》、《鉴定笔录》等形式。我市法院系统对前四种形式均有作为证据采信的判例。请注意，全国人大常委会《关于司法鉴定管理的决定》中，已将鉴定结论改为鉴定意见，就是考虑到了鉴定结果的需要采用不同的形式表达。至于采用什么形式表达鉴定意见，涉及鉴定人对检材可证明事实的确认程度。其中，《司法会计分析意见书》表达的分析意见与鉴定结论相同之处在于：都表达了明确的结论性意见。不同之处在于：由于检材或采用的标准达不到出具鉴定结论的要求，分析意见可靠性有可能会低于鉴定结论，这提示法官在采信该意见时可以留有余地。

其次，从鉴定本质方面讲，任何司法鉴定的本质，都是鉴定人运用其专门知识为法院等诉讼机关提供认识某些案件事实的科学方法，无论形式如何，其在提供科学认识方法方面具有同等的作用。

最后，从鉴定意见的法定形式方面讲，目前法律仅规定鉴定人进行鉴定后应当"提供鉴定意见"（或"写出鉴定结论"），但并没有规定鉴定意见的表达形式。

综上所述，本项鉴定应当出具《司法会计分析意见书》，该文书的内容也符合法定的鉴定意见的形式要件。

辩护人：本案鉴定人出具的《分析意见书》具有明显的局限性。因为该《分析意见书》是根据公安机关提供的证据作出的，而公安机关只提供了证明被告人有罪和罪重的证据，没有提供证明被告人无罪和罪轻的证据。司法鉴定过程也未听取被告人的意见。

鉴定人：辩护人是否认为鉴定意见应当具备全面性？而不应当具有局限性？

辩护人：是的。

鉴定人：审判长，本鉴定人认为，辩护人认为鉴定意见应当具备全面性的认识存在偏颇。首先，根据全国人大会常委会《关于司法鉴定管理问题的决定》第一条规定：司法鉴定是指在诉讼活动中鉴定人运用科学技术或者专门知识对诉讼涉及的专门性问题进行鉴别和判断并提供鉴定意见的活动。司法鉴定活动只针对诉讼涉及的专门性问题进行，这一点就决定了任何鉴定意见就证明案件事实而言都具有局限性。其次，鉴定意见具有局限性的特殊证据属性，这是司法会计理论常识，也是司法鉴定常识。无论是法医类鉴定、物证类鉴定还是司法会计类鉴定都是如此。正是因为如此，鉴定意见才只能作为证据使用。如果鉴定意见能够全面反映案件事实，其就可以作为判决书使用了。最后，本《分析意见书》局限性可能会更多一些，主要原因是由于检材质量较差，本项鉴定采用了"就低不就高"的原则，导致分析意见所认定的应纳税销售额大大低于实际应纳税销售额。

另外，请审判长注意：辩护人在刚才的发言中提出的两个指责是不适当的。第一，指责公安机关没有提供证明被告人无罪和罪轻的证据，这不是事实，至少《分析意见书》中列举的检材中已经包含了无罪证据。第二，指责鉴定人在司法鉴定过程未听取被告人的意见也是不适当的。鉴定人在鉴定过程中是否听取当事人的意见，是鉴定人的权利（民诉法规定：鉴定人有权了解进行鉴定所需要的案件材料，必要时可以询问当事人、证人），而不是鉴定人的义务。对这一指责本鉴定人想强调三点：首先，司法会计鉴定中通常不需要听取当事人的意见，这是司法会计鉴定与审计、税务调查等活动的区别之一；其次，鉴定人在本项鉴定过程中对被告人的一些辩解已经给予了适当的关注，甚至还亲自查阅了部分口供材料，直到鉴定文书出具前还从案件承办人员处了解到被告人口供和辩解的变化；最后，如果鉴定人在鉴定中主动询问被告人，也许辩护人会指责本鉴定人行使了讯问这一侦查权，岂不是需要回避了吗？

辩护人：《分析意见书》缺乏一些必要的证据作为依据，鉴定人是否认为《分析意见书》具备了客观性的要求。

鉴定人：本鉴定人先举出本《分析意见书》已经具备了客观性的几个方面：（1）本意见书确实是由本鉴定人出具的，这是客观的；（2）本意见书中表述的检验事项和检验结果，是客观地反映检验过程的；（3）本意见书所引用的技术标准是客观存在的。本鉴定人不同意辩护人关于局限性与客观性之间的推论。鉴定意见的局限性与所谓客观性之间并没有必然的联系。不能因为鉴定意见的内容具有局限性，就否定其客观存在，或否定其确认内容的客观存在。仅就本项鉴定意见的内容而言，确实没有客观地全面反映嘉鸣有限公司所有未纳税额，而是由于该公司没有照章保存与纳税有关的资料，导致本项鉴定意见只认定了未纳税额的一部分。为此，谨向审判长作两点说明：首先，本项鉴定意见是建立在公安机关送检的检材基础上进行的。在受理鉴定时，本鉴定人已经要求侦查人员提供该公司照章应当制作的收支凭证粘贴簿、进销货登记簿和完整的纳税资料，得到的答复是该公司没有这些资料。因而，本鉴定人无法对该公司全部财务收支、进销货业务资料进行检验，只能根据可证明的部分销售资料的检验结果进行鉴定，所提供的结论也只能是该公司未纳税额的一部分，而不是全部的未纳税额。其次，鉴定意见的科学性在一定程度上涵盖了客观性的含义，因为科学性本身要求鉴定人应当根据客观存在的检材、科学的程序和标准作出鉴定意见。但是，鉴定意见作为一种科学的推断，不像其他证据那样是客观遗留或是对客观所见的重复。辩护人如果要求鉴定意见具备诸如言词证据内容的客观性，这是缺乏证据学和司法鉴定常识的一种表现。任何类型的鉴定意见能够作为证据被采信，主要在于其科学性，这是鉴定意见与其他证据的本质区别，也是鉴定意见作为独立证据的根本属性。事实上，无论是英美法系还是大陆法系国家，均把这种不具备其他证据客观性的专家意见列为证据的主要原因，就是因为其有科学性的特殊属性。而任何鉴定意见，无论其内容多么客观，但如果其违背了科学性，也就失去了作为诉讼证据的地位和作用。比如，张三确实杀了人，而法医鉴定意见认定张三是杀人凶手，这个结论肯定的客观的，但不能作为诉讼证据使用，因为这一结论是自由心证的结果。

辩护人：由于《分析意见书》具有局限性，因而缺乏公正性。

鉴定人：首先，本鉴定人认为《意见书》的局限性与所谓公正性之间，没有必然的联系。举个也许不恰当的例子：张三进行了 10 次偷盗，而法官根据证据只认定了 3 次，这样的判决肯定具有局限性，但你能说法官不公正吗？本鉴定人不太清楚辩护人是根据哪项法律要求司法鉴定具备公正性的？本鉴定人的观点是：首先，特别需要强调的是，鉴定人不是法官，其任务不是居中裁判，不存在诉讼意义上的所谓公正性（目前法律上也没有要求具备公正性），鉴定人所出具的结论性意见是否作为证据采信，是法官的任务。其次，学术界提出的鉴定人的公正性问题，应当理解为鉴定人在检验、证据及鉴定标准的采信方面应当按照科学的程序进行，不能根据自己的好恶、他人的左右进行鉴定活动并出具鉴定意见，其实质还是要求鉴定意见应当具备科学性。从这两个观点出发，本鉴定人认为，在本法庭上辩护人可以向法官讨要公正性，向本鉴定人讨要公正性，找错了对象。

辩护人：《意见书》确认销售额采用的排除法，这种做法不科学。

鉴定人：能否请辩护人具体解释一下排除法的内容？

辩护人：鉴定人是将嘉鸣公司银行收款总额作了一些排除后认定的销售收入。

鉴定人：本项鉴定中在确认销售收入方面，采用的逐笔验证的方法。每笔销售收入的认定，至少利用了两份以上的检材，通过验证无误后才确认为销售收入，缺乏可验证的检材或验证后发现有误的，均不确认为销售额。辩护人所称排除法，是不是指司法会计鉴定方法理论中所称的排因法。排因法是一种司法会计鉴定技巧，这种鉴定技巧通常应用于对复杂的财务会计因果关系问题确认。本项鉴定未涉及这类复杂的因果关系的确认问题，因而也就不需要采用排因法。

在《分析意见书》第 4 页说明了本项鉴定所确认的销售额没有包含的六种结算事项。请注意：这六种结算事项，是按照本项鉴定所采用的销售额确认标准，在判断某笔收入是否列为销售额时出现的情形，并非是运用所谓排除法的结果。这六种情形是：

（1）检验结果多于对账证明，但无法验证原因的部分金额；

（2）对账证明中重复计算金额以及经检验证实 2006 年 4 月至 2009 年 5 月期间尚未付款的金额；

（3）对账证明中注明装修费、借款往来的结算金额；

（4）收入结算业务中所含的汇款银行手续费；

（5）银行账户记录中外埠企业汇入结算款项，但无其他可验证资料的金额；或虽有其他可验证资料，但银行账户未记录的金额；

（6）因缺少银行分户账资料而无法确认收入实现的金额。

辩护人：《意见书》违反了会计准则关于确认销售收入应当遵循权责发生制的原则。

鉴定人：辩护人能否向法庭解释一下您所理解的权责发生制原则的内容及应用范围？

辩护人：本案中嘉鸣公司的银行存款收入的发生时间应当按照权责发生制认定。

鉴定人：首先，会计准则规定的权责发生制，是企业会计核算的原则之一，因此，该原则在司法会计鉴定中只能作为解决会计问题的引用标准。由于本项鉴定中没有涉及会计核算业务，不需要适用这一标准。既然不需要适用，也就不会发生违反这一原则的情形。其次，《分析意见书》中的分析资料和数据部分已经表明："送检资料中无嘉鸣有限公司会计核算资料"，至于什么原因没有提供，法庭可以通过调查确认。据鉴定人了解，嘉鸣有限公司不仅没有提供会计核算资料，甚至没有小规模纳税人所必须制作的收支凭证粘贴簿、进销货登记簿和完整的纳税资料。根据鉴定人的经验，小规模纳税人中大部分没有进行正规的会计核算活动，也就不会形成完整的会计资料。因此，本项鉴定不能采用"借用会计法"进行鉴定，因而也就不需要考虑会计准则的适用问题。

辩护人：确认销售收入应当以货物发生转移为依据。《分析意见书》将银行汇款直接确认销售收入，必然使相当一部分预付款当成了销售收入。辩护人认为，认定销售额应当依据双方除入库单、发货清单等实物转移证据，《意见书》仅根据银行收付款凭证，不能确认销售额。因为货币发生额中包括预付款、退货款、装修费、借款等。

鉴定人：首先，辩护人所谓的"将银行汇款直接确认销售收入"不是事实：第一，从鉴定人所作的《鉴定说明》已经指出的确定销售收入的标准也可以看出，对每笔销售额的认定，至少利用了两份以上的检材，其中至少有一份检材不是银行汇款资料。第二，在场的当事人十分清楚，其经营所收的外埠汇款涉及全国20多个省、市、自治区，《检验报告》已经提示了这一现象。但鉴定意见确认的收入额仅涉及了其中的11个省市自治区的部分银行汇款。第三，嘉鸣有限公司采用了多个不同的银行账户收取了外埠汇款，当事人自己应当清楚为什么这样做。但侦查机关仅向本鉴定人提供了其中6个账户的银行查询资料。从本鉴定人针对这6个账户检验结果所出具的《检验报告》可以看出，该公司在2006年5月至2009年4月期间收取的银行汇款多达1,448笔，总金额36,574,164.02元，所以常人只要对比一下数字都可以看出，如果"将银行汇款直接确认销售收入"，本意见书不会只认定其中的711笔，19,359,161元为销售收入。

其次，辩护人所讲"必然使相当一部分预付款当成了销售收入"只是辩护人的推测。事实是：第一，嘉鸣有限公司不仅采用预付款形式进行结算，也存在先发货后付款、按期对账结算的情形，比如：该公司存在 2009 年 4 月已经发货，4 月以后才收款的情形。第二，送检的资料显示，嘉鸣有限公司的实际生产经营期间并非只是鉴定要求涉及的 2006 年 5 月至 2009 年 4 月期间。而根据送检的销售合同看，嘉鸣有限公司承诺在收到全部货款后 7 个工作日内交货，而鉴定人特别关注了 2009 年 4 月收取的货款的发货资料或双方对账资料，因而"相当一部分预付款当成了销售收入"只是辩护人的个人推测，并非事实。

最后，关于销售额是否需要双方的入库单、发货清单等实物转移证据问题（预付款、退货款、装修费、借款等）。一则，嘉鸣有限公司是一个快速发展起来的企业，其不仅有惊人的经营业绩，在许多地区还有了一定的知名度，这些业绩的取得，除经营者经营有方外，也说明其具有较高的产品质量信誉。该公司的销售对象主要是经销商，这种经营模式下，只要有质量保证，通常不会发生退货。本鉴定人在检验资料中也发现，对个别质量问题，该公司采用了销售折让的方法处理，折让额在下次结算中扣除。因此，尽管该公司没有保留全部的经营资料，其退货情形存在的可能性极小，实际上是可以忽略不计的。当然，如果确有证据证明发生了退货，而该销售收入又被计入本鉴定意见的话，可以通过补充鉴定剔除。二则，实物转移证据不是纳税问题鉴定中唯一采用的证据。由于该公司没有保留大部分实物转移资料，因而，鉴定中采用了购货方提供的《证明》。如果该公司能够照章制作收支凭证粘贴簿、进销货登记簿的话，本项鉴定中就不需要采用购货方证明了。三则，实物转移证据实际上涉及预付款问题，但该公司是一个持续经营、销售额不断攀升的企业，这与其高度的合同信誉度是分不开的，即使有个别不能及时履行合同的情形存在，导致预付款不能及时兑现的话，也不会拖期很长。根据购货方提供和该公司保留的销售合同看，其实物转移日在收款后七日内，而本项鉴定涉及三年经营期，因此，并不需要完整的实物转移证据来排除预付款情形。

辩护人：《分析意见书》所依据的对账单系从经销商处取得的，由经销商单方签字确认，未经嘉鸣有限公司确认，这种单方确认的对账单不能真实地反映货物的发生额。

鉴定人：首先需要明确的是，本项鉴定中利用嘉鸣有限公司客户提供的《证明》，通过检验银行存款资料，将可以证实嘉鸣有限公司确已收到的部分确认为销售额，没有银行资料的可验证的部分没有确认为销售额，这一点在《分析意见书》中已经作了详细说明。这种情况下，《证明》不需要嘉鸣有限公司进行确认，即使嘉鸣有限公司确认了，但鉴定人不能通过相应的检材进行验证，其结果也不能作为本项鉴定结论的依据。其次，本鉴定人再次强调，本人在该案中是作为诉讼参与人，不是履行诉讼法律职责的侦查、检察和审判人员，嘉鸣有限公司的客户是否支付了货款，应当由侦查人员调查并获取证据，但这些证据显示所付货款嘉鸣有限公司是否收到，却可以通过检验其银行存款资料验证。因此，鉴定人不需要代替警官、检察官、法官去询问当事人。最后，在法庭调查中，如果出现了新的否定《证明》中所列货款额的证据，可以提请进行补充鉴定。

辩护人：《意见书》考虑到了退货，但不全面，仍然有部分退货未从经销商汇款中扣减。

鉴定人：首先需要说明的是，所有检材本鉴定人都一一进行了检验，没有发现其他退货款资料。其次，前面的法庭调查本鉴定人没有参与，退货款的问题确实涉及本项鉴定意见，本着对当事人负责的精神，如果法庭调查中发现了辩护人所讲的"仍然有部分退货为从经销商汇款中扣减"新的退货款资料证据，建议法庭依法补充鉴定。

辩护人：《意见书》中将像北京经销商这样的没有直接证据证明系属嘉鸣有限公司的经销商，并且至今也未找到证人，却将其汇款确认嘉鸣的销售收入缺乏依据。

鉴定人：首先，本项鉴定中确认北京经销商的销售额是有充分依据的。这些依据包括：银行存款分户账页、销售合同、电汇款凭证，以及 2009 年 2 月、4 月的发货清单，这些证据已足以证明嘉鸣有限公司收取北京经销商的汇款系出售产品的收入，应当作为计算其应纳增值税额的依据。其次，支付这些货款的北京经销商系经销商还是消费者，只是销售对象问题，而增值税的计税依据是销售额，不是销售对象。因此，销售对象是否确定，并不影响本项鉴定中对销售额的认定。辩护人的意思是不是说嘉鸣有限公司收了经销商的货款需要交税，收了消费者的款项就不需要交税了？错了，收谁的货款都需要缴纳增值税——这是纳税常识。

辩护人：应纳税销售额中没有扣减在定额未超出 20% 范围内的部分。因为在定期定额制度下，缴纳了定额税，在未超过 20% 范围内的销售额不应再计入应纳税销售额。

鉴定人：辩护人能否解释一下，为什么"在未超过 20% 范围内的销售额不应再计入应纳税销售额"？

辩护人：税法规定，在定额税的情况下，只有超过定额 20% 才需要重新申报定额税，这在公诉人提供的税务机关给被告人的定额税说明中也有明文规定。

鉴定人：本鉴定人认为，辩护人可能误解了 20% 的含义。首先，国家税务机关有关纳税人的经营额超出核定的 20% 或 30% 应及时申报调整额的规定，是指在未超过这一幅度内不需要申报——客观上也就不需要交纳这部分税款，但并非是指在超出这一幅度的情况下免除这一幅度内的纳税义务。比如本案中嘉鸣有限公司申报的销售额为 4,000 元/月，如果申报调整为 5,000 元/月，税务机关应当核定的纳税额是 300 元，而如果按照辩护人的意思核定为 252 元的话，这在法律上讲属于少征税款。不知道辩护人是否遇到过税务机关的这样操作，如果有的话，您应当向有关机关举报税务人员少征税款。其次，嘉鸣有限公司在经营期间如果及时申报调整额，会得到一些法定的优惠待遇，肯定还不止 20%，但在本项鉴定中没有发现其重新申报的资料。基于这两点，本项鉴定在确认应纳税销售额时，不应当扣除 20% 销售额。

辩护人：纳税定额的调整要有一个调整期，在调整期内的销售额不应计入应纳税销售额。纳税定额的调整是调后不调前，定额的调整要有一个调整期，在调整期内的销售额不应计入应纳税销售额。因此，2006 年 4 月至 12 月，2009 年 1 月至 5 月因均在调整期内，这两段时间的销售额不应计算为应税销售额。定期定额的纳税经营额及收益额的变更与调整的一个原则是调前不调后，一般是按年度调整。在调整前的一段时期，无论纳税人的纳税经营额是否客观上超过了核定额，都不能要求纳税人补税，因此，对于定期定额逃税的认定，必须首先确定该调整期，也就是什么时间点上，纳税人的纳税经营额已经超过了 20%；在确定应该调整期后，还应去掉一个月的审批期，这段时间内少缴税款是合法的，公诉机关没有确定调整期，没有确定应当减去的合法数额而确定的被告人的逃税额，仅凭这一条鉴定意见就不准确。

鉴定人：辩护人提出的所谓"调整期"想必不是自己想出来的，而是请教请了某些税务专家的结果。但是，这个所谓的"调整期"的解释存在错误。首先需要指出的是，双定户包括定期定额，但税章规定的小规模纳税人超过一定比例必须申报调整定额的时间标准是"及时"（国税发〔1997〕101 号《个体工商户定期定额管理暂行办法》第 15 条），而不是定期。既然没有定期，也就不应当出现"调整期"问题。其次，税务机关在采用"利用计算机定税"后，调整应纳税额时确实存在按季度、半年、一年进行调整的情形。有些纳税人也利用这所谓的"调整期"来"避税"，但是，利用这一方法"避税"的前提是，应当申报调整额。而调后不调前的定额调整原则，是税务机关在审查核定纳税人申报调整额时采用的原则，其前提也是应当申报调整额。但本项鉴定中，鉴定人没有看到嘉鸣有限公司申报调整额方面的检材，因而不需要也不应当考虑这一原则的适用。如果法庭调查中发现了这方面的检材的话，可以组织补充鉴定。

辩护人：《分析意见书》在计税概念上存在严重错误。小规模纳税人应纳税额 = 销售额 × 征收率，对小规模纳税人不存在销项增值税和进项增值税的概念，而意见书中却出现了这两个概念，犯了一个常识性错误。

鉴定人：辩护人提的有道理，正如辩护人所言，嘉鸣有限公司是小规模纳税人，因而在计算纳税额时不需要区分销项和进项，因为 6% 征收率所计算出的税款均为销项税款。本《分析意见书》中之所以多处采用"销项增值税"一词，仅仅是为了方便与文书中出现的"进口增值税"一词进行区别，但本项鉴定中采用的是小规模纳税人计税标准，没有采用一般纳税人的计税标准。

辩护人：（宣读海关关于进口环节关税与进口增值税的规定）。《分析意见书》对进口税的问题存在错误。

鉴定人：辩护人读得太快，能否重新读一遍。

辩护人：（宣读海关关于进口环节关税与进口增值税的规定），看来鉴定人不懂关税和进口增值税。

公诉人：请辩护人发言中不要发表不尊重专家的言论。

辩护人：我在向鉴定人提问，你公诉人凭什么打断。

公诉人：我作为公诉人有权监督法庭上的任何不合法行为。

审判长：休庭。

（休庭后，审判长对辩护人的不当发言对其进行了提醒，辩护人在庭外向鉴定人表示道歉）。

审判长：现在继续开庭，请辩护人发言直接发问问题，不要做一些不适当的评价。

辩护人：《分析意见书》一方面尊重嘉鸣公司在进口环节交纳了关税和进口增值税的现实，另一方面又回避这一事实，因此，在计算应纳税额上出现了矛盾，导致计算公式上的错误。《分析意见书》将进口关税和进口增值税完税凭证开具给嘉鸣公司的两笔加进来又减出去，没有法律根据。

鉴定人：先声明一下：本鉴定人只要尊重了"某一事实"，就不会再回避它。《分析意见书》中并没有体现出"一方面尊重嘉鸣公司在进口环节交纳了关税和进口增值税的现实，另一方面又回避这一事实"。除进口代理商自愿承担代理进口货物税款的特例外，按照常理，嘉鸣有限公司购进了进口货物，就应当负担进口环节的关税和进口增值税。但其所负担的税金是作为纳税义务人缴纳，还是作为税赋负担人缴纳，需要根据海关的完税证明确认，这是公认的计税原则。本项鉴定中，根据海关出具的查询记录，仅有7笔可以推断为系嘉鸣有限公司作为纳税义务人缴纳的。因此，在计算应纳税额时，将这7笔关税及增值税加入应纳税额。在计算未缴纳税款额时，既然是已经履行了缴纳义务的税金，就应当减去。这一计算方法不存在辩护人所说的"矛盾"，也没有导致计算公式上的错误。只是这样计算的结果，减小了未纳税额占应纳税额的比例的认定数额，对本案当事人有利。

辩护人：既然《意见书》认为嘉鸣公司不应是进口增值税的纳税义务人，那么嘉鸣公司所缴纳的进口增值税应当扣减，而不应当计为应纳税额。

鉴定人：先声明一下，《意见书》没有关于"认为嘉鸣公司不应是进口增值税的纳税义务人"的记载。首先，关于嘉鸣有限公司是否是进口增值税的纳税义务人问题，应当根据检材中的完税资料确认。本项鉴定的检材中有嘉鸣有限公司作为货主单位的完税资料，就可以推断该公司属于进口增值税的纳税义务人。既然是纳税义务人，其所缴纳的进口增值税就应当计算为应纳税额。其次，在计算嘉鸣有限公司未纳税额时，由于其交纳了进口增值税，当然应当扣减。本项鉴定中在计算嘉鸣有限公司未纳税额时，不仅扣减了 7 笔进口增值税，还扣减了 7 笔进口关税，具体扣减金额已在《分析意见书》中详细列出。但是，辩护人提出在计算应纳税额时进行"扣减"，这就不是扣减的问题了，而是是否应当计算为应纳税额的问题。

辩护人：《分析意见书》中计算税款的一些内容缺乏法律依据。

鉴定人：辩护人要求鉴定标准都需要找到法律依据的观点是错误的。以本案为例：计算应纳税额、未纳税额、未纳税额比例，是根据纳税的基本原理确定的（这些鉴定原理并非都有法律规范）。本鉴定人认为，司法会计鉴定或其他类型的司法鉴定中，相当一部分鉴定原理都是由鉴定人根据其专门知识确定的，比如本案涉及的未纳税额的计算标准肯定找不到"法律根据"。如果任何鉴定标准，都有明确的"法律根据"的话，那么司法鉴定就可以由法官进行了，就不需要"专门知识的人"了，司法鉴定制度因此也就可以取消了。

辩护人：本案所涉及的进口增值税的纳税主体是××公司，而该税款系嘉鸣公司所缴纳，这是一个不争的事实。既然嘉鸣公司不是该税款的纳税义务人，而事实上又承担了该税款，因此，在逃税额计算上应当扣减该部分税款。

鉴定人：首先，嘉鸣有限公司未缴税款额是否系逃税额应当由法官在调查案件事实后进行判定，这个问题不属于司法会计鉴定范围。本鉴定人仅就本项鉴定中确认嘉鸣公司未纳税额时为什么不能单独扣减嘉鸣所已经负担的进口增值税等其他税款问题解释如下：

第一，事实上，嘉鸣有限公司不仅负担了进口增值税，也负担了进口关税，还负担了其他国内采购中的增值税款，不知道辩护人为什么只提到进口增值税，而没有提到其他税款？这似乎对当事人来讲有些不公平。

第二，不争的事实应当是，嘉鸣有限公司无论其从何正常途径购入进口货物，都需要负担进口增值税和进口关税，这与其是否应当缴纳这些税款不是一个概念，前者是采购成本问题，后者是纳税义务的问题。如果嘉鸣有限公司有缴纳进口增值税和进口关税的义务，则属于其应纳税额，并与进口货物价值、费用等组成其进口货物的成本，这种情况下，进口关税和进口增值税属于价外税；如果嘉鸣有限公司没有纳税义务，其通过进口代理商购进货物，进口关税和进口增值税的纳税义务人应当是进口商，进口商应当缴纳税款，但进口商纳税后必然会将这部分税款转给嘉鸣有限公司负担，其转嫁方式可以采用价税分离（即价外税）

方式，也可以采用价税合一（即价内税）方式。如果价税分离，则可以从结算票据上看出嘉鸣公司所实际负担的具体税额，如果价税合一，则无法从结算票据上看出嘉鸣有限公司负担的具体税额。按照辩护人所称"税款系由嘉鸣公司所缴纳"的"不争事实"看，应当是采用了价税分离的方式结算的进口关税和进口增值税。这也许是辩护人能够要求扣除这部分税金的理由。但无论采用哪种方式，嘉鸣有限公司都需要负担这部分税款，因为这部分税金构成了其采购成本。如果是采用价税合一的结算方式，代理商直接将税金计入普通发票中，也许辩护人就不提嘉鸣有限公司缴税问题了，因为这种结算方式中缺少了单独证明嘉鸣有限公司负担了这部分税金的证据。总之，嘉鸣有限公司所实际负担的税款，与其所应缴纳的税款不是一个概念。

第三，在我国，任何企业和个人都会负担一定的税款，但不都是作为纳税义务人负担的。嘉鸣有限公司缴纳的应当由进口代理商缴纳的进口关税和进口增值税，只是代替进口代理商缴纳税款的行为，而不是作为纳税义务人缴纳的。不是作为纳税义务人负担的税金，不属于应纳税款，而只是作为接受货物或劳务的企业或个人的采购成本，这部分税金在计算未纳税额中是不能扣减的。例如：嘉鸣有限公司从南方购进的进口配件，对方采用的就是价税合一的结算方式，该公司实际负担的税金是由售货方直接交纳的，而没有让该公司代为缴纳，辩护人不提出扣减这部分税金，也许辩护人明白其中的道理，也许辩护人认为嘉鸣有限公司没有负担这部分税金。如果这样解释还不清楚的话，本鉴定人可以举一个生活中的例子：大家知道，个人收入达到一定数额需要缴纳个人所得税，这是收入者的纳税义务所决定的，但每个人又都需要购买物品和接受劳务，这个过程中大家都负担了诸如增值税、营业税、消费税等大量的税金，但在计算个人所得税时，并不可以扣除其所负担的这些税金，这已经属于生活常识了。想必辩护人的收入也应当比较可观，也需要缴纳个人所得税，不知道辩护人是否向税务机关或扣缴义务人提出过要扣减您自己买盐所负担的税金。

辩护人：《分析意见书》存在税率适用错误。《分析意见书》确认销售给北京经销商进口配件3,002,729元，××公司出具证据证明该部分配件系委托嘉鸣有限公司代理进口，因此，对该3,002,729元的货物不应记计征增值税。对嘉鸣公司销售进口货物应按4%征收，对工厂化的货物按6%征收。辩护人认为，《分析意见书》所确认的19,359,161元销售款中包含了相当一部分进口货物，而该进口货物与嘉鸣有限公司之间没有关系。本案系嘉鸣有限公司涉嫌逃税案件，进口货物与嘉鸣有限公司工厂化产品是完全不同的纳税主体，因此应当按照嘉鸣公司工厂化产品的销售收入确认应税销售额。

鉴定人：辩护人应当先明确这样一个前提，嘉鸣有限公司是否有进口经营权？

首先，公安机关没有提交嘉鸣有限公司代理进口权方面的检材，从海关查询记录通常也可推断嘉鸣有限公司没有进口经营权，否则就不需要再通过××公司代理进口原件了。因此，嘉鸣有限公司只是将其通过××公司代理进口的配件，销售给北京经销商，而不是提供进口代理服务。所以，其销售额应当缴纳增值税。至于辩护人提出的"××公司出具证据证明该部分配件系委托嘉鸣有限公司代理进口"的证据，只能说明这样的一些实事：要么只是××公司自己将向嘉鸣有限公司购买进口配件行为误称为代理进口；要么就是嘉鸣有限公司向该公司提供过有关进口经营权的资料，使该公司误认为其有进口经营权——因为只能通过有进口经营权的企业代理进口，这是企业经营者的常识。

其次，从本项鉴定中所看到的证明、合同、发货单等，除嘉鸣有限公司销售给北京经销商配件300余万元销售额外，绝大部分销售资料均显示为成套设备，其进口配件等仅是其制作设备的配件，其设备销售额远远超过《分析意见书》所确认销售额的50%。因此，按照计税原理，自产自销货物金额大于商业销售金额的，应当按照6%税率计征增值税。本项鉴定就是依据这一计税标准确定的税率，因而不存在税率确定错误。另外，我国并不存在同一小规模纳税人同时按照4%和6%两个征收率分别计税的标准，因此，辩护人提出的"对嘉鸣公司销售进口货物应按4%征收，对工厂化的货物按6%征收"的税率适用方法是错误的。

最后，辩护人提出《分析意见书》认定的销售款中所包含进口货物与该公司之间没有关系的说法，不是事实。事实是，一则，我们所能看到的所有涉及该公司销售设备的结构资料中都显示有进口的配件等物品；二则，目前认定的销售额均涉及嘉鸣有限公司的合同对外收款账户；三则，即使单独销售给北京经销商的配件业务，本案当事人也是在供货后以"嘉鸣公司"的名义向该公司提供发货明细和货款明细的。

辩护人：根据《增值税条例》第3条规定，"纳税人兼营不同税率的货物或者应税劳务，应分别核算不同税率货物或者应税劳务的销售额"，嘉鸣公司分别经营了家具生产和代理进口业务，属于兼营不同税率的货物和应税劳务，因而应当分别按照6%和4%计算劳务。

鉴定人：首先，需要提醒的是，该条款所讲不同税率是指17%、13%和零税率，是指一般纳税人的税率。为了区别于小规模纳税人的税率，条例在规定小规模纳税人税率时使用了"征收率"一词，以示区别。据此，在确认嘉鸣有限公司的征收率时，不适用第三条计税原理。其次，该条款适用前提是进行了兼营不同税率业务并进行了会计核算，但鉴定人在检验中既未见嘉鸣有限公司兼营进口业务的证据，也未见该公司的会计核算资料，因此，本项鉴定中也不应当适用该条款。另外，好像这一条款中还有一规定辩护人没有提及——"未分别核算销售额的，从高适用税率"。

辩护人：《分析意见书》涉及逃税额和逃税比例确认错误。首先，由于《分析意见书》销售额确认错误，应纳税额确认错误，已纳税额确认错误，所以导致嘉鸣公司逃税额确认错误，逃税比例确认错误。其次，由于嘉鸣公司不是进口货物的纳税义务人，因此，应纳税额中不应将进口货物应纳关税与进口增值税计入嘉鸣公司应纳税额。最后，由于嘉鸣公司不是进口货物的纳税义务人，因此，嘉鸣公司已缴纳的进口增值税应计入嘉鸣公司的已纳税额。根据××公司提供的证据，嘉鸣公司进口货值700余万元，已纳进口增值税150万元左右，而《分析意见书》所确认的嘉鸣公司的应纳税额为126万元余元，两项冲减，嘉鸣公司不存在逃税事实。

鉴定人：首先，《分析意见书》并不存在销售额确认错误、应纳税额确认错误、已纳税额确认错误。如果讲有错误的话，也只限于本项鉴定采用了"就低不就高"的原则，考虑到一些检材缺陷，少计算确认了嘉鸣有限公司未纳税金额。其次，《分析意见书》仅是本案的证据之一，法庭上只有法官的判决才是确认逃税额和逃税比例的依据，因此，辩护人将自己认为的《分析意见书》中存在的错误，直接与逃税数额和逃税比例的确认混为一谈，这实际上是把本鉴定人当成了法官，这是违背诉讼法的，本鉴定人也不能接受的这一观点。最后，鉴定人再强调一次，作为小规模纳税人在纳税义务外所负担其他税金，仅仅是其经营成本的组成部分，用来扣减其所应缴纳的税金的做法是违反计税原理的。

审判长：辩护人还有什么要发问的吗？

辩护人：暂时到这里。

审判长：公诉人还有什么要发问的吗？

公诉人：没有。

审判长：被告人还有什么要发问的吗？

被告人：没有。

审判长：鉴定人还有需要陈述的吗？

鉴定人：首先，本鉴定人通过今天的出庭质证发现，辩护人确是在不遗余力的为当事人辩护，这种精神可嘉。其次，辩护人也好，鉴定人也好，都是诉讼参与人，都应当本着实事求是的精神来参与诉讼。本鉴定人对辩护人在法庭上提出的某些问题采用了断章取义、无中生有甚至哗众取宠的做法，表示不能理解。

谢谢审判长。

审判长：鉴定人可以退庭了，请在庭外休息，休庭后在法庭笔录中签名。

四、本案小结

本案结束后,司法会计师向鉴定中心领导进行了书面报告。在该报告中提及了下列收获和经验总结性内容:

(一)我们提出的司法会计理论研究成果得到了充分运用

1. 鉴定人身份的证明

早在 20 世纪 80 年代末,我们发现司法会计师如果没有被任命技术职务,可能会影响未来出庭质证,通过向领导建议,检察机关给司法会计师发布了任命文件。该项任命在本案中得到了应用:本案在第一次开庭时,辩护人一再攻击鉴定人系检察官身份不能作为鉴定人,司法会计师出庭时,法官要求司法会计师提供执业证明,司法会计师将任命文件的复印件提供给了法庭,辩护人看后在法庭交涉中没有再纠缠司法会计师的身份问题。

2. 文书格式的改进

传统的司法会计鉴定文书格式存在主要弊端:(1)文书冠以司法会计师所在机关名称,这违反了诉讼法律关于鉴定人制作鉴定意见的规定;(2)不能体现司法会计师接受指派或聘请担任鉴定人的诉讼程序;(3)无法反映鉴定人现场检验情况。由于司法实践中很少遇到辩方攻击鉴定人资格和立场的情形,因而虽然司法会计理论上早已对这些弊端提出改进建议,但这一问题在实践中并没有得到普遍改进。此案开庭中,辩方就鉴定人资格和立场提出了若干问题,受理案件的法院负责人也对司法会计师解决涉税问题的鉴定资格提出了质疑,其中包括鉴定意见是否代表检察机关。所幸的是,本案中没有按照传统格式出具文书,否则,在出庭中会处于十分尴尬的位置,本案鉴定文书也有可能因此而不被采信。即使如此,辩护人还是在庭审中提出了诸如为何加盖检察机关的公章、为何采用检察机关的文书编号等问题,意图说明该鉴定意见是检察机关的意见,不应当被采信。由于司法会计师对文书格式问题早有深入地研究,庭审中一一作了回答,证明该意见仅为专家意见,辩护人只得作罢。

3. 《鉴定说明》的运用

司法会计鉴定人在出庭中会处于被发问地位,这对出庭机会不多的鉴定人而言极为不利。为了解决这一问题,我在司法会计理论中提出了《鉴定说明》,即由司法会计鉴定人就出庭中可能被发问的问题,在发问者提问前主动进行说明。这一做法已通过全国培训推广。本案出庭前制作了《鉴定说明》,并在开庭前就如何宣读《鉴定说明》与法官进行了沟通。在法庭上宣读完鉴定意见后,通过法官提示,我从主体资格、鉴定类型与鉴定路线、鉴定背景与采用原则、主要技术标准来源四个方面作了较为详尽的说明,在一定程度上占据了主动性。

4. 《司法会计分析意见书》的运用

我们在司法会计理论研究提出的《司法会计分析意见书》早已被推广使用。这一文书与法医的类似文书不同之处在于：该文书是用来表达确定性意见的，而传统法医的类似文书往往用于表达或然性结论。本案中，由于销售收入确认采用了案发后形成的《证明》文件，不符合一般作出鉴定结论的证据要求，因而出具《司法会计分析意见书》表达鉴定意见，并在《鉴定说明》中提出了分析意见属于法定鉴定意见的观点，被法官写入判决书。

5. 涉税问题鉴定主体

我们在司法会计理论中早已将案件涉税问题列入司法会计鉴定对象，并一直反对涉税问题由税务机关进行鉴定的做法。主要理由：一是税务机关是涉税刑事案件的受害人代表，是涉税行政案件被告人，根据法定规定应当回避；二是税务鉴定标准与刑事诉讼中的司法会计鉴定标准存在差异，前者采用"就高不就低"原则，后者采用"就低不就高"原则。但由于传统的习惯做法，刑事案件中涉税问题的鉴定一直由税务机关进行，并得到公检法机关一致认可，受理本案的法院也曾质疑司法会计师出具涉税问题鉴定意见的主体资格的适格性，但通过我们对司法会计鉴定对象理论的阐释，大家统一了看法。同时，办理本案中，司法会计师通过与税务人员的交流，也就此问题形成了共识，市国税机关甚至拿出了意见并通知全市国税机关，以后不再参与刑事案件的纳税问题鉴定。

（二）创新补充鉴定意见的表达形式并取得成功

关于补充鉴定后采用什么文书表达鉴定意见的问题，理论界一直没有给出合适的答案。此案中，法官考虑到两被告人承担不同法律责任会涉及的不同事实认定，但只有一个鉴定意见无法区分不同事实，因而提出了补充鉴定要求。通常情况下，补充鉴定是由于原鉴定意见存在缺陷或证据发生变化所致，但本案并不存在这类问题。因此，补充鉴定如果是在同样的检材下进行，会导致同一鉴定事项在同样检材的情况下出现两个不同鉴定意见的局面。为了解决这一难题，司法会计师建议法院采用书面咨询程序处理，即由法院在《咨询函》中提出相应的特别假定条件，鉴定人根据特别假定对原鉴定意见进行修正。这一建议被法院采用后司法会计师出具了《咨询意见书》，法院分别依据原鉴定意见和修正后的鉴定意见，对两被告进行了量刑。

（三）出庭质证取得突出效果

司法会计理论界已经将司法会计鉴定人出庭参与质证中可能出现的特殊情况或答辩困难等问题进行了专门研究并提出了理论对策。这些预想的情形在本案中出现的比较多。例如：（1）辩方提出了鉴定人没有特别关注的证据，并认为鉴定意见的证据依据存在严重缺陷，因而不应当采信鉴定意见；（2）辩方提出对标准的不同理解，包括对本案中的收入确认、税率适用、关税扣除、关税纳税人确认等标准均提出了不同意见，这些比较专业的问题是辩方事先通过咨询税务学者、专家所得到的；（3）辩方发问的有些问题，司法会计师事先没有预料到，例如本案中证人证言与证人提供的《证明》之间存在矛盾、作案人将销售货物的收入区分了不同性质而存入不同账户、增值税调整期、税收优惠政策等问题；（4）辩方提出不应当由司法会计鉴定人回答的问题，如逃税金额的认定问题；（5）辩方还在法庭上采用了诋毁鉴定人的语言，指责鉴定人不懂关税。由于司法会计理论上对这些情形已经提出相应的对策，本案司法会计师出庭在公诉人的积极、机敏的配合下，对上述情形进行了适当的处理，收到良好效果。

此次出庭还有一个意外收获，就是出庭前与审判人员的沟通至为重要。过去的司法会计鉴定理论中仅提到开庭前应当与采信证据一方（如公诉人）进行交谈，但没有包括与审判人员的交谈。此案中，因为需要补充鉴定，开庭前有机会与审判人员进行了沟通，无意中取得了很好的效果。一是使审判人员进一步明确了鉴定主体问题，判决书中直接表述了鉴定人姓名，这种做法在判决书中首次采用（传统上，判决书中都将鉴定人所在机关或机构表述为鉴定主体）。二是就本案涉及的一些证据和鉴定标准的问题的交谈，使法官确信分析意见可以作为鉴定意见采信。三是判决书对犯罪事实共进行的七个方面的评判，其中有五个方面完全采用了鉴定人在出庭中的发言内容。出庭前与审判人员进行必要沟通的做法，当是值得推广的工作经验。

（四）需要进行理论研究的新问题

1. 鉴定结论、分析意见和咨询意见的不同证据标准问题

由于本案鉴定背景复杂，对相关技术文书的运用作了进一步研究，即鉴定意见包括鉴定结论、分析意见、咨询意见等不同类型。这就提出了一个新的问题，即在同类问题的司法鉴定中，各类不同的鉴定意见所采用的证据标准有哪些差异。

2. 书面咨询程序及其适用范围

书面咨询程序是根据本案的具体情况提出的。事后进行的深入研究发现，书面咨询程序，不仅可用于本案出现的情形，还有可能推广到所有补充鉴定、鉴定人因故不能出庭等问题的处理；不仅可以由法官提出，也可以由公诉人提出；不仅可以对自己的鉴定意见进行修订，还有可能被用于对其他鉴定人出具的鉴定意见进行修订的情形。因此，有关书面咨询程序及其适用范围问题尚需进行深入探讨，研究成果将为制定修订司法鉴定规程、证据法律规范提供理论依据。

第十一章 司法会计师业务综合案例——信用证诈骗案件

本章介绍一起信用证诈骗案件涉及司法会计师业务的综合案例，业务范围涵盖了诉讼咨询业务、文证审查业务、司法会计检查业务、专项检验业务和司法会计鉴定业务。

一、司法会计师受理业务的背景

××市公安局经侦支队 2002 年 5 月 31 日立查了李××等人信用证诈骗案件，后经过侦破抓获本案两名犯罪嫌疑人：（1）原甲公司下属国际贸易公司（以下简称甲国贸公司）总经理徐某某，因涉嫌签订履行合同失职被骗罪于 6 月 11 日刑事拘留，7 月 17 日逮捕；（2）乙实业有限公司总经理李××，涉嫌信用证诈骗罪，6 月 11 日刑事拘留，7 月 17 日逮捕。

本案于 2002 年 12 月侦查终结移送检察机关审查起诉。公安机关移送卷宗共 9 本，其中 6 本是书证。由于本案所涉及的信用证交易书证较为少见和复杂，公诉人就案件的作案原理、基本事实认定等问题咨询了司法会计师。

二、诉讼咨询业务

司法会计师查看了公安机关的《移送起诉意见书》、卷中的虚假代理协议等主要证据。

《移送起诉意见书》认定的犯罪事实是：19××年 8 月至 19××年 10 月，犯罪嫌疑人徐某某在担任甲国贸公司总经理期间，在没有取得任何担保，没有对贸易伙伴的资信能力实地考察的情况下，盲目与乙实业有限公司法人代表李××签订转口贸易代理协议，在明知犯罪嫌疑人李××虚构转口贸易事实，隐瞒事实真相的情况下，为其代开信用证十单共计 1,053 万美元。信用证开出后，犯罪嫌疑人李××伙同他人（另案处理）以×国欣欣有限公司的名义在某外国银行将上述信用证贴现，贴现后扣除开证金额的 5.5% 作为手续费，余款交李××使用。其中：李××将贴现款中的 85 万美元非法用作上海丙国际贸易有限公司成立时验资使用，验资后将该资金抽逃，分别汇至犯罪嫌疑人李××指定的账户。部分贴现款被犯罪嫌疑人李××用于偿还债务、挥霍使用一空，致使甲国贸公司损失 2300 余万元人民币。

本案中认定犯罪嫌疑人李××虚构转口贸易的主要证据之一是甲国贸公司与乙实业有限公司签订的代理协议。该协议所述的乙实业有限公司拟分批从某国购买电解铜、冷轧钢板等，然后转售香港，系李××制作的虚假的境外采购合同的内容，实际上并没有真实的贸易活动。但该协议规定：（1）乙实业有限公司委托甲国贸公司为乙实业有限公司开具 180 天远期信用证，代理有关转口手续，并以甲国贸公司的名义与外商签订合同；（2）货到香港后一个月内，港方将货款电汇至甲国贸公司账户；（3）乙实业有限公司在开证前五天内将银行要求的开证预付保证金以当日中国银行公布的汇率折合成人民币划入甲国贸公司账户；（4）甲国贸公司收到外商电汇货款后，将其中的 50% 留存账户，其余 50% 的货款由乙实业有限公司作为流动资金使用；（5）乙实业有限公司于信用证付款日前 10 个银行工作日将应对外支付金额补足，划入甲国贸公司账户；（6）转口贸易中涉及的有关手续均由甲国贸公司负责办理，由此产生的一切费用，诸如银行费用、邮电费等，均由乙实业有限公司自理；（7）乙实业有限公司支付给甲国贸公司的代理费为卖出合同金额的 0.5%，以 200 万美元为一个结算期，在收到香港电汇货款累计满 200 万美元后 7 日内支付给甲方。

公安机关认定损失额的依据是注册会计师出具的《审计报告》。但不知道是什么原因，注册会计师未能精确认定本案形成的损失金额，结论是 2,300 余万元。

司法会计师根据上述资料，就本案的作案原理和基本事实提出了看法。

正常情况下转口贸易程序为：国内公司与境外公司签订采购协议，并以该协议为依据，向银行申请信用证，然后将信用证交付境外公司。信用证付款日前，境外公司通过境外银行提示开证银行付款。国内公司在信用证到期前将款项付给开证银行，开证银行在付款日将款项汇给境外公司。国内公司同时与境外其他公司签订销售协议，从境外公司提取货物后转口销售给境外其他公司，然后从境外其他公司收回货款，归还银行信用证款项。

本案的作案原理与主要犯罪过程为：（1）犯罪嫌疑人虚构境外采购协议，从开证银行骗取信用证，然后由境外公司持证贴现，扣除贴现利息、手续费后，将款项转付给香港公司，香港公司扣除手续费后，将余款转付犯罪嫌疑人指定的境内银行账户；（2）由于犯罪嫌疑人从开证行开出的是 180 天远期信用证（即付款日是开证日后 180 天），犯罪嫌疑人则可以利用境外收回贴现款与信用证付款日的时间差，占用境外银行的贴现款项（境外贴现、手续费约占信用证金额的 5.5%，大大低于境内贷款费用）。

本案犯罪嫌疑人并没有将贴现收回的款项用于生产经营，而是用于挥霍、偿付债务，因而信用证付款日前，则无资金交付开证行。本案犯罪嫌疑人在获取第一笔信用证贴现款后，将其中一部分用于继续骗开信用证的保证金，然后利用第二笔信用证贴现款支付第一笔到期信用证付款。如此循环，继续从银行骗开信用证，直到无法偿还信用证付款时，则由开证行垫付信用证付款并转为甲国贸公司的贷款业务。此时犯罪嫌疑人已无法再从该银行开出信用证，于是再换另一家开证行，继续行骗直到案发。犯罪嫌疑人共从银行开出十单信用证，总金额达一千余万美元。

公诉人明确了本案的主要事实，但由于不熟悉信用证流程所涉及的银行票据等书证，便办理了文证审查的送审手续，请司法会计师协助审查本案财务会计资料证据的完整性。

三、文证审查业务

司法会计师经过审查，发现本案基本事实涉及的大量书证都没有提取，导致主要付款、转款环节不清，赃款去向事实笼统，损失数额不确切。例如：

一是，卷中缺少开证行支付十单信用证款项的付款凭证，无法证明信用证款项被骗取的基本事实；

二是，卷中缺少外国银行贴现资料、转付香港银行款项的付款资料，无法证明被骗信用证款项与犯罪嫌疑人从香港获取贴现款之间的关联；

三是，卷宗缺少开证银行垫付信用证款项的书证，无法证明银行垫付信用证款项的事实；

四是，犯罪嫌疑人获取大量赃款，这些赃款的去向涉及乙公司费用、犯罪嫌疑人炒期货、归还欠款、挥霍等，卷宗中缺少证明赃款去向及用途的大量书证。

另外，本案犯罪嫌疑人采用的作案手段是以后开出的单信用证贴现款项归还前单信用证付款，因而十单信用证之间存在着关联，但本案中没有证据证明这十单信用证之间的关联；同时，本案中目前关于经济损失额的表述是2,300余万元，但本案完全可以查明确切数据。这些事实的查明，都需要考虑启动司法会计鉴定。

司法会计师将上述审查中发现的证据缺陷，口头答复了本案公诉人及侦查人员，并分别就检查银行、甲公司、乙实业有限公司及相关单位的财务会计资料以及境外取证等问题提供了具体建议。

四、司法会计检查业务

公安机关在补充上述证据过程中，遇到了一些困难，经与检察机关协商，聘请司法会计师协助检查相关单位的财务会计资料，以便完善财务会计资料证据。

司法会计师了解了侦查人员在补充证据中所遇到的具体困难，主要涉及银行等单位查不到相关资料。司法会计师根据案情，与侦查人员分别商定了不同解决方案，并配合侦查人员到相关单位实施检查。除无法查证的情形外，协助侦查人员查找到部分财务会计资料证据，完善了本案证据。同时，司法会计师在协助查账中还发现并协助公安机关追缴赃款 40 余万元。例如，犯罪嫌疑人将 200 多万元赃款转入了某银行，但侦查员查询该银行时却被告知收款当天的银行凭证丢失了，转账票据票面所列受益人的分户账页也丢失了，因而无法提供该 200 多万元存入该银行后的具体去向证据，这使得追查赃款工作受阻。司法会计师与侦查人员一起到该银行，要求该银行调出其电子账的备份，从而找到了收款人账户资料，证实票据所列受益人的银行账户中确实收到了票据所列款项，并根据该备份记录，调取了该账户事后付出 200 多万元的付款凭证，从而查明了赃款去向。

经过补充侦查后，公安机关提供了大量的新书证。

公安机关与检察机关协商，希望聘请检察机关司法会计师，通过司法会计鉴定查明犯罪所得及经济损失金额。

五、司法会计鉴定业务

（一）鉴定事项的设定

侦查人员与司法会计师沟通了本案的鉴定目的，但侦查人员未能提出具体的鉴定事项。经过协商所确定本案司法会计鉴定事项，主要包括两个部分：一是确认乙实业有限公司 19××年 6 月 5 日收取上海丙国际贸易有限公司 4,000,000 元人民币去向用途及相关财务关系，该项鉴定结果主要用于证明犯罪嫌疑人通过骗取信用证资金归还个人债务的事实；二是确认十单信用证资金的去向、用途及信用证交易损益，鉴定结果主要用于证明信用证诈骗涉及的资金流向、造成相关单位经济损失的数额以及损失资金的用途等案件事实。

关于十单信用证问题，每单信用证各设定了一项鉴定事项，以方便未来法庭逐单调查信用证资金去向、用途和交易损益事实，然后就十单信用证设定一项总的鉴定事项，以方便未来法庭总体认定所有信用证总资金去向、用途和交易损益事实。具体鉴定要求是：

1. 确认中国银行××分行 19××年 8 月 14 日开立，受益人为×国欣欣有限公司的 A＊＊＊3863#信用证相关资金去向、用途及信用证交易损益。

2. 确认中国银行××分行 19××年 10 月 7 日开立，受益人为×国欣欣有限公司的 A＊＊＊4661#信用证相关资金去向、用途及信用证交易损益。

3. 确认中国银行××分行 19××年 10 月 7 日开立，受益人为×国欣欣有限公司的 A＊＊＊5067#信用证相关资金去向、用途及信用证交易损益。

4. 确认中国银行××分行 19××年 1 月 20 日开立的，受益人为×国欣欣有限公司的 B＊＊＊0262#信用证相关资金去向、用途及信用证交易损益。

5. 确认中国银行××分行 19××年 3 月 25 日开立的，受益人为×国欣欣有限公司的 A＊＊＊0765#信用证相关资金去向、用途及信用证交易损益。

6. 确认中国工商银行××分行 19××年 4 月 28 日开立，受益人为×国欣欣有限公司的 L＊＊＊＊7099#信用证相关资金去向、用途及信用证交易损益。

7. 确认中国工商银行××分行 19××年 4 月 28 日开立，受益人为×国欣欣有限公司的 L＊＊＊＊7116#信用证相关资金去向、用途及信用证交易损益。

8. 确认中国银行××分行 19××年 7 月 31 日开立，受益人为×国欣欣有限公司的 A＊＊＊＊2465#信用证相关资金去向、用途及信用证交易损益。

9. 确认中国工商银行××分行 19××年 10 月 17 日开立，受益人为×国欣欣有限公司的 L＊＊＊＊7171#信用证相关资金去向、用途及信用证交易损益。

10. 确认中国 C 银行××分行 19××年 10 月 16 日开立，受益人为×国欣欣有限公司的 S＊＊＊＊7127#信用证相关资金去向、用途及信用证交易损益。

11. 确认甲国贸公司申请开立的下列（十单信用证）受益人为×国欣欣有限公司的信用证相关资金去向、用途及信用证交易损益。

（二）初步检验阶段概况

本案主要涉及财务往来账项问题鉴定。经过初步检验确定鉴定可行，并形成了初步鉴定意见，确定了鉴定原理。但是，信用证诈骗案件是 20 世纪 90 年代开始出现的一种新型经济犯罪，这种犯罪的具体手段包括虚假进口贸易、虚假出口贸易和虚假转口贸易三种情况，其中虚假转口贸易涉及的财务往来关系最为复杂。本案涉及境内外等 10 多家金融机构，还涉及 30 多家公司、企业，加之境外资料不完整，境内一些公司、企业已经破产或根本没有建账，境内一些银行未给予有效的配合等原因，因而在分析有关资金下落、财务关系遇到了很多实际困难，司法会计师在初检阶段设定鉴定原理时，耗费了大量的时间。

最初设定的主要鉴定原理是，根据信用证资金流向，直接分清甲国贸公司与乙实业有限公司在 10 单信用证交易中的损益。根据这一原理，司法会计师把甲国贸公司涉及乙实业有限公司的 170 笔往来账项输入微机，同时，通过检验乙实业有限公司会计凭证，将该公司记载的与甲国贸公司的往来账项进行核对，结果发现由于乙实业有限公司记账错误较多，根本无法进行。司法会计师又根据甲国贸公司原始凭证记载的业务发生时间，逐一与 10 单信用证的交易时间进行配比，试图直接计算出两公司在各信用证交易中的损益，但未能解决问题。原因是部分信用证回款未通过甲国贸公司结汇。至此，司法会计师只能重新考虑鉴定原理。

司法会计师为了寻找、确定鉴定原理，对第一单信用证涉及的资金关系进行了测试，确定了下列鉴定原理：

（1）结、付汇损失 = 付汇折合人民币 − 结汇折合人民币

（2）甲公司损益 = 留用结汇款 − 支付付汇款 − 承担费用 ± 该公司与相关公司往来得失

（3）乙实业有限公司损失 = 甲公司收益 + 结、付汇损失 + 信用证费用

　　司法会计师根据上述原理对第二单进行试检时，未能奏效。原因是第二单中涉及了利用第五单回款支付付汇款情况，而且以后许多单中还会涉及这一问题。经过研究，保留前两项鉴定原理，将主要鉴定原理修改为：

　　信用证其他付款 = 结、付汇损失 + 境内费用 ± 甲公司损益 ± 乙实业有限公司损益

　　司法会计师利用修改后原理，又对第三单问题进行试检，再次发现问题：第三单中由于甲国贸公司未能及时付汇，造成银行垫付，并转为外汇贷款。甲国贸公司在归还垫付款项时，支付了外汇贷款利息。司法会计师再次调正主要鉴定原理：

　　信用证其他付款 = 结、付汇损失 + 信用证费用 + 支付银行垫款利息 ± 甲公司损益 ± 乙实业有限公司损益

　　由于第四单、第五单及第八单均存在新的问题，司法会计师只能不断地研究、修正主要鉴定原理。最终将鉴定原理确定为：

　　1. 信用证交易损失额 = 开证银行未收回信用证垫款（折合人民币） + 担保（或其他相关）单位未收回信用证垫付款（折合人民币）

　　2. 信用证交易损失额 = 申请人损益 ± 被代理人损益 + 中间单位收益 + 利用其他信用证项下款项付汇 − 支付其他信用证项下付汇 − 结、付汇损失（含汇兑损益） − 境内银行费用

　　其中：

　　（1）申请人损益 = 申请人留用信用证回款兑换人民币额 − 申请人支付信用证款购汇所用人民币额 − 申请人承担费用 + 申请人收取被代理人相关款项 − 申请人支付被代理人相关款项

　　（2）被代理人损益 = 被代理人留用信用证回款兑换人民币额 − 被代理人支付信用证款购汇所用人民币额 − 被代理人承担费用 + 被代理人收取申请人相关款项 − 被代理人支付申请人相关款项

　　（3）中间单位收益 = 中间单位结汇款 − 中间单位支付申请人款项 − 中间单位支付被代理人款项

　　（4）结、付汇损失（含汇兑损益） = 支付信用证款所用人民币金额 − 收回信用证款兑换折合人民币额

　　结、付汇损失外汇 = 境内信用证项下付款额 − 境内信用证收回款项 = 境外银行收取费用 + 境外公司留汇

　　（5）境内银行费用 = 申请人归还银行垫款本金汇兑损益 + 支付银行垫款利息折合人民币 + 境内银行结算加费（不含境外受益人承担费用） + 信用证开证手续费 + 信用证改证手续费 + 信用证相关票据承兑手续费 + 信用证相关邮寄费。

　　司法会计师根据上述原理，利用 Excel 设计了鉴定表格。其中：将十单信用

证及相关的合计金额、验证数据作为列内容，检验项目作为行内容，在详细检验获取的数据填列后，需要计算的数据能够自动完成并验证。该表格反映了各单信用证问题鉴定所涉及的各种数据。鉴定表格参见表 11-1。

表 11-1

序号	项　　目	第一单	第十单	合　计	验　证
A.	信用证号	A＊＊＊＊3863	S＊＊＊＊7127		
B.	开证情况：				
B1	开证行	××行	××行		
B2	开证日期	1996.8.14	1997.10.16		
B3	信用证有效期	1996.9.26	1997.11.30		
B4	信用证金额（美元）	292,500.00	945,000.00	10,496,780.00	
B5	信用证申请人	甲国贸公司	甲国贸公司		
B6	信用证受益人	欣欣公司	欣欣公司		
B7	信用证条件	180 天见单	180 天见单		
B8	信用证修改日期	未修改			
B9	批文规定开证保证金	未见批文	不清		
B10	信用证开证保证金支付额	500,000.00	甲公司担保	21,680,000.00	
B11	保证金转出日期	1997.5.5			
B12	转出保证金用途	代××集团还款及常开支			
B13	保证金利息	3,575.00			
B14	最后修改日期	未修改			
B15	最后修改金额	292,500.00	945,000.00	10,535,290.71	10,535,290.71
B16	境内信用证费用（人民币）合计	3,890.36	12,065.00	239,630.92	239,630.92
B17	开证费用（人民币）	3,650.36	12,065.00	132,861.02	132,861.02
B18	改证费用（人民币）			836.00	836.00
B19	其他费用（人民币）	120.00		104,950.30	104,950.30
B20	其他费用（人民币）	120.00		647.30	647.30
B21	其他费用（人民币）			336.30	336.30
B22	银行冲减费用				
B23	甲国贸公司支付费用（人民币）	3,890.36	12,065.00	103,160.92	103,160.92
B24	乙实业有限公司支付费用（人民币）	0.00		72,470.00	72,470.00

（第二单至第九单略）

续表

序号	项　　目	第一单	第十单	合　计	验　证
C.	议付情况：			0.00	
C1	议付行	某国银行	某国银行		
C2	议付日期	1996.9.11			
C3	议付金额（美元）	281,981.15	911,944.02	10,185,384.80	10,185,384.80
C4	议付费用合计（美元）	10,518.85	33,055.98	349,905.91	349,905.91
C5	核对	0.00	0.00	0.00	0.00
C6	贴现费用（美元）	9,707.60	30,613.48	322,585.66	322,585.66
C7	开立行费用（美元）		30.00	1,223.75	1,223.75
C8	代办费（美元）	731.25	2,362.50	25,464.58	25,464.58
C9	邮资（美元）			0.00	0.00
C10	快件（美元）	50.00	50.00	481.92	481.92
C11	电信费（美元）	30.00		150.00	150.00
C12	转付香港、内地金额（美元）	280,800.00	850,000.00	10,058,953.48	10,058,953.48
C13	转汇付费用（美元）	120.00	120.00	1,893.03	1,893.03
C14	香港受益人	欣欣公司	无		
C15	某国银行留费（美元）合计	10,638.85	33,175.98	351,798.94	351,798.94
C16	欣欣公司留款（美元）	1,061.15	61,824.02	124,538.29	124,538.29
C17	欣欣公司留款（美元，含费）	11,700.00	95,000.00	476,337.23	476,337.23
C18	香港公司留款（美元，含费）	2,965.00	0.00	699,664.08	699,664.08
D.	收汇情况统计分析：				
D1	境外付汇人	欣欣公司	欣欣公司		
D2	境内收汇单位	甲国贸公司	丙公司		
D3	境内收汇行	××行×分行	××行×支行		
D4	境内收汇日期	1996.9.18	1997.11.13		
D5	境内银行收汇（美元）	277,835.00	850,000.00	9,359,289.40	9,359,289.40
D6	境内收汇折合人民币	2,303,752.25	7,027,885.00	77,484,993.65	77,484,993.65
D7	境内银行国内扣费（美元）	0.00	0.00	25.00	25.00
D8	扣费折合人民币	0.00	0.00	206.98	206.98
D9	境内单位收汇金额（美元）	277,835.00	850,000.00	9,359,264.40	9,359,264.40
D10	汇率：人民币/美元	8.2918	8.2681	0.0000	8.2681
D11	境内单位结汇兑换人民币	2,303,752.25	7,027,885.00	77,484,786.67	77,484,786.67
D12	人民币去向合计	2,303,752.25	7,027,885.00	77,484,786.67	77,484,786.67

续表

序号	项　　目	第一单	第十单	合　计	验　证
D13	（1）甲国贸留汇	1,350,000.00	1,000,000.00	16,060,318.20	16,060,318.20
D14	甲国贸	1,350,000.00	1,000,000.00	19,243,365.13	19,243,365.13
D15	甲国贸			283,653.75	283,653.75
D16	甲国贸			-2,256,874.92	-2,256,874.92
D17	甲国贸			-1,400,000.00	-1,400,000.00
D18	甲国贸			190,174.24	190,174.24
D19	（2）乙实业有限公司留汇	953,752.25	100,000.00	21,439,889.27	21,439,889.27
D20	乙实业有限公司留汇	453,752.25	100,000.00	7,395,395.10	7,395,395.10
D21	乙实业有限公司留汇	500,000.00		2,609,492.00	2,609,492.00
D22	乙实业有限公司留汇			6,145,002.17	6,145,002.17
D23	乙实业有限公司留汇			-1,120,883.01	-1,120,883.01
D24	乙实业有限公司留汇			2,788,000.00	2,788,000.00
D25	乙实业有限公司留汇			1,350,000.00	1,350,000.00
D26	乙实业有限公司留汇			2,000,000.00	2,000,000.00
D27	乙实业有限公司留汇			272,883.01	272,883.01
D28	（3）丙公司留款	0.00	427,885.00	427,885.00	427,885.00
D29	丙公司留款		427,885.00	427,885.00	427,885.00
D30	（4）支付其他信用证付汇	0.00	5,500,000.00	39,556,694.20	39,556,694.20
D31	支付其他信用证付汇		2,000,000.00	23,450,216.61	23,450,216.61
D32	支付其他信用证付汇		3,500,000.00	8,320,000.00	8,320,000.00
D33	支付其他信用证付汇			5,486,477.59	5,486,477.59
D34	支付其他信用证付汇			1,500,000.00	1,500,000.00
D35	支付其他信用证付汇			800,000.00	800,000.00
E.	付汇情况统计分析：				
E1	付汇日期	1997.3.3	1998.5.4		
E2	信用证金额（美元）	292,500.00	945,000.00	10,535,290.71	10,535,290.71
E3	付汇日汇率	8.3078	8.2903	82.9763	8.2924
E4	付汇日价（人民币）	2,430,031.50	7,834,333.50	87,407,204.26	87,407,204.26
E5	结汇日价（人民币）	2,425,351.50	7,813,354.50	87,223,795.45	87,223,795.45
E6	结付汇损益（-损失）	-4,680.00	-20,979.00	-183,408.82	-183,408.82
E7	境内银行扣费（美元）	0.00	0.00	0.00	0.00
E8	境内银行扣费折合人民币	0.00	0.00	0.00	0.00

续表

序号	项　　目	第一单	第十单	合　　计	验　证
E9	付证外汇合计（美元）	292,500.00	945,000.00	10,535,290.71	10,535,290.71
E10	付证外汇合计（人民币）	2,430,031.50	7,834,333.50	87,407,204.26	87,407,204.26
E11	银行承担付汇款（美元）	0.00	0.00	496.77	496.77
E12	银行承担(付汇日价人民币)	0.00	0.00	4,120.56	4,120.56
E13	申请人付美元	292,500.00	945,000.00	10,534,793.94	10,534,793.94
E14	申请人应付人民币（付汇日价）	2,430,031.50	7,834,333.50	87,403,083.70	87,403,083.70
E15	申请人实付美元合计	292,500.00	945,000.00	10,534,793.94	10,534,793.94
E16	（1）美元	292,500.00	285,121.84	6,601,152.66	6,601,152.66
E17	（1）折合人民币	2,430,031.50	2,363,745.63	54,770,656.14	54,770,656.14
E18	（2）美元		650,637.85	1,532,648.18	1,532,648.18
E19	（2）折合人民币		5,394,438.42	12,711,023.43	12,711,023.43
E20	（3）美元		9,240.31	1,187,247.10	1,187,247.10
E21	（3）折合人民币		76,608.63	9,844,419.21	9,844,419.21
E22	（4）美元			1,123,746.00	1,123,746.00
E23	（4）折合人民币			9,315,054.94	9,315,054.94
E24	（5）美元			90,000.00	90,000.00
E25	（5）折合人民币			747,081.00	747,081.00
E26	申请人实付用人民币合计	2,430,031.50	7,834,792.68	87,388,234.72	87,388,234.72
E27	实付汇汇兑损益（应付价－实付价）	0.00	−459.18	14,848.98	14,848.98
E28	付银行垫款利息合计(美元)	0.00	46,860.59	286,437.98	286,437.98
E29	（1）美元		46,851.35	74,727.86	74,727.86
E30	（1）折合人民币		388,444.54	619,611.92	619,611.92
E31	（2）美元		9.24	4,502.24	4,502.24
E32	（2）折合人民币		76.61	37,332.12	37,332.12
E33	（3）美元			207,207.88	207,207.88
E34	（3）折合人民币			1,717,629.00	1,717,629.00
E35	垫款利息折合人民币（付息日价）	0.00	388,521.15	2,374,573.04	2,374,573.04
E36	申请人实付美元总计	292,500.00	991,860.59	10,821,231.92	10,821,231.92
E37	申请人实付人民币总计	2,430,031.50	8,223,313.83	89,762,807.76	89,762,807.76
E38	实付人民币来源统计	2,430,031.50	8,223,313.83	89,762,807.76	89,762,807.76

续表

序号	项　　目	第一单	第十单	合　　计	验　证
E39	(1) 甲国贸公司付款	930,031.50	5,793,313.83	12,997,128.40	12,997,128.40
E40	甲国贸公司付款	930,031.50	13,745.63	4,359,963.11	4,359,963.11
E41	甲国贸公司付款		5,702,882.96	7,771,219.83	7,771,219.83
E42	甲国贸公司付款		76,685.24	91,755.24	91,755.24
E43	甲国贸公司付款			16,032.00	16,032.00
E44	甲国贸公司付款			758,158.22	758,158.22
E45	(2) 乙实业有限公司付款	1,500,000.00	80,000.00	11,101,532.79	11,101,532.79
E46	乙实业有限公司付款	1,500,000.00	80,000.00	5,379,998.61	5,379,998.61
E47	乙实业有限公司付款			3,866,411.24	3,866,411.24
E48	乙实业有限公司付款			1,400,000.00	1,400,000.00
E49	乙实业有限公司付款			450,000.00	450,000.00
E50	乙实业有限公司付款			5,122.94	5,122.94
E51	(3) 使用其他结汇款付款	0.00	2,350,000.00	39,556,694.20	39,556,694.20
E52	使用其他结汇款付款		2,350,000.00	31,266,299.04	31,266,299.04
E53	使用其他结汇款付款			4,820,395.16	4,820,395.16
E54	使用其他结汇款付款			3,470,000.00	3,470,000.00
E55	(4) 甲公司付款	0.00		26,107,452.37	26,107,452.37
E56	美元	0.00		3,149,653.88	3,149,653.88
E57	按购汇日价折合人民币	0.00	0.00	26,107,452.37	26,107,452.37
E58	购汇日汇率			24.8672	
E59	按付汇日价折合人民币			26,118,160.70	26,118,160.70
E60	付汇日价－购汇日价＝汇兑损益	0.00		10,708.32	10,708.32
F.	相关往来			0.00	
F1	国贸收乙（往来）合计	500,000.00	0.00	-1,392,439.50	-1,392,439.50
F2	国贸收乙（往来）	500,000.00		5,521,000.00	5,521,000.00
F3	国贸收乙（往来）			-9,999,280.00	-9,999,280.00
F4	国贸收乙（往来）			1,000,000.00	1,000,000.00
F5	国贸收乙（往来）			2,085,840.50	2,085,840.50
F6	乙收国贸（往来）合计	-500,000.00	0.00	1,392,439.50	1,392,439.50
F7	乙收国贸（往来）	-500,000.00		6,479,000.00	6,479,000.00
F8	乙收国贸（往来）			-2,000,720.00	-2,000,720.00

续表

序号	项 目	第一单	第十单	合 计	验 证
F9	乙收国贸（往来）			−1,000,000.00	−1,000,000.00
F10	乙收国贸（往来）			−2,085,840.50	−2,085,840.50
G.	损益情况分析：			0.00	
G1	境外收付汇损失（美元）	14,665.00	95,000.00	1,176,001.31	1,176,001.31
G2	境外损失核对	14,665.00	95,000.00		
G3	境外损失折合人民币	126,279.25	806,448.50	9,922,210.61	9,922,210.61
G4	境内银行增加费用（美元）	0.00	0.00	25.00	25.00
G5	银行加费折合人民币	0.00	0.00	206.98	206.98
G6	境内信用证费用（人民币）合计	3,890.36	12,065.00	175,630.92	175,630.92
G7	归还垫款本金汇兑收益（人民币）	0.00	−459.18	14,848.98	14,848.98
G8	归还垫款利息费用（美元）	0.00	46,860.59	286,437.98	286,437.98
G9	归还垫款利息费用（人民币）	0.00	388,521.15	2,374,573.04	2,374,573.04
G10	境内费用合计（人民币）	3,890.36	401,045.33	2,535,561.95	2,535,561.96
G11	收付汇损失＋费用（美元）	14,665.00	141,860.59	1,462,464.29	1,462,464.29
G12	收付汇费用＋损失（人民币）	130,169.61	1,207,493.83	12,457,772.57	12,457,772.57
H.	损益结果承担情况				
H1	甲国贸公司留用（人民币）	916,078.14	−4,805,378.83	1,567,589.38	1,567,589.38
H2	甲国贸留用累计（人民币）	916,078.14	1,567,589.38		
H3	乙实业有限公司留用（人民币）	−1,046,247.75	20,000.00	11,658,325.98	11,658,325.98
H4	乙实业有限公司留用累计（人民币）	−1,046,247.75	11,658,325.98		
H5	丙集团公司结存（人民币）	0.00	427,885.00	427,885.00	427,885.00
H6	其他信用证款形成垫付（人民币）	0.00	3,150,000.00	0.00	0.00
H7	损益承担合计（人民币）	−130,169.61	−1,207,493.83	13,653,800.36	13,653,800.36
H8	费用损失（人民币）	130,169.61	1,207,493.83	12,457,772.57	12,457,772.57
H9	未支付款项合计（保留两位）	0.00	0.00	26,111,572.93	26,111,572.93
H10	其他付汇资金来源（人民币）	0.00	0.00	−26,111,572.93	−26,111,572.93
H11	其中：甲国贸公司垫付（人民币）	0.00	0.00	−26,107,452.37	−26,107,452.37

序号	项　目	第一单	第十单	合　计	验证
H12	银行承担（人）	0.00	0.00	-4,120.56	-4,120.56
H13	未支付与其他支付核对	0.00	0.00	0.00	0.00
H14	银行承担（美元）	0.00	0.00	496.77	496.77
H15	甲国贸公司垫付（美元）	0.00	0.00	3,149,653.88	3,149,653.88

在初步检验过程中发现仍有大量检材未能提供。司法会计师配合侦查人员对不愿提供资料的单位进行了直接接触，说服其提供了资料并直接进行了现场检验；对其他取证存在技术困难的情形，司法会计师给予了具体的技术指导，补充了大量检材。

（三）详细检验阶段工作概况

详细检验阶段的工作大致分为两个阶段。

第一阶段，司法会计师到办案现场，对本案涉及的甲国贸公司、乙实业有限公司、丙国际贸易有限公司19××年至19××年的财务会计资料进行了全面检验。同时，对案件涉及的××商品交易市场、××电子有限公司等单位的部分账目进行了现场检验。涉及40余本账簿、240多本凭证以及近200多份银行账册复制件。录入与检验结果有关的数据3,000多个。

第二阶段，根据取得的检验结果，反复对鉴定原理进行论证，并根据鉴定表格的汇总结果进行了具体的鉴别、判定工作。

司法会计师在具体的鉴别、判定工作中遇到的主要困难仍然是检材不足：有些检材系在相关资金交易时就没有形成，有些检材则被保管单位遗失，也有些检材属于相关单位不愿提供或查找上存在技术困难，至本阶段工作结束时，尚有大量的财务会计资料未能提供，主要包括中国银行垫付款项还款过程详细资料、香港银行及公司财务资料、××商务有限公司财务会计资料、××商品市场期货交易资料、乙实业有限公司票据贴现详细资料、相关银行存款资料、相关公司的转款资料等。司法会计师根据检材不完备的客观情况，在检验鉴定中进行了一些技术处理。例如：

（1）由于未能收集到中国银行垫付信用证款项的收回过程的详细资料，致使无法分清第九、十单信用证涉及的甲国贸公司多次归还银行款项的本金与利息。司法会计师根据银行利息计算原理，利用Excel电子表格，制作了一个外汇贷款、还款业务的小模板，将不完整的资料输入后，计算相关本金、利息，其结果相当令人满意，外汇及折合人民币计算结果也精确无误。

（2）由于未能获取香港银行及公司资料，造成在确认资金流程上的困难。

司法会计师采用了"留汇（含银行费用）"的概念，将 8 次上千万美元的资金流程连接起来。

（四）制作检验、鉴定意见阶段工作概况

司法会计根据鉴定结论所需，复印了近千份鉴定所需证据，并对款项的主要流转过程进行了复验。

司法会计师在制作鉴定文书时也遇到一些表达困难，多次出现反复。通常司法会计师的鉴定文书都是两次成稿（起草、修改），此次鉴定文书至少被修改过 5 次，有的文书多达 10 多次。比如：国外、香港公司收取的"手续费"，没有任何收款凭证，对此项收入应当如何表述？司法会计师直接使用了"留汇"一词。在文书中对×国欣欣有限公司及贴现银行收取的手续费、贴现利息，分别采用"留汇（含银行费用）"和"实际留汇"两种表达方式，以便于证据使用者对鉴定结论的理解和运用。经过庭审考验，证明了在文书中设定的一些名词比较恰当。

本鉴定业务最后形成 12 份鉴定文书，确认了 1,000 余个与案件事实认定有关的数据。

六、专项检验业务

本案还涉及与赃款使用有关的两个问题。一是涉及 500 万元赃款转账与去向的事实认定；二是涉及 85 万美元赃款的用途和去向事实的认定。经过沟通，设定了两项专项检验业务，即：查明乙实业有限公司 19××年 1 月 7 日支付上海丙国际贸易有限公司 5,000,000 元人民币资金来源及结算情况；查明×国欣欣有限公司 19××年 11 月 13 日汇入上海丙贸易有限公司 850,000 美元的用途及去向。

完成专项检验后，司法会计师出具了两份《司法会计检验报告》。

七、本案小结

本案侦查中，公安机关曾经聘请注册会计师解决案件中的财务会计问题，但相关工作结果不理想，并直接导致了公安机关第一次移送审查起诉时对案件事实判断不清。通过司法会计检验鉴定活动，为查明下列案件事实提供了证据。

1. 查明了作为诈骗犯意形成原因的事实。本案诈骗动机是李××为了归还其外借 400 万元款项，通过鉴定确认了李××将其所借 400 万元款项用于其公司经营的具体用途，为证明犯罪动机提供了证据。

2. 查明了犯罪嫌疑人诈骗所得金额及骗取资金的去向，这是本案进行司法会计鉴定的主要目的之一。通过鉴定确认了相关单位信用证交易额以及损失资金的下落，证实了李××等人诈骗 10,535,290.71 美元信用证资金的去向与用途。

鉴定结论可以用于证明：（1）甲国贸公司从诈骗信用证中直接获取收益折合人民币 1,567,589.38 元；（2）乙实业有限公司直接获取非法收益折合人民币 11,658,325.98 元；（3）上海丙国际贸易有限公司直接获取非法收益 427,885 元；（4）境外欣欣有限公司直接获取收益 124,538.29 美元；（5）香港各公司获取收益（含银行转款费用）699,664.08 美元。

3. 查明了诈骗资金的归还情况。通过鉴定确认了 10,535,290.71 美元（折合人民币 87,407,204.26 元）信用证资金的归还金额、归还过程及归还中所发生的各种费用。

4. 查明了本案的经济损失数额。信用证诈骗案件中的损失数额是重要的量刑依据，公安机关原认定损失金额为人民币 2,300 余万元，且只是约计金额。通过鉴定精确地确认了银行及甲国贸公司垫款金额为人民币 26,111,572.93 元，涉及外汇 3,150,150.65 美元。该项鉴定结论成为证明本案损失数额的唯一证据。

此项鉴定活动证明了司法会计学的一些理论假设。比如，司法会计学理论上提出，关于资金流转问题通常只需进行技术检验，无须实施鉴定，只有当资料流向多且涉及的财务关系较为复杂的情形中才需要实施鉴定。但司法实践中很难遇到需要通过司法会计鉴定解决财务往来账项的情形。本案中的 11 项有关信用证资金流转情况的鉴定事项都涉及资金流向问题，且必须通过司法会计鉴定才能解决。

本案通过执行司法会计师业务取得了良好的诉讼效果。一是，公安机关侦查人员在审查检验、鉴定文书后表示，该项鉴定结果为以后办理此类案件提供了基本思路；二是，在司法会计师的协助下完善了证据，该案移送起诉的证据由原来的 9 本，增加到 24 本，完善了本案证据（特别是财务会计资料证据）；三是，虽然补充侦查活动占用了三个多月的办案期限，但由于该案基本事实清晰，法官仅用了不到一个月的时间便审结，而以往仅涉及两单信用证且为相对简单的虚假进口贸易的案件，同一法官审了三个月才作出判决。

本案鉴定业务涉及的操作思路，不仅适用于信用证诈骗案件，也适用于其他涉及信用证问题的刑事和民事案件。

本案执行司法会计业务中也有一些遗憾。例如：本案中涉及部分赃款用于期货交易，本应当进行期货投资损益额鉴定，这需要从期货公司获取检材。虽经司法会计师协助公安机关对期货公司相关账项进行了检查，但由于涉案期货公司管理混乱，最终未能获取检材，无法通过司法会计活动查明期货交易的实际情况。

八、检验、鉴定文书

司法会计鉴定书

×检技鉴〔20××〕第 14 号

根据××市公安局 20××年 3 月 5 日〔20××〕×公经字第 02 号《聘请书》，受该局聘请，对乙实业有限公司董事长李××等人涉嫌信用证诈骗案涉及的财务会计问题进行司法会计鉴定。

鉴定事项：确认乙实业有限公司 19××年 6 月 5 日收取上海丙国际贸易有限公司 4,000,000 元人民币去向用途及相关财务关系。

20××年 3 月 6 日至 6 月 11 日，由××市公安局经济犯罪侦查支队一大队一中队警官×××、×××在场，在甲公司办公室对本案涉及的财务会计资料及相关证据进行了技术检验。检验资料主要包括：（1）乙实业有限公司（以下简称乙实业有限公司）19××年至 19××年财务会计资料；（2）中国银行××分行（以下简称××中国银行）"乙实业有限公司"00＊＊＊＊2769 账户分户账及部分记账依据复印件；（3）上海丙国际贸易有限公司（以下简称上海丙公司）相关财务资料证据，但该公司财务会计资料未送检。

一、检验

1. 上海丙公司 19××年 6 月 2 日，委托交通银行上海××支行签发ⅨⅣ＊＊＊5244 银行汇票，票面金额 4,000,000 元，受益人为乙实业有限公司。乙实业有限公司于 6 月 5 日将汇票交存××中国银行，该行于 6 月 6 日记入 00＊＊＊＊2769 账户分户账贷方（见交通银行ⅨⅣ＊＊＊5244 银行汇票、××中国银行进账单及 00＊＊＊＊2769 账户分户账）。检验乙实业有限公司会计资料证实，该公司对该笔收款业务未直接进行账务处理。

2. 乙实业有限公司收取上海丙公司 4,000,000 元主要去向和用途包括（见附件一）：

(1) 支付购材料款项 483,822 元；

(2) 支付工程款项 323,924.80 元；

(3) 支付设备、家具购货款 2,047,435.50 元；

(4) 支付期货保证金 50,000 元；

(5) 支付××厂区房租 60,000 元；

(6) 转信用卡 486,642 元；

(7) 支付××事业公司出租汽车公司 528,236.28 元。

上述付款合计 3,980,060.58 元，其余 19,939.42 元用于其他日常开支。

3. 送检的××中国银行 00＊＊＊＊2769 账户分户账 19××年第 6 页记载，

19××年6月6日贷方发生额4,000,000元，该发生额登记前账户余额为贷方7,343.16元，6月23日该账户最后余额为贷方3,230,202.70元。6月6日后至6月23日，该账户登记发生额情况如下：

（1）收取银行存款利息，2笔，金额合计5,214.12元；

（2）存入现金，1笔，金额3,845元；

（3）存入款项（来源不清），6笔，金额合计22,008.50元；

上述存入款项合计31,1067.62元。

（4）购银行凭证，1笔，金额11.80元；

（5）提取现金，4笔，金额合计30,000元；

（6）付××事业公司出租汽车公司，1笔，金额528,236.28元。

上述付款合计558,248.08元。

（7）转存入C银行30＊＊＊＊811（乙实业有限公司）账户250,000元。

检验乙实业有限公司会计资料，发现该公司仅对上述转存入C银行账户250,000元业务进行了账务处理（见乙实业有限公司95年12月90811户第2号付款凭证及附件），但未登记00＊＊＊＊2769账户银行存款日记账。未见其他业务的账务处理记录。

4. 检验乙实业有限公司19××年会计资料证实，该公司将19××年发生的部分业务，按照银行存款账户不同，分别编制了三本95年12月份记账凭证，并将所核算业务记入19××年会计账簿。记账事项涉及银行存款、其他货币资金、应收账款、其他应收款、原材料、低值易耗品、待摊费用、应交税金、其他应付款、实收资本、本年利润、管理费用、财务费用账户。经验证，已登记业务涉及的总账账户余额符合平衡关系。其中：资产类账户余额合计为借方5,208,421.77元；负债类账户余额合计为贷方3,436,125.32元；所有者权益类账户余额合计为贷方1,772,296.45元（见附件二）。

5. 检验乙实业有限公司19××年银行存款账户资料发现，该公司19××年专门设置账户核算中国银行00＊＊＊＊2769账户存取款业务，但首笔记账业务发生额系该银行账户19××年6月27日付管理费42,000元。后在银行存款日记账页借方发生额首行前添加"结转1995年6月30日余额"3,230,202.70元，检验银行分户账证实，该余额实际系6月23日该账户余额，经复算，添加发生额已计入该账户余额。

6. 检验乙实业有限公司19××年12月第1号转账凭证及附件发现，该公司将19××年6月份各银行存款账户余额3,559,536.56元列为作为借"李××"款项业务进行了账务处理，其中包括00＊＊＊＊2769账户余额3,230,202.70元＋250,000元，计3,480,202.70元，会计处理为：借记"银行存款"、贷记"其他应付款——李××"账户。检验银行存款日记账证实，该笔业务未专门登记银行存款日记账，其中，250,000 元发生额未记账。

7. 检验乙实业有限公司"其他应付款——李××"账户证实，该公司 19××年登记的 19××年贷方发生额中，除上述第 5 项检验结果外，还包括下列收入款项：

(1) 19××年 10 月 17 日收入 469,400 元存入××中国银行 00＊＊＊＊2769 账户（见 19××年元月第 6 号收款凭证及附件），款项来源不清；

(2) 19××年 10 月 17 日收入 465,150 元存入××中国银行 00＊＊＊＊2769 账户（见 19××年元月第 9 号收款凭证及附件），款项来源不清；

(3) 19××年 10 月 26 日收入 20,000 元存入××中国银行 00＊＊＊＊2769 账户（见 19××年元月第 6 号收款凭证及附件），款项来源不清；

(4) 19××年 10 月 30 日收入 484,133.33 元存入××中国银行 00＊＊＊＊2769 账户（见 19××年元月第 9 号收款凭证及附件），款项来源不清；

(5) 19××年 12 月 7 日收取中苑实业公司 468,041.00 元存入××中国银行 00＊＊＊＊2769 账户（见 19××年 1 月第 1 号收款凭证及附件）。

上述收款合计为 1,906,724.33 元。

8. 检验乙实业有限公司"其他应付款——李××"账户证实，该公司 19××年登记的 19××年借方发生额包括：

(1) 乙实业有限公司 19××年 12 月 21 日签发××中行 7007#支票，付款 38,000 元（去向不清），后编制 19××年 1 月第 12 号记账凭证，作为"还借款"业务，借记"其他应付款——李××"账户；

(2) 乙实业有限公司 19××年 12 月 30 日，出具给"李××"№0326333 收款收据，列明"转来投资款"1,800,000 元，并编制 12 月第 3 号转账凭证，借记"其他应付款——李××"账户、贷记"实收资本"账户。

9. 检验乙实业有限公司财务会计资料证实，该公司 19××年 3 月 21 日签发××中国银行 6279#支票，付××国际信托投资公司 986,683.33 元（用途不详），并编制 3 月第 23 号付款凭证，作为归还"李××"款项业务，借记"其他应付款——李××"账户。

10. 检验乙实业有限公司财务会计资料证实，该公司 19××年 9 月 18 日签发××中国银行 6279#支票，转入××农行营业部 314805 户一年定期存款 2,000,000元，并编制 95 年 12 月第 16 号付款凭证作为"通知存款"业务记入"其他应收款——314805 账号"借方。后该公司编制 19××年 8 月第 26 号转账凭证（无附件及记账说明），借记"其他应付款——李××"、贷记"其他应收款——314805 账号"。

11. 检验乙实业有限公司"其他应付款——李××"账户资料发现，该账户自 19××年设置至 19××年 2 月，其余额均为贷方余额。19××年 2 月期末余额为 705,209.64 元。乙实业有限公司编制 3 月第 566 号转账凭证，将账户期初余额 705,209.64 元转入"其他应付款——鲁岩公司"账户，后编制 3 月第 569 号记账凭证将"其他应付款——鲁岩公司"账户贷方余额全部转入"应付账款——鲁岩公司"账户。

二、论证

（一）第 4 项检验结果涉及的总账账户余额平衡原理为：

资产类账户余额合计 = 负债类账户余额合计 + 所有者权益类账户余额合计

（二）根据下列银行分户账余额计算公式验证，第 3 项检验结果所列 ×× 中国银行 00＊＊＊＊2769 乙实业有限公司账户 6 月 23 日贷方余额 3,230,202.70 元计算无误。

期末贷方余额 = 期初贷方余额 - 本期贷方发生额 - 本期借方发生额

（三）第 1 项检验结果表明，乙实业有限公司收取上海丙公司 4,000,000 万元未记账，但第 3 项检验结果表明，该公司已将 4,000,000 元支出后的余额作为应付"李××"款项业务贷记"其他应付款——李××"账户，包括 00＊＊＊＊2769 账户余额 3,230,202.70 元和该账户转入建行账户的 250,000 元，计 3,480,202.70 元。由于 00＊＊＊＊2769 账户余额 3,230,202.70 元未包含已转入建行账户的 250,000 元，而其转出的 250,000 元也未在 00＊＊＊＊2769 账户银行存款日记账中记载，但因总账账户余额平衡，所以，上述记入"其他应付款——李××"账户贷方发生额的 3,480,202.70 元，均与该公司收取上海丙公司的 4,000,000 元有关。3,480,202.70 元加 3 -（6）项检验结果所列付 ×× 事业公司出租汽车公司 528,236.28 元为 4,008,483.98 元，除上海丙公司转入的 4,000,000 元外，其余 8,483.98 元来源于存款利息等。

上述论述表明，乙实业有限公司收取上海丙公司 4,000,000 万元，除支付 ×× 事业公司出租汽车公司 528,236.28，其余部分已经作为借入"李××"款项业务记账。

（四）第 7 至 11 项检验结果表明，乙实业有限公司记入"其他应付款——李××"账户贷方发生额中含收取上海丙公司 4,000,000 万元余款 3,480,202.70 元外，上述资金中的 1,800,000 元已被用作"李××"对该公司的投资款来源。在转投资款项前，尚有 1,906,724.33 元实际来源不明，但从 19×× 年 2 月该账户首次清户结果看，来源不明的款项与"×× 公司"业务有关，且首次清户前账面记载已归还"李××"大宗款项两笔，即 986,683.33 元和 2,000,000 元。

三、鉴定结论

根据对乙实业有限公司 19×× 年至 19×× 年会计资料及部分银行存款资料的检验分析结果确认：

（一）19××年6月5日，乙实业有限公司收取上海丙国际贸易有限公司汇款4,000,000元未记账，该款项主要去向为：

(1) 支付购材料款项483,822元；

(2) 支付工程款项323,924.80元；

(3) 支付设备、家具购货款2,047,435.50元；

(4) 支付期货保证金50,000元；

(5) 支付北园厂区房租60,000元；

(6) 转信用卡486,642元；

(7) 支付××事业公司出租汽车公司528,236.28元。

上述付款合计3,980,060.58元，其余19,939.42元用于其他日常开支。

（二）19××年1月，乙实业有限公司将前述4,000,000元款项中的3,480,202.70元作为"李××"借入款项记账，其中，转为"李××"投资款1,800,000元。

××市人民检察院司法鉴定中心

司法会计师：×××（签名）

司法会计师：×××（签名）

二〇××年×月×日

附件一：乙实业有限公司收取上海丙公司400万元去向明细表

附件二：乙实业有限公司补记1995年账项余额平衡表

附件一：乙实业有限公司收取上海丙公司400万元去向明细表

序号	记账日期	类型	编号	总账科目	摘要	付款金额	备注
1	19××.1	4	11	其他应付款	购阴阳离子	16,490.00	
2	19××.1	4	5	应收账款	购材料	11,600.00	
3	19××.1	4	6	原材料	购焦亚硫酸钠	2,222.22	
4	19××.1	4	6	应交税金	购焦亚硫酸钠	377.78	
5	19××.1	4	9	原材料	购原料桶	12,478.63	
6	19××.1	4	9	应交税金	购原料桶	2,121.37	
7	19××.1	4	33	其他货币资金	购材料	86,688.00	
8	19××.1	4	35	其他货币资金	购材料	260,000.00	
9	19××.1	4	33	其他货币资金	购材料	46,000.00	

续表

序号	记账日期	类型	编号	总账科目	摘要	付款金额	备注
10	19××.1	4	34	其他货币资金	购材料	45,844.00	
					购材料小计	483,822.00	
1	19××.1	4	3	其他应付款	购管件	4,999.80	
2	19××.1	4	4	其他应付款	购管件	5,000.00	
3	19××.1	4	4	应收账款	工程款	8,000.00	
4	19××.1	4	4	应收账款	工程款	7,000.00	
5	19××.1	4	5	应收账款	工程款	10,000.00	
6	19××.1	4	5	应收账款	×××	10,000.00	
7	19××.1	4	4	应收账款	工程款	3,000.00	
8	19××.1	4	4	应收账款	工程款	8,500.00	
9	19××.1	4	8	应收账款	工程款	8,500.00	
10	19××.1	4	9	应收账款	工程款	9,500.00	
11	19××.1	4	9	应收账款	工程款	9,500.00	
12	19××.1	4	8	应收账款	工程款	9,990.00	
13	19××.1	4	8	应收账款	工程款	9,990.00	
14	19××.1	4	14	应收账款	工程款	5,000.00	
15	19××.1	4	19	应收账款	工程款	6,000.00	
16	19××.1	4	19	应收账款	工程款	9,000.00	
17	19××.1	4	22	应收账款	工程款	2,000.00	
18	19××.1	4	17	其他货币资金	购装饰材料	38,300.00	
19	19××.1	4	27	应收账款	工程款	10,000.00	
20	19××.1	4	23	其他应付款	其他应付款	9,950.00	
21	19××.1	4	28	应收账款	材料费	17,245.00	
22	19××.1	4	30	应收账款	工程款	9,950.00	
23	19××.1	4	24	其他应收款	工程款	5,000.00	
24	19××.1	4	30	应收账款	工程款	8,000.00	
25	19××.1	4	30	应收账款	工程款	46,600.00	
26	19××.1	4	21	应收账款	工程款赵	20,000.00	

续表

序号	记账日期	类型	编号	总账科目	摘要	付款金额	备注
27	19××.1	4	29	应收账款	工程款赵	12,900.00	
28	19××.1	4	23	应收账款	工程款	20,000.00	
					工程款小计	323,924.80	
1	19××.1	4	3	管理费用	传真机	4,800.00	
2	19××.1	4	14	管理费用	购手机	4,000.00	
3	19××.1	4	31	其他应付款	家具	3,710.00	
4	19××.1	4	37	低值易耗品	家具	8,152.00	
5	19××.1	4	20	其他货币资金	松香体设备款	1,000,000.00	
6	19××.1	4	5	其他应付款	购器械	5,000.00	
7	19××.1	4	7	其他货币资金	松香体设备款	1,000,000.00	
8	19××.1	4	7	待摊费用	购电话	16,140.00	
9	19××.1	4	2	原材料	购水泵	5,633.50	
					购设备家具小计	2,047,435.50	
1	19××.1	4	11	其他应收款	期货	50,000.00	
					付保证金小计	50,000.00	
1	19××.1	4	15	待摊费用	北园房租	30,000.00	
2	19××.1	4	15	待摊费用	北园房租	30,000.00	
					付厂区房租小计	60,000.00	
1	19××.1	4	13	其他应付款	转李××信用卡	6,000.00	
2	19××.1	4	25	其他应付款	从其他转来	30,642.00	
3	19××.1	4	25	其他应付款	从其他转来	20,000.00	
4	19××.1	4	24	其他应付款	其他应付款	400,000.00	
5	19××.1	4	31	其他应付款	转信用卡	30,000.00	
					转信用卡小计	486,642.00	
1	未记账				付××事业公司出租汽车公司	528,236.28	
					小计	528,236.28	
					上述支出合计	3,980,060.58	
					其他支出	19,939.42	
					总　计	4,000,000.00	

附件二：乙实业有限公司补记 1995 年账项余额平衡表

账户名称	借方累计	贷方累计	账户余额	备注
资产类合计	21,586,257.64	16,377,835.87	5,208,421.77	
现金	0.00	0.00	0.00	
银行存款	16,483,157.79	16,377,835.87	105,321.92	
其他货币资金	2,476,832.00		2,476,832.00	
应收账款	462,275.00		462,275.00	
其他应收款	2,055,000.00		2,055,000.00	
预付账款			0.00	
材料采购				
原材料	14,700.85		14,700.85	
包装物			0.00	
低值易耗品	8,152.00		8,152.00	
产成品			0.00	
待摊费用	86,140.00		86,140.00	
固定资产	0.00		0.00	
累计折旧				
固定资产清理			0.00	
负债类合计	13,666,770.92	17,102,896.24	3,436,125.32	
短期借款			0.00	
应付账款			0.00	
预收账款			0.00	
应付工资			0.00	
应付福利费			0.00	
应交税金	2,499.15		-2,499.15	
其他应付款	13,664,271.77	17,102,896.24	3,438,624.47	
所有者权益类合计	27,703.55	1,800,000.00	1,772,296.45	
实收资本（或股本）		1,800,000.00	1,800,000.00	
资本公积			0.00	

续表

账户名称	借方累计	贷方累计	账户余额	备注
盈余公积			0.00	
本年利润	27,703.55		−27,703.55	
利润分配				
成本类合计			0.00	
生产成本			0.00	
制造费用			0.00	
损益类合计	47,965.10	47,965.10	0.00	
产品销售收入			0.00	
其他业务收入			0.00	
投资收益			0.00	
营业外收入			0.00	
产品销售成本			0.00	
产品销售费用			0.00	
产品销售税金及附加			0.00	
其他业务支出			0.00	
管理费用	47,889.30	47,889.30	0.00	
财务费用	75.80	75.80	0.00	
营业外支出			0.00	
所得税				
以前年度损益调整				

司法会计鉴定书

×检技鉴〔20××〕第 15 号

　　根据××市公安局 20××年 3 月 5 日〔20××〕×公经字第 02 号《聘请书》，受该局聘请，对乙实业有限公司董事长李××等人涉嫌信用证诈骗案涉及的财务会计问题进行司法会计鉴定。

鉴定事项：确认中国银行××分行19××年8月14日开立，受益人为×国欣欣有限公司的A＊＊＊＊3863#信用证相关资金去向、用途及信用证交易损益。

20××年3月6日至6月11日，由××市公安局经济犯罪侦查支队一大队一中队警官×××、×××在场，在甲公司办公室对本案涉及的财务会计资料及相关证据进行了技术检验。检验资料主要包括：（1）甲国贸公司（以下简称甲国贸公司）财务会计资料；（2）乙实业有限公司（以下简称乙实业有限公司）19××年至19××年财务会计资料；（3）××天马电子有限公司、××仪表有限公司相关会计资料；（4）中国银行××分行（以下简称××中行）、××国际银行结算资料复印件。

一、检验

1. 甲国贸公司申请开出A＊＊＊＊3863#信用证及开证保证金支付情况

19××年8月14日××中行开立见单180天付款A＊＊＊＊3863#信用证，金额292,500美元，申请人为甲国贸公司，受益人为×国欣欣有限公司（以下简称欣欣公司，信用证内容见信用证电传稿）。

甲国贸公司于19××年8月15日支付××中行A＊＊＊＊3863#信用证开证保证金500,000元（见甲国贸公司19××年8月第23号付款记账凭证及附件）。甲国贸公司所付保证金的资金来源为：

19××年8月12日，甲国贸公司收取乙实业有限公司支付的"保证金"三笔，分别为160,000元、160,000元、180,000元，共计500,000元，并给乙实业有限公司出具了收取500,000元"保证金"的№0798038收款收据，该收据记载交款人为"李××"。19××年8月甲国贸公司编制第8号收款凭证，将该项收款作为"收到进口保证金"业务记账，贷记"预收账款——盛阳实业公司"账户。检验乙实业有限公司会计资料，未见支付甲国贸公司上列"保证金"的付款资料，但乙实业有限公司于19××年5月依据甲国贸公司出具的№0798038收款收据记账，借记"预收账款——甲国贸公司"、贷记"其他应付款——李××"账户（见乙实业有限公司19××年5月第505号记账凭证及附件）。

19××年5月7日，甲国贸公司支取保证金500,000元，用于支付"代××集团还款"及日常开支（见甲国贸公司19××年5月第2号收款凭证、第2号付款凭证及附件，银行存款（中行）第6、7页日记账）。

2. A＊＊＊＊3863#信用证贴现款项的支付情况

19××年9月11日，欣欣公司将A＊＊＊＊3863#信用证在××国际银行贴现，支付该行贴现利息及相关费用10,518.85美元，获贴现款281,981.15美元（见××国际银行银行信用证支付通知）。同日，欣欣公司通过××国际银行支付香港戊实业有限公司280,800美元，支付电汇费等费用120美元（见欣欣公司转账申请及××国际银行银行付款通知）。

19××年9月18日，甲国贸公司通过××中行收取香港戊实业有限公司汇入277,835美元（见××中行19××年9月18日收账通知），结汇后兑换人民币2,303,752.25元，存入××中行2＊＊＊＊0003账户，并编制19××年9月第5号收款凭证，作为"替乙实业有限公司收出口电解铜款"业务，贷记"应付账款——乙实业有限公司"账户。

3. 甲国贸公司所收人民币2,303,752.25元去向

（1）支付乙实业有限公司953,752.25元（见甲国贸公司19××年9月第19号付款记账凭证及附件）。

第一笔：19××年9月18日甲国贸公司签发××中行0609#支票，支付乙实业有限公司500,000元（李××经收），编制19××年9月第19号付款记账凭证，作为"支付乙实业有限公司电解铜货款"业务记账，借记"应付账款——乙实业有限公司"账户。该500,000元款项没有存入乙实业有限公司账户，直接划入××天马电子有限公司，用于归还借款。检验送检的××天马电子有限公司、××仪表有限公司资料证实，19××年7月2日，"李××"以乙实业有限公司的名义，通过××仪表有限公司向××天马电子有限公司借款500,000元（承兑汇票），××天马电子有限公司于9月28日通过工商银行××开发区支行（账号：24211717）承兑了上述500,000万元汇票。（见××仪表有限公司19××年7月第1号转账凭证、9月第512号记账凭证及附件；天马电子有限公司19××年7月第521号转账凭证、9月第307号收款凭证、10月第408号付款凭证及附件）。

第二笔：19××年9月18日甲国贸公司签发××中行0610#支票，支付乙实业有限公司453,752.25元（李××经收），编制19××年9月第19号付款记账凭证，作为"支付乙实业有限公司电解铜货款"业务记账，借记"应付账款——乙实业有限公司"账户。该453,752.25元款项没有存入乙实业有限公司账户，直接划入××化轻集团总公司期货部。检验乙实业有限公司会计资料，未见该公司与××化轻集团总公司期货部往来业务记录及期货经营业务核算记录。

乙实业有限公司于19××年3月编制第519号记账凭证，将上述收取甲国贸公司的两笔款项，计953,752.25元，作为"李××从甲取款"业务记账：借"其他应收款——李××"、贷记"预收账款——甲国贸公司"账户。

（2）甲国贸公司留用1,350,000元，用于归还甲公司计算机系统工程公司借款。

19××年5月9日，甲国贸公司为预付CT购货款，从甲公司计算机系统工程公司借入1,500,000元，扣除利息120,000万元，实际收款1,380,000元（见甲国贸公司19××年5月第7号收款记账凭证、第7号转账凭证、第26号付款

记账凭证及附件)。甲国贸公司先于19××年9月2日归还借款150,000元(见甲国贸19××年9月第2号付款记账凭证及附件)。后于9月20日利用前述结汇款项,签发0602#支票,支付甲公司计算机系统工程公司1,350,000元,用于偿还该公司借款(见甲国贸19××年9月第22号付款记账凭证及附件)。

4. 甲国贸公司办理A＊＊＊＊3863#信用证过程中,支付××中行手续费、邮电费等费用共计3,890.36元,并作为"垫付进口开证手续费及承兑邮电费"业务,贷记"其他应收款——乙实业有限公司"账户(见甲国贸公司19××年9月第20号付款记账凭证及附件)。

5. A＊＊＊＊3863#信用证项下付汇情况

19××年3月3日,××中行支付A＊＊＊＊3863#信用证项下付汇292,500美元。甲国贸公司付××中行人民币2.430.031.50元,购汇292,500美元,用于付汇(见甲国贸公司19××年3月第5号付款凭证及附件)。

甲国贸公司购汇292,500美元所用人民币款项,主要来源于19××年2月26日收乙实业有限公司所付1,000,000元、2月27日收取乙实业有限公司所付1,500,000元,共计2,500,000元。甲国贸公司编制19××年3月第1号收款凭证,将所收款项作为"暂收开证保证金"业务记账,贷记"应付账款——乙实业有限公司"账户。甲国贸公司后于19××年4月3日给乙实业有限公司补开了收取上述款项的№0798175、№0798178收款收据。

(1) 乙实业有限公司19××年2月26日支付甲国贸公司款项1,000,000元,系乙实业有限公司归还19××年1月7日借甲国贸公司5,000,000万元款项的一部分(详见×检技鉴〔20××〕第25号《司法会计检验报告》第2、3项检验结果)。

(2) 乙实业有限公司19××年2月27日支付甲国贸公司1,500,000元,该款项从农业银行××市槐荫支行乙实业有限公司09872030412账户支付。经检验乙实业有限公司银行存款账户资料证实,该公司对该笔付款业务未记账。后于19××年4月依据甲国贸公司出具的№0798175收款收据,编制第501号记账凭证"暂挂账",借记"预收账款——甲国贸公司",贷记"其他应收款——李××"账户。

二、论证

(一) A＊＊＊＊3863#信用证相关结、付汇损失及损失款去向

根据第2、5项检验结果计算证实,A＊＊＊＊3863#信用证项下付汇295,500美元,收回相关外汇277,835美元,损失14,665美元。按各当日外汇牌价计算,损失人民币126,279.25元(2,430,031.50元－2,303,752.25元),含汇兑损失人民币4,680元。

根据第2项检验结果计算证实,上述损失款项的去向为:

1. ××国际银行留汇10,638.85美元：收取贴现利息及相关费用10,518.85美元＋收取转付汇费用120美元。

2. 欣欣公司留汇（含银行结算费用）11,700美元：信用证295,500美元－汇香港戊实业有限公司280,800美元。扣除××国际银行银行结算费用10,638.85美元，实际留汇1,061.15美元。

3. 香港戊实业有限公司留汇（含银行结算费用）2,965美元：欣欣公司汇入280,800美元－汇甲国贸公司277,835美元。

（二）A＊＊＊＊3863#信用证相关结汇款项去向与付汇款项来源

第3项检验结果表明，香港戊实业有限公司汇入甲国贸公司277,835美元，兑换为人民币2,303,752.25元。后甲国贸公司支付乙实业有限公司两笔款项共计953,752.25元（乙实业有限公司"李××"用于支付欠款和支付期货保证金），其余1,350,000元，由甲国贸公司留用。

第4项检验结果表明，甲国贸公司支付A＊＊＊＊3863#信用证项下款所用2,430,031.50元人民币，由乙实业有限公司支付1,500,000元，其余930,031.50元由甲国贸公司支付。

（三）A＊＊＊＊3863#信用证交易损失及损失承担

A＊＊＊＊3863#信用证交易损失折合人民币130,169.61元，包括第（一）项论证所述结、付汇损失126,279.25元和第4项检验结果所列信用证费用3,890.36元。

甲国贸公司实际留用人民币916,078.14元。包括：留用结汇款1,350,000元，收取乙实业有限公司所付保证金500,000元（见第1项检验结果），减去付汇用款930,031.50元（含收付汇损失126,279.25元）、支付信用证费用3,890.36元。

乙实业有限公司实际承担付款1,046,247.75元。包括：支付甲国贸公司保证金500,000元（见第1项检验结果）、付汇用款1,500,000（见第5项检验结果），共计2,000,000元，减去收取甲国贸转付结汇款两笔953,752.25元（见第3－（1）（2）项检验结果）。乙实业有限公司实际承担付款中，用于承担信用证交易损失130,169.61元，用于支付甲国贸公司916,078.14元。

三、鉴定结论

根据对送检的财务会计资料及相关证据的检验分析结果确认：

（一）19××年8月14日××中行开立A＊＊＊＊3863#信用证，金额292,500美元，申请人为甲国贸公司，受益人为×国欣欣有限公司。×国欣欣有限公司于19××年9月11日持该信用证在××国际银行贴现。

A＊＊＊＊3863#信用证项下款项的去向及用途为：

1. ××国际银行收取贴现利息及相关费用共计10,638.85美元。

2. ×国欣欣有限公司留汇（含银行结算费用）11,700美元，扣除××国际银行结算费用 10,638.85 美元，实际留汇 1,061.15 美元。

3. 香港戊实业有限公司留汇（含银行结算费用）2,965 美元。

4. 香港戊实业有限公司汇甲国贸公司 277,835 美元。甲国贸公司于 19××年 9 月 18 日收到 277,835 美元汇款，兑换人民币 1,916,078.14 元。

5. 甲国贸公司利用结汇款折合人民币 1,350,000 元，用于归还本公司借款。

6. 乙实业有限公司"李××"利用结汇款折合人民币 953,752.25 元，用于支付欠款 500,000 元、划入××化轻集团总公司期货部 453,752.25 元。

（二）中国银行××分行于 19××年 3 月 3 日支付 A＊＊＊3863#信用证项下款项。甲国贸公司于 19××年 3 月 3 日支付中国银行××分行人民币 2,430,031.50 元，购汇 292,500 美元用于支付该行付汇款。其中，乙实业有限公司承担人民币 1,500,000 元，甲国贸公司承担人民币 930,031.50 元。

（三）A＊＊＊3863#信用证交易中发生损失共计（折合人民币）130,169.61 元。其中：结、付汇损失（即某国、香港两地银行及公司留汇折合人民币）126,279.25 元，支付信用证费用折合人民币 3,890.36 元，甲国贸公司留用 A＊＊＊3863#信用证相关款项折合人民币 916,078.14 元。

上述信用证交易损失、费用以及甲国贸公司留用款，共计 1,046,247.75 元，已由乙实业有限公司承担并付款。

××市人民检察院司法鉴定中心

司法会计师：×××（签名）

司法会计师：×××（签名）

二〇××年×月×日

司法会计鉴定书

×检技鉴〔20××〕第 16 号

根据××市公安局 20××年 3 月 5 日〔20××〕×公经字第 02 号《聘请书》，受该局聘请，对乙实业有限公司董事长李××等人涉嫌信用证诈骗案涉及的财务会计问题进行司法会计鉴定。

鉴定事项：确认中国银行××分行 19××年 10 月 7 日开立，受益人为×国欣欣有限公司的 A＊＊＊4661#信用证相关资金去向、用途及信用证交易损益。

20××年 3 月 6 日至 6 月 11 日，由××市公安局经济犯罪侦查支队一大队一中队警官×××、×××在场，在甲公司办公室对本案涉及的财务会计资料及相关证据进行了技术检验。检验资料主要包括：（1）甲国贸公司（以下简称甲国贸公司）财务会计资料；（2）乙实业有限公司（以下简称乙实业有限公司）

19×× 年至 19×× 年财务会计资料；（3）中国银行 ×× 分行（以下简称 ×× 中行）、×× 国际银行、交通银行高新技术开发区支行（以下简称开发区交行）结算资料复印件。

一、检验

1. 甲国贸公司代理乙实业有限公司申请开立信用证依据

送检的甲国贸公司与乙实业有限公司签订的代理协议规定，乙实业有限公司拟分批从某国购买电解铜、冷轧钢板等，然后转售香港，委托甲国贸公司为乙实业有限公司开具 180 天远期信用证，代理有关转口手续，并以甲国贸公司的名义与外商签订合同。货到香港后一个月内，港方将货款电汇至甲国贸公司账户。乙实业有限公司在开证前五天内将银行要求的开证预付保证金以当日中国银行公布的汇率折合成人民币划入甲国贸公司账户。收到外商电汇货款后，将其中的 50% 存入甲国贸公司留存账户，其余 50% 的货款由乙实业有限公司作为流动资金使用。乙实业有限公司于信用证付款日前 10 个银行工作日将应对外支付金额补足，划入甲国贸公司账户。转口贸易中涉及的有关手续均由甲国贸公司负责办理，由此产生的一切费用，诸如银行费用、邮电费等，均由乙实业有限公司自理。乙实业有限公司支付给甲国贸公司的代理费为卖出合同金额的 0.5%，以 200 万美元为一个结算期，在收到香港电汇货款累计满 200 万美元后 7 日内支付给甲方。

2. 甲国贸公司申请开立 A＊＊＊＊4661# 信用证及开证保证金支付情况

19×× 年 10 月 7 日 ×× 中行开立 180 天见单付款 A＊＊＊＊4661# 信用证，金额 632,800 美元，申请人为甲国贸公司，受益人为 × 国欣欣有限公司（以下简称欣欣公司，信用证内容见信用证电传稿）。

经检验甲国贸公司会计资料及其 ×× 中行保证金账户（账号：2＊＊＊＊0006）资料，未见甲国贸公司支付 A＊＊＊＊4661# 信用证开证保证金记录。

3. A＊＊＊＊4661# 信用证贴现款项的支付情况

19×× 年 11 月 1 日，欣欣公司将 A＊＊＊＊4661# 信用证在 ×× 国际银行贴现，支付该行贴现利息及相关费用 22,265.04 美元，获贴现款 610,534.96 美元（见 ×× 国际银行支付通知复印件）。同日，欣欣公司通过 ×× 国际银行支付香港戊实业有限公司（银行账号：2＊＊＊＊1439）607,488 美元，支付电汇费用等费用 120 美元。

19×× 年 11 月 5 日，甲国贸公司通过 ×× 中行收取香港戊实业有限公司（银行账号：2＊＊＊＊1439）汇入 601,145 美元，兑换人民币 4,980,786.90 元存入 ×× 中行 2＊＊＊＊0003 账户，并编制 19×× 年 11 月第 3 号收款凭证，作为"替乙实业有限公司收出口电解铜款"业务，贷记"应付账款——乙实业有限公司"账户。

4. 甲国贸公司所收人民币 4,980,786.90 元去向

（1）19××年 11 月 6 日，甲国贸公司签发××中行 3951#支票，将所收款项中的 4,978,286.90 元转存开发区交行 6＊＊＊＊4097 账户（见甲公司 19××年 11 月第 4 号收款凭证、第 8 号付款凭证及附件）。

（2）支付乙实业有限公司 344,742 元。

19××年 11 月 8 日，甲国贸公司签发开发区交行 2801#支票，支付乙实业有限公司 1,670,250 元（董××经收），编制 19××年 11 月第 14 号付款记账凭证，作为"付乙实业有限公司款"业务记账：借记"应付账款——乙实业有限公司"账户。乙实业有限公司后于 19××年 3 月 25 日补开 №0072448 收款收据，列明"96.11.8 日董××借款"。送检的 2801#支票记载，该支票所列 1,670,250 元款项被划入省通利商业管理服务中心。检验乙实业有限公司会计资料，未见核算与省通利商业管理服务中心往来业务的账务记录。

检验送检的省商业集团总公司及其下属公司的财务会计资料证实，上述款项被乙实业有限公司用于向省商业集团总公司换取 180 万元银行承对汇票，具体情况：19××年 11 月 8 日，省商业集团总公司指示省糖酒茶叶公司，通过工商银行××开发区支行开出 19××年 4 月 30 日到期收款人为乙实业有限公司的 1,800,000 元银行承兑汇票，同时，收取乙实业有限公司通过甲国贸公司支付的上述 1,670,250 元款项，并直接划入省××商业管理服务中心，差额 129,750 元作为支付乙实业有限公司的"信息服务费"（见省商业集团总公司 19××年 11 月第 63 号、省××商业管理服务中心 19××年 11 月第 245 号记账凭证及附件，开发区交行承兑汇票）。

与此同时，乙实业有限公司于 11 月 12 日从交通银行××分行贷款 1,400,000 元，签发交行 2671#支票，支付甲国贸公司 1,325,508 元，余款 74,492 元签发交行 2672#支票（"董××"签收）支付"利息"（见乙实业有限公司 19××年 4 月第 534 号转账凭证及附件）。甲国贸公司收到该款后存入开发区交行 6＊＊＊＊4097 账户，并编制 19××年 11 月第 19 号收款凭证，作为"收乙账款"业务记账：贷记"应付账款——乙实业有限公司"账户。

19××年 4 月 30 日，省糖酒茶叶公司应付汇票到期，乙实业有限公司收取汇票款项 1,800,000 元。其中，用于归还其 19××年 11 月 12 日交通银行××分行贷款 1,400,000 元。（见乙实业有限公司 19××年 4 月第 502 号转账凭证及附件），另 400,000 元签发交行 8452#支票，转入工行××分理处 0＊＊＊＊1960 账户。经检验乙实业有限公司银行账户资料证实，存入工行××分理处的 400,000 元被乙实业有限公司用于支付房租等日常经营开支。但乙实业有限公司编制 4 月 5102#记账凭证，将转入工行××分理处的 400,000 元作为"甲国贸公司转入款"业务记账，后又于 5 月编制 503 号记账凭证，冲销 5102#记账凭证内容，改为将 19××年 11 月收取甲国贸公司

1,670,250元和支付该甲国贸公司1,325,508元的差额344,742元，作为收取甲国贸公司转入款项记账。

（3）支付乙实业有限公司2,600,000元。

19××年11月14日，甲国贸公司签发开发区交行2803#支票，支付乙实业有限公司4,600,000元（"李××"经收），并编制19××年11月第34号付款记账凭证，作为"付乙实业有限公司账款"业务记账：借记"应付账款——乙实业有限公司"账户。乙实业有限公司后于19××年3月25日补开№0072701收款收据，列明"96.11.14日代付田园投资公司款"。该4,600,000元款项被划入省田园投资有限公司，乙实业有限公司于19××年3月编制第517号记账凭证，作为"甲代付田园款"业务记账：借记"应收账款——省田园投资公司"、贷记"预收账款——甲国贸公司"账户。

19××年12月2日，甲国贸公司收取"××竹园物产经贸公司"（省建行营业部开户，账号2＊＊＊＊238）支票2,000,000元，存入开发区交行6＊＊＊＊4097账户，但向省田园投资公司出具了№0140076《收款单》，并编制19××年12月第2号收款凭证，作为"收乙实业有限公司款"业务记账：贷记"应付账款——乙实业有限公司"账户。检验乙实业有限公司会计资料证实，该公司依据甲国贸公司出具的№0140076《收款单》，编制19××年3月第520号记账凭证，将甲国贸公司所收××竹园物产经贸公司2,000,000元款项，作为"甲代收田园货款"业务记账：借记"预收账款——甲国贸公司"、贷记"应收账款——省田园投资公司"账户。

（4）支付乙实业有限公司500,000元。

19××年12月5日，甲国贸公司签发开发区交行2805#支票，支付乙实业有限公司500,000元（李××经收），并编制19××年12月第9号付款记账凭证，作为"付乙实业有限公司账款"业务记账：借记"应付账款——乙实业有限公司"账户。送检的2805#支票记载，上述款项直接支付天桥油脂合成化工厂。乙实业有限公司于19××年3月25日补开№0072449收款收据，列明"96.12.5日于总付天桥油脂款"，编制19××年3月第518号记账凭证，作为"于总收甲款付天桥"业务记账：借记"应收账款——××市天桥油脂合成化工厂"、贷记"预收账款——甲国贸公司"账户。

（5）支付乙实业有限公司1,500,000元。

19××年12月5日，甲国贸公司签发开发区交行2806#支票，支付乙实业有限公司1,500,000元，并编制19××年12月第10号付款记账凭证，作为"付乙实业有限公司账款"业务记账：借记"应付账款——乙实业有限公司"账户。送检的2805#支票记载，上述款项直接支付××化轻集团总公司期货部。乙实业有限公司于19××年3月25日补开№0072450收款收据，列明"96.12.5日赵延波付××华轻集团公司"，编制19××年3月第516号记账凭证，作为"赵延波收甲款付化轻集团"业务记账：借记"其他应收款——赵延波"、贷记"预收账款——甲国贸公司"账户。

5. 甲国贸公司办理A＊＊＊＊4661#信用证过程中，支付××中行手续费、邮电费共计8,130.89元，并作为"垫付进口开证手续费、代垫承兑邮电费"业务，贷记"其他应收款——乙实业有限公司"账户（见甲国贸公司19××年10月第11号、第38号付款记账凭证及附件）。

6. A＊＊＊＊4661#信用证项下付汇情况

19××年4月28日，××中行支付A＊＊＊＊4661#信用证项下付汇632,800美元。甲国贸公司付××中行人民币5,256,479.76元，购汇632,800美元，用于付汇（见甲国贸公司19××年4月第15号付款凭证及附件）。

甲国贸公司购汇632,800美元所用人民币的主要款项来源为：19××年4月17日，甲国贸公司收取香港戊实业有限公司汇入与A＊＊＊＊0765#信用证有关的1,711,241美元。甲国贸公司将该汇款兑换人民币14,174,551.45元后，付乙实业有限公司12,000,000元。乙实业有限公司收取该款后，于4月25日，支付甲国贸公司5,300,000元，甲国贸公司于19××年4月3日补开收据，列明"开保证金（97.4月银收8#）"。（详见×检技鉴〔20××〕第19号《司法会计鉴定书》第4-（4）项检验结果）。

7. 19××年11月7日，甲国贸公司收乙实业有限公司"保证金"21,000元，存入开发区交行6＊＊＊＊4097账户，并编制11月第6号收款凭证作为"收乙实业有限公司款"业务记账：贷记"应付账款——乙实业有限公司"账户。后于19××年4月3日补开No0798181收款收据。乙实业有限公司依据该收据，于19××年4月编制第504号记账凭证，作为"付甲款暂挂李××账"业务记账：借记"预收账款——甲国贸公司"、贷记"其他应收款——李××"账户。

8. 19××年11月8日，甲国贸公司收乙实业有限公司"保证金"720元现金存入开发区交行，编制19××年12月第2号收款凭证，作为应付乙实业有限公司账款业务进行了账务处理，未附收据。经检验乙实业有限公司会计资料，未见核算支付甲国贸公司720元款项的账务处理记录。

二、论证

（一）A＊＊＊＊0765#信用证相关结、付汇损失及损失款去向

根据第3、6项检验结果计算证实，A＊＊＊＊4661#信用证项下付汇632,800美元，收回相关外汇601,145美元，损失31,665美元。按各当日牌价计算，损失人民币275,692.86元（5,256,479.76元-4,980,786.90元），含汇兑损失13,415.36元。

根据第 3 项检验结果计算证实，上述损失款项的去向为：

1. ××国际银行留汇 22,385.04 美元：收取贴现利息及相关费用22,265.04美元、付汇费用 120 美元。

2. 欣欣公司留汇（含银行结算费用）25,312 美元：信用证 632,800 美元－汇香港戊实业有限公司 607,488 美元。扣除××国际银行银行结算费用22,385.04 美元，实际留汇 2,926.96 美元。

3. 香港戊实业有限公司留汇（含银行结算费用）6,343 美元：欣欣公司汇入 607,488 美元－汇甲国贸公司 601,145 美元。

（二）Ａ＊＊＊＊4661#信用证相关结汇款项去向与付汇款项来源

第 4 项检验结果证实，香港戊实业有限公司汇入甲国贸公司 601,145 美元，兑换为人民币 4,980,786.90 元，后由甲国贸公司支付乙实业有限公司款项四笔：

1. 第 4－（2）项检验结果：支付 1,670,250 元，减收回 1,325,508 元，实际支付 344,742 元，该款项被乙实业有限公司用于支付房租等日常经营开支；

2. 第 4－（3）项检验结果：支付 4,600,000 元，减收回 2,000,000 元，实际支付 2,600,000 元，乙实业有限公司将该款项借与省田园投资公司；

3. 第 4－（4）项检验结果：支付 500,000 元，乙实业有限公司用该款支付××市天桥油脂合成化工厂货款；

4. 第 4－（5）项检验结果：支付 1,500,000 元，乙实业有限公司将该款项支付××化轻集团总公司期货部。

上述甲国贸公司实际支付乙实业有限公司合计 4,944,742 元，其余36,044.90元，由甲国贸公司用于支付信用证费用及日常开支。

根据第 6 项检验结果，甲国贸公司支付 Ａ＊＊＊＊4661#信用证所用人民币5,256,479.76 元，系该公司 19××年 4 月 17 日收取香港戊实业有限公司汇来与Ａ＊＊＊＊0765#信用证相关款项的一部分。

（三）Ａ＊＊＊＊4661#信用证交易损失及损失承担

Ａ＊＊＊＊4661#信用证交易损失折合人民币 283,823.75 元，包括第一项论证所述结、付汇损失 275,692.86 元和第 5 项检验结果所列信用证费用8,130.89元。

甲国贸公司实际留用信用证相关款项折合人民币 49,634.01 元。包括留用结汇款人民币 36,044.90 元，收取乙实业有限公司两笔"保证金"计21,720元（见第 7、8 项检验结果），减去支付信用证费用 8,130.89 元（见第 5 项检验结果）。

乙实业有限公司实际留用信用证相关款项折合人民币 4,923,022 元。包括留用结汇款人民币 4,944,742 元，减去支付甲国贸公司 21,720 元"保证金"。

上述甲国贸公司与乙实业有限公司留用信用证相关款项折合人民币共计

4,972,656.01元。

申请人利用香港戊实业有限公司汇来 A＊＊＊＊0765#信用证相关款项，支付 A＊＊＊＊4661#信用证项下付汇款 5,256,479.76元。该项资金实际承担了 A＊＊＊＊4661#信用证交易损失 283,823.75元以及甲国贸公司与乙实业有限公司留用款 4,972,656.01元。

三、鉴定结论

根据对送检的财务会计资料及相关证据的检验分析结果确认：

（一）19××年10月7日，××中行开立 A＊＊＊＊4661#信用证，金额 632,800美元，申请人为甲国贸公司，受益人为×国欣欣有限公司。×国欣欣有限公司于19××年11月1日持该证在××国际银行贴现。

A＊＊＊＊4661#信用证项下款项的去向及用途为：

1. ××国际银行收取贴现利息及相关费用共计 22,385.04美元；

2. ×国欣欣有限公司留汇（含银行结算费用）25,312美元，扣除××国际银行银行结算费用 22,385.04美元，实际留汇 2,926.96美元；

3. 香港戊实业有限公司留汇（含银行结算费用）6,343美元；

4. 香港戊实业有限公司汇甲国贸公司 601,145美元，甲国贸公司于19××年11月5日收到 601,145美元，兑换人民币 4,980,786.90元；

5. 甲国贸公司利用结汇款折合人民币 36,044.90元，支付信用证费用及日常开支；

6. 乙实业有限公司利用结汇款折合人民币 4,944,742元，其中：用于支付房租等日常经营开支 344,742元；借与省田园投资公司 2,600,000元；支付××市天桥油脂合成化工厂货款 500,000元；支付××化轻集团总公司期货部 1,500,000元。

（二）中国银行××分行于19××年4月28日支付 A＊＊＊＊4661#信用证项下付汇 632,800美元。甲国贸公司于19××年4月28日支付中国银行××分行人民币 5,256,479.76元，购汇 632,800美元，用于支付该行付汇款。购汇所用人民币来源于该公司19××年4月17日收取香港戊实业有限公司汇来与 A＊＊＊＊0765#信用证相关款项的一部分。

（三）A＊＊＊＊4661#信用证交易中发生损失共计（折合人民币）283,823.75元。其中：结、付汇损失（即某国、香港两地银行及公司留汇折合人民币）275,692.86元，支付信用证费用折合人民币 8,130.89元。

另外，甲国贸公司留用 A＊＊＊＊4661#信用证相关款项折合人民币 49,634.01元，乙实业有限公司留用 A＊＊＊＊4661#信用相关证款项折合人民币 4,923,022元。

上述信用证交易损失及两公司留用 A＊＊＊＊4661#信用证相关款项折合人

民币共计 5,256,479.76 元，均由甲国贸公司利用香港戊实业有限公司汇入及 A
＊＊＊＊0765#信用证相关结汇款支付。

××市人民检察院司法鉴定中心

司法会计师：×××

司法会计师：×××

二○××年×月×日

司法会计鉴定书

×检技鉴〔20××〕第 17 号

根据××市公安局 20××年 3 月 5 日〔20××〕×公经字第 02 号《聘请
书》，受该局聘请，对乙实业有限公司董事长李××等人涉嫌信用证诈骗案涉及
的财务会计问题进行司法会计鉴定。

鉴定事项：确认中国银行××分行 19××年 11 月 1 日开立，受益人为×国
欣欣有限公司的 A＊＊＊＊5067#信用证相关资金去向、用途及信用证交易损益。

20××年 3 月 6 日至 6 月 11 日，由××市公安局经济犯罪侦查支队一大队
一中队警官×××、×××在场，在甲公司办公室对本案涉及的财务会计资料及
相关证据进行了技术检验。检验资料包括：（1）甲国贸公司（以下简称甲国贸
公司）财务会计资料；（2）乙实业有限公司（以下简称乙实业有限公司）19×
×年至 19××年财务会计资料；（3）中国银行××分行（以下简称××中行）、
××国际银行结算资料复印件。

一、检验

1. 甲国贸公司代理乙实业有限公司申请开立信用证依据

送检的甲国贸公司与乙实业有限公司签订的代理协议规定，乙实业有限公司
拟分批从某国购买电解铜、冷轧钢板等，然后转售香港，委托甲国贸公司为乙实
业有限公司开具 180 天远期信用证，代理有关转口手续，并以甲国贸公司的名义
与外商签订合同。货到香港后一个月内，港方将货款电汇至甲国贸公司账户。乙
实业有限公司在开证前五天内将银行要求的开证预付保证金以当日中国银行公布
的汇率折合成人民币划入甲国贸公司账户。收到外商电汇货款后，将其中的
50% 存入甲国贸公司留存账户，其余 50% 的货款由乙实业有限公司作为流动资
金使用。乙实业有限公司于信用证付款日前 10 个银行工作日将应对外支付金额
补足，划入甲国贸公司账户。转口贸易中涉及的有关手续均由甲国贸公司负责办
理，由此产生的一切费用，诸如银行费用、邮电费等，均由乙实业有限公司自
理。乙实业有限公司支付给甲国贸公司的代理费为卖出合同金额的 0.5%，以

200万美元为一个结算期，在收到香港电汇货款累计满200万美元后7日内支付给甲方。

2. 甲国贸公司申请开立A＊＊＊＊5067#信用证及开证保证金支付情况

19××年11月1日××中行开立见单180天付款A＊＊＊＊5067#信用证，金额1,130,000美元，申请人为甲国贸公司，受益人为×国欣欣有限公司（以下简称欣欣公司，信用证内容见信用证电传稿）。

甲国贸公司在××中行开立上述信用证前未支付开证保证金。后于19××年12月6日被××中行从甲国贸公司2＊＊＊＊0003账户中扣划保证金8,900,000元（见甲国贸公司19××年12月第20号付款记账凭证及附件）。

3. A＊＊＊＊5067#信用证贴现款项的支付情况

19××年11月26日，欣欣公司将A＊＊＊＊5067#信用证在××国际银行贴现，支付该行贴现利息及相关费用39,229.17美元，获贴现款1,090,770.83美元（见××国际银行支付通知）。同日，欣欣公司通过××国际银行支付香港戊实业有限公司1,079,150美元，支付电汇费用等费用120美元（见欣欣公司转账申请及××国际银行银行付款通知）。

19××年12月5日，甲国贸公司通过××中行收取香港戊实业有限公司汇入1,073,500美元（见中国银行19××年12月5日收账通知），结汇后兑换人民币8,898,026.80元存入××中行2＊＊＊＊0003账户，并编制19××年12月第7号收款凭证，作为"替乙实业有限公司收电解铜款"业务记账：贷记"应付账款——乙实业有限公司"账户。

4. 甲国贸公司所收人民币8,898,026.80元去向

19××年12月6日，××中行扣划甲国贸公司A＊＊＊＊5067#信用证保证金8,900,000元，转入甲国贸在该行的2＊＊＊＊6006保证金账户（见甲国贸公司19××年12月第20号付款记账凭证及附件）。

19××年4月22日，××中行将上述保证金中8,000,000万元转入甲国贸公司2＊＊＊＊0003账户（见甲国贸公司19××年4月第6号收款凭证及附件、银行凭证），当日，甲国贸公司签发7177#、7178#转账支票，分别转入建行市中支行××分理处和××市城市合作银行高新支行（注：《进账单》错列为建行高新支行）各4,000,000元定期存款（见甲国贸公司19××年4月第12号付款凭证及附件、银行凭证）。19××年4月23日分别提出并再次存入××中行2＊＊＊＊6006保证金账户8,000,000元（见甲国贸公司19××年4月第9号付款凭证及附件、银行凭证），分别收取建行302,950元和合作银行298,800元的定期存款利息，共计601,750元（见建行、合作银行存款本息结算凭证）。甲国贸公司19××年5月编制第1号收款凭证，将所收利息中597,600元，作为"收乙实业有限公司款"业务记账：贷记"应付账款——乙实业有限公司"账户；其

余 4,150 元作为利息收入记账。

甲国贸公司在处理上述定期存款业务中，没有明确核算有关定期存款及定期存款利息业务。

上述甲国贸公司存入××中行 2＊＊＊＊6006 账户的 8,900,000 元开证保证金去向：

（1）××中行于 19××年 4 月 24 日扣划 8,000,000.02 元并兑换为 964,866.79 美元，作为收回因垫付 A＊＊＊＊0765#信用证而形成的甲国贸公司信用证贷款（见×检技鉴〔20××〕第 19 号《司法会计鉴定书》第 6－（2）项检验结果）。

（2）检验甲国贸公司 19××年 5 月银行存款［中行］日记账第 6、7 页及相关凭证证实，其余保证金已于 19××年 5 月 7 日转出，用于支付"代××集团还款"及日常开支，含前述甲国贸公司所收人民币 8,898,026.80 元中的 898,026.78 元。

5. 甲国贸公司办理 A＊＊＊＊5067 信用证过程中，共支付××中行手续费及邮电费 14,678.91 元，均作为"垫付费"业务，贷记"其他应收款——乙实业有限公司"账户（见甲国贸公司 19××年 11 月第 2 号、第 4 号、第 16 号、第 29 号、第 32 号付款记账凭证及附件）。

6. A＊＊＊＊5067#信用证项下付汇情况

19××年 5 月 21 日，A＊＊＊＊5067#信用证项下付汇 1,130,000 美元。甲国贸公司未付款，款项由××中行垫付，并以"进口押汇"的名义转为甲国贸公司借款。甲国贸公司于 5 月 22 日支付××中行人民币 9,386,007.41 元，购汇 1,130,231.49 美元（汇率 8.3045 人民币元/美元），用于归还××中行借款 1,130,000 美元，折合人民币 9,384,085 元；用于归还××中行借款利息 231.49 美元，折合人民币 1,922.41 元。甲国贸公司编制 5 月第 10 号付款凭证，将上述付款 9,386,007.41 元均作为"替乙实业有限公司付信用证款"业务记账：借记"应付账款——乙实业有限公司"账户。

甲国贸公司用于支付上述购汇用人民币的主要款项来源：

（1）利用其他信用证相关结汇款 9,269,821.43 元，其中：

19××年 4 月 17 日，甲国贸公司收取香港戊实业有限公司汇来与 A＊＊＊＊0765#信用证相关款项 1,711,241 美元，兑换人民币 14,174,551.45 元，其中支付乙实业有限公司 12,000,000 元。乙实业有限公司收款后，于 4 月 25 日，支付甲国贸公司 1,500,000 元（详见×检技鉴〔20××〕第 19 号《司法会计鉴定书》第 4－（3）－⑤项检验结果）。

19××年 5 月 21 日，甲国贸公司收取香港戊实业有限公司汇来与 L＊＊＊＊7099#信用证相关款项 938,440.90 美元，兑换人民币 7,769,821.43 元（详见×检技鉴〔20××〕第 20 号《司法会计鉴定书》第 4 项检验结果）。

（2）其余116,185.98元由甲国贸公司从其银行存款中支付。

7. 甲国贸公司在19××年12月5日收取前述第4项检验结果所列 1,073,500美元款项后，曾于19××年1月7日支付乙实业有限公司人民币 5,000,000元。根据×检技鉴〔20××〕第25号《司法会计检验报告》，乙实业 有限公司后于2月26日和8月6日分别归还甲国贸公司1,000,000元和 2,085,840.50元，共计3,085,840.50元。甲国贸公司将所收款项分别用于支付 A＊＊＊3863#和B＊＊＊0262信用证项下付款。实际支付乙实业有限公司 1,914,159.50元。

乙实业有限公司收取甲国贸公司的1,914,159.50元，另加"代××商务有 限公司收回欠款"485,840.50元，分别用于支付：（1）××市天桥油脂合成化 工厂（王××）100,000元；（2）李××"签收1,500,000元和566,346元； （3）董××"签收33,654元。

二、论证

（一）A＊＊＊＊5067#信用证相关结、付汇损失及损失款去向

根据第3、6项检验结果计算证实，A＊＊＊＊5067#信用证项下付汇 1,130,000美元，收回相关外汇1,073,500美元，损失56,500美元。按各当日牌 价计算，损失人民币486,058.20元（9,384,085元－8,898,026.80元，含汇兑 损失人民币17,741元）。

根据第3项检验结果计算证实，上述损失款项的去向为：

1. ××国际银行留汇39,349.17美元：收取贴现利息及相关费用39,229.17 美元、付汇费用120美元。

2. 欣欣公司留汇（含银行结算费用）50,850美元：信用证金额1,130,000 美元－汇香戊实业港有限公司1,079,150美元。扣除××国际银行银行结算费用 39,349.17美元，实际留汇11,500.83美元。

3. 香戊实业港有限公司留汇（含银行结算费用）5,650美元：欣欣公司汇 入1,079,150美元－汇甲国贸公司1,073,500美元。

（二）A＊＊＊＊5067#信用证相关结汇款项去向与付汇款项来源

第4项检验结果证实，甲国贸公司收取香戊实业港有限公司汇入1,073,500 美元，兑换人民币8,898,026.80元，用于支付××中行开证保证金。该项保证 金后被用于支付A＊＊＊0765#信用证项下付汇用款8,000,000.02元。甲国贸 公司留用结汇款898,026.78元（8,898,026.80元－8,000,000.02元），用于支 付"代××集团还款"及日常开支。

第6项检验结果证实，甲国贸公司支付A＊＊＊＊5067#信用证所用人民币 来源：（1）A＊＊＊0765#、L＊＊＊7099#信用证相关结汇款9,269,821.43 元，包括：该公司19××年4月17日收取香港戊实业有限公司汇来与A＊＊＊

＊0765#信用证相关款项1,500,000元；该公司收取香港戊实业有限公司汇来与L＊＊＊7099#信用证相关的款项7,769,821.43；（2）其余116,185.98元，由该公司支付。

（三）A＊＊＊5067#信用证交易损失及损失承担

A＊＊＊5067#信用证交易损失折合人民币502,659.52元，包括第（一）项论证所述结、付汇损失486,058.20元；第5项检验结果所列信用证费用14,678.91元；第6项检验结果所列利息1,922.41元。

根据第7项检验结果，乙实业有限公司在香戊实业港有限公司汇入甲国贸公司A＊＊＊5067#信用证相关款项1,073,500美元后，收取甲国贸公司付款（差额）1,914,159.50元，外加乙实业有限公司收取××商务有限公司来款485,840.50元，共计2,400,000元，分别用于支付：（1）××市天桥油脂合成化工厂（王××）100,000元；（2）"李××"签收1,500,000元和566,346元；（3）"董××"签收33,654元。

上述信用证交易损失及乙实业有限公司收款共计2,416,819.02元（502,659.52元＋1,914,159.50元），分别由下列资金支付：

（1）甲国贸公司垫付人民币1,146,997.61元（不含保证金利息收入597,600元，见第4项检验结果）。其中：留用结汇款折合人民币898,026.78元，支付A＊＊＊5067#信用证项下付汇款使用人民币116,185.98元、支付信用证费用人民币14,798.91元，支付乙实业有限公司1,914,159.50元。

（2）根据论证（二）计算，甲国贸公司利用其他信用证相关结汇款折合人民币1,269,821.41元。其中：利用其他信用证相关结汇款支付A＊＊＊5067#信用证项下付汇9,269,821.43元，减利用A＊＊＊5067#信用证相关款项付其他信用证款8,000,000.02元。

三、鉴定结论

根据对送检的财务会计资料及相关证据的检验分析结果确认：

（一）19××年11月1日中国银行××分行开立A＊＊＊5067#信用证，金额1,090,770.83美元，申请人为甲国贸公司，受益人为×国欣欣有限公司。×国欣欣有限公司于19××年11月26日持该证在××国际银行贴现。

A＊＊＊4661#信用证项下款项的去向及用途为：

1. ××国际银行收取贴现利息及相关费用共计39,349.17美元；

2. ×国欣欣有限公司留汇（含银行结算费用）50,850美元，扣除××国际银行银行结算费用39,349.17美元，实际留汇11,500.83美元；

3. 香戊实业港有限公司留汇（含银行结算费用）5,650美元；

4. 香戊实业港有限公司汇甲国贸公司1,073,500美元，甲国贸公司于19××年12月5日收到1,073,500美元，兑换人民币8,898,026.80元；

5. 甲国贸公司将 8,898,026.80 元均用于支付 ×× 中行开证保证金，后提取该项保证金用于支付 A＊＊＊＊0765#信用证项下付款 8,000,000.02 元，其余 899,998 元用于支付"代 ×× 集团还款"及日常开支。

（二）19×× 年 5 月 21 日，中国银行 ×× 分行支付 A＊＊＊＊5067#信用证项下付汇 1,130,000 美元。甲国贸公司于 19×× 年 5 月 22 日支付中国银行 ×× 分行人民币 9,386,007.41 元，购汇 1,130,231.49 美元，用于归还中国银行 ×× 分行付汇款 1,130,000 美元及垫款利息 231.49 美元。甲国贸公司购汇所用人民币来源为：（1）该公司 19×× 年 4 月 17 日收取香港戊实业有限公司汇来与 A＊＊＊＊0765#信用证相关款项 1,500,000 元；（2）L＊＊＊＊7099#信用证相关的款项 7,769,821.43；（3）其余 116,185.98 元，从该公司存款中支付。

（三）A＊＊＊＊5067#信用证交易中发生损失共计（折合人民币）502,659.52 元。其中：结、付汇损失（即某国、香港两地银行及公司留汇折合人民币）486,058.20 元、支付信用证费用折合人民币 14,798.91 元、支付银行垫款利息折合人民币 1,922.41 元。

乙实业有限公司留用相关款项折合人民币 1,914,159.50 元。

上述信用证交易损失及乙实业有限公司留用信用证相关款项折合人民币共计 2,416,939.12 元，甲国贸公司已承担付款人民币 1,147,119.59 元，利用 A＊＊＊＊0765#、L＊＊＊＊7099#信用证相关结汇款付款 1,269,819.43 元。

×× 市人民检察院司法鉴定中心
司法会计师：×××（签名）
司法会计师：×××（签名）
二○×× 年 × 月 × 日

司法会计鉴定书

×检技鉴〔20××〕第 18 号

根据 ×× 市公安局 20×× 年 3 月 5 日〔20××〕×公经字第 02 号《聘请书》，受该局聘请，对乙实业有限公司董事长李 ×× 等人涉嫌信用证诈骗案涉及的财务会计问题进行司法会计鉴定。

鉴定事项：确认中国银行 ×× 分行 19×× 年 1 月 20 日开立的，受益人为 ×国欣欣有限公司的 B＊＊＊0262#信用证相关资金去向、用途及信用证交易损益。

20×× 年 3 月 6 日至 4 月 11 日，由 ×× 市公安局经济犯罪侦查支队一大队一中队警官 ×××、××× 在场，在甲公司办公室对本案涉及的财务会计资料及相关证据进行了技术检验。检验资料包括：（1）甲国贸公司（以下简称甲国贸公司）财务会计资料；（2）乙实业有限公司（以下简称乙实业有限公司）19××年至19××年财务会计资料；（3）中国银行××分行（以下简称××中行）、××国际银行、交通银行高新技术开发区支行（以下简称开发区交行）结算资料复印件。

一、检验

1. 甲国贸公司代理乙实业有限公司申请开立信用证依据

送检的甲国贸公司与乙实业有限公司签订的代理协议规定，乙实业有限公司拟分批从某国购买电解铜、冷轧钢板等，然后转售香港，委托甲国贸公司为乙实业有限公司开具180天远期信用证，代理有关转口手续，并以甲国贸公司的名义与外商签订合同。货到香港后一个月内，港方将货款电汇至甲国贸公司账户。乙实业有限公司在开证前五天内将银行要求的开证预付保证金以当日中国银行公布的汇率折合成人民币划入甲国贸公司账户。收到外商电汇货款后，将其中的50%存入甲国贸公司留存账户，其余50%的货款由乙实业有限公司作为流动资金使用。乙实业有限公司于信用证付款日前10个银行工作日将应对外支付金额补足，划入甲国贸公司账户。转口贸易中涉及的有关手续均由甲国贸公司负责办理，由此产生的一切费用，诸如银行费用、邮电费等，均由乙实业有限公司自理。乙实业有限公司支付给甲国贸公司的代理费为卖出合同金额的0.5%，以200万美元为一个结算期，在收到香港电汇货款累计满200万美元后7日内支付给甲方。

2. 甲国贸公司申请开出B＊＊＊＊0262#信用证及开证保证金支付情况

19××年1月20日××中行开立B＊＊＊＊0262#信用证，金额为1,391,950美元，申请人为甲国贸公司，受益人为×国欣欣有限公司（以下简称欣欣公司，信用证内容见信用证电传稿）。

经检验甲国贸公司会计资料及其送检的××中行保证金账户资料证实，甲国贸公司在××中行开出B＊＊＊＊0262#信用证前未支付开证保证金。后于19××年3月5日被××中行从甲国贸公司2＊＊＊＊0003账户扣划保证金3,500,000元，转入甲国贸在该行的2＊＊＊＊6006保证金账户（见甲国贸公司19××年3月第5号付款记账凭证及附件）。

3. B＊＊＊＊0262#信用证贴现款项的支付情况

19××年2月6日，欣欣公司将B＊＊＊＊0262#信用证在××国际银行贴现，支付该行贴现利息及相关费用49,854.63美元，获贴现款1,342,095.37美元（见××国际银行支付通知）。同日，欣欣公司通过××国际银行支付香港庚国际有限公司（GOLD LEGEND INTERNATIONAL LTD）1,338,358.50美元，支付电汇费用等费用120美元（见欣欣公司转账申请及××国际银行银行付款通知）。

19××年3月4日，甲国贸公司通过××中行收取香港戊实业有限公司汇入699,985美元，兑换人民币5,798,395.75元存入××中行2＊＊＊＊0003账户（见中国银行19××年3月4日收账通知），并编制19××年3月第2号收款凭证，作为"替乙实业有限公司收出口电解铜款"业务，贷记"应付账款——乙实业有限公司"账户。

4. 甲国贸公司兑换人民币5,798,395.75元的去向

（1）甲国贸公司留用3,698,395.75元。

其一：19××年3月5日，××中行从甲国贸2＊＊＊＊0003账户扣划B＊＊＊＊0262#信用证开证保证金3,500,000元，转入甲国贸在该行的2＊＊＊＊6006保证金账户（见甲国贸公司19××年3月第5号付款记账凭证及附件）。甲国贸公司于19××年5月7日转出上述保证金，检验甲国贸公司19××年5月银行存款（中行）日记账及相关凭证证实，该款项被用于支付"代××集团还款"及日常开支。

其二：检验甲国贸公司19××年银行存款（中行）账簿第3、4页及相关凭证证实，其余198,395.75元由甲国贸公司用于日常开支。

（2）19××年3月5日，甲国贸公司签发××中行7204#支票，转入开发区交行甲国贸公司6＊＊＊＊4097账户2,100,000元（见甲国贸公司19××年3月第5号付款记账凭证及附件）；3月6日签发开发区交行2810#支票，支付乙实业有限公司2,100,000元（李××经收），并编制19××年3月第6号付款记账凭证，作为"付乙实业有限公司款"业务记账：借记"应付账款——乙实业有限公司"账户。乙实业有限公司于19××年3月6日出具№01171573收款收据，列明"转账支票一张"，将款项存于开发区交行6370252012087账户，后转存槐荫农行59872030412账户（见乙实业有限公司19××年4月第530号转账凭证及附件）。19××年10月，乙实业有限公司编制第403号记账凭证（无附件），借记"预收账款——甲国贸公司"、贷记"银行存款——农行槐荫支行"各2,100,000元；19××年4月编制502号记账凭证，将19××年10月第403号记账凭证所列借记"预收账款——甲国贸公司"账户调整为借记"其他应收款——李××"账户，并附有"李××"4月13日签字的《支票借用单》。

5. 甲国贸公司办理前述B＊＊＊＊0262#信用证，共支付××中行手续费及邮电费17,596.48元，并作为"垫付进口开证手续费"业务，贷记"应付账款——乙实业有限公司"账户（见甲国贸公司19××年1月第11号付款凭证及附件）。

6. B＊＊＊＊0262#信用证项下付汇情况

19××年8月4日，××中行支付B＊＊＊＊0262#信用证项下付汇1,391,950美元。甲国贸公司支付××中行人民币8,160,000元，购汇982,812.82美元，支付×

××中行，并编制 8 月第 1 号付款凭证作为"替乙实业有限公司付信用证款"业务记账：借记"应付账款——乙实业有限公司"账户；其余 409,137.18 美元，由××中行垫付，折合人民币 3,391,869.96 元，甲国贸公司编制 8 月第 3 号转账凭证作为"中行借款替乙实业有限公司付信用证款"业务记账：借记"应付账款——乙实业有限公司"、贷记"短期借款——中行——美元借款"账户。

甲国贸公司用于支付上述购汇用人民币 8,160,000 元的主要款项来源：

（1）19××年 8 月 4 日，甲国贸公司"收乙实业有限公司款"两笔计 3,000,000 元，后于 19××年 11 月 24 日补开№0798143 收款收据，账务处理为贷记"应付账款——乙实业有限公司"（见甲国贸公司 19××年 8 月第 1 号收款凭证及附件）。甲国贸公司所收款项均来源于××商务有限公司（以下简称××公司）。其中，××公司于 8 月 4 日签发中国工商银行××解放路中路办事处 3682#支票支付 900,000 元；8 月 4 日签发中国投资银行××分行 6476#支票支付 2,100,000 元。乙实业有限公司于 19××年 11 月依据存入甲国贸公司上述 3,000,000 元款项的进账单及№0798143 收款收据，编制第 507 号记账凭证作为"××公司代付甲款"业务记账：借记"预收账款——甲国贸公司"、贷记"其他应收款——××公司"账户。××公司会计资料未送检。

（2）19××年 8 月 4 日，甲国贸公司从××中行转出开证保证金 2,160,000 元（见甲国贸公司 19××年 8 月第 1 号收款凭证及附件）。该项保证金来源于 19××年 4 月 21 日香港戊实业有限公司汇入甲国贸公司与 A＊＊＊0765#信用证相关款项（详见×检技鉴〔20××〕第 19 号《司法会计鉴定书》第 3 项检验结果）。

（3）19××年 8 月 4 日，甲国贸公司从××中行转出 19××年 6 月 13 日存入的开证保证金 3,00,000 元（见甲国贸公司 19××年 8 月第 1 号收款凭证及附件）。该保证金来源于甲国贸公司收取"××集团"保证金（见甲国贸 19××年 6 月第 2 号收款凭证、第 5、6 号付款凭证及附件）。

甲国贸公司归还××中行 409,137.18 美元信用证垫款情况如下：

（1）19××年 8 月 12 日，甲国贸公司支付××中行人民币 2,068,336.87 元，购汇 249,137.18 美元用于还××中行信用证垫款本金（见甲国贸公司 19××年 8 月第 3 号付款凭证及附件）；购汇所用人民币主要来源为 19××年 8 月 6 日收取上海丙国际贸易有限公司汇入 2,085,840.50 元（见甲国贸公司 19××年 8 月第 1 号收款凭证及附件），该款项系甲国贸公司 19××年 1 月 7 日付乙实业有限公司 5,000,000 元的回收款项（详见×检技鉴〔20××〕第 25 号《司法会计检验报告》第 4 项检验结果）。

（2）19××年 8 月 26 日，甲国贸公司付××中行人民币 415,070 元，购汇 50,000 美元归还××中行信用证贷款本金（见甲国贸公司 19××年 8 月第 6 号付款凭证及附件）；购汇所用人民币主要来源为 19××年 8 月 22 日收乙实业有限公司 400,000 元，该款项由××公司支付，甲国贸公司给乙实业有限公司出具了№0798144 收款收据，并编制 19××年 8 月第 4 号收款凭证，作为"收乙实业有限公司款"记账，贷记"应付账款——乙实业有限公司"账户。乙实业有限公司依据甲国贸公司银行存款进账单及收款收据，编制 19××年 8 月第 516 号记账凭证，作为"××公司代付甲款"业务记账：借记"预收账款——甲国贸公司"、贷记"其他应收款——××公司"账户。××公司会计资料未送检。

（3）19××年 8 月 28 日，甲国贸公司支付××中行人民币 166,032 元，购汇归还××中行信用证贷款本金 20,000 美元（见甲国贸公司 19××年 8 月第 7 号付款凭证及附件）。乙实业有限公司于 9 月 15 日通过××公司支付甲国贸公司人民币 150,000 元，编制 19××年 8 月第 516 号记账凭证，作为"××公司代付甲款"业务记账：借记"预收账款——甲国贸公司"、贷记"其他应收款——××公司"账户。甲国贸公司通过编制 19××年 9 月第 3 号记账凭证，将所收 150,000 元款项作为"收乙实业有限公司款"业务记账：贷记"应付账款——乙实业有限公司"账户。××公司会计资料未送检。

（4）19××年 8 月 29 日，三联国贸公司支付××行人民币 758,158.22 元，购汇 91,334.46 美元。其中，用于归还××中行信用证贷款本金 90,000 美元，折合人民币 747,081 元；用于支付××中行信用证贷款利息 1,334.46 美元，折合人民币 11,077.22 元（见甲国贸公司 19××年 8 月第 8 号付款凭证及附件），其中，支付利息所用人民币 11,077.22 元作为"替乙实业有限公司付垫款利息"业务记账：借记"应付账款——乙实业有限公司"账户。购汇所用人民币主要来源为甲国贸公司 19××年 8 月 28 日从××中行贷款人民币 800,000 元（见甲国贸公司 19××年 8 月第 5 号收款凭证及附件）。

二、论证

（一）B＊＊＊0262#信用证相关结、付汇损失及损失款去向

根据第 3、6 项检验结果计算，甲国贸公司支付 B＊＊＊0262#信用证项下付汇 1,391,950 美元，收回相关外汇 699,985 美元，损失 691,965 美元。按结、付汇日牌价计算，付汇折合人民币 11,556,943.27 元，收回相关外汇兑换人民币 5,798,395.75 元，结付汇损失人民币 5,758,547.52 元（含汇兑损失 26,586.25 元）。

根据第 3 项检验结果计算证实，上述损失款项的去向为：

1. ××国际银行收取 49,974.63 美元：收取贴现利息及相关费用 49,854.63 美元、付汇费用 120 美元。

2. 欣欣公司留汇（含银行结算费用）53,591.50 美元：信用证 1,391,950 美元 − 汇香港庚国际有限公司 1,338,358.50 美元。扣除××国际银行银行费用 49,974.63 美元，实际留汇 3,616.87 美元。

3. 香港公司（含庚国际有限公司、建登实业有限公司）留汇（含银行结算费用）638,373.50美元：欣欣公司汇入1,338,358.50美元 – 汇甲国贸公司699,985美元。

（二）信用证相关结汇款项去向与付汇款项来源

第4项检验结果表明，甲国贸公司收取香港戊实业有限公司汇入699,985美元，兑换为人民币5,798,395.75元，支付乙实业有限公司2,100,000元，其余3,698,395.75元由甲国贸公司用于支付"代××集团还款"及日常开支。

第6项检验结果表明，××中行B＊＊＊＊0262#信用证项下付汇1,391,950美元，按付汇日牌价计算付汇折合人民币11,556,943.27元。甲国贸公司支付××中行付汇款折合人民币11,556,519.87元（包括付汇日购汇用人民币8,160,000元，归还××中行垫汇购汇用人民币2,068,336.87元＋415,070元＋166,032元＋758,158.22元），与按付汇日牌价计算付汇折合人民币11,556,943.27元比较，形成汇兑收益（少付）人民币423.40元。甲国贸公司还另支付××中行垫款利息1,334.46美元，折合人民币11,077.22元，实际支付付汇款和利息折合人民币11,567,597.09元（付汇款11,556,519.87元＋利息11,077.22元）。该款项来源为：（1）甲国贸公司支付5,857,597.09元；（2）乙实业有限公司支付3,550,000元（均由××公司代付款）；（3）A＊＊＊＊0765#信用证相关款项2,160,000元。

（三）B＊＊＊＊0262#信用证交易损失及损失承担

B＊＊＊＊0262#信用证交易损失折合人民币5,786,797.82元：第（一）项论证所述结、付汇损失5,758,547.52元，加第5项检验结果所列信用证费用17,596.48元，加第6－（4）项检验结果所列归还银行垫款利息11,077.22元，减去第（二）论证所述归还银行垫款汇兑收益423.40元。

上述损失分担情况如下：

1. 甲国贸公司付款2,176,979.82元。

甲国贸公司支付信用证付款5,857,597.09元及信用证费用17,596.48元，减去留用结汇款人民币3,698,395.75元。

2. 乙实业有限公司付款1,450,000元。

乙实业有限公司支付信用证付款3,550,000元，减去留用结汇款人民币2,100,000元。

3. 利用A＊＊＊＊0765#信用证相关结汇款支付2,160,000元。

三、鉴定结论

根据对送检的财务会计资料及相关证据的检验分析结果确认：

（一）19××年1月20日，中国银行××分行开立B＊＊＊＊0262#信用证，金额1,391,950美元，申请人为甲国贸公司，受益人为×国欣欣有限公司。×国欣欣有限公司于19××年2月6日持该证在××国际银行贴现。

B＊＊＊＊0262#信用证项下款项的去向、用途为：

1. ××国际银行收取贴现利息及相关费用共计49,974.63美元；

2. ×国欣欣有限公司（含银行结算费用）53,591.50美元，扣除××国际银行银行费用49,974.63美元，实际留汇3,616.87美元；

3. 香港公司（含庚国际有限公司、戊实业有限公司留汇（含银行结算费用）638,373.50美元；

4. 香港戊实业有限公司汇甲国贸公司699,985美元。甲国贸公司于19××年3月4日收到699,985美元，兑换人民币5,798,395.75元；

5. 甲国贸公司利用结汇款折合人民币3,698,395.75元，支付"代××集团还款"及日常开支；

6. 乙实业有限公司"李××"利用结汇款折合人民币2,100,000元。

（二）19××年8月4日中国银行××分行支付B＊＊＊＊0262#信用证项下款1,391,950美元，除收取甲国贸公司（支付人民币8,160,000元购汇）982,812.82美元外，中国银行××分行垫付409,137.18美元。19××年8月12日至29日，甲国贸公司先后四次支付××中行人民币计3,407,597.09元，购汇410,471.64美元，归还中国银行××分行信用证垫款本金409,137.18美元及利息1,334.46美元。

甲国贸公司支付B＊＊＊＊0262#信用证项下付款及相关利息所用人民币11,567,597.09元款项来源包括：甲国贸公司支付5,857,597.09元、乙实业有限公司支付3,550,000元、利用A＊＊＊＊0765#信用证相关结汇款垫付2,160,000元。

（三）B＊＊＊＊0262#信用证交易中发生损失共计（折合人民币）5,786,797.82元。其中：结、付汇损失（即某国、香港两地银行及公司留汇折合人民币）5,758,547.52元、支付信用证费用折合人民币17,596.48元、支付银行垫款利息折合人民币11,077.22元，支付银行垫款获汇兑收益折合人民币423.40元。

上述信用证交易损失，已由甲国贸公司承担人民币2,326,979.82元，由乙实业有限公司承担人民币1,300,000元，利用A＊＊＊＊0765#信用证相关结汇款承担人民币2,160,000元。

××市人民检察院司法鉴定中心

司法会计师：×××（签名）

司法会计师：×××（签名）

二○××年×月×日

司法会计鉴定书

×检技鉴〔20××〕第 19 号

根据××市公安局 20××年 3 月 5 日〔20××〕×公经字第 02 号《聘请书》，受该局聘请，对乙实业有限公司董事长李×× 等人涉嫌信用证诈骗案涉及的财务会计问题进行司法会计鉴定。

鉴定事项：确认中国银行××分行 19××年 3 月 25 日开立的，受益人为×国欣欣有限公司的 A＊＊＊＊0765#信用证相关资金去向、用途及信用证交易损益。

20××年 3 月 6 日至 4 月 11 日，由××市公安局经济犯罪侦查支队一大队一中队警官×××、×××在场，在甲公司办公室对本案涉及的财务会计资料及相关证据进行了技术检验。检验资料包括：（1）甲国贸公司（以下简称甲国贸公司）财务会计资料；（2）乙实业有限公司（以下简称乙实业有限公司）19××年至 19××年财务会计资料；（3）中国银行××分行（以下简称××中行）、××国际银行结算资料复印件。

一、检验

1. 甲国贸公司代理乙实业有限公司申请开立信用证依据

送检的甲国贸公司与乙实业有限公司签订的代理协议规定，乙实业有限公司拟分批从某国购买电解铜、冷轧钢板等，然后转售香港，委托甲国贸公司为乙实业有限公司开具 180 天远期信用证，代理有关转口手续，并以甲国贸公司的名义与外商签订合同。货到香港后一个月内，港方将货款电汇至甲国贸公司账户。乙实业有限公司在开证前五天内将银行要求的开证预付保证金以当日中国银行公布的汇率折合成人民币划入甲国贸公司账户。收到外商电汇货款后，将其中的 50% 存入甲国贸公司留存账户，其余 50% 的货款由乙实业有限公司作为流动资金使用。乙实业有限公司于信用证付款日前 10 个银行工作日将应对外支付金额补足，划入甲国贸公司账户。转口贸易中涉及的有关手续均由甲国贸公司负责办理，由此产生的一切费用，诸如银行费用、邮电费等，均由乙实业有限公司自理。乙实业有限公司支付给甲国贸公司的代理费为卖出合同金额的 0.5%，以 200 万美元为一个结算期，在收到香港电汇货款累计满 200 万美元后 7 日内支付给甲方。

2. 甲国贸公司申请开出 A＊＊＊＊0765#信用证及开证保证金支付情况

19××年 3 月 25 日，××中行开立 A＊＊＊＊0765#信用证，金额 1,806,075 美元，申请人为甲国贸公司，受益人为×国欣欣有限公司（以下简称欣欣公司，信用证内容见信用证电传稿）。

经检验甲国贸公司会计资料及其××中行保证金账户资料证实，甲国贸公司在××中行开出 A＊＊＊＊0765#信用证前未支付开证保证金。后于 19××年 4月 21 日支付××中行保证金 2,160,000 元（见甲国贸公司 19××年 4 月第 10 号付款记账凭证及附件）。

3. A＊＊＊＊0765#信用证贴现款项的支付情况

19××年 4 月 15 日，欣欣公司将 A＊＊＊＊0765#信用证在××国际银行贴现，支付该行贴现利息及相关费用 68,805.51 美元，获贴现款 1,737,269.49 美元（见××国际银行支付通知）。同日，欣欣公司通过××国际银行支付香港戊实业有限公司 1,733,832 美元，支付电汇费用等费用 120 美元（见欣欣公司转账申请及××国际银行银行付款通知）。

19××年 4 月 17 日，甲国贸公司通过××中行收取香港戊实业有限公司汇入 1,711,241 美元，兑换人民币 14,174,551.45 元存入××中行 2＊＊＊＊0003 账户（见中国银行 19××年 4 月 17 日收账通知），并编制 19××年 4 月第 4 号收款凭证，作为"替乙实业有限公司收出口电解铜款"业务，贷记"应付账款——乙实业有限公司"账户。

4. 甲国贸公司兑换人民币 14,174,551.45 元去向及用途：

（1）支付 B＊＊＊＊0262#信用证项下付汇 2,160,000 元

19××年 4 月 21 日，甲国贸公司支付 A＊＊＊＊0765#信用证开证保证金 2,160,000 元（见甲国贸公司 19××年 4 月第 10 号付款凭证及附件）。后于 19××年 8 月 4 日提出，用于支付 B＊＊＊＊0262#信用证项下付汇（详见×检技鉴〔20××〕第 18 号《司法会计鉴定书》第 6 -（2）项检验结果）。

（2）19××年 4 月 21 日，甲国贸公司签发××中行 7225#支票转入工行开发区支行 3104778157 账户 12,000,000 元（见甲国贸公司 19××年 4 月第 10 号付款凭证及附件）。4 月 22 日从工行开发区支行签发 6776#支票付乙实业有限公司 12,000,000 元（李××经收），并编制 4 月第 11 号付款凭证作为"付乙实业有限公司冷轧钢板款"业务记账：借记"应付账款——乙实业有限公司"账户。当日，乙实业有限公司将所收 12,000,000 元存入其工行开发区支行 3106915196 账户，并编制 4 月 304 号转账凭证，作为"甲公司所属国际贸易转款"业务记账：贷记"预收账款——甲国贸公司"账户。

（3）检验甲国贸公司 19××年 5 月银行存款［中行］账簿及相关凭证证实，其余结汇款人民币 14,551.45 元已用于日常开支。

（4）关于第 2 项检验结果所述乙实业有限公司收取甲国贸公司 12,000,000 元款项去向：

①支付 L＊＊＊＊7099 信用证项下付款 2,470,000 元

19××年 4 月 24 日，乙实业有限公司签发工行开发区支行 1808#支票，存入工行解放路中路分理处 2,470,000 元定期存款（见乙实业有限公司 19××年 4

月第 417 号付款凭证及附件），作为 L＊＊＊＊7099 信用证开证保证金，后于 19
×× 年 11 月 7 日提出支付 L＊＊＊＊7099 信用证项下付汇（详见 × 检技鉴〔20
××〕第 20 号《司法会计鉴定书》第 6—（1）项检验结果）。

　　②支付甲国贸公司 5,300,000 元，其中 5,256,479.76 元用于支付 A＊＊＊
＊4661 信用证项下付款，余款 43,520.24 元，被甲国贸公司用于日常开支。

　　19×× 年 4 月 25 日，乙实业有限公司签发工行开发区支行 1804# 支票支付甲
国贸公司 5,300,000 元，并作为减少预收账款业务进行了账务处理（见乙实业有
限公司 19×× 年 4 月第 421 号付款凭证及附件）。该款项被存入甲国贸公司 ××
中行账户（见甲国贸公司 19×× 年 4 月第 8 号收款凭证），后用于 4 月 28 日支
付 A＊＊＊＊4661 信用证项下付汇 5,256,479.76 元（详见 × 检技鉴〔20××〕
第 16 号《司法会计鉴定书》第 6 项检验结果）。

　　③支付经营费用 300,000 元

　　19×× 年 4 月 25 日，乙实业有限公司签发工行开发区支行 1809# 支票，支付
×× 华鲁大酒店房款 300,000 元，并编制 19×× 年 4 月第 421 号转账凭证，作为
应收华鲁大酒店账款进行了账务处理（见乙实业有限公司 19×× 年 4 月第 421
号付款凭证及附件）。

　　④支付期货保证金 200,000 元

　　19×× 年 4 月 25 日，乙实业有限公司签发工行开发区 1803# 支票，由"赵延
波"经手支付 ×× 商品交易市场（泉鑫期货经纪有限公司）期货保证金 200,000
元，并编制 19×× 年 4 月第 420 号转账凭证，作为短期投资进行了账务处理。

　　⑤支付 A＊＊＊＊5067 信用证项下付汇用人民币 1,500,000 元

　　19×× 年 5 月 21 日，乙实业有限公司签发工行开发区支行 3033# 支票，支付
甲国贸公司 1,500,000 元（见乙实业有限公司 19×× 年 4 月第 410 号付款凭证及
附件）。甲国贸公司将 1,500,000 元存入 ×× 中行 2＊＊＊＊0003 账户，并编制
5 月第 5 号收款凭证，作为应付乙实业有限公司账款进行了账务处理，19×× 年
11 月 24 日补开收据，列明"开证款"，该款项于 19×× 年 5 月 22 日用于支付 A
＊＊＊＊5067 信用证项下付汇（详见 × 检技鉴〔20××〕第 17 号《司法会计鉴
定书》第 6 项检验结果）。

　　⑥支付股票申购款 545,000 元

　　19×× 年 5 月 21 日，乙实业有限公司签发工行开发区支行 5555# 支票，支付
"刘志谊"申购新股款 545,000 元（股东资金账号 31124928#，储蓄账号
60170014748716020#），并编制 19×× 年 5 月第 410 号记账凭证，作为"刘志
谊"借款，列"其他应收款"进行了账务处理。

　　⑦支付甲国贸公司 130,000 元

　　19×× 年 5 月 23 日，乙实业有限公司签发工行开发区支行 3037# 支票，支付

甲国贸公司 130,000 元（见乙实业有限公司 19××年 5 月第 414 号记账凭证及附件）。同日，甲国贸公司收到 130,000 元，后于 19××年 11 月 24 日补开 0798147#收款收据，并编制 19××年 5 月第 9 号收款记账凭证，作为应付乙实业有限公司账款处理。

⑧支付 A＊＊＊＊0765#信用证项下付汇用人民币 700,000 万元、LC97116 信用证项下付汇用人民币 800,000 元

19××年 5 月 28 日，乙实业有限公司签发工行开发区支行 3043#支票，存入工行开发区支行 1,500,000 元定期存款，（见乙实业有限公司 19××年 4 月第 416 号付款凭证及附件），作为 L＊＊＊＊7099 信用证开证保证金（详见×检技鉴〔20××〕第 20 号《司法会计鉴定书》第 6 项检验结果）。该项保证金于 19××年 11 月 28 日提出，用于支付信用证付汇。其中：19××年 12 月 12 日转付甲国贸公司 700,000 万元，用于支付 A＊＊＊＊0765#信用证项下付汇（见本鉴定书所列第 6－（1）－②项检验结果）；其余 800,000 元，乙实业有限公司于 19××年 12 月 10 日用于支付 LC97116 信用证项下付汇（详见×检技鉴〔20××〕第 21 号《司法会计鉴定书》第 6－（4）项检验结果）

⑨检验乙实业有限公司银行存款账户资料证实，该公司所收甲国贸公司支付的 12,000,000 元，除用于上述支出外，其余 55,000 元用于支付日常开支。

5. 甲国贸公司办理前述 A＊＊＊＊0765#信用证，共支付××中行手续费及邮电费 22,757.31 元，并作为"垫付进口开证手续费、邮电费"业务，贷记"应付账款——乙实业有限公司"账户（见甲国贸公司 19××年 4 月第 3 号付款记账凭证及附件）。

6. A＊＊＊＊0765#信用证项下付汇情况

19××年 10 月 14 日，A＊＊＊＊0765#信用证项下付汇 1,806,075 美元。甲国贸公司于支付××中行人民币 50,395.16 元，按 8.2955 人民币/美元汇率购汇 6,075 美元，用于支付部分款项，甲国贸公司编制 10 月第 10 号付款凭证作为"替乙实业有限公司付信用证款"业务记账；借记"应付账款——乙实业有限公司"账户，该款项来源于与 A＊＊＊＊2465#信用证相关结汇款（见详见×检技鉴〔20××〕第 22 号《司法会计鉴定书》第 4 项检验结果）；其余 1,800,000 美元（折合人民币 1,493,190 元）由××中行垫付，并转为甲国贸公司信用证贷款（见中国银行 19××年 10 月 14 日借款凭证）。甲国贸公司编制 19××年 1 月第 5－22 号转账凭证将中行信用证贷款作为"中行垫款替乙实业有限公司付汇"业务记账：借记"应付账款——乙实业有限公司"、贷记"其他应付款——中行——乙实业有限公司"账户。

甲国贸公司归还××中行垫付 1,800,000 美元情况如下：

（1）19××年 12 月 22 日，三联国贸公司付××中行人民币 1,000,000

元，购汇 120,596.71 美元，其中，用于归还××中行信用证贷款本金96,437.15美元，折合人民币 799,666.50 元；支付××中行信用证贷款利息 24,159.56 美元，折合人民币 200,333.50 元（见甲国贸公司 19××年 1 月第 4－07 号付款凭证及附件）。其中，将支付利息所用人民币 200,333.50 元作为"替乙实业有限公司付垫款利息"业务记账：借记"应付账款——乙实业有限公司"账户。购汇所用人民币主要款项来源为：

①甲国贸公司支付 300,000 元。其中：甲国贸公司 19××年 12 月 1 日收回其 11 月 25 日支付乙实业有限公司的 250,000 万元（见甲国贸公司 19××年 12 月第 1 号收款凭证、11 月第 8 号付款凭证及其附件），检验乙实业有限公司财务会计资料证实，甲国贸支付的 250,000 万元被存入乙实业有限公司工商行3106915196 账户，后乙实业有限公司签发该账户支票归还甲国贸 250,000 元，乙实业有限公司对该项收、付款仅作为银行存款收付业务进行了处理（见乙实业有限公司 19××年 12 月第 302 号记账凭证及附件）。其余 50,000 元从甲国贸公司存款中支付。

②乙实业有限公司支付 700,000 元。甲国贸公司 19××年 12 月 12 日收取乙实业有限公司 700,000 万元（见甲国贸公司 19××年 12 月第 6 号收款凭证及附件），当日转存入中行账户（见甲国贸公司 19××年 12 月第 6 号付款凭证及附件），乙实业有限公司编制 19××年 12 月第 404 号记账凭证作为减少预收甲国贸公司账款进行了账务处理。乙实业有限公司所付款项的来源见本计鉴定书第4－（3）－⑧项检验结果。

（2）19××年 4 月 24 日，甲国贸公司支付××中行人民币 8,000,000.02元，购汇 964,866.79 美元，用于归还××中行信用证贷款本金（见甲国贸公司19××年 4 月第 4－11 号付款凭证及附件）。购汇所用人民币主要款项来源于 19××年 12 月 5 日甲国贸公司收取香戊实业港有限公司与 A＊＊＊＊5067#信用证有关的款项（详见×检技鉴〔20××〕第 17 号《司法会计鉴定书》第 4 项检验结果）。

（3）甲公司于 2001 年 2 月 15 日从××中行贷款 738,300 美元（汇率8.2889 人民币/美元，折合人民币 6,119,694.87 元），代甲国贸集团归还××中行信用证贷款本金（见甲公司 2001 年 12 月第 0128 号记账凭证及附件）。甲国贸公司于 2001 年 12 月 14 日给甲公司出具№0864439 收款收据。

（4）上述甲国贸公司归还中行信用证贷款本金 1,805,678.94 美元，尚余396.06 美元。检验甲国贸公司会计资料，未见其归还××中行余款的记录。

二、论证

（一）A＊＊＊＊0765#信用证相关结、付汇损失及损失款去向

根据第 3、6 项检验结果计算，A＊＊＊＊0765#信用证项下付汇1,806,075美

元，收回相关外汇 1,711,241 美元，损失 94,834 美元。按结、付汇日汇率计算，付汇折合人民币 14,982,295.16 元，收回相关外汇折合人民币 14,174,551.45 元，结、付汇损失 94,834 美元折合人民币 870,743.71 元（含汇兑损失22,214.72元）。

根据第 3 项检验结果计算证实，上述损失款项的去向为：

1. ××国际银行收取 68,925.51 美元：收取贴现利息及相关费用68,805.51 美元、付汇费用 120 美元。

2. 欣欣公司留汇（含银行结算费用）72,243 美元，信用证 1,806,075 美元－汇香港戊实业有限公司 1,733,832 美元。扣除××国际银行银行费用 68,925.51 美元，实际留汇 3,317.49 美元。

3. 香港戊实业有限公司留汇（含银行结算费用）22,591 美元：欣欣公司汇入 1,733,832 美元－汇甲国贸公司 1,711,241 美元。

（二）A＊＊＊＊0765#信用证相关结汇款项去向

第 3、4 项检验结果表明，甲国贸公司收取香港戊实业有限公司汇入 1,711,241 美元，兑换人民币 14,174,551.45 元，该项人民币去向：

1. 甲国贸公司留用 188,071.69 元，用于日常开支。包括：

（1）直接留用 14,551.45 元：结汇款 14,174,551.45 元，减4－（1）项检验结果所列付汇款 2,160,000 元，减4－（2）项检验结果所列支付乙实业有限公司 12,000,000 元；

（2）收回付盛阳公司款 43,520.24 元：4－（3）－②项检验结果所列收回乙实业有限公司 5,300,000 元，减付汇用 5,256,479.76 元；

（3）第 4－（3）－⑦项检验结果所列收回付乙实业有限公司款130,000元。

2. 乙实业有限公司留用 1,800,000 元。包括：

（1）第 4－（3）－③项检验结果所列支付经营费用 300,000 元；

（2）第 4－（3）－④项检验结果所列支付期货保证金 200,000 元；

（3）第 4－（3）－⑥项检验结果所列支付股票申购款 545,000 元；

（4）第 4－（3）－⑧项检验结果所列支付 A＊＊＊＊0765#信用证项下付汇 700,000 元；

（5）第 4－（3）－⑨项检验结果所列用于日常开支 55,000 元。

3. 支付其他信用证付汇用款 12,186,479.76 元。包括：

（1）第 4－（1）项检验结果所列支付 B＊＊＊＊0262#信用证项下付汇 2,160,000元；

（2）第 4－（3）－①项检验结果所列支付 L＊＊＊＊7099 信用证项下付汇用人民币 2,470,000 元；

（3）第 4－（3）－②项检验结果所列支付 A＊＊＊＊4661 信用证项下付汇用人民币 5,256,479.76 元；

（4）第4 -（3）-⑤项检验结果所列支付A＊＊＊＊5067信用证项下付汇用人民币1,500,000元；

（5）第4 -（3）-⑧项检验结果所列支付LC97116信用证项下付汇用人民币800,000元。

（三）A＊＊＊＊0765#信用证付汇款项来源

第6项检验结果表明，××中行A＊＊＊＊0765#信用证项下付汇1,806,075美元，折合人民币14,982,295.16元。根据第6项检验结果计算，××中行实际垫付396.06美元，按付汇日汇率折合人民币3,285.51元；甲国贸公司付汇1,805,678.94美元（6,075美元＋96,437.15美元＋964,866.79美元＋738,300美元），按付汇日汇率计算购汇折合人民币14,979,009.65元，实际支付购汇款及付汇款折合人民币14,969,756.55元，形成汇兑收益（少付）9,253.10元。甲国贸公司还另支付××中行垫款利息24,159.56美元，折合人民币200,333.50元，实际支付付汇款及利息折合人民币15,170,090.05元（付汇款14,969,756.55元＋利息200,333.50元）。该款项来源为：

1. 甲国贸公司支付300,000元：6 -（1）项检验结果所列购汇用人民币1,000,000元，减乙实业有限公司付款700,000元；

2. 乙实业有限公司支付700,000元：6 -（1）-②项检验结果所列甲国贸公司收取乙实业有限公司700,000元用于购汇；

3. 利用其他信用证相关结汇款付汇8,350,395.18元：第6项检验结果所列利用A＊＊＊＊2465#信用证相关结汇款50,395.16元、6 -（2）项检验结果所列利用A＊＊＊＊5067#信用证相关款项8,000,000.02元；

4.6 -（3）项检验结果所列甲公司代付738,300美元，折合人民币6,119,694.87元。

（四）A＊＊＊＊0765#信用证交易损失及损失承担

A＊＊＊＊0765#信用证发生交易损失折合人民币1,021,581.42元：第（一）项论证所述结、付汇损失870,743.71元，加第5项检验结果所列支付信用证费用22,757.31元，加第6 -（1）项检验结果所列归还银行垫款利息200,333.50元，减去论证（二）所述归还银行垫款汇兑收益9,253.10元。

乙实业有限公司实际留用A＊＊＊＊0765#信用证相关款项折合人民币1,100,000元：第（二）-2项论证所述留用结汇款人民币1,800,000元，减去第（三）-2项论证所述付汇用人民币700,000元。

利用A＊＊＊＊0765#信用证相关款项支付其他信用证付汇用款折合人民币4,136,084.58元：第（二）-3项论证所述付汇用款人民币12,186,479.76元，减去第（三）-3项论证所述利用其他信用证相关款项付汇8,350,395.18元。

上述信用证交易损失、乙实业有限公司留用信用证相关款项及支付其他信用证付汇用款折合人民币共计 6,257,666 元，已分别已由甲国贸公司、甲公司和××中行承担。其中：

甲国贸公司承担 134,685.62 元：第（二）－1 项论证所述留用结汇款人民币 188,071.69 元，减去第（三）－1 项论证所述付汇用人民币 300,000 元，减去第 5 项检验结果所列信用证费用 22,757.31 元。

甲公司承担 6,119,694.87 元：6－（3）项检验结果所列甲垫付 738,300 美元，按贷款日汇率折合人民币 6,119,694.87 元。

××中行承担 3,285.51 元：论证（三）所述××中行实际垫付信用证付汇款 396.06 美元，按付汇日汇率折合人民币 3,285.51 元。

三、鉴定结论

根据对送检的财务会计资料及相关证据的检验分析结果确认：

（一）19××年 3 月 25 日，中国银行××分行开立 A＊＊＊＊0765#信用证，金额 1,806,075 美元，申请人为甲国贸公司，受益人为×国欣欣有限公司。×国欣欣有限公司于 19××年 4 月 15 日持该证在××国际银行贴现。

A＊＊＊＊0765#信用证项下款项的去向、用途为：

1. ××国际银行收取贴现利息及相关费用共计 68,925.51 美元。

2. ×国欣欣有限公司（含银行结算费用）72,243 美元，扣除××国际银行银行费用 68,925.51 美元，实际留汇 3,317.49 美元。

3. 香港戊实业有限公司留汇（含银行结算费用）22,591 美元。

4. 香港戊实业有限公司汇甲国贸公司 1,711,241 美元。甲国贸公司于 19××年 4 月 17 日收到 1,711,241 美元，兑换人民币 14,174,551.45 元。

5. 甲国贸公司利用结汇款折合人民币 188,071.69 元，用于日常开支。

6. 乙实业有限公司利用结汇款折合人民币 1,800,000 元：用于支付××华鲁大酒店房款 300,000 元，用于支付××商品交易市场（泉鑫期货经纪有限公司）期货保证金 200,000 元；用于支付"刘志谊"申购新股款 545,000 元，用于支付 A＊＊＊＊0765#信用证项下付汇 700,000 元，其余 55,000 元用于日常开支。

（二）19××年 10 月 14 日，中国银行××分行支付 A＊＊＊＊0765#信用证项下付汇 1,806,075 美元，折合人民币 14,982,295.16 元。中国银行××分行先后收回申请人支付付汇款 1,805,678.94 美元，其余垫付 396.06 美元由中国银行××分行垫付，按付汇日汇率折合人民币 3,285.51 元。

申请人支付中国银行××分行付汇款 1,805,678.94 美元，按付汇日汇率折合人民币 14,979,009.65 元，按实际购汇日汇率折合人民币 14,969,756.55 元，获汇兑收益 9,253.10 元。另外，申请人还支付中国银行××分行垫款利息 24,159.56 美元，折合人民币 200,333.50 元。

上述申请人实际支付付汇款及利息合计 1,829,838.50 美元，折合人民币 15,170,090.05 元。该款项来源为：（1）甲国贸公司支付人民币 300,000 元；（2）乙实业有限公司支付人民币 700,000 元；（3）A＊＊＊＊2465#信用证相关结汇款折合人民币 50,395.16 元；（4）A＊＊＊＊5067#信用证相关款项折合人民币 8,000,000.02 元；（5）甲公司代付 738,300 美元，折合人民币 6,119,694.87 元。

（三）A＊＊＊＊0765#信用证交易中发生损失共计（折合人民币）1,021,581.42 元。其中：结、付汇损失（即某国、香港两地银行及公司留汇折合人民币）870,743.71 元、支付信用证费用折合人民币 22,757.31 元、支付银行垫款利息折合人民币 200,333.50 元，（减去）支付银行垫款本金获汇兑收益折合人民币 9,253.10 元。

另外，乙实业有限公司留用 A＊＊＊＊0765#信用相关证款项折合人民币 1,100,000 元；利用 A＊＊＊＊0765#信用证相关款项支付其他信用证付汇用款折合人民币 4,136,084.58 元。

上述信用证交易损失、乙实业有限公司留用款项及支付其他信用证付汇用款，折合人民币共计 6,257,666 元，已分别由下列资金负担：

（1）甲国贸公司付款 134,685.62 元；

（2）甲公司付款 738,300 美元，按付款日汇率折合人民币 6,119,694.87 元；

（3）中国银行××分行垫付信用证付汇款 396.06 美元，按付汇日汇率折合人民币 3,285.51 元。

> ××市人民检察院司法鉴定中心
> 司法会计师：×××（签名）
> 司法会计师：×××（签名）
> 二○××年×月×日

司法会计鉴定书

> ×检技鉴〔20××〕第 20 号

根据××市公安局 20××年 3 月 5 日〔20××〕×公经字第 02 号《聘请书》，受该局聘请，对乙实业有限公司董事长李××等人涉嫌信用证诈骗案涉及的财务会计问题进行司法会计鉴定。

鉴定事项：确认中国工商银行××分行 19××年 4 月 28 日开立，受益人为×国欣欣有限公司的 L＊＊＊＊7099#信用证相关资金去向、用途及信用证交易损益。

20××年3月6日至4月11日，由××市公安局经济犯罪侦查支队一大队一中队警官×××、×××在场，在甲公司办公室对本案涉及的财务会计资料及相关证据进行了技术检验。检验资料包括：（1）甲国贸公司（以下简称甲国贸公司）财务会计资料；（2）乙实业有限公司（以下简称乙实业有限公司）19××年至19××年财务会计资料；（3）中国银行××分行（以下简称××中行）、中国工商银行××分行（以下简称××工行）、中国投资银行××分行营业部（以下简称投行××营业部）、省农业实业集团公司（以下简称农业集团）、××国际银行结算资料复印件。

一、检验

1. 甲国贸公司代理乙实业有限公司申请开立信用证依据

送检的甲国贸公司与乙实业有限公司签订的代理协议规定，乙实业有限公司拟分批从某国购买电解铜、冷轧钢板等，然后转售香港，委托甲国贸公司为乙实业有限公司开具180天远期信用证，代理有关转口手续，并以甲国贸公司的名义与外商签订合同。货到香港后一个月内，港方将货款电汇至甲国贸公司账户。乙实业有限公司在开证前五天内将银行要求的开证预付保证金以当日中国银行公布的汇率折合成人民币划入甲国贸公司账户。收到外商电汇货款后，将其中的50%存入甲国贸公司留存账户，其余50%的货款由乙实业有限公司作为流动资金使用。乙实业有限公司于信用证付款日前10个银行工作日将应对外支付金额补足，划入甲国贸公司账户。转口贸易中涉及的有关手续均由甲国贸公司负责办理，由此产生的一切费用，诸如银行费用、邮电费等，均由乙实业有限公司自理。乙实业有限公司支付给甲国贸公司的代理费为卖出合同金额的0.5%，以200万美元为一个结算期，在收到香港电汇货款累计满200万美元后7日内支付给甲方。

2. 甲国贸公司申请开出L****7099#信用证及开证保证金支付情况

19××年4月28日，××工行开立L****7099#信用证，金额990,000美元（后修改为990,460元），申请人为甲国贸公司，受益人为×国欣欣有限公司（以下简称欣欣公司，信用证内容见信用证电传稿）。

上列信用证开证保证金支付情况：

（1）19××年4月24日，乙实业有限公司利用甲国贸公司提供的与A***0765#信用证相关款项，签发工行开发区支行1808#支票，存入工行解放路中路分理处定期存款2,470,000元（款项来源详见×检技鉴〔20××〕第19号《司法会计鉴定书》第4-（4）-①项检验结果），作为L****7099#信用证开证保证金。

（2）19××年5月28日，乙实业有限公司利用甲国贸公司提供的与A***0765#信用证相关款项，签发工行开发区支行3043#支票，存入工行开发区支行定期存款 1,500,000 元（款项来源详见 ×检技鉴〔20××〕第 19 号《司法会计鉴定书》第 4 - (4) - ⑧项检验结果），作为 L * * * 7099# 信用证开证保证金。

3. L * * * 7099# 信用证贴现款项的支付情况

19××年 5 月 19 日，×国欣欣有限公司（以下简称欣欣公司）将 L * * * 7099# 信用证在 ××国际银行贴现，支付该行贴现利息及相关费用 35,481.45 美元，获贴现款 954,978.55 美元（见 ××国际银行支付通知复印件）。同日，欣欣公司通过 ××国际银行支付香港戊实业有限公司（账号：2 * * * 1439）950,328.18 美元，支付电汇费用等费用 120 美元。

19××年 5 月 21 日，甲国贸公司通过投行 ××营业部收取香港戊实业有限公司（账号：2 * * * 1439）汇入 938,440.90 美元（见投行 ××营业部 19××年 5 月 21 日结汇凭证及附件），兑换人民币 7,769,821.43 元，存入 81130216893 账户，并编制 19××年 5 月第 8 号收款凭证，作为"替乙实业有限公司收信用证回款"业务记账：贷记"应付账款——乙实业有限公司"账户。

4. 甲国贸公司兑换人民币 7,769,821.43 元主要去向：

19××年 5 月 21 日，甲国贸公司签发投行 3151# 支票，将上述 7,769,821.43 元转入其 ××中行 2 * * * 0003 账户（见甲国贸公司 19××年 5 月第 14 号付款凭证及附件），5 月 22 日用于支付 ××中行 A * * * 5067 信用证（详见 ×检技鉴〔20××〕第 17 号《司法会计鉴定书》第 6 项检验结果）。

5. 申请人办理的 L * * * 7099# 信用证发生手续费及电传费共计 54,277 元。其中：(1) 由乙实业有限公司支付 ××工行开证费用 13,142 元，乙实业有限公司作为"开证费用及修改费用"列"财务费用"科目核销（见乙实业有限公司 19××年 5 月第 209 号记账凭证及附件）；(2) 19××年 11 月 24 日，乙实业有限公司通过 0102810187945 工行账户支付工商银行承兑手续费 41,135 元（见乙实业有限公司 19××年 5 月第 407 号记账凭证，银行对账单）。

6. L * * * 7099# 信用证项下付汇情况

19××年 11 月 10 日，××工行支付 L * * * 7099# 信用证项下付汇 990,460 美元，（见 ××工行付汇通知书），汇率 8.2941 人民币/美元，折合人民币 8,124,974.29 元。甲国贸公司未向工商银行付款，乙实业有限公司直接付款 572,696 美元，其余 417,764 美元系 ××工行垫付后由乙实业有限公司还款。具体付款及款项来源如下：

(1) 19××年 11 月 10 日，乙实业有限公司支付 ××工行国际部人民币 4,749,997.89 元，购汇 572,696 美元付工商银行，编制 11 月第 412 号付款凭证作为"付款"业务，借记"预收账款——甲国贸公司"账户。购汇所用人民币主要来源：一是，19××年 10 月 22 日，乙实业有限公司收取上海纪兰色工贸公司代×国欣欣有限公司汇入与 S＊＊＊＊7127#信用证相关款项 2,000,000 元（详见×检技鉴〔20××〕第 26 号《司法会计检验报告》第 1 项检验结果）；二是，19××年 11 月 3 日，借入××公司三笔款项共计 200,000 元（见乙实业有限公司 19××年 11 月 301 号记账凭证及附件）；三是，19××年 11 月 7 日提取与 A＊＊＊＊0765#信用证相关的前述第一项检验结果所列保证金 2,470,000 元以及利息 68,332.55 元（乙实业有限公司 19××年 11 月第 312 号、313 号记账凭证及附件）。上列收款均存入工行××分理处乙实业有限公司账户，11 月 7 日乙实业有限公司签发工商行××分理处 5899#支票将工行××分理处乙实业有限公司账户中的 4,750,000 元转入××工行国际部 0102810187945 账户（见乙实业有限公司 19××年 11 月 315 号记账凭证及附件），11 月 10 日用于上述付汇。

（2）19××年 11 月 12 日，乙实业有限公司支付××工行国际部人民币 3,466,417.28 元，购汇 417,973 美元，汇率 8.2934 人民币/美元，归还工商银行信用证垫款 417,764 美元（折合人民币 3,464,683.96 元）；支付垫款利息 209 美元（折合人民币 1,733.32 元），编制 11 月第 412 号付款凭证作为"付款"业务，借记"预收账款——甲国贸公司"账户。购汇所用人民币来源为：19××年 11 月 10 日，农业集团签发 5899#支票，将代乙实业有限公司收取×国欣欣有限公司汇入的 L＊＊＊＊7171#信用证相关款项 3,470,000 元转付乙实业有限公司（见×检技鉴〔20××〕第 23 号《司法会计鉴定书》第 4 −（1）项检验结果）。

二、论证

（一）L＊＊＊＊7099#信用证相关结、付汇损失及损失款去向

根据第 3、6 项检验结果计算，L＊＊＊＊7099#信用证项下付汇 990,460 美元，收回相关外汇 938,440.90 美元，损失 52,019.10 美元。按结、付汇日汇率计算，付汇款项折合人民币 8,124,974.29 元，收回相关外汇款项折合人民币 7,769,821.43 元，结、付汇损失 52,019.10 美元折合人民币 445,152.86 元（含汇兑损失人民币 14,460.72 元）。

根据第 3 项检验结果计算证实，该损失款项的去向为：

1. ××国际银行收取 35,601.45 美元：收取贴现利息及相关费用 35,481.45 美元、付汇费用 120 美元。

2. 欣欣公司留汇（含银行结算费用）40,131.82 美元，信用证 990,460 美元 − 汇香港戊实业有限公司 950,328.18 美元。扣除××国际银行银行费用 35,601.45 美元，实际留汇 4,530.37 美元。

3. 香港戊实业有限公司留汇（含银行结算费用）11,887.28 美元：欣欣公司汇入 950,328.18 美元 − 汇甲国贸公司 938,440.90 美元。

（二）L＊＊＊＊7099#信用证相关结汇款项去向及付汇款项来源

第3、4项检验结果表明，甲国贸公司收取香港戊实业有限公司汇入938,440.90美元，兑换人民币7,769,821.43元，该项人民币用于支付××中行A＊＊＊＊5067信用证付汇款。

第6项检验结果表明，××工行L＊＊＊＊7099#信用证项下付汇990,460美元，按付汇日牌价计算折合人民币8,124,974.29元。乙实业有限公司实际支付款项折合人民币8,214,681.85元，与按付汇日牌价计算付汇折合人民币8,124,974.29元比较，形成汇兑收益（少付）人民币292.44元。乙实业有限公司另支付××工行垫款利息209美元，折合人民币1,733.32元，实际支付汇款和利息折合人民币8,216,415.17元（付汇8,214,681.85元＋利息1,733.32元）。该款项来源为：

1. 乙实业有限公司付款276,415.17元，包括：（1）第4－（1）项检验结果所列从××公司借入200,000元；（2）第4－（1）项检验结果所列付汇款4,749,997.89元减其他款项来源的差额76,415.17元。

2. 利用其他信用证相关款项7,940,000元，包括：（1）第4－（1）项检验结果所列S＊＊＊＊7127#信用证相关款项2,000,000元；（2）第4－（1）项检验结果所列A＊＊＊＊0765#信用证相关款项2,470,000元；（3）第4－（1）项检验结果所列L＊＊＊＊7171#信用证相关款项3,470,000元。

（三）L＊＊＊＊7099#信用证交易损失及损失承担

L＊＊＊＊7099#信用证发生交易损失折合人民币500,870.74元：第（一）项论证所述结、付汇损失445,152.86元，加第5项检验结果所列支付信用证费用54,277元，加第6－（2）项检验结果所列归还银行垫款利息1,733.32元，减去第（二）论证所述归还银行垫款汇兑收益292.44元。

上列损失由下列资金承担：

1. 乙实业有限公司承担330,692.17元：论证（二）所述信用证付款276,415.17元，加第5项检验结果所列支付信用证费用54,277元。

2. 利用其他信用证结汇款承担170,178.57元：论证（二）－2所述利用其他信用证相关款项付汇7,940,000元，减第3项检验结果所列结汇款用于支付其他信用证付汇7,769,821.43元。

三、鉴定结论

根据对送检的财务会计资料及相关证据的检验分析结果确认：

（一）19××年4月28日，中国工商银行××分行开立L＊＊＊＊7099#信用证，金额990,000美元（后修改为990,460元），申请人为甲国贸公司，受益人为×国欣欣有限公司。×国欣欣有限公司于19××年5月19日持该证在××国际银行贴现。

L＊＊＊7099#信用证项下款项的去向、用途为：

1. ××国际银行收取贴现利息及相关费用共计 35,601.45 美元。

2. ×国欣欣有限公司（含银行结算费用）40,131.82 美元，扣除××国际银行银行费用 35,601.45 美元，实际留汇 4,530.37 美元。

3. 香港戊实业有限公司留汇（含银行结算费用）11,887.28 美元。

4. 香港戊实业有限公司汇甲国贸公司 938,440.90 美元。甲国贸公司于 19××年 5 月 21 日收到 938,440.90 美元，兑换人民币 7,769,821.43 元，后于 5 月 22 日用于支付××中行 A＊＊＊＊5067 信用证项下付款。

（二）19××年 11 月 10 日，中国工商银行××分行支付 L＊＊＊＊7099#信用证项下付汇 990,460 美元，按付汇日牌价计算折合人民币 8,124,974.29 元。申请人支付中国银行××分行付汇款 990,460 美元，按实际购汇日汇率折合人民币 8,214,681.85 元，获汇兑收益 292.44 元。另外，申请人支付中国银行××分行垫款利息 209 美元，折合人民币 1,733.32 元。

上述申请人实际支付付汇款及利息合计 990,669 美元，折合人民币 8,216,415.17 元。该款项来源为：（1）乙实业有限公司支付人民币 276,415.17 元；（2）S＊＊＊＊7127#信用证相关款项 2,000,000 元；（3）A＊＊＊＊0765#信用证相关款项 2,470,000 元；（4）L＊＊＊＊7171#信用证相关款项 3,470,000 元。

（三）L＊＊＊＊7099#信用证交易中发生损失共计（折合人民币）500,870.74 元。其中：结、付汇损失（即某国、香港两地银行及公司留汇折合人民币）445,152.86 元、支付信用证费用折合人民币 54,277 元、支付银行垫款利息人民币 1,733.32 元，（减去）支付银行垫款本金获汇兑收益折合人民币 292.44 元。

上列损失已由乙实业有限公司承担 330,692.17 元；申请人利用 S＊＊＊＊7127#、A＊＊＊＊0765#、L＊＊＊＊7171#信用证相关结汇款项承担 170,178.57 元。

××市人民检察院司法鉴定中心

司法会计师：×××（签名）

司法会计师：×××（签名）

二○××年×月×日

司法会计鉴定书

×检技鉴〔20××〕第 21 号

根据××市公安局 20××年 3 月 5 日〔20××〕×公经字第 02 号《聘请书》，受该局聘请，对乙实业有限公司董事长李××等人涉嫌信用证诈骗案涉及的财务会计问题进行司法会计鉴定。

鉴定事项：确认中国工商银行××分行 19××年 4 月 28 日开立，受益人为

×国欣欣有限公司的 L＊＊＊＊7116#信用证相关资金去向、用途及信用证交易损益。

20××年3月6日至4月11日，由××市公安局经济犯罪侦查支队一大队一中队警官×××、×××在场，在甲公司办公室对本案涉及的财务会计资料及相关证据进行了技术检验。检验资料包括：（1）甲国贸公司（以下简称甲国贸公司）财务会计资料；（2）乙实业有限公司（以下简称乙实业有限公司）19××年至19××年财务会计资料；（3）中国银行××分行（以下简称××中行）、中国工商银行××分行（以下简称××工行）、中国投资银行××分行营业部（以下简称投行××营业部）、省××证券经纪有限公司×××路证券营业部（以下简称××证券××路营业部）、××国际银行结算资料复印件。

一、检验

1. 甲国贸公司代理乙实业有限公司申请开立信用证依据

送检的甲国贸公司与乙实业有限公司签订的代理协议规定，乙实业有限公司拟分批从某国购买电解铜、冷轧钢板等，然后转售香港，委托甲国贸公司为乙实业有限公司开具180天远期信用证，代理有关转口手续，并以甲国贸公司的名义与外商签订合同。货到香港后一个月内，港方将货款电汇至甲国贸公司账户。乙实业有限公司在开证前五天内将银行要求的开证预付保证金以当日中国银行公布的汇率折合成人民币划入甲国贸公司账户。收到外商电汇货款后，将其中的50%存入甲国贸公司留存账户，其余50%的货款由乙实业有限公司作为流动资金使用。乙实业有限公司于信用证付款日前10个银行工作日将应对外支付金额补足，划入甲国贸公司账户。转口贸易中涉及的有关手续均由甲国贸公司负责办理，由此产生的一切费用，诸如银行费用、邮电费等，均由乙实业有限公司自理。乙实业有限公司支付给甲国贸公司的代理费为卖出合同金额的0.5%，以200万美元为一个结算期，在收到香港电汇货款累计满200万美元后7日内支付给甲方。

2. 甲国贸公司申请开出 L＊＊＊＊7116#信用证及开证保证金支付情况

19××年4月28日××工行开出 L＊＊＊＊7116#信用证，金额832,705美元，申请人为甲国贸公司，受益人为×国欣欣有限公司（以下简称欣欣公司，信用证内容见信用证电传稿）。

××工行留存有甲公司商业公司19××年4月23日出具的未填写信用证金额的担保函件。

3. L＊＊＊＊7116#信用证贴现款项的支付情况

19××年6月18日，欣欣公司将 L＊＊＊＊7116#信用证在××国际银行贴现，支付该行贴现利息及相关费用29,846.09美元，获贴现款802,858.91美元（见××国际银行支付通知复印件）。同日，欣欣公司通过××国际银行支付香港戊实业有限公司（账号：2＊＊＊1439）799,396.80美元，支付电汇费用等费用120美元。

19××年6月23日，投行××营业部收到香港戊实业有限公司（账号：2＊＊＊1439）汇甲国贸公司788,967.50美元，折合人民币6,531,940.83元，扣除银行费用25美元（折合人民币206.98元），实付甲国贸公司788,942.50美元（见投行××营业部19××年6月23日结汇凭证及附件）。甲国贸公司兑换人民币6,531,733.85元，存入81130216893账户，并编制19××年6月第6号收款凭证，作为"替乙实业有限公司收信用证回款"业务记账：贷记"应付账款——乙实业有限公司"账户。

4. 甲国贸公司兑换人民币6,531,733.85元主要去向和用途

19××年6月23日，甲国贸公司签发××投行3152#支票，将上述款项转入乙实业有限公司××投行营业部81130221031账户，并编制19××年6月第14号付款凭证，作为"付乙实业有限公司信用证回款"业务记账：借记"应付账款——乙实业有限公司"账户。乙实业有限公司收到甲国贸公司支付的6,531,733.85元后，编制19××年6月第311号记账凭证，作为"甲转款"业务记账：贷记"预收账款——甲国贸公司"账户。乙实业有限公司所收款项的去向、用途如下：

（1）支付××公司1,846,733.85元。

19××年6月23日，乙实业有限公司签发××投行4802#支票，转入其工行解中分3106915196账户6,500,000元（见乙实业有限公司19××年6月第311号记账凭证及附件），后于7月28日支付××公司31,713.85元（共转付31,875.10元，含31,713.85元，见乙实业有限公司19××年7月第430号记账凭证及附件）。

19××年6月24日，乙实业有限公司签发工行解中分5066#支票，支付××公司5,000,000元，用于"验资"（见乙实业有限公司19××年6月230号记账凭证及附件），后于6月27日收回4,999,980元存入工行解中分3106915196账户（见乙实业有限公司19××年6月310号记账凭证及附件）。

19××年7月18日，乙实业有限公司签发工行解中分7685#支票，支付××公司815,000元（见乙实业有限公司19××年7月419号记账凭证及附件）。

19××年7月21日，乙实业有限公司签发工行解中分7686#支票，支付××公司1,000,000元（见乙实业有限公司19××年7月423号记账凭证及附件）。

（2）支付甲国贸公司150,000元。

检验甲国贸公司银行账户资料证实，该公司19××年9月15日收取乙实业有限公司150,000元用于日常开支（见甲国贸公司19××年银行存款［中行］账簿第17页及9月第3号收款凭证记账）。上述款项由××公司直接支付，检验乙实业有限公司会计资料，未发现记载上述付款业务的会计处理记录。××公司会计资料未送检。

另外，19××年6月，甲国贸公司收取乙实业有限公司付款三笔共6,000,000元，7月归还乙实业有限公司三笔共6,000,000元。具体情况如下：

19××年6月27日，乙实业有限公司签发工行解中分5072#支票，支付甲国贸公司4,200,000元，后于7月3日收回（见乙实业有限公司19××年6月第424号、7月第301号记账凭证及附件）。甲国贸公司收取乙实业有限公司4,200,000元，后于7月3日签发××中行支票将款项转回乙实业有限公司，收付款均通过"应付账款乙实业有限公司"账户核算（见甲国贸公司19××年7月第1号收款凭证、第1号付款凭证及附件）。

甲国贸公司19××年7月第1号收款记账凭证及附件表明，该公司分别收取乙实业有限公司支付的500,000元和1,300,000元，后于19××年11月24日给乙实业有限公司补开№0798145收款收据，列明"开证款"1,800,000元。甲国贸公司19××年7月第1号收款记账凭证及附件表明，该公司于19××年7月1日，分别签发××中行7353#、7354#支票，支付乙实业有限公司500,000元和1,300,000元。检验乙实业有限公司会计资料，未见有关上述收付款事项的会计处理记录。

（3）转入"李××"证券资金账户2,412,116.99元。

19××年7月3日，乙实业有限公司签发工行解中分7676#支票，转入××证券××路营业部"李××"账户3,186,000元，用于申购新股（见乙实业有限公司19××年7月403号记账凭证及附件），19××年7月11日和17日乙实业有限公司从"李××"账户分别收回204,500元和2,802,383.01元（见乙实业有限公司19××年7月109号、310号记账凭证及附件）。19××年7月23日再次支付"李××"账户2,233,000元（见乙实业有限公司19××年7月424号记账凭证及附件）。

（4）19××年6月27日，归还工商行贷款2,000,000元（见乙实业有限公司19××年6月424号记账凭证及附件）。

（5）检验乙实业有限公司19××年6月银行存款［工行解中分］账户资料证实，除上述支出外，其余272,883.01元用于该公司购车、还贷款等开支。

5. 申请人办理L＊＊＊＊7116#信用证发生手续费及电传费共计45,253元，其中：由乙实业有限公司支付××工行10,673元，乙实业有限公司作为"开证费"列"财务费用"科目核销（见乙实业有限公司19××年5月第503号记账凭证及附件）；（2）19××年11月24日，乙实业有限公司通过0102810187945工行账户支付工商银行承兑手续费34,580元（见乙实业有限公司19××年5月第407号记账凭证，银行对账单）。

另外，××工行11月24日同时收取乙实业有限公司（甲国贸）L＊＊＊＊7099#信用证、L＊＊＊＊7116#信用证、L＊＊＊＊7171#信用证承兑手续费41,

135 元、34,580 元、27,989 元（共计 103,704 元，另见×检技鉴〔20××〕第 20、23 号《司法会计鉴定书》第 5 项检验结果），后于 12 月 10 日，以冲减 L＊＊＊＊7116#信用证承兑手续费的名义，归还乙实业有限公司 64,000 元。

6. L＊＊＊＊7116#信用证项下付汇情况

19××年 12 月 10 日，××工行支付 L＊＊＊＊7116#信用证项下付汇 832,705 美元，汇率 8.2941 人民币/美元，折合人民币 6,905,122.94 元。甲国贸公司未付款，付汇款项由乙实业有限公司支付××工行 6,905,122.94 元，购汇 832,705 美元用于付汇（见乙实业有限公司 19××年 4 月第 404 号记账凭证及附件）。乙实业有限公司支付工商银行款项的主要来源：

（1）19××年 11 月 11 日，乙实业有限公司通过市工行国际部 010281087945 账户，收取承兑汇票款 1,000,000 元（见乙实业有限公司 19××年 11 月第 316 号记账凭证）。

（2）19××年 11 月 19 日，乙实业有限公司交存市工行 010281087945 账户 300,000 元。该公司未确认该项款项的实际来源，先作为"李××"存款业务，贷记"其他应收款——李××"账户，后又改为甲国贸公司转款业务，转贷记"预收账款——甲国贸公司"账户（见 19××年 5 月第 305 号、545 号记账凭证及附件）。

（3）19××年 11 月 27 日，乙实业有限公司收取由上海丙贸易有限公司汇入的 3,500,000 元。该款项系×国欣欣有限公司汇入上海丙贸易有限公司 S＊＊＊＊7127#信用证相关款项 850,000 美元的一部分，由上海丙贸易有限公司使用其中的 423,334,18 美元兑换人民币汇入乙实业有限公司（详见×检技鉴〔20××〕第 26 号《司法会计检验报告》第 1－（2）项检验结果）。

（4）19××年 11 月 28 日乙实业有限公司提出开证保证金 1,500,000 元（见乙实业有限公司 19××年 11 月第 317 号记账凭证及附件）中的 800,000 元。该项保证金来源为：19××年 5 月 28 日，乙实业有限公司将收取甲国贸公司转来香港戊实业有限公司汇入的 A＊＊＊＊0765#信用证相关款项存入工行开发区支行 1,500,000 元定期存款，作为 L＊＊＊＊7099 信用证开证保证金（详见×检技鉴〔20××〕第 20 号《司法会计鉴定书》第 4－（3）－⑧项检验结果）

（5）19××年 12 月 9 日，乙实业有限公司交存市工行 010281087945 账户 1,000,000 元。该公司未确认该项款项的实际来源，先作为"李××"存款业务，贷记"其他应收款——李××"账户，后又改为甲国贸公司转款业务，转贷记"预收账款——甲国贸公司"账户（见 19××年 5 月第 305 号、545 号记账凭证及附件）。

（6）19××年 12 月 10 日，乙实业有限公司交存市工行 010281087945 账户 300,000 元。该公司未确认该项款项的实际来源，先作为"李××"存款业务，贷记"其他应收款——李××"账户，后又改为甲国贸公司转款业务，转贷记"预收账款——甲国贸公司"账户（见19××年5月第305号、545号记账凭证及附件）。

上述款项来源合计6,900,000元，其他5,122.94元由乙实业有限公司从银行存款中支付。

二、论证

（一）L＊＊＊＊7116#信用证相关结、付汇损失及损失款去向

根据第3、6项检验结果计算，L＊＊＊＊7116#信用证项下付汇832,705美元，收回相关外汇788,967.50美元，损失43,737.50美元。按结、付汇日汇率计算，付汇折合人民币6,905,122.94元减收回相关外汇折合人民币6,531,940.83元，结、付汇损失43,737.50美元折合人民币373,182.11元（含汇兑损失人民币11,074.98元）。

根据第3项检验结果计算证实，该损失款项的去向为：

1. ××国际银行收取29,966.09美元：收取贴现利息及相关费用29,846.09美元、付汇费用120美元。

2. 欣欣公司留汇（含银行结算费用）33,308.20美元，信用证832,705美元－汇香港戊实业有限公司799,396.80美元。扣除××国际银行银行费用29,966.09美元，实际留汇3,342.11美元。

3. 香港戊实业有限公司留汇（含银行结算费用）10,429.30美元：欣欣公司汇入799,396.80美元－汇××投行788,967.50美元。

（二）L＊＊＊＊7116#信用证相关结汇款项去向及付汇款项来源

第3、4项检验结果表明，甲国贸公司收取香港戊实业有限公司汇入788,967.50美元，扣除银行费用25美元，实收788,942.50美元，兑换人民币6,531,733.85元，该项人民币转付乙实业有限公司。乙实业有限公司除支付甲国贸公司150,000元外，自用6,381,733.85元：（1）支付××公司1,846,733.85元；（2）转入"李××"证券资金账户2,412,116.99元；（3）归还银行贷款2,000,000元；（4）其余272,883.01元用于该公司购车、还贷款等开支。

第6项检验结果表明，××工行L＊＊＊＊7099#信用证项下付汇832,705美元，乙实业有限公司支付××工行人民币6,905,122.94元，购汇832,705美元用于付汇。乙实业有限公司支付购汇用人民币来源为：（1）乙实业有限公司付款2,605,122.94元；（2）利用S＊＊＊＊7127#信用证相关款项3,500,000元；（3）利用A＊＊＊＊0765#信用证相关款项800,000元。

（三）L＊＊＊＊7116#信用证交易损失及损失承担

L＊＊＊＊7116#信用证发生交易损失折合人民币354,642.09元：第（一）项论证所述结、付汇损失373,182.11元，加第3项检验结果所列银行扣费

206.98 元，加第 5 项检验结果所列支付信用证费用 45,253 元，减第 5 项检验结果所列银行冲减信用证费用 64,000 元。

甲国贸公司留用 L＊＊＊＊7116#信用证相关款项折合人民币 150,000 元（见第 6－（2）项检验结果）。

乙实业有限公司留用 L＊＊＊＊7116#信用证相关款项折合人民币 3,795,357.91元：留用结汇款折合人民币 6,381,733.85 元，减支付 L＊＊＊＊7116#信用证费用 45,203 元，减银行冲减信用证费用 64,000 元，减付汇款折合人民币 2,605,122.94 元。

上述信用证交易损失、甲国贸公司及乙实业有限公司留用款项，折合人民币共计 4,300,000 元，申请人利用 S＊＊＊＊7127#信用证及 A＊＊＊＊0765#信用证相关款项负担。

三、鉴定结论

根据对送检的财务会计资料及相关证据的检验分析结果确认：

（一）19××年 4 月 28 日，中国工商银行××分行开出 L＊＊＊＊7116#信用证，金额 832,705 美元，申请人为甲国贸公司，受益人为×国欣欣有限公司。×国欣欣有限公司于 19××年 6 月 18 日持该证在××国际银行贴现。

L＊＊＊＊7116#信用证项下款项的去向、用途为：

1. ××国际银行收取贴现利息及相关费用共计 29,966.09 美元。

2. ×国欣欣有限公司留汇（含银行结算费用）33,308.20 美元，扣除××国际银行银行费用 29,966.09 美元，实际留汇 3,342.11 美元。

3. 香港戊实业有限公司留汇（含银行结算费用）10,429.30 美元。

4. 香港戊实业有限公司汇甲国贸公司 788,967.50 美元，扣除银行费用 25 美元，甲国贸公司于 19××年 4 月 17 日收到 788,942.50 美元，兑换人民币 6,531,733.85 元。

5. 甲国贸公司利用结汇款折合人民币 150,000 元，用于日常开支。

6. 乙实业有限公司利用结汇款折合人民币 6,381,733.85 元。其中：（1）支付××公司 1,846,733.85 元；（2）转入"李××"证券资金账户 2,412,116.99 元；（3）归还银行贷款 2,000,000 元；（4）其余 272,883.01 元用于该公司购车、还贷款等开支。

（二）19××年 12 月 10 日，中国工商银行××分行支付 L＊＊＊＊7116#信用证项下付汇 832,705 美元，乙实业有限公司支付中国工商银行××分行人民币 6,905,122.94 元，购汇 832,705 美元用于付汇。乙实业有限公司支付购汇用人民币来源为：（1）乙实业有限公司付款 2,605,122.94 元；（2）S＊＊＊＊7127#信用证相关款项 3,500,000 元；（3）A＊＊＊＊0765#信用证相关款项 800,000 元。

（三）L＊＊＊7116#信用证交易中发生损失共计（折合人民币）354,642.09元。其中：结、付汇损失（即某国、香港两地银行及公司留汇折合人民币）373,182.11元、支付银行扣费折合人民币206.98元、支付信用证费用折合人民币45,203元、收回银行冲减信用证费用64,000元。

另外，甲国贸公司留用L＊＊＊7116#信用相关证款项折合人民币150,000元；乙实业有限公司留用L＊＊＊7116#信用相关证款项折合人民币3,795,407.91元。

上述信用证交易损失、甲国贸公司、乙实业有限公司留用款项，折合人民币共计4,300,000元，申请人已利用S＊＊＊7127#信用证及A＊＊＊0765#信用证相关款项支付。

××市人民检察院司法鉴定中心
司法会计师：×××（签名）
司法会计师：×××（签名）
二○××年×月×日

司法会计鉴定书

×检技鉴〔20××〕第22号

根据××市公安局20××年3月5日〔20××〕×公经字第02号《聘请书》，受该局聘请，对乙实业有限公司董事长李××等人涉嫌信用证诈骗案涉及的财务会计问题进行司法会计鉴定。

鉴定事项：确认中国银行××分行19××年7月31日开立，受益人为×国欣欣有限公司的A＊＊＊2465#信用证相关资金去向、用途及信用证交易损益。

20××年3月6日至4月11日，由××市公安局经济犯罪侦查支队一大队一中队警官×××、×××在场，在甲公司办公室对本案涉及的财务会计资料及相关证据进行了技术检验。检验资料包括：（1）甲国贸公司（以下简称甲国贸公司）财务会计资料；（2）乙实业有限公司（以下简称乙实业有限公司）19××年至19××年财务会计资料；（3）中国银行××分行（以下简称××中行）、中国工商银行××分行（以下简称××工行）、××国际银行结算资料复印件。

一、检验

1. 甲国贸公司代理乙实业有限公司申请开立信用证依据

送检的甲国贸公司与乙实业有限公司签订的代理协议规定，乙实业有限公司拟分批从某国购买电解铜、冷轧钢板等，然后转售香港，委托甲国贸公司为乙实业有限公司开具180天远期信用证，代理有关转口手续，并以甲国贸公司的名义与外商签订合同。货到香港后一个月内，港方将货款电汇至甲国贸公司账户。乙实业有限公司在开证前五天内将银行要求的开证预付保证金以当日中国银行公布的汇率折合成人民币划入甲国贸公司账户。收到外商电汇货款后，将其中的50%存入甲国贸公司留存账户，其余50%的货款由乙实业有限公司作为流动资金使用。乙实业有限公司于信用证付款日前10个银行工作日将应对外支付金额补足，划入甲国贸公司账户。转口贸易中涉及的有关手续均由甲国贸公司负责办理，由此产生的一切费用，诸如银行费用、邮电费等，均由乙实业有限公司自理。乙实业有限公司支付给甲国贸公司的代理费为卖出合同金额的0.5%，以200万美元为一个结算期，在收到香港电汇货款累计满200万美元后7日内支付给甲方。

2. 甲国贸公司申请开出A＊＊＊＊2465#信用证及开证保证金支付情况

19××年7月31日，××中行开立A＊＊＊＊2465#信用证，金额1,835,750美元（后修改为1,838,800.71美元），申请人为甲国贸公司，受益人为×国欣欣有限公司（以下简称欣欣公司，信用证内容见信用证电传稿）。

上述信用证，由甲公司商业公司提供担保。

3. A＊＊＊＊2465#信用证贴现款项的支付情况

19××年10月1日，欣欣公司将A＊＊＊＊2465#信用证在××国际银行贴现，支付该行贴现利息及相关费用35,237.01美元，获贴现款1,803,563.70美元（见××国际银行支付通知复印件）。10月3日，欣欣公司通过××国际银行汇付香港，××投资有限公司1,789,600美元，支付电汇费用等费用120美元。

19××年10月13日，甲国贸公司通过××工行收取香港××投资有限公司汇入1,788,175美元，汇率8.2711人民币/美元，兑换人民币14,790,174.24元，分两笔（6,790,174.24元和8,000,000元）转存入工行开发区支行3104778157账户，并编制19××年10月第5号收款凭证，作为"替乙实业有限公司收冷轧板信用证回款"业务记账：贷记"应付账款——乙实业有限公司"账户。

4. 甲国贸公司兑换人民币14,790,174.24元去向和用途

（1）19××年10月13日，甲国贸公司签发工行开发区支行支票转入××中行2＊＊＊＊0003账户8,000,000元（见甲国贸公司19××年10月第6号付款凭证及附件）。该款项主要用途为：

①19××年10月14日，甲国贸公司利用上述款项归还××中行贷款7,350,000元（见甲国贸公司19××年10月第8号付款凭证及附件）；

②19××年10月23日，甲国贸公司利用上述款项支付甲服饰公司借款300,000元（见甲国贸公司19××年10月第11号付款凭证及附件）；

③19××年10月14日，甲国贸公司利用上述款项支付××中行人民币

50,395.16元，购汇6,075美元用于支付A＊＊＊＊0765#信用证付汇款（详见×检技鉴〔20××〕第19号《司法会计鉴定书》第6项检验结果）；

④检验甲国贸公司19××年［中行］银行存款日记账第15、16页及相关凭证证实，其余299,604.84元，被用于日常经营开支。

（2）19××年10月13日，甲国贸公司签发工行开发区支行6777#支票支付乙实业有限公司6,000,000元（"程霞"经手，见甲国贸公司19××年10月第6号付款凭证及附件）。同日，乙实业有限公司收到6,000,000元存入工行开发区支行31069115196账户（见乙实业有限公司19××年10月第306号记账凭证及附件）。

检验乙实业有限公司19××年10月第415号记账凭证及附件发现，乙实业有限公司所收上述6,000,000元款项的主要去向为：

①19××年10月13日，乙实业有限公司签发工行开发区支行3545#支票付××公司1,000,000元（见乙实业有限公司19××年10月第415号记账凭证及附件）××公司会计资料未送检。

②19××年10月15日，乙实业有限公司签发工行开发区支行3549#支票付甲国贸公司2,350,000元（见乙实业有限公司19××年10月第415号记账凭证及附件）；当日，甲国贸公司将所收款项存入市建行国际业务部360642311账户（见甲国贸公司19××年10月第7号收款凭证及附件），19××年5月4日甲国贸公司将所收款项用于支付S＊＊＊＊7127#信用证付汇款购汇，支付人民币2,363,745.63元，购汇285,121.84美元（详见×检技鉴〔20××〕第24号《司法会计鉴定书》第5-（1）项检验结果）。

③19××年10月16日，乙实业有限公司签发工行开发区支行3550#、3551#支票，分别办理2,420,000元和230,000元工商银行定期存款（见乙实业有限公司19××年10月第415号记账凭证及附件），作为甲国贸公司在工行开出L＊＊＊7171信用证保证金（见×检技鉴〔20××〕第9号《司法会计鉴定书》）。其中：

2,420,000元定期存款于19××年10月17日提前支取，分别另存为1,000,000元、1,000,000元和420,000元三份定期存款。10月31日提前支取1,000,000元，获利息665元；11月11日提前支取1,420,000元，获利息1,686.25元。款项用途不清。

230,000元定期存款转出后用于支付L＊＊＊＊7171信用证付汇用款229,997.83元（见×检技鉴〔20××〕第23号《司法会计鉴定书》第6-（1）项检验结果）。

（3）19××年11月6日，甲国贸公司支付甲借款600,000元（见甲国贸公司19××年11月第3号付款凭证及附件）。

（4）其余190,174.24元由甲国贸公司用于日常开支。其中，19××年12月22日，甲国贸公司从工行开发区支行3104778157账户转入××中行2＊＊＊＊0003账户190,000元（见甲国贸公司19××年12月第8号付款凭证及附件）用于日常开支。

5. 甲国贸公司办理上述信用证支付××中行手续费及邮电费共计24,041.97元，并作为"替乙实业有限公司垫付进口开证手续费、承兑邮电费"业务，贷记"应付账款——乙实业有限公司"账户（见甲国贸公司19××年8月第3号、9月第4号、11月第5号付款记账凭证及附件）。

6. A＊＊＊＊2465#信用证项下付汇情况

19××年12月29日，××中行支付A＊＊＊＊2465#信用证项下付汇1,838,800.71美元，汇率8.2917人民币/美元，折合人民币15,246,783.84元（见××中行付款通知电传件）。甲国贸公司未向××中行付汇，由××中行垫款，约定还款日期19××年3月29日。甲国贸公司编制19××年3月第37号转账凭证将中行信用证贷款作为"信用证到期银行垫款"业务记账：借记"应付账款——乙实业有限公司"、贷记"其他应付款——中行——乙实业有限公司"账户。

2001年2月15日，甲公司贷款1,838,700美元，折合人民币15,240,800.43元，代申请人归还上述××中行A＊＊＊＊2465#信用证垫款（见甲公司2001年12月14日第0128号记账凭证）。检验甲国贸公司会计资料，未见其归还××中行其余100.71美元垫款记录。

二、论证

（一）A＊＊＊＊2465#信用证相关结、付汇损失及损失款去向

根据第3、6项检验结果计算，A＊＊＊＊2465#信用证项下付汇1,838,800.71美元，收回相关外汇1,788,175美元，损失50,625.71美元。按结、付汇日汇率计算，付汇折合人民币15,246,783.84元减收回相关外汇折合人民币14,790,174.24元，结、付汇损失50,625.71美元折合人民币456,609.60元（含汇兑损失37,879.29元）。

根据第3项检验结果计算证实，上述损失款项的去向为：

1. ××国际银行收取35,357.01美元：收取贴现利息及相关费用35,237.01美元、付汇费用120美元。

2. 欣欣公司留汇（含银行结算费用）49,200.71美元：信用证1,838,800.71美元－汇香港××投资有限公司1,789,600美元。扣除××国际银行银行费用35,357.01美元，实际留汇13,843.70美元。

3. 香港××投资有限公司留汇（含银行结算费用）1,425美元：欣欣公司汇入1,789,600美元－汇甲国贸公司1,788,175美元。

（二）A＊＊＊＊2465#信用证相关结汇款项去向及付汇款项来源

第3、4项检验结果表明，甲国贸公司收取香港××投资有限公司汇入1,788,175美元，兑换人民币14,790,174.24元，该项人民币去向为：

1. 甲国贸公司利用8,739,779.08元。包括：

（1）4－（1）－①项检验结果所列用于归还银行贷款7,350,000元；

（2）4－（1）－②项检验结果所列用于支付甲服饰公司借款300,000元；

（3）4－（3）项检验结果所列用于支付甲借款600,000元；

（4）其余489779.08元用于日常开支，其中：包括4－（1）－④项检验结果所列299,604.84元，4－（4）项检验结果所列190,174.24元（结汇款14,790,174.24元减4－（1）至（3）项合计）。

2. 乙实业有限公司利用3,420,002.17元。包括：

（1）4－（2）－①项检验结果所列支付××公司1,000,000元；

（2）4－（2）－③项检验结果所列定期存款2,420,000元；

（3）4－（2）－③项检验结果所列定期存款230,000元转出后支付信用证付汇款229,997.83元后余额2.17元。

3. 支付其他信用证付汇用款2,630,392.99元。包括：

（1）4－（1）－③项检验结果所列用于A＊＊＊＊0765#信用证付汇款50,395.16元；

（2）4－（2）－②项检验结果所列用于S＊＊＊＊7127#信用证付汇款2,350,000元；

（3）4－（2）－③项检验结果所列用于L＊＊＊＊7171#信用证付汇款229,997.83元。

第6项检验结果表明，××中行A＊＊＊＊2465#信用证项下付汇1,838,800.71美元，折合人民币15,246,783.84元元，由××中行垫付。后甲公司贷款1,838,700美元（折合人民币15,240,800.43元），归还××中行垫款，按付汇日汇率计算外汇贷款应折合人民币15,245,948.79元，与贷款日汇率比较，形成汇兑收益（少付）5,148.36元。其余未支付××中行付汇款100.71美元，由××中行垫款，按付汇日汇率计算，折合人民币835.05元。

（三）A＊＊＊＊2465#信用证交易损失及损失承担

A＊＊＊＊2465#信用证发生交易损失折合人民币475,503.21元：第（一）项论证所述结、付汇损失456,609.60元，加第5项检验结果所列支付信用证费用24,041.97元，减去第（二）论证所述归还银行垫款汇兑收益5,148.36元。

因A＊＊＊＊2465#信用证付汇款由甲和××中行垫付，所以，上述损失已由甲及××中行实际承担。甲和××中行垫付美元折合人民币15,241,635.49元，减上列损失475,323.21元，其余14,766,312.27元去向为：

1. 甲国贸公司留用 A＊＊＊＊2465#信用证相关款项折合人民币8,715,917.11元：论证（二）所述留用结汇款 8,739,779.08 元，减第 5 项检验结果所列支付信用证费用 23,861.97 元；

2. 论证（二）所述乙实业有限公司留用 A＊＊＊＊2465#信用证款项折合人民币 3,420,002.17 元；

3. 论证（二）所述其他信用证付汇用款 2,630,392.99 元。

三、鉴定结论

根据对送检的财务会计资料及相关证据的检验分析结果确认：

（一）19×× 年 7 月 31 日，中国银行×× 分行开立 A＊＊＊＊2465#信用证，金额 1,835,750 美元（后修改为 1,838,800.71 美元），申请人为甲国贸公司，受益人为×国欣欣有限公司。×国欣欣有限公司于 19×× 年 10 月 1 日持该证在××国际银行贴现。

A＊＊＊＊2465#信用证项下款项的去向、用途为：

1. ××国际银行收取贴现利息及相关费用共计 35,357.01 美元。

2. ×国欣欣有限公司（含银行结算费用）49,200.71 美元，扣除××国际银行银行费用 35,357.01 美元，实际留汇 13,843.70 美元。

3. 香港××投资有限公司留汇（含银行结算费用）1,425 美元。

4. 香港××投资有限公司汇甲国贸公司 1,788,175 美元。甲国贸公司于 19×× 年 4 月 17 日收到 1,788,175 美元，兑换人民币 14,790,174.24 元。

5. 甲国贸公司利用结汇款折合人民币 8,739,779.08 元，用于归还中国银行××分行贷款 7,350,000 元、支付甲服饰公司借款 300,000 元、支付甲借款 600,000 元，其余 489,779.08 元用于日常开支。

6. 乙实业有限公司利用结汇款折合人民币 3,420,002.17 元，用于支付××商务有限公司 1,000,000 元、转为定期存款 2,420,000 元、其他支出 2.17 元。

7. 支付其他信用证付汇款 2,630,392.99 元。

（二）19×× 年 10 月 14 日，中国银行×× 分行垫付 A＊＊＊＊2465#信用证项下付汇 1,838,800.71 美元，折合人民币 15,247,235.88 元。后收回甲公司代申请人支付付汇款 1,838,700 美元，其余垫付 100.71 美元由中国银行××分行垫付，按付汇日汇率折合人民币 835.06 元。

申请人支付上述付汇款 1,838,700 美元，按付汇日汇率折合人民币 15,240,800.43 元，按实际购汇日汇率折合人民 15,245,948.79 元，获汇兑收益5,148.36 元。

（三）A＊＊＊＊2465#信用证交易中发生损失共计（折合人民币）475,503.21 元。其中：结、付汇损失（即某国、香港两地银行及公司留汇折合人民币）457,896.77 元、支付信用证费用折合人民币 24,041.97 元，（减去）支付银行垫款本金获汇兑收益折合人民币 5,148.36 元。

甲和中国银行××分行垫付 A＊＊＊＊2465#信用证付汇款折合人民币 15,241,635.48 元，减去上列损失 475,323.21 元，其余 14,766,312.27 元人民币去向为：

1. 甲国贸公司留用人民币 8,715,917.11 元；
2. 乙实业有限公司留用人民币 3,420,002.17 元；
3. 支付 A＊＊＊＊0765#信用证付汇款 50,395.16 元；
4. 支付 S＊＊＊＊7127#信用证付汇款 2,350,000 元；
5. 支付 L＊＊＊＊7171#信用证付汇款 229,997.83 元。

××市人民检察院司法鉴定中心

司法会计师：×××（签名）

司法会计师：×××（签名）

二○××年×月×日

司法会计鉴定书

×检技鉴〔20××〕第 23 号

根据××市公安局 20××年 3 月 5 日〔20××〕×公经字第 02 号《聘请书》，受该局聘请，对乙实业有限公司董事长李××等人涉嫌信用证诈骗案涉及的财务会计问题进行司法会计鉴定。

鉴定事项：确认中国工商银行××分行 19××年 10 月 17 日开立，受益人为×国欣欣有限公司的 L＊＊＊＊7171#信用证相关资金去向、用途及信用证交易损益。

20××年 3 月 6 日至 4 月 11 日，由××市公安局经济犯罪侦查支队一大队一中队警官×××、×××在场，在甲公司办公室对本案涉及的财务会计资料及相关证据进行了技术检验。检验资料包括：（1）甲国贸公司（以下简称甲国贸公司）财务会计资料；（2）乙实业有限公司（以下简称乙实业有限公司）19××年至 19××年财务会计资料；（3）中国银行××分行（以下简称××中行）、中国工商银行××分行（以下简称××工行）、某（境外）工商银行结算资料复印件；（4）省农业实业集团公司（以下简称农业集团）会计资料复印件。

一、检验

1. 甲国贸公司代理乙实业有限公司申请开立信用证依据

送检的甲国贸公司与乙实业有限公司签订的代理协议规定，乙实业有限公司拟分批从某国购买电解铜、冷轧钢板等，然后转售香港，委托甲国贸公司为乙实业有限公司开具 180 天远期信用证，代理有关转口手续，并以甲国贸公司的名义与外商签订合同。货到香港后一个月内，港方将货款电汇至甲国贸公司账户。乙实业有限公司在开证前五天内将银行要求的开证预付保证金以当日中国银行公布的汇率折合成人民币划入甲国贸公司账户。收到外商电汇货款后，将其中的 50% 存入甲国贸公司留存账户，其余 50% 的货款由乙实业有限公司作为流动资金使用。乙实业有限公司于信用证付款日前 10 个银行工作日将应对外支付金额补足，划入甲国贸公司账户。转口贸易中涉及的有关手续均由甲国贸公司负责办理，由此产生的一切费用，诸如银行费用、邮电费等，均由乙实业有限公司自理。乙实业有限公司支付给甲国贸公司的代理费为卖出合同金额的 0.5%，以 200 万美元为一个结算期，在收到香港电汇货款累计满 200 万美元后 7 日内支付给甲方。

2. 甲国贸公司申请开出 L＊＊＊＊7171#信用证及开证保证金支付情况

19×× 年 10 月 17 日，×× 工行开立 L＊＊＊＊7171#信用证，金额 640,000 美元，后于 10 月 20 日修改为 675,000 美元，申请人为甲国贸公司，受益人为 × 国欣欣有限公司（以下简称欣欣公司，信用证内容见信用证电传稿）。

上述信用证由乙实业有限公司提供定期一年 2,650,000 元存单两张作为担保（10 月 16 日存 230,000 元、10 月 17 日 420,000 元），担保款项主要来源于香港 ×× 投资有限公司汇入与 A＊＊＊＊2465#信用证相关款项（见 × 检技鉴〔20××〕第 22 号《司法会计鉴定书》第 4－（2）－③项检验结果）。

3. L＊＊＊＊7171#信用证贴现款项的支付情况

19×× 年 11 月 7 日，欣欣公司将 L＊＊＊＊7171#信用证在某（境外）工商银行贴现，支付该行贴现利息及相关费用 25,612.18 美元，获贴现款 649,387.82 美元（见某（境外）工商银行支付通知）。同日，欣欣公司通过某（境外）工商银行支付省农业集团 630,000 美元，支付电汇费用等费用 813.03 美元（见欣欣公司转账申请及工商银行付款通知）。

19×× 年 11 月 10 日，省农业集团通过 ×× 中行代乙实业有限公司收取欣欣公司汇款 630,000 美元，汇率为 8.2693 人民币／美元，兑换人民币 5,209,659 元，存入 ×× 工行 2002220003 账户，后签发 5899#、5900#支票分为转付乙实业有限公司 3,470,000 元和 1,739,659 元，省农业集团讲代收代付款项作为"代乙结汇"业务，同时进行借、贷"银行存款"科目处理（见省农业集团 19×× 年第 20113、20114 号银行凭证及附件）。

4. 乙实业有限公司收取人民币 5,209,659 元的去向与用途

（1）19×× 年 11 月 10 日，农业集团签发 5899#支票，直接付 ×× 工行 3,470,000 元。×× 工行作为"乙实业（甲）存款"业务转入乙实业有限公司 0＊＊＊＊7945 账户。乙实业有限公司给农业集团出具了№1171646 收款收据，并编制

19××年11月315号记账凭证作为预收农业集团账款记账。市工行国际业务部将该款项用于支付 L＊＊＊＊7099 信用证付款（见×检技鉴〔20××〕第20号6－（2）《司法会计鉴定书》）。

（2）19××年11月10日，农业集团签发5900#支票，直接支付××公司1,739,659元（"程霞"经收），乙实业有限公司出具了№1171647收款收据，并编制19××年11月508号记账凭证作为预收农业集团账款和应收××公司账项业务记账。

5. 乙实业有限公司支付××工行 L＊＊＊＊7171#信用证手续费及电传费共计36,940元：（1）19××年10月20日支付开证及改证费用合计8,951元。乙实业有限公司作为"开证费用"列"财务费用"科目核销（见乙实业有限公司19××年10月第418号记账凭证及附件）；（2）19××年11月24日，乙实业有限公司通过工行0＊＊＊＊7945账户支付工商银行承兑手续费27,989元（见乙实业有限公司19××年5月第407号记账凭证，银行对账单）。

6. L＊＊＊＊7171#信用证项下付汇情况

19××年4月29日，××工行支付 L＊＊＊＊7171#信用证项下付汇675,000美元，垫款利率万分之五（见××工行19××年4月29日凭证、付汇通知及付汇电文），汇率为8.2906人民币元/美元，折合人民币5,596,155元。除乙实业有限公司支付××工行27,742美元外，其余由××工行垫付。申请人支付××工行付汇款及资金来源情况如下：

（1）乙实业有限公司支付××工行人民币2,619,992.51元，购汇315,989美元，用于归还信用证垫款本金309,554美元，折合人民币2,566,636.07元；归还垫款利息6,435美元，折合人民币53,356.44元。其中：

①19××年4月29日，乙实业有限公司通过××工行0＊＊＊＊7945账户支付229,997.83元人民币，购汇27,742美元，用于支付信用证付汇款（见乙实业有限公司19××年5月第408号记账凭证及附件）。付汇款项来源为转出保证金230,000元（见乙实业有限公司19××年4月第306号、305号记账凭证及附件），该项保证金系 A＊＊＊＊2465#信用证相关款项存入的（见×检技鉴〔20××〕第23号《司法会计鉴定书》第4－（2）项检验结果）。

②19××年5月5日，乙实业有限公司通过市工行0＊＊＊＊7945账户支付999,998.61元人民币，购汇120,614美元用于归还信用证垫款（见乙实业有限公司19××年5月第408号记账凭证及附件）。其中，用于归还信用证垫款本金118,672美元，折合人民币983,897.68元；归还垫款利息1,942美元，折合人民币16,100.93元。付汇款项来源为乙实业有限公司5月5日交存工商银行1,000,000元，该公司未确认该项款项的实际来源，先作为"李××"存款业务，贷记"其他应收款——李××"账户，后又改为甲国贸公司转款业务，转贷记"预收账款——甲

国贸公司"账户（见19××年5月第305号、545号记账凭证及附件）。

③19××年5月22日，乙实业有限公司通过市工行0＊＊＊＊7945账户支付1,389,996.07元人民币，购汇167,633美元用于归还信用证垫款（见乙实业有限公司19××年5月第408号记账凭证及附件）。（其中，用于归还信用证垫款本金163,140美元，折合人民币1,352,740.56元；归还垫款利息4,493美元，折合人民币37,255.51元）。付汇款项来源为乙实业有限公司5月22日交存工商银行1,390,000元，该公司未确认该项款项的实际来源，先作为"李××"存款业务，贷记"其他应收款——李××"账户，后又改为甲国贸公司转款业务，转贷记"预收账款——甲国贸公司"账户（见19××年5月第305号、545号记账凭证及附件）。

（2）甲于2001年6月29日贷款5,000,000元，支付省工行营业部4,746,957.07元用于购汇。其中，购汇365,446美元代甲国贸公司归还信用证垫款本金，折合人民币3,029,328.07元；购汇207,207.88元代甲国贸公司归还垫款利息，折合人民币1,717,629元（见甲公司2001年7月第82号记账凭证、第14号转账凭证及附件）。甲国贸公司于2001年7月9日出具了载明"代还外汇贷款"的№0864425收款收据，并编制2001年7月第14号转账凭证作为"集团代还工行垫款及利息"业务记账：借记"应收账款——乙实业有限公司"、贷记"内部往来——甲资金结算部"账户。

二、论证

（一）L＊＊＊＊7171#信用证相关结、付汇损失及损失款去向

根据第3、6项检验结果计算，L＊＊＊＊7171#信用证项下付汇675,000美元，收回相关外汇630,000美元，损失45,000美元。按结、付汇日汇率计算，付汇折合人民币5,596,155元，收回相关外汇折合人民币5,209,659元，结、付汇损失45,000美元折合人民币386,496元（含汇兑损失人民币14,377.50元）。

根据第3项检验结果计算证实，上述该损失款项的去向为：

1. 某（境外）工商银行收取26,425.21美元：收取贴现利息及相关费用25,612.18美元、付汇费用813.03美元。

2. 欣欣公司留汇（含银行结算费用）45,000美元：信用证675,000美元－汇省农业集团630,000美元。扣除某（境外）工商银行收取费用26,425.21美元，实际留汇18,574.79美元。

（二）L＊＊＊＊7171#信用证相关结汇款项去向及付汇款项来源

第3、4项检验结果表明，省农业集团代收取欣欣公司汇入630,000美元，兑换人民币5,209,659元，后全部转付乙实业有限公司。乙实业有限公司用于支付L＊＊＊＊7099信用证付汇款3,470,000元，支付××公司（由省农业集团直接支付）1,739,659元。

第 6 项检验结果表明，××工行 L ＊＊＊7171#信用证项下付汇675,000美元，折合人民币5,596,155元。申请人后支付人民币7,366,949.58元，购汇888,642.88美元归还××工行垫款及垫款利息，其中，归还垫款本金计计675,000美元，折合人民币5,595,964.14元，与付汇日利率比较，形成汇兑收益人民币190.86元；归还利息合计213,642.88美元，折合人民币1,770,985.44元。付汇所用人民币来源为：乙实业有限公司付2,389,994.68元，利用A＊＊＊2465#信用证相关款项付229,997.83元，甲付4,746,957.07元。

（三）L＊＊＊7171#信用证交易损失及损失承担

L＊＊＊7171#信用证发生交易损失折合人民币2,194,230.58元：第（一）项论证所述结、付汇损失386,496元，加第5项检验结果所列支付信用证费用36,940元，加论证（二）所述归还银行垫款利息1,770,985.44元，减去论证（二）所述归还银行垫款汇兑收益190.86元。

申请人利用L＊＊＊7171#信用证相关款项支付信用证付款折合人民币3,240,002.17元。其中：利用L＊＊＊7171#信用证相关款项支付其他信用证用款3,470,000元，减利用A＊＊＊2465#信用证相关款项229,997.83元。

上述损失及付款共计折合人民币5,434,232.75元，分别已由乙实业有限公司及甲承担。其中：

（1）乙实业有限公司已承担687,275.68元：论证（二）所述支付信用证款2,389,994.68元，加第5项检验结果所列支付信用证费用36,940元，减留用结汇款1,739,659元。

（2）甲垫付信用证付汇款折合人民币4,746,957.07元。

三、鉴定结论

根据对送检的财务会计资料及相关证据的检验分析结果确认：

（一）19××年10月17日，中国工商银行××分行开出L＊＊＊＊7171#信用证，金额640,000美元，后于10月20日修改为675,000美元，申请人为甲国贸公司，受益人为×国欣欣有限公司。×国欣欣有限公司于19××年11月7日将L＊＊＊7171#信用证在某（境外）工商银行贴现。

L＊＊＊7171#信用证项下款项的去向、用途为：

1. 某（境外）工商银行收取利息及相关费用共计26,425.21美元。

2. ×国欣欣有限公司（含银行结算费用）45,000美元，扣除某（境外）工商银行费用26,425.21美元，实际留汇18,574.79美元。

3. 19××年11月7日，省农业实业集团公司收取×国欣欣有限公司汇款630,000美元，兑换人民币5,209,659元，后签发支票分为转付乙实业有限公司3,470,000元和1,739,659元。乙实业有限公司用于支付L＊＊＊7099信用证付汇款3,470,000元，支付××商务有限公司（由省农业实业集团公司直接转付）1,739,659 元。

（二）19××年 4 月 29 日，中国工商银行××分行垫付 L＊＊＊7171#信用证项下付汇 675,000 美元，折合人民币 5,596,155 元。申请人后支付人民币 7,366,949.58元，购汇 888,642.88 美元归还中国工商银行××分行垫款及垫款利息，其中，归还垫款本金 675,000 美元，折合人民币 5,595,964.14 元；归还利息 213,642.88 美元，折合人民币 1,770,985.44 元。付汇所用人民币来源为：乙实业有限公司支付 2,389,994.68 元，利用 A＊＊＊＊2465#信用证相关款项支付 229,997.83 元，甲公司代付 4,746,957.07 元。

（三）L＊＊＊7171#信用证交易中发生损失共计（折合人民币）2,194,230.58 元。其中：结、付汇损失（即某国银行及公司留汇折合人民币）386,496 元、支付信用证费用 36,940 元。

另外，申请人利用 L＊＊＊7171#信用证相关款项支付信用证付款折合人民币 3,240,002.17 元。其中：利用 L＊＊＊7171#信用证相关款项支付其他信用证用款 3,470,000 元，减利用 A＊＊＊＊2465#信用证相关款项 229,997.83元。

上述信用证交易损失、支付信用证款项差额折合人民币共计 5,434,232.75元，已由乙实业有限公司承担 687,275.68 元、甲公司支付 4,746,957.07 元。

××市人民检察院司法鉴定中心

司法会计师：×××（签名）

司法会计师：×××（签名）

二〇××年×月×日

司法会计鉴定书

×检技鉴〔20××〕第 24 号

根据××市公安局 20××年 3 月 5 日〔20××〕×公经字第 02 号《聘请书》，受该局聘请，对乙实业有限公司董事长李××等人涉嫌信用证诈骗案涉及的财务会计问题进行司法会计鉴定。

鉴定事项：确认中国 C 银行××分行 19××年 10 月 16 日开立，受益人为×国欣欣有限公司的 S＊＊＊7127#信用证相关资金去向、用途及信用证交易损益。

20××年 3 月 6 日至 4 月 11 日，由××市公安局经济犯罪侦查支队一大队一中队警官×××、×××在场，在甲公司办公室对本案涉及的财务会计资料及相关证据进行了技术检验。检验资料包括：（1）甲国贸公司（以下简称甲国贸

公司）财务会计资料；（2）乙实业有限公司（以下简称乙实业有限公司）19×
×年至19××年财务会计资料；（3）中国银行××分行（以下简称××中行）、
中国工商银行××分行（以下简称××建行）、中国投资银行××分行营业部
（以下简称投行××营业部）、省××证券经纪有限公司××路证券营业部（以
下简称××证券××路营业部）、省农业实业集团公司（以下简称农业集团）、
××国际银行结算资料复印件。

一、检验

1. 甲国贸公司代理乙实业有限公司申请开立信用证依据

送检的甲国贸公司与乙实业有限公司签订的代理协议规定，乙实业有限公司
拟分批从某国购买电解铜、冷轧钢板等，然后转售香港，委托甲国贸公司为乙实
业有限公司开具180天远期信用证，代理有关转口手续，并以甲国贸公司的名义
与外商签订合同。货到香港后一个月内，港方将货款电汇至甲国贸公司账户。乙
实业有限公司在开证前五天内将银行要求的开证预付保证金以当日中国银行公布
的汇率折合成人民币划入甲国贸公司账户。收到外商电汇货款后，将其中的
50%存入甲国贸公司留存账户，其余50%的货款由乙实业有限公司作为流动资
金使用。乙实业有限公司于信用证付款日前10个银行工作日将应对外支付金额
补足，划入甲国贸公司账户。转口贸易中涉及的有关手续均由甲国贸公司负责办
理，由此产生的一切费用，诸如银行费用、邮电费等，均由乙实业有限公司自
理。乙实业有限公司支付给甲国贸公司的代理费为卖出合同金额的0.5%，以
200万美元为一个结算期，在收到香港电汇货款累计满200万美元后7日内支付
给甲方。

2. 甲国贸公司申请开出S ＊ ＊ ＊ ＊ 7127#信用证及开证保证金支付情况

19××年10月16日××建行行开出S ＊ ＊ ＊ ＊ 7127#信用证，金额945,000
美元，申请人为甲，受益人为欣欣有限公司（见信用证电传稿复印件）。

甲公司向××建行出函证明，S ＊ ＊ ＊ ＊ 7127#信用证的申请人是甲，实际开
证人为甲国贸公司，此项业务由甲公司担保。

3. S ＊ ＊ ＊ ＊ 7127#信用证贴现款项的支付情况

19××年11月13日，欣欣公司将S ＊ ＊ ＊ ＊ 7127#信用证在××国际银行
贴现，支付该行贴现利息及相关费用33,055.98美元，获贴现款911,944.02美
元（见××国际银行支付通知复印件）。同日，欣欣公司通过××国际银行汇付
上海丙贸易有限公司850,000美元，支付该行付汇费用120美元。

根据×检技鉴〔20××〕第26号《司法会计检验报告》所列检验结果，19
××年11月13日，×国欣欣有限公司汇入上海丙贸易有限公司850,000美元投
资款，汇率8.2681人民币元/美元，折合人民币7,027,885元。该款项的用途及
去向如下：

（1）支付乙实业有限公司人民币5,500,000元。其中：乙实业有限公司用于归还××工行 L＊＊＊＊7099#信用证垫款2,000,000元；用于支付××工行 L＊＊＊＊7116#信用证项下付汇3,500,000元；

（2）支付甲国贸公司人民币1,000,000元。甲国贸公司用于归还甲公司借款。

（3）支付××公司人民币100,000元。

（4）上海丙贸易有限公司将其余款项用于开办费用，折合人民币427,885元。

根据欣欣公司19××年12月28日至上海丙国际贸易有限公司函件记载，上述上海丙贸易有限公司支付乙实业有限公司、甲国贸公司和××公司款项业务，均是在欣欣公司安排和授权下进行的。

根据欣欣公司总裁"沈京"19××年6月19日至甲国贸公司函件记载，上述上海丙贸易有限公司支付乙实业有限公司、甲国贸公司款项业务，系由欣欣公司指示该公司支付的 S＊＊＊＊7127#信用证贴现款项。

4. 19××年12月28日，甲国贸公司支付××建行 S＊＊＊＊7127#信用证手续费及电传费共计12,065元（见甲国贸公司1919××年1月第16号记账凭证及附件）。

5. S＊＊＊＊7127#信用证项下付汇情况

19××年5月4日，××建行支付 S＊＊＊＊7127#信用证项下付汇945,000美元，汇率为8.2903人民币元／美元，付汇折合人民币7,834,333.50元。其中：甲国贸公司付汇285,121.84美元，××建行垫付659,878.16美元。

甲国贸公司先后支付××建行人民币8,223,313.83元，购汇991,860.59美元，用于归还信用证付汇及垫款本金945,000美元，折合人民币7,834,792.68元；归还垫款利息46,860.59美元，折合人民币388,521.15元。具体归还情况如下：

（1）19××年5月4日，甲国贸公司支付××建行人民币2,363,745.63元，购汇285,121.84美元用于上列信用证付款（见甲国贸公司19××年6月第6号付款凭证及附件），付汇款项主要来源于 A＊＊＊＊2465#信用证相关的结汇款2,350,000元（见×检技鉴〔20××〕第22号《司法会计鉴定书》第4－（2）项检验结果）。

（2）19××年9月23日，甲国贸公司支付××建行人民币5,782,882.96元，购汇697,489.20美元，用于归还××建行信用证贷款650,637.85美元，折合人民币5,394,438.42元；支付该行利息46,851.35美元，折合人民币388,444.54元（见甲国贸公司19××年9月第4－14号付款凭证及附件）。付汇款项主要来源：19××年9月21日，甲国贸公司从天桥建行贷款5,800,000元（见甲国贸公司19××年9月第3-04号收款凭证及附件)。

（3）19××年9月25日，甲国贸公司支付××建行人民币76,685.24元，购汇9,249.55美元，用于归还××建行信用证贷款9,240.31美元，折合人民币76,608.63元；支付该行利息9.24美元，折合人民币76.61元（见甲国贸公司19××年9月第4-14号付款凭证及附件）。付汇款项主要来源：19××年7月14日甲国贸公司收成武造纸厂80,000元，给乙实业有限公司出具№0798195收据并作为应付乙实业有限公司账款记账（见甲国贸公司19××年7月第10号收款凭证及附件），经检验乙实业有限公司会计资料，未见该笔账项的会计处理记录。

二、论证

（一）S＊＊＊＊7127#信用证相关结、付汇损失及损失款去向

根据第3、5项检验结果计算，S＊＊＊＊7127#信用证项下付汇945,000美元，境内收回相关外汇850,000美元，损失95,000美元。按结、付汇日汇率计算，付汇折合人民币5,596,155元，收回相关外汇折合人民币7,027,885元，结、付汇损失95,000美元折合人民币806,448.50元（含汇兑损失人民币20,979.00元）。

第3项检验结果证实，上述损失款项的去向为：

1. ××国际银行收取33,175.98美元：收取贴现利息及相关费用33,055.98美元，付汇费用120美元。

2. 欣欣公司留汇（含银行结算费用）95,000美元：信用证945,000美元-汇上海丙贸易有限公司850,000美元。扣除××国际银行银行费用33,175.98美元，实际留汇61,824.02美元。

（二）S＊＊＊＊7127#信用证相关结汇款项去向及付汇款项来源

第3项检验结果表明，上海丙贸易有限公司收取欣欣公司汇入850,000美元，折合人民币7,027,885元，除用于该公司开办费折合人民币427,885元外，支付乙实业有限公司5,500,000元，乙实业有限公司用于支付其他信用证付款；支付甲国贸公司人民币1,000,000元，甲国贸公司用于归还甲借款；支付××公司100,000元。

第5项检验结果表明，××建行S＊＊＊＊7127#信用证项下付汇945,000美元，折合人民币7,834,333.50元，其中由××建行垫付659,878.16美元。甲国贸公司支付××建行人民币8,223,313.83元，购汇991,860.59美元，用于支付信用证付汇及垫款本金945,000美元，折合人民币7,834,792.68元，与付汇日利率比较，形成汇兑损失人民币459.18元；归还垫款利息46,860.59美元，折合人民币388,521.15元。付款所用人民币来源为：乙实业有限公司（通过成武造纸厂）付80,000元；利用A＊＊＊＊2465#信用证相关的结汇款2,350,000元；甲国贸公司支付5,793,313.83元〔包括：5-（1）项检验结果所列2,363,745.63元减利用其

他信用证款项付汇差额 13,745.63 元、5－（2）项检验结果所列 5,782,882.96 元、减 5－（3）检验结果所列收乙实业有限公司 80,000 元与购汇用 76,685.24 元差额。]

（三）S＊＊＊7127#信用证交易损失及损失承担

S＊＊＊7127#信用证发生交易损失折合人民币 1,207,493.83 元：项论证（一）所述结、付汇损失 806,448.50 元，加第 4 项检验结果所列支付信用证费用 12,065 元，加论证（二）所述归还银行垫款利息 388,521.15 元，加论证（二）所述归还银行垫款汇兑损失 459.18 元。

乙实业有限公司留用 S＊＊＊7127#信用证相关款项 20,000 元：论证（二）所述××公司收取 100,000 元，减乙实业有限公司通过成武造纸厂支付甲国贸公司 80,000 元。

上海丙贸易有限公司留用 S＊＊＊7127#信用证相关款项折合人民币 427,885 元。

用于支付其他信用证付汇款差额 3,150,000 元：论证（二）所述支付其他信用证用款 5,500,000 元；减 S＊＊＊7127#信用证相关款项支付其他信用证付汇款 2,350,000 元。

上述损失及乙实业有限公司、上海丙贸易有限公司留用款以及留用信用证款项差额，共计折合人民币 4,805,378.83 元已由甲国贸公司支付：论证（二）所述支付信用证用款 5,793,313.83 元，加支付信用证费用 12,065 元，减收取 1,000,000 元；

三、鉴定结论

根据对送检的财务会计资料及相关证据的检验分析结果确认：

（一）19××年 10 月 16 日，中国 C 银行××分行开出 S＊＊＊7127#信用证，金额 945,000 美元，申请人为甲国贸公司，受益人为×国欣欣有限公司。×国欣欣有限公司于 19××年 11 月 13 日持该证在××国际银行贴现。

S＊＊＊7127#信用证项下款项的去向、用途为：

1. ××国际银行收取贴现利息及相关费用共计 33,175.98 美元。

2. ×国欣欣有限公司（含银行结算费用）95,000 美元，扣除××国际银行银行费用 33,175.98 美元，实际留汇 61,824.02 美元。

3. 19××年 11 月 13 日，×国欣欣有限公司付上海丙贸易有限公司 850,000 美元。上海丙贸易有限公司收取×国欣欣有限公司汇款 850,000 美元，折合人民币 7,027,885 元，留用作开办费用折合人民币 427,885 元。其余款项分别支付乙实业有限公司人民币 5,500,000 元、甲国贸公司人民币 1,000,000 元、××商务有限公司人民币 100,000 元。

4. 乙实业有限公司留用人民币 5,500,000 元，用于支付工商银行 L＊＊＊＊7099#信用证垫款 2,000,000 元和工商银行 L＊＊＊＊7116#信用证项下付汇 3,500,000 元。

5. 甲国贸公司留用人民币 **1,000,000** 元，用于归还甲公司借款。

6. ××商务有限公司留用人民币 **100,000** 元。

（二）19××年5月4日，中国C银行××分行垫付S＊＊＊7127#信用证项下付汇 945,000 美元，折合人民币 7,834,333.50 元。申请人支付人民币共计 8,223,313.83 元，购汇 991,860.59 美元归还中国C银行××分行垫款及垫款利息，其中，归还垫款本金 945,000 美元，折合人民币 7,834,792.68 元（与付汇日利率比较，形成汇兑损失人民币 459.18 元）；归还利息 46,860.59 美元，折合人民币 388,521.15 元。付汇所用人民币来源为：乙实业有限公司支付 80,000 元，利用 A＊＊＊2465#信用证相关款项支付 2,350,000 元，甲国贸公司支付 5,793,313.83 元。

（三）S＊＊＊7127#信用证交易中发生损失共计（折合人民币）1,207,493.83 元。其中：结、付汇损失（即某国银行及公司留汇折合人民币）806,448.50 元、支付信用证费用 12,065 元、支付银行垫款利息 388,521.15 元、支付汇兑损失 459.18 元。

另外，乙实业有限公司留用 S＊＊＊7127#信用证相关款项折合人民币 20,000元、上海丙贸易有限公司留用 S＊＊＊7127#信用证相关款项折合人民币 427,885 元、申请人利用 S＊＊＊7127#信用证相关款项支付其他信用证付汇款差额折合人民币 3,150,000 元。

上述信用证交易损失、乙实业有限公司及上海丙贸易有限公司留用款，以及支付信用证款项差额折合人民币共计 4,805,378.83 元，已由甲国贸公司支付。

> ××市人民检察院司法鉴定中心
> 司法会计师：×××（签名）
> 司法会计师：×××（签名）
> 二〇××年×月×日

司法会计检验报告

×检技鉴〔20××〕第 25 号

根据××市公安局20××年3月5日〔20××〕×公经字第 02 号《聘请书》，受该局聘请，对乙实业有限公司董事长李××等人涉嫌信用证诈骗案涉及的财务会计资料进行司法会计检验。

检验事项：查明乙实业有限公司19××年1月7日支付上海丙国际贸易有限公司 5,000,000 元人民币资金来源及结算情况。

20××年3月6日至4月11日，由××市公安局经济犯罪侦查支队一大队一中队警官×××、×××在场，在甲公司办公室对本案涉及的财务会计资料及相关证据进行了技术检验。检验资料包括：（1）乙实业有限公司、甲国贸公司19××年至19××年财务会计资料；（2）上海丙国际贸易公司（以下简称上海丙公司）财务资料证据，但未见上海丙公司会计资料。

一、检验

1. 19××年1月7日，乙实业有限公司委托交行开发区支行办理汇票，通过该行6＊＊＊2087账户汇上海丙公司（工商银行××分行0＊＊＊3891户）5,000,000元。乙实业有限公司编制19××年1月第3号付款凭证，将该笔付款作为"上海丙国际公司汇票"业务，列"其他应付款"科目借方。

检验交行开发区支行6＊＊＊2087乙实业有限公司账户资料证实，用于办理上述5,000,000元汇票的款项来源于甲国贸公司19××年1月7日付款1,000,000元和4,000,000元款项（该账户期初余额为20,785.51元，当日仅转入甲国贸公司所付款项）。乙实业有限公司编制19××年1月第1号收款记账凭证，将收取甲国贸公司所付1,000,000元和4,000,000元款项业务列"其他应付款"科目贷方。

检验乙实业有限公司19××年"其他应付款——甲"账簿证实，该公司将上述支付上海丙公司和收取甲国贸公司5,000,000元业务，分别记入该账页的借方和贷方。该账页显示，"其他应付款——甲"账户仅有上述两笔发生额，期初、期末余额均为零。

19××年5月，乙实业有限公司根据上海丙公司1月7日出具的0682609#收取乙实业有限公司5,000,000元"往来款"收据，编制第505号记账凭证，借记"预收账款——上海丙公司"、贷记"其他应付款——李××"科目，后又于19××年3月编制509号记账凭证，将上述该项会计分录调整为：借记"预收账款——上海丙公司"、贷记"预收账款——甲国贸公司"科目。

2. 检验甲国贸公司财务会计资料证实，19××年1月7日，甲国贸公司签发交行开发区支行2807#、2808#支票，分别支付乙实业有限公司4,000,000元和1,000,000元，并编制19××年1月7日第5号付款凭证，作为"付乙实业有限公司款"业务，借记"应付账款——乙实业有限公司"账户。乙实业有限公司于19××年3月16日补开收取甲国贸公司500万元收款收据，列明"97.1.7支票两张（400万＋100万）"。

检验甲国贸公司财务会计资料发现，19××年12月19日，甲国贸公司收取广州黄埔中燃服务公司汇入"开证保证金"人民币13,298,240元，存入其××中行2＊＊＊＊0003账户，并作为应付"××集团"账款记账（见甲国贸公司19××年12月14号收款凭证及附件）。之后，分别于12月29日和19××年1月6日签发支票转入其交行开发区支行1,000,000元和4,000,000元（见甲国贸公司19××年1月第1号付款凭证），用于上述支付乙实业有限公司款项。

　　3. 19××年1月22日，乙实业有限公司收回上海丙公司3,400,000元，存入工商银行××开发区支行3106908367账户，后用于支付下列账项：

　　（1）19××年1月27日付××市天桥油脂合成化工厂（王××）100,000元，该厂出具了№0019057收款单。

　　（2）19××年1月28日签发2083#转账支票，付款1,500,000元，由"李××"签收。

　　（3）19××年1月28日签发2094#转账支票，付款566,346元，由"李××"签收。

　　（4）19××年1月28日签发2099#转账支票，付款33,654元，由"董××"签收。

　　（5）19××年2月26日付甲国贸公司1,000,000元。甲国贸公司将该款项用于支付A＊＊＊＊3863#信用证（见×检技鉴〔20××〕第15号《司法会计鉴定书》第6项检验结果）。

　　（6）19××年2月28日付××市天桥油脂合成化工厂（王××）200,000元，该厂出具了№0019057收款单。

　　乙实业有限公司编制19××年4月第528号转账凭证、5月506号记账凭证，对上述收、付款业务进行账务处理。其中：贷记"预收账款——上海丙公司"科目3,400,000元，借记"预收账款——甲国贸公司"科目1,000,000元。其余账项均通过"其他应付款——李××"科目处理，借记该科目2,066,346元，红字贷记该科目333,654元。

　　4. 19××年8月6日乙实业有限公司收回上海丙公司2,085,840.50元，并由上海丙公司直接汇入甲国贸公司（见甲国贸公司19××年8月第1号收款凭证及附件），甲国贸公司将该款项用于支付B＊＊＊＊0262#信用证（见×检技鉴〔20××〕第18号《司法会计鉴定书》第6项检验结果）。甲国贸公司给乙实业有限公司出具了0798119#收款收据，乙实业有限公司依据该收据编制19××年8月第516号记账凭证，借记"预收账款——甲国贸公司"、贷记"预收账款——上海丙公司"科目。

　　5. 上述乙实业有限公司支付上海丙公司5,000,000元，收回5,485,840.50元（3,400,000元＋2,085,840.50元），多收回485,840.50元。19××年10月，乙实业有限公司根据上海丙公司函件，将应付上海丙公司的485,840.50元作冲减应收××商务有限公司款项账务处理（见乙实业有限公司19××年10月第519号记账凭证及附件）。

二、结论

　　上述检验结果证实：

　　19××年1月7日，乙实业有限公司从甲国贸公司借入人民币5,000,000万元，当日转付上海丙国际贸易有限公司。后收回 5,485,840.50 元，收回款项用于下列业务：

（1）19××年 1 月 27 日付××市天桥油脂合成化工厂（王××）100,000 元；

（2）19××年 1 月 28 日付款 1,500,000 元，由"李××"签收；

（3）19××年 1 月 28 日付款 566,346 元，由"李××"签收；

（4）19××年 1 月 28 日付款 33,654 元，由"董××"签收；

（5）19××年 2 月 26 日归还甲国贸公司 1,000,000 元，该款项被用于支付 A****3863#信用证；

（6）19××年 8 月 6 日归还甲国贸公司 2,085,840.50 元，该款项被用于支付 B****0262 信用证付款；

（7）多收回的 485,840.50 元，作为收回××商务有限公司款项业务进行了账务处理。

××市人民检察院司法鉴定中心

司法会计师：×××（签名）

司法会计师：×××（签名）

二○××年×月×日

司法会计检验报告

×检技鉴〔20××〕第 26 号

根据××市公安局 20××年 3 月 5 日〔20××〕×公经字第 02 号《聘请书》，受该局聘请，对乙实业有限公司董事长李××等人涉嫌信用证诈骗案涉及的财务会计资料进行司法会计检验。

检验事项：查明×国欣欣有限公司 19××年 11 月 13 日汇入上海丙贸易有限公司 850,000 美元的用途及去向。

20××年 3 月 6 日至 6 月 20 日，由××市公安局经济犯罪侦查支队一大队一中队警官班宝堂、褚洪泉在场，在甲公司所属公司办公室对本案涉及的财务会计资料及相关证据进行了技术检验。检验资料包括：（1）上海丙贸易有限公司（以下简称丙公司）19××年至 19××年财务会计资料；（2）乙实业有限公司（以下简称乙实业有限公司）、甲国贸公司财务会计资料；（3）××商务有限公司银行存款资料；（4）纪兰色工贸有限公司往来核算资料复印件。

一、检验

检验丙公司财务会计资料证实，19××年 11 月 13 日×国欣欣有限公司通过国际××国际银行银行汇入丙公司 850,000 美元，系申新国际有限公司向丙公投入的注册资金（见丙公司 19××年 11 月第 1101 号收入凭证及附件），收款银行为中国银行上海分行虹桥支行。检验丙公司会计资料发现，至 19××年末，丙公司没有收取其他投资款项，也没有收取经营收入。

丙公司收取 850,000 美元（折合人民币 7,027,885 元）的主要去向：

1. 丙公司以预付货款的名义支付乙实业有限公司 5,500,000 元：

（1）19××年 10 月 20 日，丙公司通过上海纪兰色工贸公司汇付乙实业有限公司 2,000,000 元（见纪兰色公司 19××年 10 月第 37 号记账凭证及附件）。乙实业有限公司于 10 月 22 日收到汇款，编制第 307 号记账凭证，作为预收账款处理。11 月 12 日将用于归还××工行 L****7099 信用证垫款（见济检技鉴〔20××〕第 20 号《司法会计鉴定书》第 6 项检验结果）。丙公司于 12 月 1 日支付上海纪兰色工贸公司 2,120,000 元（折合 256,435.07 美元），归还纪兰色公司代付乙实业有限公司 2,000,000 元及借款 120,000 元，但以"预付货款"的名义进行了账务处理（见丙公司 19××年 12 月第 1203 号付款凭证、纪兰色公司 19××年 12 月第 1 号记账凭证及附件）。

（2）19××年 11 月 25 日，丙公司支付乙实业有限公司 3,500,000 元（折合 423,334.18 美元，见丙公司 19××年 11 月第 1105 号付出凭证及附件），乙实业有限公司将该款项作为预收丙公司账款进行了账务处理。乙实业有限公司 11 月 27 日收到汇款，后于 12 月 10 日用于支付××工行 L****7116 信用证（见济检技鉴〔20××〕第 21 号《司法会计鉴定书》第 6 项检验结果）。

2. 丙公司结汇 140,000 美元，兑换人民币 1,157,464 元（见丙公司 19××年 12 月第 1209 号付出凭证）。该款项主要用途：

（1）19××年 12 月 9 日以"预付货款"的名义支付三联国贸公司 1,000,000 元（见丙公司 19××年 12 月第 1204 号付出凭证）。三联国贸公司于 12 月 12 日收到汇款，后于 12 月 15 日借给甲公司所属公司（见三联国贸 19××年 12 月第 3 号收款凭证、第 4 号付款凭证及附件）。

（2）19××年 12 月 9 日以预付货款的名义支付××商务有限公司 100,000 元（见丙公司 19××年 12 月第 1205 号付出凭证）。××商务有限公司会计资料未送检。

（3）其余 57,464 元，用于支付丙公司开办费用（见丙公司 19××年及 19××年银行存款［人民币］日记账）。

3. 丙公司支付 9,000 美元，兑换人民币 74,400.30 元（见丙公司 19××年 3 月第 0301 号付出凭证），用于支付丙公司开办费用（见丙公司 19××年银行存款［人民币］日记账）。

4. 上列 1~3 项支出合计为 828,769.25 美元。丙公司将 850,000 美元其余 21,230.75 美元用于开办费（见丙公司 19××年及 19××年［美元］银行存款日记账）。

5. 上列丙公司用于开办费款项折合人民币共计 427,885 元（7,027,885 元 – 5,500,000 元 – 1,000,000 元 – 100,000 元）。

二、结论

上述检验结果证实：19××年 11 月 13 日×国欣欣有限公司汇入上海丙贸易有限公司 850,000 美元投资款，该款项的用途及去向如下：

（一）支付乙实业有限公司人民币 5,500,000 元；

（二）支付甲国贸公司人民币 1,000,000 元；

（三）支付××商务有限公司人民币 100,000 元；

（四）上海丙贸易有限公司将其余款项用于开办费用，折合人民币 427,885元。

××市人民检察院司法鉴定中心

司法会计师：×××（签名）

司法会计师：×××（签名）

二○××年×月×日

司法会计鉴定书

×检技鉴〔20××〕第 27 号

根据××市公安局 20××年 3 月 5 日〔20××〕×公经字第 02 号《聘请书》，受该局聘请，对乙实业有限公司董事长李××等人涉嫌信用证诈骗案涉及的财务会计问题进行司法会计鉴定。

鉴定事项：确认甲国贸公司申请开立的下列受益人为×国欣欣有限公司的信用证相关资金去向、用途及信用证交易损益：

1. 中国银行××分行 19××年 8 月 14 日开立，受益人为×国欣欣有限公司的 A＊＊＊＊3863#信用证；

2. 中国银行××分行 19××年 10 月 7 日开立，受益人为×国欣欣有限公司的 A＊＊＊＊4661#信用证；

3. 中国银行××分行 19××年 10 月 7 日开立，受益人为×国欣欣有限公司的 A＊＊＊＊5067#信用证；

4. 中国银行××分行 19××年 1 月 20 日开立，受益人为×国欣欣有限公司的 B＊＊＊＊0262#信用证；

5. 中国银行××分行 19××年 3 月 25 日开立，受益人为×国欣欣有限公司的 A＊＊＊＊0765#信用证；

6. 中国工商银行××分行 19××年 4 月 28 日开立，受益人为×国欣欣有限公司的 L＊＊＊7099#信用证；

7. 中国工商银行××分行 19××年 4 月 28 日开立，受益人为×国欣欣有限公司的 L＊＊＊7116#信用证；

8. 中国银行××分行 19××年 7 月 31 日开立，受益人为×国欣欣有限公司的 A＊＊＊2465#信用证；

9. 中国工商银行××分行 19××年 10 月 17 日开立，受益人为×国欣欣有限公司的 L＊＊＊7171#信用证；

10. 中国 C 银行××分行 19××年 10 月 15 日开立，受益人为×国欣欣有限公司的 S＊＊＊7127#信用证。

20××年 3 月 6 日至 6 月 11 日，由××市公安局经济犯罪侦查支队一大队一中队警官×××、×××在场，在甲公司办公室对本案涉及的财务会计资料及相关证据进行了技术检验。检验资料主要包括：（1）甲国贸公司财务会计资料；（2）乙实业有限公司 19××年至 19××年财务会计资料；（3）××天马电子有限公司、××仪表有限公司相关会计资料；（4）省农业实业集团公司会计资料复印件；（5）中国银行××分行、中国工商银行××分行、中国 C 银行××分行、中国投资银行××分行、交通银行××市高新技术开发区支行、某（境外）工商银行、××国际银行结算资料复印件。

一、相关鉴定结论

1. ×检技鉴〔20××〕第 15 号《司法会计鉴定书》所列鉴定结论，确认了中国银行××分行 19××年 8 月 14 日开立，受益人为×国欣欣有限公司的 A＊＊＊3863#信用证相关资金去向、用途及信用证交易损益。

2. ×检技鉴〔20××〕第 16 号《司法会计鉴定书》所列鉴定结论，确认了中国银行××分行 19××年 10 月 7 日开立，受益人为×国欣欣有限公司的 A＊＊＊4661#信用证相关资金去向、用途及信用证交易损益。

3. ×检技鉴〔20××〕第 17 号《司法会计鉴定书》所列鉴定结论，确认了中国银行××分行 19××年 10 月 7 日开立，受益人为×国欣欣有限公司的 A＊＊＊5067#信用证相关资金去向、用途及信用证交易损益。

4. ×检技鉴〔20××〕第 18 号《司法会计鉴定书》所列鉴定结论，确认了中国银行××分行 19××年 1 月 20 日开立，受益人为×国欣欣有限公司的 B＊＊＊0262#信用证相关资金去向、用途及信用证交易损益。

5. ×检技鉴〔20××〕第 19 号《司法会计鉴定书》所列鉴定结论，确认了中国银行××分行 19××年 1 月 20 日开立，受益人为×国欣欣有限公司的 A＊＊＊0765#信用证相关资金去向、用途及信用证交易损益。

6. ×检技鉴〔20××〕第 20 号《司法会计鉴定书》所列鉴定结论，确认了中国工商银行××分行19××年4月28日开立，受益人为×国欣欣有限公司的L＊＊＊7099#信用证相关资金去向、用途及信用证交易损益。

7. ×检技鉴〔20××〕第21号《司法会计鉴定书》所列鉴定结论，确认了中国工商银行××分行19××年4月28日开立，受益人为×国欣欣有限公司的L＊＊＊7116#信用证相关资金去向、用途及信用证交易损益。

8. ×检技鉴〔20××〕第22号《司法会计鉴定书》所列鉴定结论，确认了中国银行××分行19××年7月31日开立，受益人为×国欣欣有限公司的A＊＊＊2465#信用证相关资金去向、用途及信用证交易损益。

9. ×检技鉴〔20××〕第23号《司法会计鉴定书》所列鉴定结论，确认了中国工商银行××分行19××年10月17日开立，受益人为×国欣欣有限公司的L＊＊＊7171#信用证相关资金去向、用途及信用证交易损益。

10. ×检技鉴〔20××〕第24号《司法会计鉴定书》所列鉴定结论，确认了中国C银行××分行19××年10月15日开立，受益人为×国欣欣有限公司的S＊＊＊7127#信用证相关资金去向、用途及信用证交易损益。

二、补充检验

1. 甲国贸公司代理乙实业有限公司申请开立信用证依据

送检的甲国贸公司与乙实业有限公司签订的代理协议规定，乙实业有限公司拟分批从某国购买电解铜、冷轧钢板等，然后转售香港，委托甲国贸公司为乙实业有限公司开具180天远期信用证，代理有关转口手续，并以甲国贸公司的名义与外商签订合同。货到香港后一个月内，港方将货款电汇至甲国贸公司账户。乙实业有限公司在开证前五天内将银行要求的开证预付保证金以当日中国银行公布的汇率折合成人民币划入甲国贸公司账户。收到外商电汇货款后，将其中的50%存入甲国贸公司留存账户，其余50%的货款由乙实业有限公司作为流动资金使用。乙实业有限公司于信用证付款日前10个银行工作日将应对外支付金额补足，划入甲国贸公司账户。转口贸易中涉及的有关手续均由甲国贸公司负责办理，由此产生的一切费用，诸如银行费用、邮电费等，均由乙实业有限公司自理。乙实业有限公司支付给甲国贸公司的代理费为卖出合同金额的0.5%，以200万美元为一个结算期，在收到香港电汇货款累计满200万美元后7日内支付给甲方。

2. 甲国贸公司根据前述代理协议，先后10次核算应收乙实业有限公司代理费共计436,460.26元（详见附件一），并作为"代购代销收入"转入当期损益。

3、19××年4月14日，甲国贸公司致函乙实业有限公司，就代理前述10单信用证涉及的结算及债权债务金额等进行核对。乙实业有限公司已"确认"核对结果。

三、综合论证

根据前述鉴定结论及检验结果，综合分析如下：

（一）前述 10 单信用证开证情况

1. 19××年 8 月 14 日至 19××年 10 月 17 日，甲国贸公司根据与乙实业有限公司签订的代理开证协议，分别申请中国银行××分行、工商银行××分行、C 银行××分行开出 10 单国际信用证，受益人均为某国欣欣有限公司，开证金额合计 10,496,780 美元，后对其中的 4 单信用证进行了修改。修改后 10 单信用证金额合计为 10,535,290.71 美元，包括：中国银行××分行 6 单，合计金额 7,092,125.71 美元；工商银行 3 单，合计金额 2,498,165 美元；C 银行××分行 1 单，金额 945,000 美元。

2. 申请人支付开证手续费、改证手续费、承兑手续费及邮费等共计 239,630.92 元，银行退费 64,000 元，实际付费总额为 175,630.92 元。其中，甲国贸公司共付费 103,160.92 元，乙实业有限公司共付费 72,470 元。

（二）前述 10 单信用证议付、贴现及贴现款去向、用途情况

1. 前述 10 单信用证，均由×国欣欣有限公司在某国银行贴现。除 L ＊ ＊＊7171#信用证在某（境外）工商银行贴现外，其他 9 单信用证贴现行为某国××国际银行。

2. 某国银行收取贴现利息及其他费用共计 351,798.94 美元，包括贴现费用 349,905.91 美元，转付信用证相关款项费用 1,893.03 美元。其中：××国际银行收费 325,373.73 美元，工商银行收费 26,425.21 美元。

3. ×国欣欣有限公司获得贴现款共计 10,185,384.80 美元，转付香港及内地 10,058,953.48 美元，支付某国银行转付香港、内地款费用 1,893.03 美元，实际留汇 124,538.29 美元。

×国欣欣有限公司留汇 124,538.29 美元，加支付某国银行费用 351,798.94 美元，共计 476,337.23 美元。

4. ×国欣欣有限公司转付香港及内地 10,058,953.48 美元。其中，转付香港戊实业有限公司、香港庚国际有限公司、香港××投资有限公司 8,578,953.48 美元。香港各公司转付内地银行 7,879,289.40 美元，留汇（含银行转款费用）699,664.08 美元。

5. ×国欣欣有限公司通过香港转付内地 7,879,289.40 美元，加直接转付内地银行 1,480,000 元，共计扣除投资银行××分行扣费 25 美元（折合人民币 206.98 元），内地各公司实际收取信用证相关款项 9,359,264.40 美元，折合人民币 77,484,786.67 元。该款项去向、用途如下：

（1）甲国贸公司利用汇款折合人民币 16,060,318.20 元（具体用途见前述《司法会计鉴定书》所述鉴定结论）；

（2）乙实业有限公司利用汇款折合人民币 21,439,889.27 元（具体用途见前述《司法会计鉴定书》所述鉴定结论）；

（3）上海丙贸易有限公司利用汇款折合人民币 427,885 元，用于支付开办费用；

（4）直接用于前述各信用证付汇用款折合人民币 39,556,694.20 元。

（三）前述 10 单信用证付汇情况

1. 前述 10 单信用证均已由开证行付汇。付汇总额 10，535，290.71 美元，按付汇日汇率折合人民币 87,407,204.26 元。其中，申请人支付开证行 10,534,793.94 美元，折合人民币 87,403,083.70 元，中国银行××分行承担 496.77 美元，折合人民币 4,120.56元。

另外，上述付汇 10,535,290.71 美元，按内地银行收到信用证相关款项结汇日汇率计算，折合人民币 87,223,795.45 元，与上述付汇日汇价 87,407,204.26 元相比，汇兑损失人民币 183,408.81 元。

2. 上述部分信用证到期后，申请人未能按期付款，造成开证行垫付。申请人支付开证行的 10,534,793.94 美元，按申请人购汇付款日汇率计算，折合人民币 87,388,234.72 元，与付汇日牌价比较，申请人获汇兑收益 14,848.98 元。

3. 申请人支付银行垫款利息共计 286,437.98 美元，折合人民币 2,374,573.04元。

4. 上述申请人支付开证银行信用证项下付汇及银行垫款利息共计 10,821,231.92美元，折合人民币 89,762,807.76 元。付款情况如下：

（1）甲国贸公司支付 12,997,128.40 元；

（2）乙实业有限公司支付 11,101,532 元；

（3）利用前述各信用证回款支付 39,556,694.20 元；

（4）由甲公司贷款支付 3,149,653.88 美元，折合人民币 26,107,452.37 元。

5. 在上述信用证交易过程中，甲国贸公司根据代理协议与乙实业有限公司收付往来款项净额为：甲国贸公司支付乙实业有限公司 1,392,439.50 元。

（四）10 单信用证交易损失及相关公司的损益情况

1. 前述 10 单信用证付汇总额 10，535，290.71 美元，按付汇日汇率折合人民币 87,407,204.26 元，境内银行收回相关信用证款项 9,359,289.40 美元，折合人民币 77,484,993.65 元。付汇与收回款项比较，损失 1,176,001.31 美元，折合人民币 9,922,210.61 元。根据前述第（二）-5 项所述，损失款项去向为：

（1）某国银行收取贴现利息及其他费用共计 351,798.94 美元；

（2）×国欣欣有限公司留汇 124,538.29 美元；

（3）香港各公司留汇（含银行转款费用）699,664.08 美元。

2. 申请人及相关公司支付银行开证、改证、承兑、邮费等费用总额折合人民币 2,535,561.95 元。其中：

（1）前述第（二）-5 项所列投资银行××分行扣费 25 美元，折合人民币

206.98 元；

（2）前述第（三）-2 项所列申请人在归还银行垫款本金中所获汇兑收益 14,848.98 元，抵销费用 14,848.98 元

（3）前述第（三）-3 项所列申请人已付银行垫款利息 286,437.98 美元，折合人民币 2,374,573.04 元。

3. 上述 1、2 项所列交易损失及费用折合人民币 12,457,772.57 元。损失涉及外汇 1,462,464.29 美元。

4. 上述 10 单信用证交易中，甲国贸公司获净收益折合人民币 1,567,589.38 元：前述第（二）-5-（1）项所列利用信用证相关汇款折合人民币 16,060,318.20 元，减第（一）-2 项支付银行费用 103,160.92 元，减第（三）-4-（1）项所列支付信用证项下付款及垫款利息 12,997,128.40 元，减第（三）-5 项所列支付乙实业有限公司收付往来款项净额 1,392,439.50 元。

5. 上述 10 单信用证交易中，乙实业有限公司获净收益折合人民币 11,658,325.98 元：前述第（二）-5-（2）项所列利用信用证相关汇款折合人民币 21,439,889.27 元，减第（一）-2 项支付银行费用 72,470 元，减第（三）-4-（2）项所列支付信用证项下付款及垫款利息 11,101,532 元，加第（三）-5 项所列收取甲国贸公司所付往来款项净额 1,392,439.50 元。

6. 上述 10 单信用证交易中，上海丙贸易有限公司利用 S＊＊＊＊7127#信用证相关款项折合人民币 427,885 元，

7. 上述 4-6 项所列各公司收益总额 13,653,800.36 元。

8. 上述 3、6 项所列信用证交易损失、费用及各公司所获收益合计为人民币 26,111,572.93 元。该款项实际由开证银行及甲国贸公司支付，涉及外汇 3,150,150.65 美元。包括：

（1）前述第（三）-1 项所列开证银行垫付 496.77 美元，折合人民币 4,120.56 元；

（2）前述第（三）-4-（4）项所列甲公司垫付 3,149,653.88 美元，折合人民币 26,107,452.37 元。

四、鉴定结论

根据对送检的财务会计资料及相关证据检验分析结果确认：

（一）19××年 8 月 14 日至 19××年 10 月 17 日，甲国贸公司根据与乙实业有限公司签订的代理开证协议，分别申请中国银行××分行、工商银行××分行、C 银行××分行开出 10 单国际信用证，受益人均为某国欣欣有限公司，金额合计 10,496,780 美元，后申请将其中的 4 单信用证进行了修改。修改后 10 单信用证金额合计为 10,535,290.71 美元，包括：中国银行××分行 6 单，金额合计 7,092,125.71 美元；工商银行 3 单，金额合计 2,498,165 美元；C 银行××

分行 1 单，金额合计 945,000 美元。

申请人实际支付开证手续费、改证手续费、承兑手续费及邮费等共计 175,630.92 元。其中，甲国贸公司付费 103,160.92 元，乙实业有限公司付费 72,470 元。

×国欣欣有限公司将上述 10 单信用证分别在某国××国际银行银行贴现 9 单，在某（境外）工商银行贴现 1 单，支付银行贴现利息等费用 349,905.91 美元，获贴现款 10,185,384.80 美元。

上述 10 单信用证项下款项 10,535,290.71 美元的去向、用途如下：

1. 某国银行获取贴现利息及其他费用共计 351,798.94 美元。

2. ×国欣欣有限公司留汇（含银行费用）共计 476,337.23 美元。除支付银行费用 351,798.94 美元外，实际留汇 124,538.29 美元。

×国欣欣有限公司转付香港及内地银行 10,058,953.48 美元。其中：转付香港各有关公司 8,578,953.48 美元，转付内地银行 1,480,000 元。

3. 香港戊实业有限公司、香港庚国际有限公司、香港××投资有限公司收取×国欣欣有限公司转汇款 8,578,953.48 美元，留汇（含银行转款费用）699,664.08 美元。

香港各公司转付内地银行 7,879,289.40 美元。

4. ×国欣欣有限公司通过香港转付内地 7,879,289.40 美元，加直接转付内地银行 1,480,000 元，共计扣除投资银行××分行扣费 25 美元（折合人民币 206.98 元），内地各公司实际收取信用证相关款项 9,359,264.40 美元，折合人民币 77,484,786.67 元。

5. 甲国贸公司利用某国申信国际有限公司转来上述信用证相关款项折合人民币 16,060,318.20 元（具体用途见前述《司法会计鉴定书》所述鉴定结论）。

6. 乙实业有限公司利用某国申信国际有限公司转来上述信用证相关款项折合人民币 21,439,889.27 元（具体用途见前述《司法会计鉴定书》所述鉴定结论）。

7. 上海丙贸易有限公司利用某国申信国际有限公司转来上述信用证相关款项折合人民币 427,885 元，用于支付开办费用。

8. 申请人直接利用某国申信国际有限公司转来上述信用证相关款项支付前述各信用证付汇用款折合人民币 39,556,694.20 元。

（二）前述 10 单信用证项下款项均已由开证行付汇，付汇总额 10,535,290.71 美元，按付汇日汇率折合人民币 87,407,204.26 元（含汇兑损失人民币 183,408.81 元）。申请人支付开证 10,534,793.94 美元，折合人民币 87,403,083.70 元，其余 496.77 美元由中国银行××分行承担，折合人民币 4,120.56 元。

上述部分信用证到期后，申请人未能按期付款，造成开证行垫付，后由申请人及相关公司补付银行汇款。申请人购汇用款总计人民币 87,388,234.72 元，获汇兑收益 14,848.98 元。

申请人支付银行垫款利息共计 286,437.98 美元，折合人民币 2,374,573.04 元。

上述申请人支付开证银行信用证项下付汇及银行垫款利息共计 10,821,231.92 美元，折合人民币 89,762,807.76 元。分别通过下列途径支付：

（1）甲国贸公司支付 12,997,128.40 元；

（2）乙实业有限公司支付 11,101,532 元；

（3）利用前述各信用证回款支付 39,556,694.20 元；

（4）由甲公司贷款代付 3,149,653.88 美元，折合人民币 26,107,452.37 元。

在上述信用证交易过程中，甲国贸公司根据代理协议与乙实业有限公司收付往来款项净额为：甲国贸公司支付乙实业有限公司 1,392,439.50 元。

（三）10 单信用证交易损益及损益承担情况

1. 甲国贸公司在上述 10 单信用证交易中收益折合人民币 1,567,589.38 元。

2. 乙实业有限公司在上述 10 单信用证交易中收益折合人民币 11,658,325.98 元。

3. 上海丙贸易有限公司利用 S＊＊＊＊7127#信用证相关款项折合人民币 427,885 元。

4. 前述 10 单信用证交易发生损失折合人民币 12,457,772.57 元，涉及外汇 1,462,464.29 美元。其中：结、付汇损失（即某国、香港两地银行收取费用及各公司留汇）1,176,001.31 美元，折合人民币 9,922,210.61 元、申请人支付各项费用折合人民币 2,535,561.95 元（含购汇归还银行垫款产生的汇兑收益 14,848.98 元）。

5. 上述所列各公司收益总额 13,653,800.36 元，加信用证交易损失折合 12,457,772.57 元，合计折合人民币 26,111,572.93 元，涉及外汇 3,150,150.65 美元。

上述收益及损失款项已分别由开证银行及甲国贸公司承担，其中：中国银行××分行承担了 496.77 美元，折合人民币了 4,120.56 元；甲国贸公司承担了 3,149,653.88 美元，折合人民币 26,107,452.37 元。

（四）甲国贸公司根据代理开证协议，核算应收乙实业有限公司上述 10 单信用证代理费收益 436,460.26 元人民币，并已转入当期损益。

××市人民检察院司法鉴定中心

司法会计师：×××（签名）

司法会计师：×××（签名）

二○××年×月×日